Prologue

ChatGPT가 앞당긴 인공지능 대중화 시대,
ChatGPT를 잘 활용하는 사람이 활용하지 않는 사람을 대체한다!

초거대 AI, ChatGPT의 활용과 미래 진화 방향

　전 세계는 OpenAI(openai.com)사에서 공개한 초거대 AI, ChatGPT의 혁신적인 진화에 관심이 집중되고 있고, 산업 및 사회적으로 큰 파급력을 보이며 급속하게 성장하고 있다. ChatGPT는 채팅 형태로 질문을 입력하면 실시간으로 대답을 생성해 주는데, 그 답변의 정확도(Quality)가 사람의 지식수준을 뛰어넘을 정도로 놀라움을 주고 있다.

　기존의 인공지능은 구체적으로 정해진 작업만을 잘 수행할 수 있었다. 그러나 이제는 좀 더 넓은 범위에서 인간의 지적인 업무를 기계가 대신할 수 있는 시기에 접어들었다.

　인간의 직감을 초월해 내고 인간과 보다 자연스러운 대화 능력을 갖춘 ChatGPT가 2016년 알파고(AlphaGo) 이후 AI발전과 활용에 다시 불쏘시개 역할을 하고 있다.

　ChatGPT는 대화형 질의에 대한 자연스러운 답변뿐만 아니라 챗봇 개발, 언어 번역, 콘텐츠 생성, 텍스트 요약 등 광범위한 부분에서 강력한 성능을 보여주기 때문에 출시와 동시에 폭발적인 관심이 유발하며 사용자가 급증하고 있다.

자연어 생성 모델(GPT)의 발전

언어 모델(Language Model)은 문장 생성을 위해 단어의 순서에 다음에 올 수 있는 확률을 할당(Assign)하는 모델로, 기존 통계적 방법에서 인공신경망 방법으로 발전되었다.

자연어는 일반 사회에서 자연히 발생하여 사람이 의사소통에 사용하는 언어로, 컴퓨터에서 사용하는 프로그래밍 언어와 같이 사람이 의도적으로 만든 인공어(Constructed Language)에 대비되는 개념이다. 자연어 처리(Natural Language Processing: NLP)는 컴퓨터를 이용해 사람의 자연어를 분석하고 처리하는 기술이다. 요소 기술로 자연어 분석, 이해, 생성 등이 있으며, 정보 검색, 기계 번역, 질의응답 등 다양한 분야에 응용된다.

자연어 처리는 인공 지능의 주요 분야 중 하나로, 최근에는 심층 기계 학습(Deep Learning) 기술이 기계 번역 및 자연어 생성 등에 적용되고 있다. 트랜스포머(Transformer)모델은 문장 속 단어와 같은 순차 데이터 내의 관계를 추적해 맥락과 의미를 학습하는 신경망으로 대규모 언어 모델(Large Language Model: LLM)의 시초이다.

ChatGPT는 OpenAI에서 개발한 자연어 생성 모델로 주어진 텍스트의 다음 단어를 예측하는 태스크를 학습하며, 이를 통해 사람이 쓴 것처럼 의미 있는 텍스트를 생성한다. ChatGPT는 GPT-3.5를 기반으로 하는 챗봇으로서 사용자로부터 입력받은 문장을 이해하고, 관련 있는 답변을 생성할 수 있으며 사람과 대화하는 것처럼 일상적인 언어를 사용하여 사용자와 의사소통을 할 수 있다.

ChatGPT의 장점 및 활용 가능한 것은?

ChatGPT는 자연어 처리의 혁신적인 성장이라 할 수 있다. ChatGPT가 수행 가능한 작업으로는 각종 언어 관련 문제풀이, 논문 작성, 랜덤 글짓기, 소설 창작, 사칙연산, 번역, 주어진 문장에 따른 간단한 웹 코딩, 프로그래밍 코딩, 언어 번역, 언어 회화, 문장 교정, 문장 요약, 전문지식 정리, 표 작성 및 표 해석, 콘텐츠 제작, 창의적 아이디어 구현, 유튜브 추천, 법령, 규정 등 검색, 대화 등이 가능하다. 전세계 많은 사람들이 ChatGPT와 많은 대화를 나누고 있고, 교착 상태에 빠지지 않고, 반복하지 않으며, 훨씬 더 정확하게 추론하고 지속적으로 발전하고 있다.

ChatGPT는 인간 피드백을 통한 강화 학습(Reinforcement Learning from Human Feedback: RLHF) 적용으로 대화에 최적화되어 있다. 예를 들어 사람의 피드백을 통해 강화 학습을 시킬 경우 인간적인 말투, 문화적인 요소 등을 반영할 수 있는데, ChatGPT는 RLHF를 적용함으로써 인간과 구별할 수 없을 정도로 자연스러운 문장 구사가 가능하다.

ChatGPT의 특징은 고급 추론(Reasoning) 기능으로 폭넓은 일반 지식과 문제 해결 능력 덕분에 어려운 문제를 더 정확하게 풀 수 있다. 또한 '멀티모달(Multimodal)'로 이전의 ChatGPT 및 GPT-3.5는 텍스트로 제한되었지만 GPT-4는 이미지를 보고 이해하고 설명하고 요청한 사항을 처리할 수 있다. 예를 들어, 맛있는 음식 사진에서 레시피를 추론하고 설명할 수 있고, 또한 다양한 상표와 제품에 부착된 라벨의 이미지를 보고 내용을 번역하고, 복잡한 지도를 읽는 등 다양한 분야에서 활용도가 엄청날 것으로 예상된다. 그래서 우리는 ChatGPT를 AI의 혁명이라고 얘기한다.

ChatGPT의 가능성과 미래 진화 방향

ChatGPT를 통해서 누구나 관련된 정보를 쉽게 얻을 수 있기 때문에 전문적인 지식을 가지고 있지 않아도 전문적인 글을 만들어 낼 수 있고, 더 나아가 이를 통해서 내가 하고 있는 관련된 일에 상상 이상의 도움을 받을 수 있기 때문에 앞으로 많은 성장 가능성을 가지고 있다. 모든 사람, 모든 분야, 모든 산업에 대한 파급력은 어마어마할 것으로 예상된다.

ChatGPT는 인간 피드백을 통한 강화 학습(RLHF) 적용을 통해 마치 사람과 대화한다는 착각을 불러일으킬 정도로 대화가 매끄럽고, 답변 성능이 우수하여 검색 엔진 시장 판도를 변화시킬 '게임 체임저'로 인식된다. 특히, 텍스트보다 영상과 이미지에 익숙한 MZ세대가 궁금한 걸 검색할 때 포털사이트(구글, 네이버 등) 대신 소셜미디어(유튜브, 틱톡, 인스타그램 등)를 찾는 것처럼 앞으로 'AI 네이티브' 세대인 알파세대(2011~2025)의 등장으로 전통적인 형태의 검색 엔진은 경쟁력이 잃어 사라질 위기에 처할 수 있다. 이들은 AI를 통해 학습하고, 대화하고, 여가를 즐기며 성장하고, 장기적으로 AI가 더 확산될 수 있는 원동력으로 작용되어 사회적 혼동을 야기 할 수 있을 것이다.

2023년을 기점으로 21세기는 현대사회의 몇 가지 직업분야에 인간의 직접적인 노동을 필요로 하는 마지막 세기일지도 모른다는 흥미롭고 구체적인 그리고 무서운 단서들이 속속 발표되고 있다.

ChatGPT와 같은 인공지능 대중화 시대에 정부, 기업, 일반 직장인, 연구원, 대학생, 고등학생 등 각각의 역할은 무엇인가?
    ChatGPT와 같은 생성형 AI와 같은 인공지능 대중화 시대에 정부, 기업, 일반 직장인, 연구자, 대학생 및 고등학생의 역할을 정리하면 다음과 같다.

정부: 정부는 인공지능 기술의 개발, 보급 및 사용에 관련된 법과 규제를 활용 중심으로 수립하고 시행하는 역할을 해야 한다. 이를 통해 기술의 활용과 책임성을 촉진하고, 사용자의 개인정보와 권리 보호를 보장해야 한다. 또한, 인공지능 기술의 연구 및 개발을 지원하고, 관련된 교육 및 인력 양성 프로그램을 제공하여 인공지능의 전문가와 인재를 육성해야 한다.

기업: 기업은 인공지능 기술을 비즈니스에 적용하여 혁신을 이끌어야 한다. 또한 ChatGPT와 같은 인공지능을 적극적으로 활용하여 혁신적인 제품과 서비스를 개발하고 제공해야 한다. 기업은 ChatGPT와 같은 인공지능 기술을 상업적으로 활용하여 생산성을 향상시키고 비용 절감, 고객 서비스 향상 등 다양한 이점을 얻을 수 있다. 기업은 인공지능 기술의 구현과 운영에 필요한 전문 인력을 고용하고, 데이터 보안과 개인정보 보호를 위한 적절한 대책을 마련해야 한다. 또한 기업은 데이터 보호 및 윤리적인 사용을 위한 정책과 절차를 수립해야 한다.

일반 직장인: 일반 직장인들은 인공지능 기술을 적극적으로 활용하여 업무 효율을 개선할 수 있다. ChatGPT와 같은 자연어 처리 모델을 활용하여 자동화된 작업, 자동 응답 시스템, 데이터 분석 등을 수행할 수 있다. 직장인들은 새로운 기술을 습득하고 활용하기 위해 'ChatGPT 업무 및 비즈니스 활용 역량 강화 과정' 과 같은 교육과 훈련을 받아야 하며, 윤리적인 사용과 개인정보 보호에 주의해야 한다.

연구자: 연구자들은 인공지능 기술의 연구와 개발에 적극 참여하고, 알고리즘의 향상과 새로운 모델의 개발에 기여해야 한다. 연구자들은 인공지능의 약점을 해결하고 성능을 향상시키기 위해 지속적인 연구와 실험을 수행해야 한다. 또한, 연구자들은 인공지능 기술의 활용 방안을 탐구하고, 이를 사회적으로 유익한 목적으로 적용하는데 기여해야 한다.

대학생: ChatGPT와 같은 인공지능 기술을 학습과 연구에 활용할 수 있다. 인공지능은 학생들에게 개인화된 학습 경험과 새로운 지식을 제공할 수 있다. 학생들은 인공지능 기술의 원리와 알고리즘에 대한 이해를 바탕으로 새로운 응용 분야를 탐구하고, 실제 문제에 적용하는 연구를 수행할 수 있도록 해야 한다. 학생들은 또한 인공지능 기술을 활용하여 사회의 문제를 해결하는 데 기여할 수 있는 창의적인 방법을 모색해야 한다.

고등학생: 고등학생들은 인공지능 기술의 기본 개념을 이해하고 ChatGPT의 활용을 통해 흥미와 관심을 갖는 것이 중요하다. 고등학생들은 인공지능 관련 분야에 대한 교육과 활동을 통해 인공지능의 가능성과 윤리적인 문제를 이해할 수 있다. 또한, 고등학생들은 인공지능 기술을 활용하여 과학 프로젝트나 창의적인 작품을 수행하며, 인공지능 분야로의 진로 선택을 고려할 수 있다.

요약하자면, 정부는 법과 규제를 통해 인공지능 보급의 책임과 투명성을 확보해야 한다. 기업은 ChatGPT와 같은 인공지능을 적극 활용하여 혁신적인 제품과 서비스를 개발해 경쟁력을 확보해야 한다. 일반 직장인, 연구자, 대학생 및 고등학생들은 인공지능 기술을 학습하고 활용하여 각자의 분야에서 성장하고 사회적으로 유익한 방향으로 기여해야 한다.

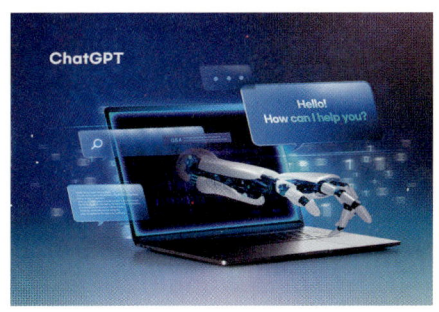

본서의 구성

본서는 총 6장으로 구성되어 있으며 그 내용은 다음과 같다.

1장인 'ChatGPT와 생성형 AI란 무엇인가?'에서는 사람들은 왜 ChatGPT에 열광하는가?, 생성형 AI란 무엇인가, 언어모델의 이해와 발전, ChatGPT 학습 과정 및 기술적 차별성, ChatGPT 답변 도출 원리 세부 3단계, ChatGPT 활용 방법과 특징, ChatGPT 무엇이 가능한가, 이미지생성 인공지능(Text to Image), 작곡생성 인공지능(Text to Music), ChatGPT 전망과 인간의 역할 변화 등의 내용으로 구성하여 서술하였다.

2장인 'ChatGPT 업무 및 비즈니스 활용 사례'에서는 ChatGPT를 마케팅에 활용하기(A to Z)(55개 프롬프트), ChatGPT를 활용해 사업계획서 작성하기, ChatGPT를 활용한 AI 프로그램 코딩 활용사례, ChatGPT를 활용한 기업의 SWOT분석 활용사례, ChatGPT를 활용해 내가 원하는 주제로 소설 쓰기, ChatGPT를 활용해 책의 제목, 목차부터 챕터 원고까지 작성하기, ChatGPT를 활용해 검색 엔진 상위 노출하기, ChatGPT에서 '키워드 스트래티지' 비즈니스에 활용하기, ChatGPT를 활용해서 이력서 및 자기소개서 쓰기, ChatGPT를 활용한 건강을 위한 다이어트 상담 사례, ChatGPT를 활용한 학업 및 직업 진로 상담 사례, ChatGPT를 활용한 심리상담 사례, ChatGPT를 활용한 음식 추천 하기, ChatGPT를 활용한 일상생활 활용 사례, ChatGPT를 활용해 건강관련 상담 사례 등 업무 및 일상 생활에서 실제 적용 가능한 사례를 중심으로 서술하였다.

3장인 'ChatGPT 100배 활용하기'에서는 OpenAI API Key 발급 받는 이유 및 방법, ChatGPT에 크롬(Chrome) 확장 프로그램 설치 200% 활용하기, ChatGPT 관련 확장 프로그램 및 사이트 정보, ChatGPT에 질문을 잘 하기 위한 핵심적인 팁, ChatGPT의 핵심 프롬프트 잘 작성하는 방법, ChatGPT의 기능을 확장해주는 ChatGPT 플러그인 사용방법, ChatGPT 프롬프트 자동 생성 웹앱(ChatGPT Prompt Generator), ChatGPT 하이퍼 파라미터 설정으로 더 정확한 답변 도출, 업무 및 비즈니스 효율을 높일 수 있는 AI 도구 모음, ChatGPT를 활용할 때 알면 좋은 7가지, ChatGPT 활용을 위한 55가지 검색엔진 최적화(SEO) 프롬프트, ChatGPT의 새로운 기능인 웹 브라우징과 플러그인 쉽게 사용하기, ChatGPT와 파이썬을 활용해 반복업무 자동화 시키기, 내 데이터를 기반으로 나만의 ChatGPT 만들기, ChatGPT를 활용 내가 원하는 그림 그리고 이미지 불러오기, ChatGPT를 엑셀안에 넣어서 사용하기(엑셀과 연동), ChatGPT가 작성한 내용 AI 텍스트 분류기, ChatGPT에 숨어있는 프롬프트 명령어 사용하기, 프롬프트 엔지니어링(Prompt Engineering)이란 무엇인가, 구글 코랩(Colab) 쉽게 사용하기 등 ChatGPT를 최대한 활용할 해서 효율을 극대화 시킬 수 있는 내용으로 상세하게 설명하였다.

4장인 '비즈니스에 바로 적용해서 효율을 높일 수 있는 프롬프트 질문 세트'에서는 CEO 및 임원, 전략기획부서 직원, 마케팅부서 직원, 영업부서 직원, 생산부서 직원, 재무부서 직원, 인사부서 직원, 연구개발부서 직원, 투자유치부서 직원, 자료조사부서 직원 등 기업의 주요 부서에서 직원들이 업무 및 비즈니스에서 즉시 적용해서 효율을 높일 수 있는 핵심 프롬프트를 정리하여 서술하였다.

5장인 '인공지능 기술 A to Z 쉽게 이해하기'에서는 인공지능 기술과 서비스의 이해, 머신러닝과 딥러닝, 인공지능 플랫폼, 추론 및 기계학습, 지식표현 및 언어지능(자연어처리), 시각지능과 컴퓨터 비전, 청각지능, 복합지능, 지능형 에이전트와 상황인지 컴퓨팅, 인간과 기계협업 지능, 범용 인공지능, 인공지능 모델과 알고리즘 관계, 인공지능 학습용 데이터셋 구축 방법과 전략, 인공지능 도입 및 인공지능기술 활용 전략, 인공지능 개발 트렌드와 미래 진화 방향 등 인공지능 기술에 대한 내용을 쉽게 이해할 수 있도록 서술하였다.

6장인 '**별첨**'에서는'참고문헌'을 정리하였다.

감사의 말

이 책을 준비하면서 삼성과 오라클에서 30여년 동안 근무하며 국내외 기업을 대상으로 수행한 디지털 비즈니스 컨설팅 실전경험과 얼라이언스코리아에서 기업대상 디지털전환과 AI 도입 및 활용 컨설팅을 수행한 많은 경험이 도움이 되었고, ChatGPT 업무 및 비즈니스 활용 역량 과정 운영과 카이스트 AI연구교수, 서울대, 한국외대, 아주대, KMAC, 기획재정부 등 정부 공공기관에서 인공지능, 생성형 AI, 메타버스, 융합기술 관련 강의를 위해 연구하고 준비한 내용들이 많은 도움이 되었다.

나는 빅데이터, 디지털전환(DX), 플랫폼 비즈니스, 메타버스, 인공지능 분야에 최고의 전문가는 아니지만, 내가 경험하고, 학습하고, 연구하고, 고민했던 부분에 대해서만큼은 조금 더 이해하고 있고, 조금 더 알고 있을 뿐이다. 그렇기 때문에 가능한 독자들이 이해하기 쉽도록 서술하기 위해 노력하였다. 그럼에도 불구하고 부족한 부분이 너무 많은 것 같다.

저에게 많은 가르침과 도움을 주신 교수님, 지인, 친구들 그리고 저도 모르는 사이에 저에게 도움을 주신 모든 분들께 감사를 드립니다.

끝으로 이 책이 출판될 수 있도록 물심양면으로 지원해 주신 형설출판사 황승주 상무님 외 모든 분들에게도 감사의 말씀을 전하고 싶다.

본 책을 준비하면서 밤 늦은 시간 집에 들어가면 맛있는 음식과 막걸리를 내놓으며 수고했다는 말과 함께 이 책이 완성될 수 있도록 옆에서 용기를 북돋아

준 사랑하는 아내 이계영과 지금은 세계 최고의 AI전문가를 꿈꾸며 글로벌 기업에서 근무중인 딸 서현이와 온라인 유통관련 개인 사업을 하고 있는 아들 현진이에게 주말에 같이 놀고 즐거운 시간을 많이 갖지 못해 미안한 마음과 함께 이 기쁨과 감사의 마음을 전합니다.

2023년 7월
다시 시작하는 스무살 정종기

추천사

국내 최고의 명사 및 핵심 인사 분들이 보내온 리얼 추천사입니다.

ChatGPT의 등장으로 전문가들이 다루는 AI시대에서 일반인들이 활용하는 AI 시대로 전환되었습니다. 저자 정종기 박사는 이러한 변화를 일찍 예측하고 누구나 AI를 활용할 수 있는 실용적 방법을 강의와 저술로 제시해온 선구자입니다. 이 책은 현대인의 필독서입니다.

― 윤은기, 경영학박사, 한국협업진흥협회 회장, 전 중앙공무원교육원장(24대)

이 책은 그 동안 저자가 현장에서 ChatGPT를 교육하면서 경험한 생생한 사례를 소개하며 소위 '손에 잡히는 최초의 ChatGPT 활용' 안내서이다. 누구나 이 책을 곁에 두고 실무에 활용하면 ChatGPT가 체화되면서 엄청난 생산성 향상과 경쟁력 강화를 체감할 것이다. ChatGPT를 진정으로 내 것으로 만들고자 열망하는 모든 독자들에게 강력히 추천한다.

― 이금룡, (사)도전과나눔 이사장, 옥션 대표, 한국인터넷기업협회 초대회장

"정보를 가진 자가 정보를 가지지 않은 자를 이긴다."는 정보 디바인드 시대가 이제 저물어가고 있습니다.
대신 ChatGPT 활용 분야 최고 전문가인 정종기 원장의 신간은 최고 인재를 꿈꾸는 직장인과 취업준비생, 최고 생산성을 열망하는 기업 경영자 모두에게 큰 도움이 될 거라 확신합니다.

― 조영탁, 휴넷 대표

2017년에 구글에서 트랜스포머 알고리즘이 발표되고 22년 11월엔 이 알고리즘을 활용한 ChatGPT가 오픈에이아이를 통해서 선보였습니다. 인간과 인공지능의 대화가 자연스럽게 연결된 역사적인 지점입니다. 이 사건은 그간 퍼스널 컴퓨터의 키보드와 스마트폰의 스크린 터치로 형성된 유저 인터페이스가 대화라는 수단으로 이동하는 단계까지 접어들은 것입니다. 이 생성형 인공지능이 말을 만들고 이미지를 생성하고 비즈니스를 보조하는 건 부가적인 것입니다. 인간이 인공지능과 대화를 통해서 협업을 해나갈 수 있다는 것이 중요한 모멘텀입니다. 함께 공동의 프로젝트를 완수해 나갈 동료를 얻었습니다. 이 중요한 본질을 잃지 말고 'ChatGPT 업무·비즈니스 활용 전략' 꼭 읽으시길 바랍니다.

– 김현철, 한국인공지능협회 회장

ChatGPT로 시작된 생성형 인공지능의 파도가 거세다. 이용자들의 관심과 기대도 호기심과 흥미를 넘어 좀 더 구체적이고 실용적인 단계로 진화하고 있다.

자고 나면 새로운 서비스가 나오는 현 상황에서 생성형 인공지능의 미래를 예측하고 정답을 찾아가기란 결코 쉬운 일은 아니다.

하지만, 그 누군가는 남들보다 한발 앞서 고민하고, 실행해 보며 업무 생산성과 비즈니스적 가치를 찾아가는 일들을 끊임없이 지속하고 있다.

이 책은 생성형 인공지능을 어떻게 활용해야 할지 모르는 분들에게 최적의 가이드가 될 것이다.

책에 담긴 다양한 분야의 프롬프트와 사례를 열심히 따라가다 보면, 초반의 막막함을 넘어 인공지능을 효과적 도구로 활용하고 있는 자신을 발견할 수 있을 것이다.

– 정원모, 한국지능정보사회진흥원(NIA) 팀장

Contents

서문	알면 부자되는 ChatGPT!

나만의 AI 비서 ChatGPT를 옆에 두어라!

ChatGPT를 빨리, 제대로 마스터한 기업과 개인이 미래를 선점한다.

Prologue

본서의 구성

감사의 말

추천사

Part 1 　ChatGPT와 생성형 AI란 무엇인가?

　　　　01. 사람들은 왜 ChatGPT에 열광하는가?　　　　　　　020
　　　　02. 생성형 AI란 무엇인가?　　　　　　　　　　　　　024
　　　　03. 언어 모델의 이해와 발전　　　　　　　　　　　　028
　　　　04. ChatGPT 학습과정 및 기술적 차별성　　　　　　　036
　　　　05. ChatGPT 답변 도출 원리 세부 3단계　　　　　　　043
　　　　06. ChatGPT 활용 방법과 특징　　　　　　　　　　　047
　　　　07. ChatGPT 무엇이 가능한가?　　　　　　　　　　　054
　　　　08. 미드저니를 이용한 그림 생성 방법　　　　　　　　060

	09. 이미지 생성 인공지능(Text to Image)	068
	10. ChatGPT 전망과 인간의 역할 변화	076
	11. 작곡생성 인공지능(Text to Music)	080

Part 2 | ChatGPT 업무 · 비즈니스 활용 사례

01. ChatGPT를 마케팅에 활용하기(55개 프롬프트)	086
02. ChatGPT를 활용해 사업계획서 작성하기	105
03. ChatGPT를 활용한 AI 프로그램 코딩 활용사례	108
04. ChatGPT를 활용한 기업의 SWOT 분석 활용사례	111
05. ChatGPT를 활용해 내가 원하는 주제로 소설쓰기	116
06. ChatGPT를 활용해 책의 제목, 목차부터 챕터 원고까지 작성하기	125
07. ChatGPT를 활용해 검색 엔진 상위 노출하기	131
08. ChatGPT에서 '키워드 스트래티지' 비즈니스에 활용하기	135
09. ChatGPT를 활용해서 이력서 및 자기소개서 쓰기	139
10. ChatGPT를 활용한 건강을 위한 다이어트 상담 사례	144
11. ChatGPT를 활용한 학업 및 직업 진로 상담 사례	146
12. ChatGPT를 활용한 심리상담 사례	151
13. ChatGPT를 활용한 음식 추천하기	153
14. ChatGPT를 활용한 일상생활 활용 사례	157
15. ChatGPT를 활용해 건강관련 상담 사례	159

Part 3 | ChatGPT 100배 활용하기

01. OpenAI API Key 발급 받는 이유 및 방법	164
02. ChatGPT에 크롬(Chrome) 확장 프로그램 설치 활용하기	169
03. ChatGPT 관련 확장 프로그램 및 사이트 정보	177
04. ChatGPT에 질문을 잘 하기 위한 핵심적인 팁	179

05. ChatGPT의 핵심 프롬프트 잘 작성하는 방법   182

06. ChatGPT의 기능을 확장해주는 ChatGPT 플러그인 사용방법   188

07. ChatGPT 프롬프트 자동 생성 웹앱 활용하기(ChatGPT Prompt Generator)   195

08. ChatGPT 하이퍼 파라미터(Hyper Parameter) 설정으로 더 정확한 답변 도출   198

09. 업무 및 비즈니스 효율을 높일 수 있는 AI도구 모음   203

10. ChatGPT를 활용할 때 알면 좋은 7가지   206

11. ChatGPT 활용을 위한 55가지 검색 엔진 최적화(SEO) 프롬프트   212

12. ChatGPT의 새로운 기능인 웹 브라우징과 플러그인 쉽게 사용하기   216

13. ChatGPT와 파이썬을 활용해 반복 업무 자동화 시키기   223

14. 내 데이터를 기반으로 나만의 ChatGPT 만들기   230

15. ChatGPT를 활용해 내가 원하는 그림 그리고 이미지 불러오기   237

16. ChatGPT를 엑셀 안에 넣어서 사용하기   247

17. ChatGPT가 작성한 내용 AI 텍스트 분류기   252

18. ChatGPT에 숨어있는 프롬프트 명령어 사용하기   257

19. 프롬프트 엔지니어링(Prompt Engineering)이란 무엇인가?   261

20. 구글 코랩(Colab) 쉽게 사용하기   264

Part 4 | 비즈니스에 바로 적용해서 효율을 높일수 있는 프롬프트 질문 세트

01. CEO 및 임원들이 적용할 수 있는 프롬프트 질문 세트   272

02. 전략기획부서 직원들이 적용할 수 있는 프롬프트 질문 세트   274

03. 마케팅부서 직원들이 적용할 수 있는 프롬프트 질문 세트   276

04. 영업부서 직원들이 적용할 수 있는 프롬프트 질문 세트   278

05. 생산부서 직원들이 적용할 수 있는 프롬프트 질문 세트   280

06. 재무부서 직원들이 적용할 수 있는 프롬프트 질문 세트   282

07. 인사부서 직원들이 적용할 수 있는 프롬프트 질문 세트		284
08. 연구개발부서 직원들이 적용할 수 있는 프롬프트 질문 세트		286
09. 투자유치부서 직원들이 적용할 수 있는 프롬프트 질문 세트		288
10. 자료조사부서 직원들이 적용할 수 있는 프롬프트 질문 세트		290

Part 5 | 인공지능 기술 A to Z 쉽게 이해하기

01. 인공지능 기술과 서비스의 이해	294
02. 머신러닝과 딥러닝	302
03. 인공지능 플랫폼	313
04. 추론 및 기계학습	317
05. 지식표현 및 언어지능(자연어 처리)	325
06. 시각지능	329
07. 청각지능	338
08. 복합지능	342
09. 지능형 에이전트와 상황인지 컴퓨팅	345
10. 인간과 기계협업 기능(AI 협업)	348
11. 범용 인공지능	352
12. 인공지능 모델과 알고리즘 관계	355
13. 인공지능 학습용 데이터셋 구축 방법과 전략	360
14. 인공지능 도입 및 인공지능 기술 활용 전략	366
15. 인공지능 개발 트렌드와 미래 진화 방향	370

Part 6 | 별첨

참고문헌	378

PART 1

ChatGPT와 생성형 AI란 무엇인가?

01 사람들은 왜 ChatGPT에 열광하는가?

전 세계는 OpenAI(openai.com)사에서 공개한 초거대 AI, ChatGPT의 혁신적인 진화에 관심이 집중되고 있고, 산업 및 사회적으로 큰 파급력을 보이고 있다. ChatGPT는 채팅 형태로 질문을 입력하면 실시간으로 대답을 생성해 주는데, 그 답변의 정확도(Quality)가 사람의 지식수준을 뛰어넘을 정도로 놀라움을 주고 있다.

기존의 인공지능은 구체적으로 정해진 작업만을 잘 수행할 수 있었다. 그러나 이제는 좀 더 넓은 범위에서 인간의 지적인 업무를 기계가 대신할 수 있는 시기에 접어들었다.

인간의 직감을 초월해내고 인간과 보다 자연스러운 대화 능력을 갖춘 ChatGPT가 2016년 알파고(AlphaGo) 이후 AI발전과 활용에 다시 불쏘시개 역할을 하고 있다.

> ChatGPT 탄생 배경

OpenAI사는 일론 머스크(Elon Musk)와 샘 알트만(Sam Altman)이 2015년 12월 11일 공동 설립한 인류에게 이익을 주는 것을 목표로 설립한 인공지능 회사이다. 이 회사는 AI와 관련된 특허와 연구를 대중에 공개함으로써 다른 기관들 및 연구원들과 자유로이 협업할 수 있는 환경을 제공하고, 인공지능의 정보를 오픈소스화하여 더 안전한 인공지능의 발전을 추구하는 것이 목표였다. 2018년 초거대 AI 'GPT' 개발에 착수하며 엄청난 연구비 충당을 위해 2019년 영리기관으로 전환하였다. 마이크로소프트(MS)사가 한화 1.3조원 가량 투자하였고, MS로부터 컴퓨팅 인프라, SW 개발도구 등을 지원받아 GPT(Generative Pre-trained Transformer)보다 약 1,500배 큰 GPT-3개발에 성공하였고, 이를 바탕으로 다양한 AI 서비스를 출시하였다. MS는 다시 2022년 13조 원을 투자하여 지분을 49%로 확보하여 최초의 OpenAI 설립 취지가 변하였다.

> 사람들은 왜 ChatGPT에 열광하는가?

OpenAI에서 개발한 대화형 인공지능 ChatGPT는 2022년 11월 30일 출시 후 다양한 활용 가능성을 보여주며 지금까지의 많은 기록을 깨며 성장하고 있다.

ChatGPT는 OpenAI 자사 홈페이지에 접속하여 누구나 무료로 쉽게 사용이 가능하고 일반인도 복잡한 명령어 필요없이 단순 질의를 입력하는 것만으로도 답변을 받을 수 있기 때문에 사용자가 급증하고 있다.

ChatGPT는 대화형 질의에 대한 자연스러운 답변뿐만 아니라 챗봇 개발, 언어 번역, 콘텐츠 생성, 텍스트 요약 등 광범위한 부분에서 강력한 성능을 보여주기 때문에 출시와 동시에 폭발적 관심 유발하게 되었다.

일반적으로 제품을 출시하고 사용자를 모으는데 홍보 마케팅 비용이 많이 지출되며 많은 시간이 소요된다. 그러나 ChatGPT는 [그림1]과 같이 출시된 지 5일 만에 100만 명, 2주일 만에 200만 명의 사용자를 달성하였다.

이는 넷플릭스(3.5년), 에어비앤비(2.5년), 페이스북(10개월), 인스타그램(2.5개월) 등 주요 서비스들이 100만 명의 이용자를 확보하는데 걸린 기간에 비해 압도적으로 짧은 기간이며 AI 서비스에도 전례가 없는 기록이다.

100만 명 이용자 확보에 깃허브의 코드 작성을 도와주는 AI 서비스 코파일 럿(Copilot)은 6개월, OpenAI가 만든 이미지 생성 AI 서비스 달리2(DALL-E 2)는 약 2.5개월 소요되었다.

[그림1] 주요 서비스 이용자 100만명 달성 소요 기간 비교

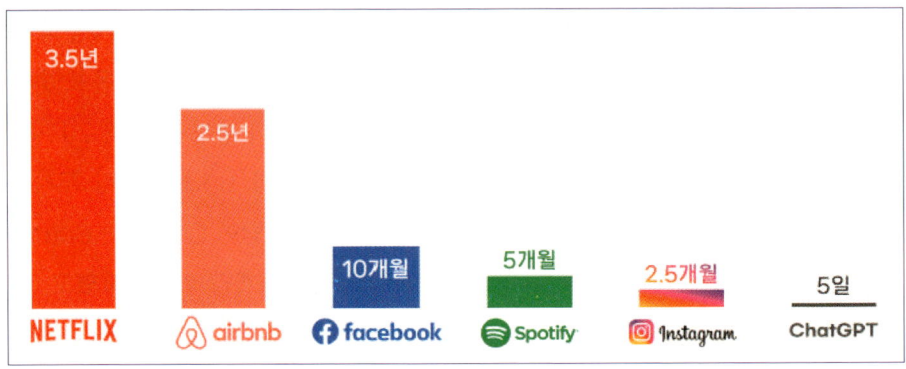

* 출처: NIA The AI Report, 2023

ChatGPT의 폭발적인 관심과 파급력으로 [그림2]와 같이 5,000만 사용자를 모으는데 걸린 시간은 불과 5일이 소요되었다. 전화는 75년, 라디오는 38년, TV는 13년, 인터넷 4년, 페이스북 2년, 인스타그램 19개월, 유튜브 10개월, 트위터 9개월에 비해 월등히 짧은 기간이다.

[그림2] 5,000만 사용자를 모으는데 걸린 시간

* 출처: https://blog.interactiveschools.com, 재구성

온라인 서비스 주 최단 기간(5일)에 이용자 100만 명 돌파, 2개월 만에 월간 활성사용자수(Monthly Active Users: MAU)1억 명을 돌파했으며, [그림3]과 같이 구글 트렌드로 본 화제성 역시 코로나-19(COVID)를 추월하였다.

[그림3] 구글 트렌드의 'ChatGPT'와 '코로나-19'(COVID) 비교

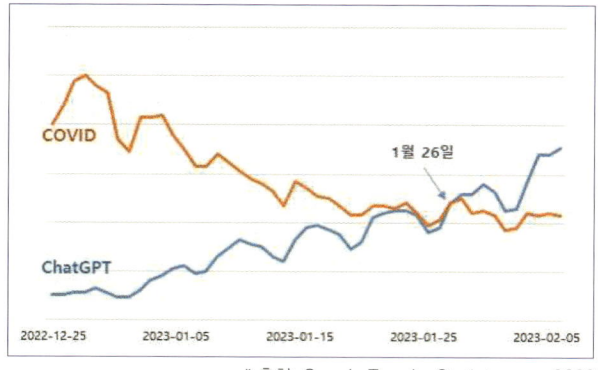

* 출처: Google Trends, Statista.com, 2023

데이터 분석 기업 Similar Web에 따르면 2023년 2월 1일 기준 일간 활성 사용자수(Daily Active Users, DAU)는 약 2,800만 명에 달한 것으로 분석하였다. 이 기록은 타 IT 업체 1억 명 사용자 달성까지 걸린 시간 TikTok(9개월), Instagram(30개월), Pinterest(41개월), Spotify(55개월)에 비해 엄청나게 짧은 기간이다.

OpenAI의 ChatGPT가 엄청난 잠재력을 보이자 거대 IT 기업인 메타(OPT), 구글(LaMDA, PaLM), 아마존(AlexaTM), 바이두 등 글로벌 IT 기업이 가세하면서 AI 모델의 대형화 인공지능 솔루션 경쟁이 촉발되고 있다.

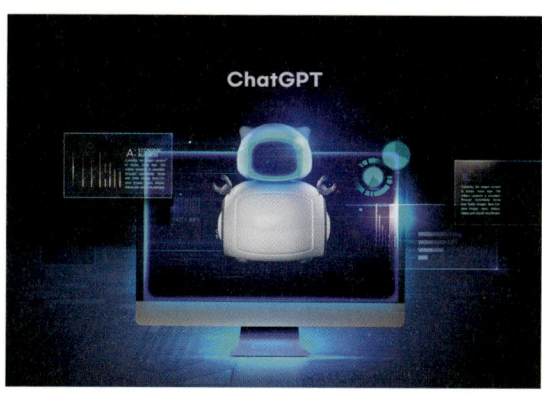

02 생성형 AI란 무엇인가?

생성형 AI(Generative AI)란, 이용자의 특정 요구에 따라 결과를 생성해 내는 인공지능을 말한다. 즉, 텍스트, 오디오, 이미지 등의 기존 콘텐츠를 활용하여 유사한 콘텐츠를 새로 만들어내는 인공지능(AI) 기술이다.

생성형 AI는 컴퓨터 과학의 한 분야로, 컴퓨터가 짧은 프롬프트에 응답해 텍스트, 오디오, 비디오, 이미지, 코드 등 이전에 생성된 콘텐츠를 사용하여 새 콘텐츠를 생성할 수 있는 비지도 및 준지도 학습 알고리즘을 포함한다.

생성형 AI의 종류는 [표1]과 같이 대규모 언어 모델(Large Language Model: LLM)을 기반으로 한 '텍스트 인공지능', 이미지 생성 모델(Image Generation Model)을 기반으로 한 '그림 생성 인공지능', 그리고 '작곡생성 인공지능', '음성 인공지능' 등이 있다.

생성형 AI는 데이터 원본을 통한 학습으로 소설, 이미지, 비디오, 코딩, 시, 미술 등 다양한 콘텐츠 생성에 이용된다.

한국에서는 2022년 Novel AI의 그림 인공지능이나 2023년 영어 회화앱 스픽의 AI 튜터 등의 등장으로 주목도가 높아졌으며, 해외에서는 미드저니, ChatGPT 등 여러 모델을 잇달아 공개하면서 화제의 중심이 되었다.

생성형 AI는 단순히 콘텐츠의 패턴을 학습하여 추론 결과로 새로운 콘텐츠를 만들어내는 것을 넘어 콘텐츠의 생성자와 만들어진 콘텐츠를 평가하는 판별자가 끊임없이 서로 대립하고 경쟁하며 새로운 콘텐츠를 생성해 내는 기술이다. 특히, 이미지 분야에서는 특정 작가의 화풍을 모사한 그림으로 사진을 재생성하거나 가짜 인간 얼굴을 무제한으로 생성하여 쇼핑, 영화 등의 산업에서 활용한다. 음성 분야에서는 특정 장르의 음악을 작곡하거나 특정 노래를 원하는 가수의 음색으로 재생성하는 등으로 활용한다.

[표1] 생성형 AI의 종류

대분류	중분류	주요기술	기술의 정의
생성형 AI	텍스트 인공지능	대규모 언어 모델 (Large Language Model)	• 인간보다 자연스러운 대화 능력을 갖춘 대화형 인공지능(ChatGPT) 예) Open AI 사의 ChatGPT, google의 LaMDA, '스위치 트랜스포머'
		인공지능 검색 엔진	• 텍스트 및 음성인식 입력 값으로 검색하는 인공지능 예) 구글 검색 엔진, MS의 Bing, you.com
	그림 생성 인공지능	이미지 생성 모델 (Image-Generation Model)	• 텍스트를 입력하거나 이미지 파일을 삽입하면 인공지능이 알아서 그림을 생성해줌. 예) 미드저니, 달리2, 스테빌리티 디퓨전, 딥드림 제너레이터 • 만들어야 할 그림 또는 영상을 키워드로 입력하면 생성 Google(ImageAn)
	작곡 생성 인공지능	Text to Music Text to Video/3D	• 텍스트를 입력하고 리듬과 곡조를 설정하면 자동으로 작사 작곡 생성 예) 쿨리타(Kulitta), 오르페우스(ORFEUS), 에밀리 하웰(Emily Howell), • 영상에 필수적으로 노출되어야 할 것 텍스트입력 Meta(Make-A-Video)
	음성 인공지능	Text to Speech Speech to Text	• 인공지능 스피커 예) AI 어시스턴트, 구글 홈, 아마존 알렉사, SKT 누구, KT 지니

생성형 AI 기술에는 기계 학습 모델 중 생성 모델(Generative model)이 사용되며, 대표적인 생성 모델로는 대규모 언어 모델(LLM)과 오토인코더(Autoencoder) 그리고 생성적 대립 신경망(Generative Adversarial Network: GAN) 등이 있다.

기존 AI 역할은 데이터 분석, 예측, 활용 등 인간의 행위를 대체하거나 보완하는 역할이었다. 그러나 ChatGPT는 인간의 고유의 영역으로 여겨졌던 '창조'의 영역에 진입한 생성형 AI이다. 오픈 AI사가 개발한 ChatGPT는 생성 AI의 대표적 모델인 GPT(Generative Pre-trained Transformer) 기술을 기반으로 하는데, 이것은 인공지능이 '자가학습'하여 답변을 '생성'하고 대량의 데이터와 맥락을 처리할 수 있는 '트랜스포머(Transformer, 변환기)' 기술이다. 여기서 핵심적인 기술은 GPT 중 'T'에 해당하는 '트랜스포머'인데, 앞서던 것을 기억하고 오류를 수정하는 기술로 '사람'과 대화하는 것처럼 느끼게 하는 포인트가 여기에 있는 것이다.

GPT기술은 대규모 언어 모델(LLM)을 기반으로 하는데, 이것은 하나의 단어 다음에 어떤 단어가 오는 것이 좋을지 적절한 단어를 통계적·확률적으로 예측하는 모델이다. 언어를 배우는 과정에서 기존의 AI 언어 학습량과는 비교도 안 될 만큼 막대한 규모의 데이터를 기반으로 학습했다는 의미이며, ChatGPT를 '초거대 AI'라고 부르는 이유이다.

대표적인 생성형 AI를 살펴보면, [표1]과 같이 구글이 개발한 AI 챗봇 람다(LaMDA)와 자연스러운 대화 능력을 갖춘 OpenAI의 ChatGPT가 있다. ChatGPT가 수행 가능한 작업으로는 인간이 할 수 있는 것보다 더 많은 것을 전문적인 지식을 가지고 있는 것처럼 한다. 예를 들어, 챗봇 개발, 언어 번역, 각종 언어 관련 문제풀이, 랜덤 글짓기, 간단한 사칙연산, 콘텐츠 생성, 시나리오 작성, 기획 문서 작성, 추천하기, 텍스트 요약, 주어진 문장에 따른 간단한 웹 코딩, 대화 등이 가능하다. 그리고 최근에 출시한 'YOU(you.com)'은 검색은 기본이고, Chat, 프로그램 코딩, AI를 이용해 블로그, 이메일 또는 소셜미디어에 게시물 작성, 쇼핑, AI Image Generator 등을 사용하기 편리하게 제공하고 있다.

영어로 텍스트를 입력하거나 이미지 파일을 삽입하면 인공지능이 알아서 그림을 생성해 주는 미드저니(Midjourney), 델2(DALL·E 2), 스테이블 디퓨전(Stable Diffusion)가 있다.

구글에서 개발한 인공지능 로봇 '딥 드림 제너레이터(Deep Dream Generator)'는 다양한 전통 화가의 화풍을 학습하여, 입력된 이미지를 특정화가의 이미지로 그려주기도 한다.

상업적 혹은 사회적인 쟁점으로 가장 대중적으로 알려진 생성형 AI로는 '인물 합성 기술(Deepfake)'이 있다.

작곡과 작사를 하는 인공지능도 있다. 바흐의 음악적 요소를 조합한 후 새로운 곡을 만들어내는 작곡 인공지능 '쿨리타(Kulitta)', 주요 단어 몇 개를 입력하고 리듬과 곡조를 설정하면 자동으로 가사를 만드는 작사 인공지능 '오르페우스(ORFEUS)', 협주곡 몇 가지를 입력하면 특정 악보의 패턴을 분석하여 새로운 음악을 작곡하는 '에밀리 하웰(Emily Howell)'은 모두 음악계에 큰 충격을 주었다. 최근 구글이 텍스트 설명만으로 음악을 만들어주는 MusicLM을 발표해 화제가 되고 있다.

AI의 장점으로 '대량생산'이 가능하지만 인간처럼 '트렌디한 사운드'를 만드는 능력은 부족할 것이다. 트렌드를 형성하는 것은 인간의 창의력과 사회 관계성 그리고 소비와 밀접한 관련이 있기 때문에 AI가 경험하고 학습하기 어려운 부분도 있다.

03 언어 모델의 이해와 발전

언어 모델(Language Model)은 문장 생성을 위해 단어의 순서에 다음에 올 수 있는 확률을 할당(Assign)하는 모델로, 기존 통계적 방법에서 인공신경망 방법으로 발전되었다.

> 자연어의 이해

자연어(Natural Language)는 일반 사회에서 자연히 발생하여 사람이 의사소통에 사용하는 언어로, 컴퓨터에서 사용하는 프로그래밍 언어와 같이 사람이 의도적으로 만든 인공어(Constructed Language)에 대비되는 개념이다. 자연어는 한국어, 영어, 일어, 중국어 등과 같이 인간 사회의 형성과 함께 자연발생적으로 생겨나고 진화하고 의사소통을 행하기 위한 수단으로서 사용되고 있는 언어를 자연어라고 말한다.

컴퓨터의 세계에서 "언어"라고 말하면 거의 프로그램 언어, 즉 FORTRAN, COBOL 등의 인공어(Artificial Language)를 가리키고 있다. 그래서 이 인공어와는 다른 언어라는 의미로 자연어라는 말을 사용한다. 한국어에는 한국어 고유의 법칙, 영어에는 영어 고유의 법칙이 존재하고 있다. 모든 언어에 공통이면서 보편적으로 존재하고 있는 법칙도 있다고 생각할 수 있다. 자연어에 포함할 수 있는 이들 법칙을 주로 연구하는 학문을 언어학(Linguistics)이라고 부르고 있다. 그리고 그 법칙을 문법(Grammar)이라고 부른다.

자연어(NL)는 어떤 정돈된 완벽한 문법이나 형식적인 의미가 없는 언어를 말한다. 인간과 인간이 통신을 하고자 할 때에는 문어(Written Language) 및 구어(Spoken Language)에 의한 수단으로 할 수 있다. 문어는 구어에 비해 문장의 애매모호함의 정도가 작은데, 그 이유는 정돈된 문법을 어느 정도 따르기 때문이다. 반면에 구어는 어떤 정돈된 완벽한 문법이나 형식적인 의미에 구애받지 않고 사용되므로 구어를 이해하기 위해서는 모든 잡음과 가청신호의 애매함을 처리할 수 있는 충분한 지식이 있어야 하므로 구어를 이해하는 것은 문어를 이해하는 것보다 훨씬 어렵다.

그러므로, 자연어 처리에서는 구어 및 문어를 동시에 이해하는 것이 필요하다. 즉 전체 자연어 이해를 위해서는 다음 두 가지를 동시에 만족해야 한다.

첫째, 자연어의 어휘 분석(Lexical), 구문 분석(Syntactic) 및 의미분석(Semantic) 지식을 이용하여 문어의 내용을 이해할 수 있어야 한다.

둘째, 담화하는 과정에서 발생하는 불확실한 것들을 처리하기 위해 충분히 주어진 정보를 이용하여 구어의 내용을 이해할 수 있어야 한다.

자연어 처리의 요소 기술로 자연어 분석, 자연어 이해, 자연어 생성 등이 있으며, 정보 검색, 기계 번역, 질의응답 등 다양한 분야에 응용된다.

자연어 분석은 그 정도에 따라 형태소 분석(Morphological Analysis), 통사 분석(Syntactic Analysis), 의미 분석(Pragmatic Analysis)의 이해(Natural Language Understanding) 따라 동작하게 하는 기술이며, 자연어 생성은 동영상이나 표의 내용 등을 사람이 이해할 수 있는 자연어로 변환하는 기술이다.

> 자연어 처리

자연어 처리(Natural Language Processing: NLP)는 컴퓨터를 이용해 사람의 자연어를 분석하고 처리하는 기술이다. 요소 기술로 자연어 분석, 이해, 생성 등이 있으며, 정보 검색, 기계 번역, 질의응답 등 다양한 분야에 응용된다.

1950년대부터 기계 번역과 같은 자연어 처리 기술이 연구되기 시작했다. 1990년대 이후에는 대량의 말뭉치(Corpus) 데이터를 활용하는 기계 학습 기반 및 통계적 자연어 처리 기법이 주류가 되었으며, 최근에는 심층 기계 학습인 딥러닝(Deep Learning)이 기계 번역 및 자연어 생성 등에 적용되고 있다. 우리가

지구상에서 살고 있는 동안에 수많은 대상과 커뮤니케이션을 한다. 요즘은 주고받는 문서, 뉴스, 카톡 대화, 블로그, SNS 등 엄청난 정보와 지식이 사람이 사용하는 자연어 형태로 존재한다.

그런데 컴퓨터가 사람이 자연스럽게 말하는 자연어를 이해하기 위해서는 품사, 명사, 조사 등 다양한 문법적인 부분을 처리할 수 있어야 한다. 이런 처리를 해주는 것을 '자연어 이해(NLU)'라고 부른다. 컴퓨터가 문맥을 파악하기 위해서는 자연어의 이해를 통해서 사용자의 '의도(Intent)'와 '개체명(Entity)'를 정확히 파악하는 것이 필요하다. 예를 들어 자연어 이해에서 중요한 의도와 개체명을 '오늘 강남 날씨 어때?'라는 문장에서 찾아보자. 이 문장을 통해 사용자가 파악하고자 하는 의도(Intent)는 날씨가 어떠한지를 묻는 것이다. 개체명은 '오늘' 이라는 시간 개체 그리고 '강남'이라는 장소 개체가 있다. 사용자가 쓴 문장의 문법 구조를 파악한 후 그 안에서 '의도'와 '개체명'을 정확히 분석하면 컴퓨터도 자연어를 사람처럼 이해할 수 있다.

자연어 처리(NLP)는 크게 두 가지 작업으로 나눌 수 있다. 첫째는 실세계의 필요한 정보뿐만 아니라 언어에 있어서의 어휘, 구문, 의미에 관한 지식(Lexical, Syntactic, Semantic Knowledge)을 사용해서 문어(Written Text)를 처리하는 것이다. 둘째는 위에 더하여 음성에서 발생되는 애매함을 비롯한 음성학(Phonology)에 대한 부가적인 지식을 필요로 하는 구어(Spoken Language)를 처리하는 것이다.

요약 및 논지 생성이 가능한 자연어 지식생성은 [그림1]과 같이 자연어 문제에 대한 근거를 법령, 특허, 백과사전, 뉴스 등 빅데이터에서 추출하여 자연어 분석과 문제 분석(Semantic Analysis) 및 화용(話用) 두가지로 나눌 수 있다. 자연어 이해(NLU)는 컴퓨터가 자연어로 주어진 입력에 자연어 이해부터 지식의 생성하는 과정까지를 통해 정답을 추론 및 자연어를 생성하는 기술이다. 질문이 요구하는 정답을 주어진 단락에서 추출하는 기계독해에서, 문제의 논지와 찬반의 근거를 추론하여 인간과 토론이 가능한 수준의 지식을 자동 생성하는 기술로 발전하고 있다.

[그림1] 요약 및 논지 생성이 가능한 자연어 지식 생성 과정

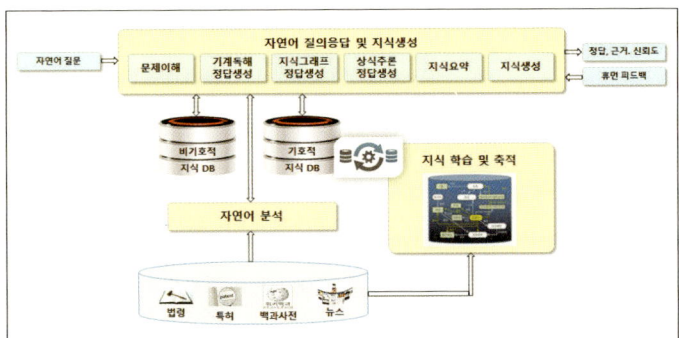

컴퓨터가 자연어를 이해하는 과정을 순서대로 정리하면, 신호처리(Signal Processing), 형태분석(Morphological Analysis), 구문 분석(Syntactic Analysis), 의미분석(Semantic Analysis), 담화 통합(Discourse Integration), 화용 분석(Pragmatic Analysis)의 순서로 자연어를 이해한다.

인공지능 연구자들은 언어를 이해하고 생성할 수 있는 컴퓨터를 개발하려고 지속적으로 연구 개발하고 있다. 언어는 방대한 양의 지식과 지능을 기초로 학습되어 사용된다. 자연어의 처리는 [표1]과 같이 다양한 분야에서 연구개발이 진행되고 활용되고 있다.

[표1] 자연어 처리 분야

자연어 처리 분야	주요 내용
자연어 이해 (Natural Language Understanding)	• 컴퓨터가 자연어로 주어진 입력에 따라 동작하게 하는 기술이며, 자연어 생성은 동영상이나 표의 내용 등을 사람이 이해할 수 있는 자연어로 변환하는 기술이다.
자연어 생성 (Natural Language Generation)	• 자연어 생성 과정은 자연어 이해(Natural Language Understanding)의 반대이다. 정보를 나타내는 구조를, 원하는 언어로 된 올바른 문자열(String)으로 매핑(Mapping) 시켜야 한다. 실제 문장을 생성하기 위하여, 단어에 대한 정보 및 문장론적 규칙을 적용한다.
기계번역 (Machine Translation)	• 서로 다른 두개의 자연어, 즉 영어와 한국어 사이, 혹은 일어와 한국어 사이의 번역을 컴퓨터와 소프트웨어가 자동적으로 해주는 것을 기계 번역 이라고 한다.
질의 응답 시스템 (Question Answering System)	• 사용자의 질의와 관련된 문서를 검색하는 정보검색(Information Retrieval) 시스템과는 달리 사용자의 질의에 대한 답변이 될 수 있는 정답을 문서 집합 내에서 탐색하여 사용자에게 제시해주는 시스템이다. 일반적으로 질의응답 시스템은 사용자의 질의에 관련된 문서를 검색하는 후보검색 단계(Candidate Retrieval Phase)와 검색된 문서 내에서 정답을 생성하는 정답 추출 단계(Answer Extraction Phase)로 구성된다.

전산언어학 (Computational Linguistics)	• 전산언어학은 컴퓨터와 계산 알고리즘(Algorithm)을 자연언어의 처리에 적용하는 방법을 연구하는 학문이다. 전산언어학은 다른 명칭으로 자연어 처리(NLP), 또는 자동언어처리(ALP)라고도 한다.
음성인식 (Speech Recognition)	• 음성인식(Speech Recognition)은 컴퓨터가 음향학적 신호(Acoustic Speech Signal)를 텍스트로 Mapping 시키는 과정이다. 즉 일반적으로 마이크나 전화를 통하여 얻어진 음향학적 신호를 단어나 단어 집합 또는 문장으로 변환하는 과정을 말한다.
음성합성 (Speech Synthesis)	• 음성합성 (Speech Synthesis)은 인간의 말(Speech)을 인공적으로 만드는 것이다. 기계적인 장치나 전자회로 또는 컴퓨터 모의를 이용하여 자동으로 음성 파형을 생성해내는 것이다.
음성이해 (Speech Understanding)	• 자동 음성 이해는 컴퓨터가 음향 음성 신호(Acoustic Speech Signal)를 듣고서 음성의 의미(Abstract Meaning)로 Mapping 시키는 과정이다.
정보검색 (Information Retrieval)	• 전자 매체의 발달로 인해 정보검색의 대상이 본문 검색(Text Retrieval), 화상(Image), 음성(Sound), 화학식의 구조 등으로 확대되고 있다.
문서 분류 (Text Categorization)	• 문서분류는 Text Categorization 또는 Document Classification (Clustering)이라고도 한다.
텍스트 마이닝 (Text Mining)	• 디지털 정보의 대부분은 비정형 데이터로서, Text Mining은 디지털 정보의 비정형 및 반정형 데이터에 대하여 자연어 처리 기술과 문서처리 기술을 적용하여 유용한 정보를 추출, 가공하는 것을 목적으로 하는 기술이다.
컴퓨터 지원 언어 학습 (Computer-Aided Language Learning)	• 시각, 청각, 문맥적 학습 정보를 통합적으로 저장 및 제공하는 것이다.
대화 및 담화 시스템 (Dialogue and Discourse Systems)	• 사람의 대화 내용 및 담화문에 표현된 발표내용에 대한 언어 처리 시스템이다.
자연어 인터페이스 (Natural Language Interfaces)	• 자연어 표현을 정형화된 의미 표현으로 변환하는 방법이다.

* 참고: aistudy.co.kr

'언어지능 및 지식표현'은 사람이 사용하는 자연어(Natural Language)를 이해하는 자연어 처리(NLP)를 기반으로 사람과 상호 작용하는 기술들이 포함되는데, 지식공학 및 온톨로지(Ontology), 대용량 지식 처리, 언어분석, 의미분석, 대화 이해 및 생성, 자동 통·번역, 질의 응답(Q/A), 텍스트 요약 등에 활용된다. 여기에서 온톨로지(Ontology)란 존재하는 사물과 사물 간의 관계 및 여러 개념을 컴퓨터가 처리할 수 있는 형태로 표현하는 것이다. 온톨로지는 클래스(Class), 인스턴스(Instance), 속성(Property), 관계(Relation) 등의 구성 요소로 표현된다. 클래스는 사물의 개념(Concept), 즉 범주(Category)를 인스턴스는 개별 요소인 실체(Entity)를 뜻한다. 속성은 클래스와 인스턴스의 특성(Feature)을 나타내며, 관계는 클래스 및 인스턴스 간의 관계성을 표현한다. 예를 들어, '평창' 인스턴스는 '2018년 동계 올림픽 개최'라는 속성으로 '올림픽'

클래스와 관계를 맺는다. 따라서 '올림픽'을 검색하면 '평창'이 연관 검색어로 나온다.

> **대규모 언어 모델의 발전**

대규모 언어 모델(Large Language Model: LLM)은 사람들이 사용하는 언어(자연어)를 학습하여 실제 인간과 유사한 문장을 생성하기 위한 언어 모델로 점차 규모가 커지며 초거대 AI로 [그림2]와 같이 진화하고 있다.

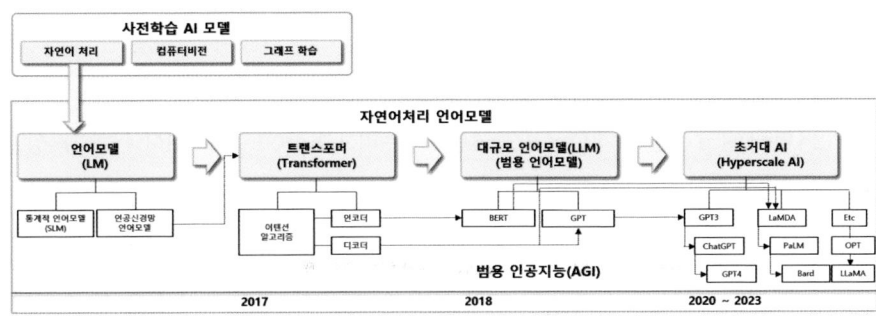

[그림2] 언어 모델의 변화 양상

* 참고: SPRi 이슈리포트 재편집

대규모 언어 모델은 순차 데이터의 컨텍스트를 학습할 수 있는 신경망인 트랜스포머 모델을 통해 비약적인 성능 발전을 하고 있다. 최근에는 방대한 파라미터(Parameter) 크기와 데이터 학습을 통한 성능 면에서 '초거대 언어 모델'로 불리는 경우도 있다.

트랜스포머(Transformer)모델은 문장 속 단어와 같은 순차 데이터 내의 관계를 추적해 맥락과 의미를 학습하는 신경망으로 대규모 언어 모델(LLM)의 시초이다.

초거대 AI(Hyperscale AI)는 딥러닝과 같은 인공신경망 구조와 기법의 모델 중에서 [그림2] 언어 모델의 변화 양상 파라미터 수가 수천억 개로 매우 많으며, 방대한 양의 데이터를 학습할 수 있는 모델로 대규모 언어 모델을 포함하는 차세대 AI로 정의되고 있다. 여기서 파라미터 수는 인간 뇌의 뉴런 및 뉴런 간의 연결에 해당되는 매개변수의 숫자로 개수가 많을수록 더 많은 정보를 저장하고 처리할 수 있어 고지능(고성능)을 의미한다.

초거대 AI는 우수한 학습 성능을 바탕으로 모든 분야에 응용할 수 있는 범용인공지능 (일반인공지능, AGI)으로의 진화 가능성을 보여준다는 것에 의의가 있다.

ChatGPT는 딥러닝을 통한 언어생성 측면에서 대규모 언어 모델(LLM)이자 보유한 파라미터의 숫자 측면에서 초거대 AI에 해당된다.

ChatGPT의 기반이 되는 GPT-3.5(Generative Pretrained Transformer)는 GPT-3과 매개변수 수(파라미터)가 1,750억 개가 같아 성능 면에서 큰 차이는 없으나, 인간 피드백을 통한 강화 학습(Reinforcement Learning from Human Feedback: RLHF) 적용으로 대화에 최적화되어 있다. 예를 들어 사람의 피드백을 통해 강화 학습을 시킬 경우 인간적인 말투, 문화적인 요소 등을 반영 할 수 있는데, ChatGPT는 RLHF를 적용함으로써 인간과 구별할 수 없을 정도로 자연스러운 문장 구사가 가능하다.

2023년 3월 14일 공개한 GPT-4는 기존의 ChatGPT가 GPT-3.5와 상호 작용하는 방식이었는데 이제는 GPT-4와 상호작용하는 방식이 되었다.

ChatGPT는 자연어 처리 언어 모델로 주목받고 있으나, MS의 검색 엔진에 탑재 · 활용되는 등 점차 범용성이 확대되며 AI 확산에 기여할 것으로 전망된다.

〉 언어 모델의 동작 방식

언어 모델이란 단어의 배열(시퀀스-Sequence)에 확률을 부여하는 모델로, 자연스러운 문장에 높은 확률값을 부여하는 방식으로 동작한다. 즉, 이전의 단어들이 주어졌을 때 다음 단어를 맞추는 것을 목표로 하며, 예측의 방향에 따라 순방향과 역방향으로 구분된다.

순방향 모델은 사람이 이해하는 순서대로 단어 배열을 계산하는 모델이다 (예: GPT, ELMo) 역방향 모델은 문장의 뒤에서부터 앞으로 계산하는 모델이다 (예: ELMo).

양방향 모델은 문장의 앞→뒤, 뒤→앞 모두 계산하는 모델로 중간에 비어있는 단어도 추측이 가능한 모델로 마스크(Masked) 언어 모델이라고도 한다. (예: ELMo, BERT). 기타 스킵그램 모델은 단어 앞뒤에 특정 범위를 정해두고 범위 내에 어떤 단어가 올 수 있는지 계산하는 모델(예: Word2Vec)이다.

트랜스포머는 기계번역(예: 구글 번역기, 파파고 등)과 같은 작업 수행을 목적으로 등장한 언어 모델로, 시퀀스-시퀀스(Sequence-to-Sequence)간 변환을 할 수 있으며 응용도 가능하다. 즉, '한글↔영어' 번역 외에도, '특정데이터→결과예측'과 같은 시퀀스(처음 상태)→시퀀스(이후 상태)전환에 해당되는 작업의 수행도 가능하다.

예를 들면, 과거 수년 치 기온·구름·풍속 데이터를 기반으로 분기별 날씨 변화를 예측이 가능하다. 이를 위해, 인코더(Encoder)와 디코더(Decoder)라는 두 개의 파트로 구성하는데, 인코더는 소스 시퀀스의 정보를 압축하여 디코더에게 전송(예: 한글 원문을 압축·전송)하고 디코더는 압축된 정보를 받아 타깃 시퀀스를 생성(예: 영어로 번역)한다.

어텐션(Attention)은 단어 시퀀스에서 중요한 특정 요소에 '집중'하여 작업의 성능을 올리는 트랜스포머의 핵심 기법이며, '단어들 간의 문맥적 관계성'을 파악할 수 있는 기능이다. Query, Key, Value 등 세 가지의 척도로 어텐션 점수를 계산하여 문맥적 관계성을 추출하고, 셀프 어텐션을 여러 번 수행(Multi-Head Attention)하여 정확성이 높은 결과를 도출한다. 기존 RNN 및 CNN 기반 모델이 갖는 문맥 파악 불가의 한계점을 극복할 수 있는 기능으로 AI프로그램 전문가에 의해 활용되고 있다.

04 ChatGPT 학습과정 및 기술적 차별성

> **ChatGPT 학습과정**

언어 모델은 주어진 이전 단어들을 바탕으로 다음에 나올 단어나 문장을 예측하는 모델이다. 예를 들어 다음 빈칸을 채우는 형태이다. "나는 학교에 (간다)." 또는 다음 단어를 (떠올) (리면) (된다). 등으로 예측하는 것이다.

예제만 본다면 단순해 보일 수 있지만 주어지는 단어나 문맥을 이해하여 비어 있는 영역을 채우는 것은 쉬운 일이 아니다. 그렇기 때문에 말뭉치 학습 등과 같은 과거의 언어 모델은 부자연스럽거나 기계적인 느낌이 있었다.

ChatGPT는 파라미터의 증가와 방대한 양의 데이터를 이용하여 학습시키면서 단순히 답변을 예상하여 답을 내놓는 수준을 넘어 지식을 다루는 영역에서는 훌륭한 성능을 보여주고 있다.

ChatGPT는 대규모 언어 모델로, GPT-3.5 아키텍처를 기반으로 학습되었다. ChatGPT의 학습은 다음과 같은 과정으로 이루어졌다.

① 데이터 수집

ChatGPT는 다양한 사전 및 법령 그리고 온라인 소스에서 수집된 대규모 텍스트 데이터로 학습되었다. 이러한 데이터에는 인터넷의 웹페이지, 영화 및 책 리뷰, 뉴스 기사, 온라인 포럼 등이 포함되어 있다.

② 전처리

수집된 데이터는 전처리 과정을 거쳐 모델 학습에 적합한 형태로 가공되었다. 이 과정에는 텍스트 정제, 문장 분리, 토큰화 등이 포함된다.

③ 모델 학습

전처리된 데이터를 사용하여 GPT-3.5를 기반으로 모델을 학습시켰다. GPT-3.5는 Transformer라는 딥러닝 아키텍처를 기반으로 하며, 대규모 신경망을 통해 텍스트의 다음 단어를 예측하고 생성하는 능력을 가지고 있다.

④ 미세조정

초기 학습 후, ChatGPT는 추가적인 미세조정 단계를 거친다. 이 단계에서는 실제 사용자의 피드백과 수정된 데이터를 사용하여 모델을 개선했다. 이러한 반복적인 과정을 통해 ChatGPT는 더욱 뛰어난 대화 능력을 갖추게 되었다.

⑤ 배포

학습이 완료된 ChatGPT는 사용자들에게 서비스로 제공되었다. 이를 통해 사용자들은 다양한 주제에 대한 질문, 지식 요약, 창의적인 텍스트 생성 등 다양한 대화와 상호작용을 할 수 있다.

⑥ ChatGPT의 학습은 방대한 양의 데이터와 강력한 컴퓨팅 자원을 필요로 한다.

이를 통해 ChatGPT는 다양한 문제에 대한 일반적인 언어 이해와 생성 능력을 갖출 수 있다. 그러나 ChatGPT는 학습 데이터에 기반하여 작동하며, 현재로부터 이전에 알려진 지식에 대해서만 업데이트된 정보를 제공할 수 있다. 즉 실시간성 데이터는 제공하는데 한계가 있다.

ChatGPT 기존 GPT-1에서 GPT-3까지의 모델 변화와 학습 방식의 변화를 통해 고도화된 모델이다.

ChatGPT는 [그림1]과 같이 인간 피드백 기반 강화 학습(Reinforcement Learning with Human Feedback: RLHF)을 적용하여 사용자 질문에 적합한 응답을 생성한다.

[그림1] 머신러닝(Machine Learning)의 3가지 학습방식

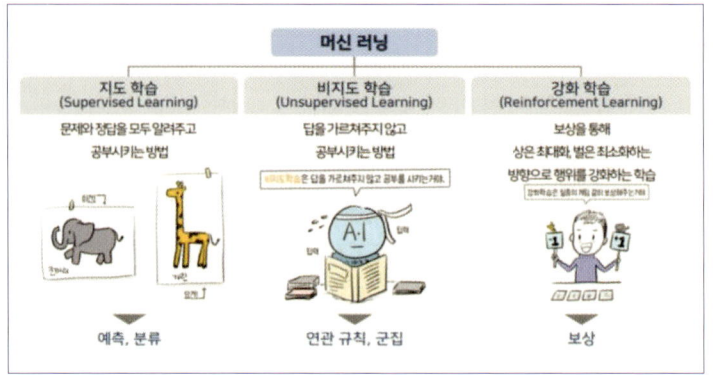

* 출처: https://hyeonjiwon.github.io/machine%20learning/ML-1/

    ChatGPT가 사용자의 의도와 니즈에 부합하는 답변을 도출할 수 있도록 인간의 피드백을 반영하고 학습하는 RLHF 테크닉이 적용되는데, RLHF의 '인간 피드백(Human Feedback)'에 주목할 필요가 있다.

    기존의 AI 학습 데이터에는 사람의 작업이 소량이거나 존재하지 않으나, ChatGPT의 경우 AI가 데이터를 학습하는 중간 단계에 레이블러(Labeler)라는 '인간'학습 가이드를 두어 이들의 피드백(Human Feedback)을 바탕으로 최종 아웃풋의 퀄리티를 높인다. 즉, 인간의 선호도를 AI의 보상 신호(Reward Signal)로 사용하여 ChatGPT 모델을 미세조정(Fine Tuning)하는 것이다.

    ChatGPT는 GPT-3.5를 기반으로 파인튜닝(Fine Tuning)되고 학습 과정에서 인간이 개입된다.

    GPT-3.5에 강화 학습 알고리즘인 RLHF을 적용하여 편향성과 유해성 등을 감소시킬 수 있도록 한다.

    AI 모델이 생성한 결과가 우수한가를 판단하는 기준은 결국 인간의 선호 점수에 의해 귀결된다. RLHF는 [그림2] RLHF의 동작 과정과 같이 인간이 AI 모델의 결과에 대해 평가한 피드백(Feedback)을 만들고, 이 피드백을 AI가 생성한 결과에 대한 우수성 지표로 사용함과 동시에, 다시 AI 모델에 반영하여 모델을 최적화하는 기법이다.

    RLHF는 세 가지의 핵심적인 단계로 구성된다.

    첫 번째는 모델의 사전 훈련(Pre Training) 단계이며, 미리 훈련된 언어 모델(LM)이 있는 경우 STF(Supervised Fine Tuning)을 통해 미세조정을 한다.

두 번째는 보상 모델(Reward Model) 단계로, 언어 모델이 생성한 텍스트를 사람(라벨러)이 얼만큼 좋다고 생각할지에 대한 점수를 부여하고, 다음 학습에 반영하기 위해 숫자 보상을 지정(일반적으로 0~5)한다.

세 번째는 앞서 설정한 보상 모델이 제공하는 보상을 사용하여 언어 모델을 훈련시키는 단계로, 정책 그라디언트 강화 학습 알고리즘인 PPO(Proximal Policy Optimization)를 활용하여 모델을 조정(Fine-Tuning) 한다. PPO알고리즘은 최적으로 모델을 업데이트할 수 있는 강화 학습정책으로 상대적으로 복잡도가 낮고 우수한 성능을 보인다.

[그림2] RLHF의 동작 과정

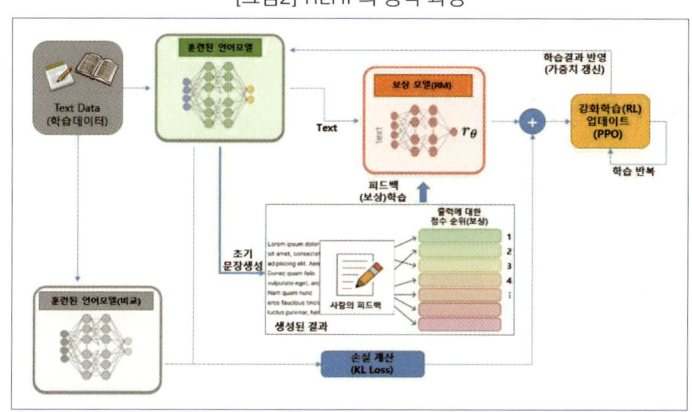

* 참고: SPRi 소프트웨어정책연구소(재편집)

RLHF는 모델의 응답을 인간이 순위화(Rank)하고 보상함수를 통해 피드백을 반영하여, 인간의 선호도가 모델에 반영되는 것이 특징이다.

학습방식은 [표1]과 같이 세 단계로 구성되어, 프롬프트 기반의 지도학습과 RLHF 알고리즘을 통해 GPT-3.5를 추가 학습시킨다.

먼저 지시프롬프트와 그에 대한 결과물로 이루어진 데이터셋을 정의하고 파인튜닝 한다.

두 번째는 프롬프트 결과로 나온 응답에 대해 선호도 순위를 구성하고 비교 데이터셋을 활용하여 보상 모델(Reward Model)을 학습시킨다. 세 번째는 프롬프트를 바탕으로 결과를 추론하고 보상 모델이 결과를 평가하고 보상값을 계산하여, 이를 기반으로 모델을 지속적으로 업데이트시킨다.

[표1] ChatGPT 학습과정

1단계	2단계	3단계
데모 답변 수집 및 정책 부합성 검증	비교 데이터 수집 및 보상 모델 훈련	강화 학습 알고리즘으로 정책 최적화
프롬프트 생성 ⬇ 데이터 라벨러(사람)가 답변 적절성 평가 ⬇ 해당 데이터로 GPT-3.5 모델을 지도학습 기반으로 모델추가 조정	기존 프롬프트에 여러 개의 모델 산출값 생성 ⬇ 데이터 라벨러(사람)가 산출물들의 점수(rank) 평가 ⬇ 보상 모델 학습에 이 값을 활용	새로운 프롬프트 생성 ⬇ 정책 최적화 모델 가동 ⬇ 정책에 따라 하나의 산출물 생성 ⬇ 보상 모델이 산출물에 대한 보상값 산정 ⬇ 보상값은 정책 업데이트에 반영

* 참고: OpenAI, ChatGPT Method, 2023. (재편집)

> ChatGPT 기술적 차별성

GPT-1은 라벨링되지 않은 대량의 데이터를 활용하기 위해 비지도 사전학습(Unsupervised Pre Training)되고 특정 태스크 수행을 위해 라벨링 데이터를 이용해 파인튜닝하는 구조이다. 즉, 사전 학습한 모든 가중치에 대해 미세한 파라미터 조정을 수행하는 작업이다.

GPT-2는 파인튜닝 없이 비지도 사전학습만을 사용하여 모델을 학습하고, 이후 모델이 특정한 작업을 수행하도록 학습 과정에서 가르친 적이 없는데도 해당 작업을 수행할 수 있도록 하는 기법인 제로샷 러닝(Zero Shot Learning)을 통해 일반적으로 사용될 수 있는 언어 모델을 목표로 개발되었다.

GPT-3는 매우 적은 데이터가 주어진 상황에서도 모델을 효과적으로 학습시키기 위한 기법인 퓨샷 러닝(Few Shot Learning) 그리고 프롬프트 기반 학습(Prompt Based Learning) 즉, 사람이 읽을 수 있는 텍스트 형태의 입력을 통해 도메인 지식을 모델 학습에 활용하는 방법으로 랜덤 글짓기, 번역, 웹코딩, 대화 등 다양한 기능을 수행한다.

[표2]과 같이 GPT의 변화에 따른 기술의 특징을 살펴보면, GPT-1에서 GPT-3까지의 주된 변화는 모델 크기의 변화로, 다양한 데이터셋에서 더 많은 정보를 학습하며 성능을 향상시켰다.

[표2] GPT의 변화

순서	날짜	마일스톤	파라미터	기술특성
1	2018.06	GPT-1	1억 1,700만 개	• Unlabeled 데이터 학습, 특정 주제에서의 분류, 분석 등의 응용 작업 가능 • 사용 데이터셋 News Articles, Wikipedia, Single Domain Text • 라벨링되지 않은 대량의 데이터를 활용하기 위해 비지도 사전학습과 라벨링 데이터를 이용한 특정 태스크에 맞춘 파인튜닝
2	2019.02	GPT-2	15억 개	• 비지도 학습 기반으로 패턴 인식하여 대용량 데이터 학습이 가능 • 파인튜닝 없이 비지도 사전학습만을 사용하여 모델 학습 • 제로 샷을 통해 일반적인 언어 모델 타깃(멀티태스크러닝)
3	2020.05	GPT-3	1,750억 개	• 자가학습(Self-Attention) 레이어를 많이 쌓아 파라미터 수 100배 이상 증가. 사람처럼 글 작성, 코딩, 번역, 요약, 번역, 웹코딩, 대화 등 수행 가능 • 퓨샷 러닝 및 프롬프트 기반 학습
4	2022.01	GPT-3.5 (InstructGPT)	1,750억 개	• 인간의 피드백을 통한 강화 학습(RLHF)을 수행하여 도움이 되고, 독성이 없고, 혐오발언을 최소화하는 언어 모델 학습로 답변의 정확도와 안정성 급증 • InstructGPT(다빈치-002)모델을 개선하여 다빈치-003으로 업그레이드 하고, 이를 다시 채팅에 최적화하여 GPT-3.5-turbo 모델로 개선하며 ChatGPT로 발전
5	2022.11	ChatGPT	1,750억 개	• GPT-3.5 모델을 RLHF를 통해 미세 조정(Fine-Tuning)한 것으로 InstructGPT와 거의 유사한 형태 • 주요한 차이점은 ChatGPT가 더 유해한 질문에 대해 유연하게 대응
6	2023.3	GPT-4	미발표 (5,000억 개~1조 개 예상)	• GPT-4의 특징 첫 번째는 GPT-3.5와 이전 버전의 ChatGPT의 제한은 4,096개의 토큰(컴퓨터가 이해하는 언어단위)이었음. 이는 약 8,000단어 또는 책 한 권의 4~5페이지에 해당하는 한계가 있었음. GPT-4의 최대 토큰 수는 32,768개임. 이는 약 64,000단어 또는 50페이지의 텍스트로 변환되기 때문에 희곡 또는 단편 소설도 쓸 수 있음. 즉, 대화하거나 텍스트를 작성할 때 최대 50페이지 정도를 기억할 수 있다는 뜻임. • 두 번째는 고급 추론(Reasoning) 기능으로 폭넓은 일반 지식과 문제 해결 능력 덕분에 어려운 문제를 더 정확하게 풀 수 있음. • 세 번째는 '멀티모달(Multimodal)'로 이전의 ChatGPT 및 GPT-3.5는 텍스트로 제한되었지만 GPT-4는 이미지를 보고 이해하고 설명하고 요청한 사항을 처리할 수 있음. 예를 들어, 맛있는 음식 사진에서 레시피를 추론하고 설명할 수 있고, 또한 다양한 상표와 제품에 부착된 라벨의 이미지를 보고 내용을 번역하고, 복잡한 지도를 읽는 등 다양한 분야에서 활용도가 엄청날 것으로 예상됨.

* 참고: OpenAI, 2023. SPRi.(재편집)

〉파인튜닝이란?

기존에 학습되어 있는 모델을 기반으로 아키텍처를 새로운 목적(나의 이미지 데이터에 맞게)변형하고 이미 학습된 모델 가중치(Weights)로부터 학습을 업데이트하는 방법을 말한다.

모델의 파라미터를 미세하게 조정하는 행위이다. 특히, 딥러닝에서는 이미 존재하는 모델에 추가 데이터를 투입하여 파라미터를 업데이트하는 것을 말한다.

파인튜닝을 했다고 말하려면 기존에 학습이 된 레이어에 내 데이터를 추가로 학습시켜 파라미터를 업데이트해야 한다.

BERT 이후로 딥러닝 자연어 처리는 사전훈련 모델이 기본이 되었다. 보통 위키피디아 같은 데이터로 사전훈련을 하면 언어의 기본적인 특징을 이해하게 된다. 그 다음 개별 태스크에 맞게 새로운 데이터로 재학습을 하는 파인튜닝을 거치게 된다.

요즘 딥러닝 모델은 기술을 Leading하는 몇몇 기관에서 거대한 데이터를 사용하여 미리 크기가 큰 Deep Learning Model을 학습하고 일반 사용자들을 위해 이를 배포하는 형식으로 발전이 이루어지고 있다. 그럼 이제 사용자들은 이렇게 사전 학습된 모델을 가져와서 각자 적용할 데이터에 맞게 Tuning한다.

전이학습(Transfer Learning)과 파인튜닝의 차이점은 [표2]와 같이 구분할 수 있다.

[표2] 전이학습과 파인튜닝의 차이점

구분	특징
전이학습(Transfer Learning)	• 입력층에 가까운 부분의 결합 파라미터는 학습된 값으로 변화시키지 않음 • 학습된 모델을 기반으로 최종 출력층을 바꿔 학습하는 것 • 학습된 모델의 최종 출력층을 보유 중인 데이터에 대응하는 출력층으로 바꾸고, 교체한 출력층의 결합 파라미터(그리고 앞 층의 결합 파라미터)를 소량의 데이터로 다시 학습하는 것
파인튜닝(Fine Tuning)	• 출력층 및 출력층에 가까운 부분뿐만 아니라 모든 층의 파라미터를 다시 학습 • 출력층 등을 변경한 모델을 학습된 모델을 기반으로 구축한 후, 직접 준비한 데이터로 신경망 모델의 결합 파라미터 학습 • 결합 파라미터의 초기값은 학습된 모델의 파라미터 사용 • 전이학습과 달리, (출력층 및 출력층에 가까운 부분뿐 아니라) 모든 층의 파라미터 재학습

05 ChatGPT 답변 도출 원리 세부 3단계

ChatGPT는 입력된 질문을 이해하고, 이에 대한 적절한 답변을 생성하기 위해 다음과 같은 과정을 거친다.

① 입력 문장의 이해

ChatGPT는 입력된 질문을 이해하기 위해 자연어 처리 기술(Natural Language Processing: NLP)을 사용하여 응답을 생성한다. 이를 통해 문장의 내용, 의도, 문맥 등을 파악한다.

② 관련 지식 추출

ChatGPT는 입력된 질문에 관련된 정보를 추출하기 위해 학습된 대규모 텍스트 데이터셋을 활용한다. 이를 통해 질문과 관련된 정보, 지식, 패턴 등을 파악한다.

③ 답변 생성

입력된 질문과 문맥을 기반으로 관련된 정보와 패턴을 분석하여, 답변 가능한 답변 중에서 적절한 답변을 생성한다. 이를 위해 생성된 답변은 문맥적 일관성과 언어적인 자연스러움을 지키기 위해 추가적인 조정 및 수정이 이루어질 수 있다.

④ 응답 제시

생성된 답변은 사용자에게 제시된다. 이때, ChatGPT는 다양한 평가 기준을 활용하여 생성된 답변이 언어적으로 일관성이 있고 자연스러운지 확인하기 위해 다양한 평가 기준을 활용한다.

⑤ 피드백 반영

사용자의 피드백을 반영하여, 더 나은 답변을 생성할 수 있도록 지속적으로 학습한다. 이를 통해, ChatGPT가 제공하는 답변의 품질과 정확성을 높일 수 있다.

ChatGPT는 좀 더 정확한 답변을 도출하기 위해 입력 문장을 의미 있는 작은 단위로 분리한다. 이를 토큰(Token)이라고 한다. 예를 들어, "안녕하세요, 오늘 날씨가 좋네요!"라는 문장을 토큰화하면 "안녕하세요", "오늘", "날씨가", "좋네요", "!"와 같은 토큰으로 분리된다. 그리고 분리된 각각의 토큰을 숫자로 변환한다. 이를 인코딩(Encoding)이라고 한다. 모델은 이를 바탕으로 입력 문장의 의미를 이해하게 된다. 인코딩된 입력 문장을 모델에 입력하면, 모델은 다음에 올 단어나 문장을 예측한다. 이때 이전 단어들과 문맥을 고려하여 예측(Prediction)을 수행한다. 그리고 모델이 예측한 숫자를 다시 자연어로 변환하여 출력한다. 이를 디코딩(Decoding)이라고 한다. 이러한 단계를 거쳐 입력 문장에 대한 응답을 생성한다. 이때 모델은 이전 대화 기록, 문맥, 주제, 사용자 프로파일 등 다양한 정보를 고려하여 응답을 생성한다.

ChatGPT 인간 피드백 기반 강화 학습(Reinforcement Learning with Human Feedback: RLHF)을 적용하여 사용자 질문에 적합한 응답을 생성한다.

ChatGPT가 사용자의 의도와 니즈에 부합하는 답변을 도출할 수 있도록 인간의 피드백을 반영하고 학습하는 RLHF 테크닉이 적용되는데, RLHF의 '인간 피드백(Human Feedback)'에 주목할 필요가 있다.

기존의 AI 학습 데이터에는 사람의 작업이 소량이거나 존재하지 않으나, ChatGPT의 경우 AI가 데이터를 학습하는 중간 단계에 레이블러(Labeler)라는 '인간' 학습 가이드를 두어 이들의 피드백(Human Feedback)을 바탕으로 최종 아웃풋의 퀄리티를 높인다. 즉, 인간의 선호도를 AI의 보상 신호(Reward Signal)로 사용하여 ChatGPT 모델을 미세조정(Fine Tuning)하는 것이다.

ChatGPT 답변 도출 원리를 아래 [그림1]과 같이 핵심적인 3단계로 구분할 수 있다.

[그림1] ChatGPT답변 도출 원리 및 세부 3단계

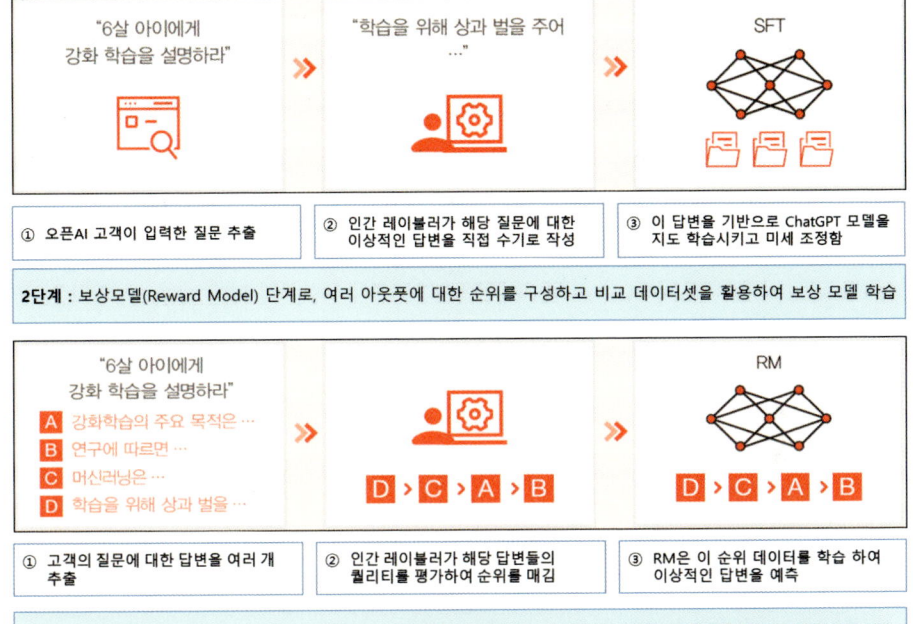

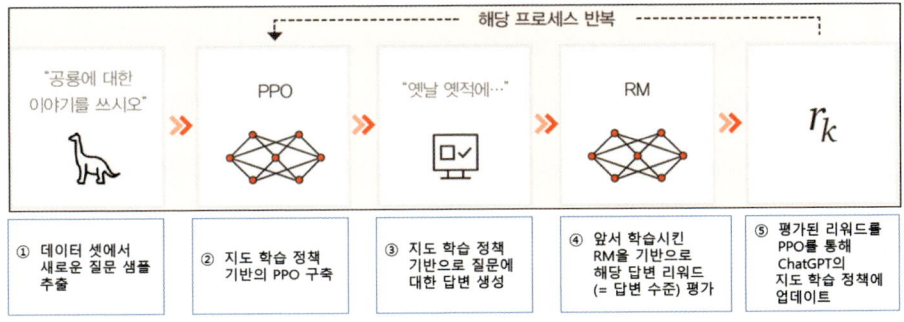

* 출처: PwC Korea Insight Flash(재편집)

    1단계는 모델의 사전 훈련(Pre Training) 단계이며, 인간에 의해 생성된 데이터를 수집 하고 데이터셋을 정의하고 미리 훈련된 지도학습 기반으로 미세 조정(Supervised Fine Tuning: SFT)을 한다. 2단계는 보상 모델(Reward Model) 단계로, 프롬프트 결과로 나온 응답에 대해 선호도 순위를 구성하고 비교 데이터셋을 활용하여 보상 모델(Reward Model)을 학습 시킨다. 또한 언어 모델이 생성한 텍스트를 사람(라벨러)이 얼만큼 좋다고 생각할지에 대한 점수를

부여하고, 다음 학습에 반영하기 위해 숫자 보상을 지정(일반적으로 0~5)한다.

3단계는 앞서 설정한 보상모델이 제공하는 보상을 사용하여 언어 모델을 훈련시키는 단계로, 프롬프트를 바탕으로 결과를 추론하고 보상 모델이 결과를 평가하고 보상값을 계산하여, 이를 기반으로 모델을 지속적으로 업데이트시킨다.

정책 강화 학습 알고리즘인 PPO(Proximal Policy Optimization)를 활용하여 모델을 조정(Fine Tuning)한다. PPO알고리즘은 최적으로 모델을 업데이트할 수 있는 강화 학습정책으로 상대적으로 복잡도가 낮고 우수한 성능을 보인다.

06 ChatGPT 활용 방법과 특징

> **ChatGPT란 무엇인가?**

ChatGPT(Chat+ Generative Pre-trained Transformer, 사전 훈련된 생성 변환기)는 GPT-3.5, GPT-4를 기반으로 하는 대화형 인공지능(Conversation AI) 서비스이다. 컴퓨터가 인간의 언어를 알아들을 수 있게 만드는 학문분야인 자연어 처리(Natural Language Processing: NLP) 및 생성형 AI(Generative AI)을 통해 사용자와 인간과 같은 대화를 나눌 수 있는 인공 지능 시스템이다.

* 출처: https://openai.com

ChatGPT는 생성형 AI의 대표적 모델인 GPT기술을 기반으로 하는데, 말 그대로 '자가학습'하여 답변을 '생성'하고 대량의 데이터와 맥락을 처리할 수 있는 '트랜스포머(변환기)' 기술이다. 여기서 핵심적인 기술은 GPT 중 'T'에 해당하는 '트랜스포머(Transformer)'인데, 앞서던 것을 기억하고 오류를 수정하는 기술로 '사람'과 대화하는 것처럼 느끼게 하는 포인트가 여기에 있는 것이다.

즉, 이용자의 특정 요구에 따라 결과를 생성해내는 인공지능을 말한다. 데이터 원본을 통한 학습으로 소설, 이미지, 비디오, 코딩, 시, 미술 등 다양한 콘텐츠 생성에 이용된다.

이러한 시스템은 고객 서비스 챗봇, 개인 비서 또는 음성 인식 비서 서비스와 같은 다양한 애플리케이션에 활용될 수 있다. 대화형 인공지능의 목표는 인간과 기계 간의 커뮤니케이션을 자동화하고 개선하여 보다 직관적이고 접근하기 쉽게 만드는 것이다.

구글이 개발한 AI 챗봇 LaMDA도 ChatGPT와 유사하다. 기계적인 연산에 한정해서 인간보다 우월한 능력을 발휘할 것으로 예상되던 인공지능은 어느 샌가 인간의 고유한 활동이라고 할 수 있는 다양한 분야에 진출하고 있다.

ChatGPT는 딥러닝을 이용해 인간이 말하고 쓰고 하는 언어를 학습해 인간다운 텍스트를 만들어내는 자기회귀 언어 모델이다. OpenAI사가 만든 대형언어 모델(Large Language Model: LLM)로 빅데이터의 '빅'처럼 어느 정도의 규모가 대형인지는 정해진 기준은 없다. 다만 최근 초거대 AI 모델들의 매개변수 수를 통해 상대적인 규모는 파악이 가능하고, GPT-n 시리즈의 3세대 언어 예측 모델이다. 문장이 얼마나 자연스러운지 확률적으로 계산함으로써 문장 내 특정 위치에 출현하기 적합한 단어를 예측하는 모델이다. 즉 [그림1]과 같이 문장 내 앞에서 등장한 단어를 기반으로 뒤에 어떤 단어가 등장해야 문장이 자연스러운지 판단하는 모델로서 정확도 높은 데이터가 더 많을수록 답변도 더 그럴싸하고 정확해진다.

[그림1] 학습을 통한 다음단어 예측

* 출처: NIA The AI Report

> ChatGPT 활용 방법 및 특징

ChatGPT 활용 방법은 매우 간단하다. ChatGPT는 웹 베이스로 되어 있는 서비스이기 때문에 다운로드가 필요 없고, OpenAI사 홈페이지(https://openai.com)에 접속하여 아래와 같이 간단한 회원가입을 하고 서비스를 바로 이용할 수 있다.

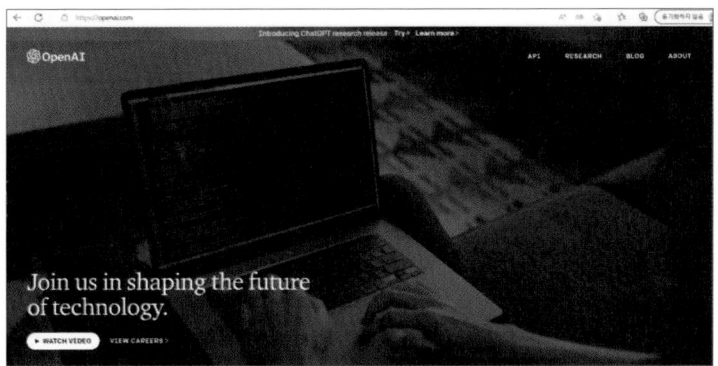

* 출처: https://openai.com

① OpenAI사 홈페이지 https://openai.com에 접속하여 사용 회원가입 즉, 계정 (Account)을 등록한다.

이때 구글 계정(Google E-mail id)이 있으면 더 쉽게 등록할 수 있다.

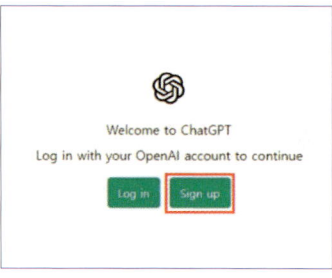
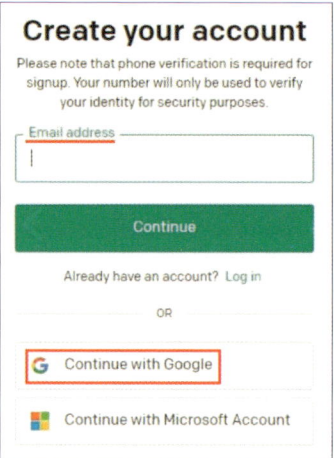

② ChatGPT를 사용하기 위한 본인의 이름과 전화번호를 입력하고 입력된 전화번호로 등록에 필요한 코드 6자리 코드를 수신 받아 코드를 입력하면 등록이 완료된다.

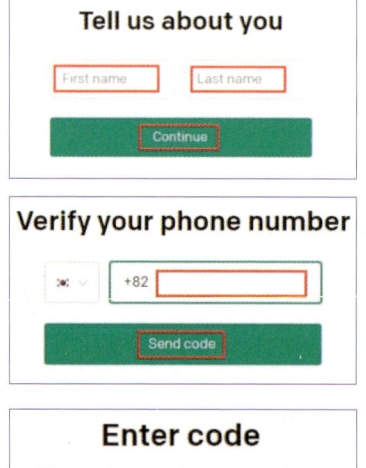
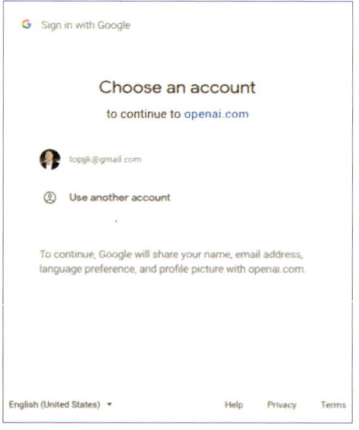

③ 등록이 완료되면 다음과 같은 화면이 나타난다. 이 화면에서 ChatGPT에 질문을 하고 답변을 받을 수 있다.

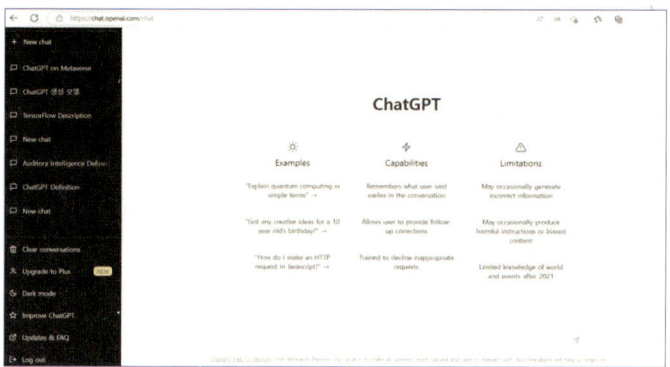

더 자세한 사용법이 궁금하다면 ChatGPT에게 질문하는 방법도 있다. ChatGPT 이용 시, 정확한 답을 얻기 위해서는 정확하고 세부적인 질문을 해야 올바른 답을 얻을 수 있다.

ChatGPT를 통해서 누구나 관련된 정보를 쉽게 얻을 수 있기 때문에 전문적인 지식을 가지고 있지 않아도 전문적인 글을 만들어 낼 수 있고, 더 나아가 이를 통해서 내가 하고 있는 관련된 일에 상상 이상의 도움을 받을 수 있기 때문에 앞으로 많은 성장 가능성을 가지고 있다. 모든 사람, 모든 분야, 모든 산업에 대한 파급력은 어마어마할 것으로 예상된다.

ChatGPT와 기존 검색 엔진 간 차이점 [표1]과 같이 기존의 전통적인 형태의 검색 엔진은 경쟁력이 잃어 사라질 위기에 처할 수 있기 때문에 최근에는 검색 엔진도 인간의 언어를 더 잘 분석하고 이해할 수 있도록 자연어 처리(NLP)기반 알고리즘을 적용하며 진화 중이다. ChatGPT 공개 이후 구글 등 검색 엔진 전문 회사들이 긴장하며 대응 솔루션을 앞다퉈 출시하고 있다. 마이크로소프트(MS)는 2023년 3월에 검색 엔진 '빙(Bing)'에 ChatGPT를 탑재한 버전을 출시하였다.

[표1] ChatGPT와 기존 검색 엔진 간 차이점

구분	ChatGPT	검색 엔진
인공지능 기술	인공지능 기술인 언어 모델링을 사용하여 사용자 질문에 대한 답변 생성	키워드 검색을 통한 정보 제공
생산성	사용자 질문에 대해 새로운 정보를 생성하는 기능이 있어 기존 검색 엔진보다 더 생성적인 답변 제공	새로운 정보를 생성할 수 없음
상호작용	사용자 친화적인 상호작용을 통해 질문을 이해하고 대답하는 방식	키워드 검색을 통한 정보 제공으로 사용자와의 상호작용은 없음
질의 및 컨텍스트 이해도	자연어 처리 기술을 통해 사용자 질문을 이해하여 의도에 맞는 결과를 제공하며, 사용자의 이전 질문을 기억하고 연관성을 고려하여 유연성 있게 답변	사용자 질문을 이해하고 답변하는 방식이 아닌 키워드 검색을 통한 정보 제공 방식으로 질문에 대한 답변을 제공하지 않으며 각 검색마다 독립적으로 정보를 제공

* 출처: NIA The AI Report

ChatGPT의 특징으로는 우리가 생각하고 얻고자 하는 많은 것을 제공해 주는 것이다.

ChatGPT는 자연어 처리의 혁신적인 성장이라 할 수 있다.

ChatGPT가 수행 가능한 작업으로는 각종 언어 관련 문제풀이, 논문 작성, 랜덤 글짓기, 소설 창작, 사칙연산, 번역, 주어진 문장에 따른 간단한 웹 코딩, 프로그래밍 코딩, 언어 번역, 언어 회화, 문장 교정, 문장 요약, 전문지식정리, 표 작성 및 표 해석, 엑셀 업무 활용, 콘텐츠 제작, 창의적 아이디어 구현, 유튜브 추천, 법령, 규정 등 검색, 일상생활 상담, 대화 등이 가능하다. 전세계 많은 사람들이 ChatGPT와 많은 대화를 나누고 있고, 교착 상태에 빠지지 않고, 반복하지 않으며, 훨씬 더 정확하게 추론하고 지속적으로 발전하고 있다.

GPT-3.5는 GPT-3와 매개변수 수(1,750억 개)가 같아 성능 면에서 큰 차이는 없으나, 인간 피드백을 통한 강화 학습(Reinforcement Learning from Human Feedback: RLHF) 적용으로 대화에 최적화되어 있다[그림2]. 예를 들어 사람의 피드백을 통해 강화 학습을 시킬 경우 인간적인 말투, 문화적인 요소 등을 반영할 수 있는데, ChatGPT는 RLHF를 적용함으로써 인간과 구별할 수 없을 정도로 자연스러운 문장 구사가 가능하다.

[그림2] GPT별 매개변수 수 비교

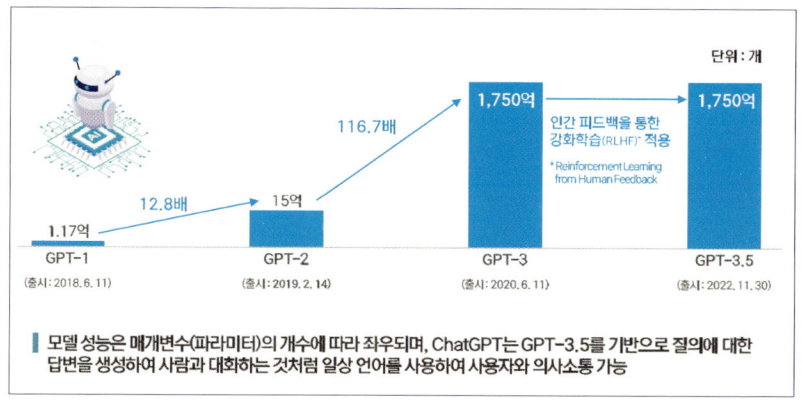

* 출처: NIA The AI Report

2023년 3월 14일 공개한 GPT-4는 기존의 ChatGPT가 GPT-3.5와 상호작용하는 방식이었는데 이제는 GPT-4와 상호작용하는 방식이 되었다. GPT-4의 특징을 살펴보면, 먼저 GPT-3.5와 이전 버전의 ChatGPT의 제한은 4,096개의 토큰(컴퓨터가 이해하는 언어단위)이었다. 이는 약 8,000단어 또는 책 한 권의 4~5페이지에 해당하는 한계가 있었다. 그러나 GPT-4의 최대 토큰 수는 32,768개다. 이는 약 64,000단어 또는 50페이지의 텍스트로 변환되기 때문에 희곡 또는 단편 소설도 쓸 수 있다. 즉, 대화하거나 텍스트를 작성할 때 최대 50페이지 정도를 기억할 수 있다는 뜻이다.

두 번째는 고급 추론(Reasoning) 기능으로 폭넓은 일반 지식과 문제 해결 능력 덕분에 어려운 문제를 더 정확하게 풀 수 있다. 세 번째는 '멀티모달(Multimodal)'로 이전의 ChatGPT 및 GPT-3.5는 텍스트로 제한되었지만 GPT-4는 이미지를 보고 이해하고 설명하고 요청한 사항을 처리할 수 있다. 예를 들어, 맛있는 음식 사진에서 레시피를 추론하고 설명할 수 있고, 또한 다양한 상표와 제품에 부착된 라벨의 이미지를 보고 내용을 번역하고, 복잡한 지도를 읽는 등 다양한 분야에서 활용도가 엄청날 것으로 예상된다. 그래서 우리는 ChatGPT를 AI의 혁명이라고 얘기한다.

07 ChatGPT 무엇이 가능한가?

    ChatGPT는 자연어 처리의 혁신적인 성장이라 할 수 있다. ChatGPT가 수행 가능한 작업으로는 [표1]과 같이 각종 언어 관련 문제풀이, 논문 작성, 랜덤 글짓기, 소설 창작, 사칙연산, 번역, 주어진 문장에 따른 간단한 웹 코딩, 프로그래밍 코딩, 언어 번역, 언어 회화, 문장 교정, 문장 요약, 전문지식정리, 표 작성 및 표 해석, 콘텐츠 제작, 이미지 인식 내용분석, 음성인식 질의 및 답변, 엑셀업무 활용, 창의적 아이디어 구현, 유튜브 추천, 법령, 규정 등 검색, 대화 등이 가능하다. 전세계 많은 사람들이 ChatGPT와 많은 대화를 나누고 있고, 인간 피드백을 통한 강화 학습(Reinforcement Learning from Human Feedback: RLHF)을 하고 있기 때문에 인간과 구별할 수 없을 정도로 자연스러운 문장 구사가 가능하고, 훨씬 더 정확하게 결과를 도출하며 지속적으로 발전하고 있다.

[표1] ChatGPT로 활용 가능한 것

No	활용 가능한 것	내용
1	글쓰기, 소설 창작 보고서 작성	• 한글, 영어 모두 가능, 분량 지정 가능 • 전문적인 카피라이팅, 소설, 블로그 포스팅, 시, 가사, 레포트, 연설문 등
2	논문 작성	• 초록 글자 수 요약, 창의적인 연구 제목, 실험 결과의 논의, 연구 목차 작성, 향후 연구 아이디어 추천, 특정 주제에 대한 글 작성 내용에 대한 문법 교정, 번역 등 가능
3	프로그래밍(코딩)	• 프로그래밍 언어를 명시하면 그 언어에 맞게 코딩 함
4	언어 번역 및 교정/ 언어회화	• 기본 번역기와 비교하여 뛰어난 성능을 보이며, 단순 번역을 넘어 교정 및 문법적 오류까지 설명 가능

5	콘텐츠 제작	• 사용자의 질문에 대한 단순 답변 수준을 넘어 영화 시나리오, 소설, 노래가사, 제품 전단지, 광고 대본, 금융보고서, 계약서, 제안서, 교재, 강의 커리큘럼 등 다양한 컨텐츠 제작 가능
6	전문 지식 정리	• 회계사, 변호사, 노무사 등 해당 분야의 판결문, 법령, 각종 예시들의 출처가 뚜렷하며, 그에 따라 결과물도 정형화되어 있어 패턴화 된 반복적 작업을 최소화할 수 있음
7	문장 요약, 수정	• 단락을 요약하거나 번역하기 가능, 영어→한국어, 한국어→영어
8	검색 엔진 최적화	• 필요한 정보를 확인하는 것은 가능하지만 검색 포털 서비스를 대체할 정도는 아님, 마이크로 소프트는 ChatGPT를 오피스 제품과 검색 엔진 빙(Bing)에 적용함
9	새로운 아이디어 탐색	• 사실관계와 무관하게 생각의 범위 확장 가능
10	유튜브 추천 같은 개인화 서비스	• 동일 창에서만 가능함, 유튜브를 확인하고 다시 접속하면 초기화 됨
11	같은 내용을 다른 어조로 변환	• 예, 전문적→대중적
12	표 해석시키기	• 예, 동향 요약 가능, 평균 출력 가능
13	엑셀업무 활용	• 어려운 엑셀 함수를 간단한 명령어로 생성하여 활용 가능함
14	법령, 규정 등 검색	• 법령, 규정 등 가능
15	창의적 아이디어 구현	• 제공 가능 작업 : 사람들에게 대화 유도하기 등, *생성 가능 작성물 : 여행 안내서, 지원서, 추천서, 일기 등

ChatGPT는 [표2]와 같이 다양한 분야별에 활용이 가능하기 때문에 향후 ChatGPT가 비즈니스적 환경부터 사회적 환경까지 다방면으로 큰 영향을 미칠 것은 분명하며, 주요 변화에 따른 대응책을 마련하는 것이 필요하다.

[표2] ChatGPT를 활용해 기업의 업무 효율을 높일 수 있는 비즈니스 분야

비즈니스 분야	업무효율을 높일 수 있는 것
고객 서비스	• ChatGPT는 고객 문의에 즉각적이고 정확한 답변을 제공하여 고객 서비스를 개선할 수 있음 • 웹사이트나 메시징 플랫폼에 ChatGPT를 통합하여 고객의 질문이나 우려사항에 대한 답변을 할 수 있음 • 고객 피드백 요약 및 분석 • 실시간 고객 지원 서비스 제공
영업 * 마케팅 (영업, 파인다이닝)	• ChatGPT는 제품 추천을 개인화하고, 제품과 서비스에 대한 질문에 답변함으로서 영업을 개선하는데 활용할 수 있음. 이는 고객 정보에 기반하여 구매결정을 내릴 수 있도록 하고 전환율을 높일 수 있음 • ChatGPT를 사용하여 맞춤형 추천을 제공하고 메시징 플랫폼을 통해 고객과 상호작용 함으로서 마케팅 캠페인을 자동화할 수 있음. 이것은 고객 참여도와 충성도를 높일 수 있음 • 고객과의 대화 내용을 녹음→텍스트로 바꾼 내용을 요약하고 CRM에 자동 입력하기 • 고객 관련된 데이터를 넣으면서 각 고객에 맞는 홍보 문자 메시지를 만들기 • 고객 관련된 데이터 + 회사 콘텐츠를 넣으며 고객별 흥미로운 이야기를 찾아내기 • 고객 연락처가 있는 웹사이트를 크롤링 하는 프로그램을 자연어로 만들어 내기 • 마케팅 및 영업 콘텐츠(SNS, 기술서 등) 생성 • 상품 및 서비스 사용 가이드북 생성 • 최적화된 영업 방법 추출하여 서비스 향상
연구개발	• ChatGPT를 사용하여 고객데이터와 피드백을 분석하여 추세와 개선사항을 파악할 수 있음, 이는 고객요구를 더 잘 충족시키기 위해 제품과 서비스를 개선하는데 도움이 됨
운영	• 생산 상품 관련 고객 문의사항 해결 • 프로세스 에러, 생산 이상, 상품 결함 등 파악 • 프로세스 자동화를 통해 고객 서비스 향상 • 문서 분석을 통해 구체적인 계약 조건 파악
IT 개발자	• 다른 개발 언어로 쓰여진 라이브러리를 내가 쓰는 개발 언어로 변환하기 • 프로그램 코딩하기(Python, Java, C++, JavaScript, C#, Ruby,Swift 등) • 코드를 입력하고 코딩할 내용을 자연어로 명령해서 코드를 수정하고 보완하게 만들기 • 내가 작성한 코드 리뷰를 명령하기 • 발생하는 에러애 대해서 분석을 시켜보기 • (PM을 위해서) 코드를 읽기 쉽게 변환 시키기 예) SQL 쿼리, 정규식 • 코드를 넣어 주면서 주석을 달라고 하기 • ChatGPT는 프로그래밍에 훌륭한 결과를 도출해주고 있음 • 복잡한 코딩 문제 해결, 신규 코드 생성 • 데이터 테이블 자동 생성 • 머신러닝 모델의 훈련 정확도를 높이기 위해 합성 데이터 생성
법률	• 계약, 특허출원 등 법적 문서 검토 • 대량의 규제 관련 문서들을 검토, 규제변화 추적 • 공공 및 민간 기관 관련 법적 문서 내 질의사항 답변

인사 및 직원교육	• ChatGPT를 사용하여 회사 정책과 절차에 대한 정보를 제공하고 질문에 답변함으로서 자동화된 교육을 제공할 수 있음 • 인력 채용 시 사용될 면접 질문 생성 • HR 업무 자동화 처리 예) 직원 온보딩, 복지, 규정 등 설명
인력 최적화	• 사내 커뮤니케이션 기능 최적화 • 비즈니스 프레젠테이션 생성(이메일 발송 자동화, 번역 등) • 온라인 회의 내용, 발표 자료 등 업무요약 • 사내 지식 포털 관련 Q&A 자동화 처리 • 고성능 스캐너, 머신러닝, 문서인식 등으로 회계업무 자동화
업무활용	• 보고서 자료조사: 각종 전문적 지식, 논문 등의 자료 조사 후 결과를 정리 • 사업기획 아이디어: 정책, 사업 등의 계획수립 시 아이디어 도출 등 • 글쓰기, 보도자료, 번역 및 교정: 영어번역이나 교정 등 표현을 자연스럽게 수정 • 엑셀업무 활용: 어려운 엑셀 함수를 간단한 명령어로 생성하여 활용 가능

ChatGPT는 [표3]에서 정리한 것과 같이 다양한 직무별, 일상생활 및 공공 분야에서도 활용이 가능하다.

[표3] ChatGPT 주요 직무별 활용 분야

비즈니스 분야	업무효율을 높일 수 있는 것
교육 (학원, 학교, 교육사업, 학생)	• 학생의 수준에 맞는 단계별 문제를 생성해 내기 • 학생들 평가 글을 키워드만으로 생성해 내기 • 커리큘럼을 짜는 것을 브레인스토밍하고 세부 내용을 작성 시키기 • 답을 지정해 주고 다른 풀이 방법을 생성해 내기 • 학생들의 주관식 답을 분석하고 평가하기 • ChatGPT로 숙제하기 • 합하여 고객의 질문이나 우려사항에 대한 답변을 할 수 있음 • 고객 피드백 요약 및 분석 • 실시간 고객 지원 서비스 제공
창작활동 (크리에이터) (블로거, 작곡가)	• 트렌드한 주제를 자동으로 뽑아서 자동으로 블로그 글을 수백개 만들기 예) 일잘러, 장피엠) • 정리 없이 수집한 흥미로운 주제, 사례, 인사이트를 넣어주며 콘텐츠 주제를 브레인스토밍하기 • 혼자 말하기, 사람들과 대화하는 내용을 녹음하여 텍스트로 변환한 뒤 브레인스토밍에 사용하기 • 불릿 포인트(Bullet point)에서 세부 결과물 만들어 내기-글, 음악 노트 • 청중이나 독자들의 피드백을 모아서 중요한 내용을 뽑아내는데 사용하기 • **블로그 및 글쓰기:** 블로그 포스트, 기사, 에세이 등의 글쓰기를 자동화할 수 있음 • **노래가사 및 시작성:** 노래 가사를 자동으로 생성 가능하며, 시적 표현도 가능하여 시 작성을 자동화할 수 있음 • **소설작성:** 소설을 자동으로 작성할 수 있음, 예를 들어, 이전 작품을 분석하고 비슷한 스타일의 소설을 생성 • **유튜브 스크립트:** 유튜브 비디오에 대한 스크립트를 주제를 주고 작성
연구 (VC, 연구원, 대학원생)	• 나의 핵심 아이디어가 다른 분야에서도 쓰이는지 찾아보라고 명령하기 • 연관이 없어 보이는 두 주제를 강제로 결합해서 자연스레 이어보게 시키기 • 논문, 기술문서, 보고서, 세미나 녹음 파일 등을 잘라서 입력한 뒤 요약한 내용 보기 • 문서 작성 시에 불릿 포인트(Bullet point)로 내용을 제공한 뒤 온전한 글을 만들기
일상생활 활용	• 법률자문: 각종 법률에 대한 질문을 통해 기본적인 답변을 도출 예) 전세를 살고 있는데 전세계약 만료 후 계약금을 받지 못했습니다. 어떻게 하나요? • 투자자문: 부동산, 주식 전망 등에 대한 질문 등 예) 테슬라에 투자하려고 하는데 전망은 어떤가요? • 건강상담: 건강문제에 대한 기본적인 질의 및 응답 예) 혈압에 좋은 음식은 무엇인가요? • 심리상담: 개인의 심리적 상태에 대해서 조언하고 해결책을 제시 예) 마음이 불안하고 잠이 오지 않는데 어떻게 해야 하나요? • 진로상담: 청소년 대학진학 등의 조언 예) 경영학과는 어떤 것을 배우는 곳입니까? 경영학과에 진학하려면 어떤 역량이 필요한가요? • 자동차 정비상담: 자동차 고장시 진단에 관한 상담이 가능 • 영어공부: ChatGPT를 영어교사처럼 행동하게 하는 명령어 입력 후 대화 및 즉시 교정 가능(Talk to ChatGPT)

공공분야 활용	• 고객서비스	ChatGPT는 시민들에게 고객 서비스를 제공하는 가상 비서로 사용될 수 있음. 시민들이 정부 서비스에 대한 정보를 얻고, 질문에 답하고, 양식과 신청서를 작성하는 데 도움을 줄 수 있음. (가상비서, 챗봇 등 전자정부 서비스 등)
	• 정책 분석	ChatGPT는 정책 문서를 분석하고 잠재적 영향에 대한 인사이트를 제공하는 데 사용할 수 있음. 이를 통해 정책 입안자가 더 많은 정보에 기반한 결정을 내리고 정책의 효과를 개선할 수 있음. (정책 장단점, 시뮬레이션 예측, 부정 예측 및 탐지, 의사결정 지원 등)
	• 대중 참여	ChatGPT는 시민들과 소통하고 정부 정책 및 프로그램에 대한 피드백을 수집하는 데 사용할 수 있음. 또한 시민들의 질문에 답변하고 예정된 이벤트와 이니셔티브에 대한 정보를 제공하는 데에도 사용할 수 있음
	• 데이터 분석	ChatGPT는 대량의 데이터를 분석하고 트렌드와 패턴에 대한 인사이트를 제공하는 데 사용할 수 있음. 이를 통해 정부 기관은 데이터 기반 의사 결정을 내리고 운영 효율성을 개선할 수 있음.
	• 언어 번역	ChatGPT는 문서와 커뮤니케이션을 다른 언어로 번역하는 데 사용할 수 있어 다른 언어를 사용하는 시민이 더 쉽게 접근할 수 있음

전반적으로 ChatGPT는 고객 서비스부터 정책 분석 및 데이터 분석에 이르기까지 다양한 방식으로 공공 부문에 유용한 도구가 될 수 있다. 자연어를 이해하고 적절한 응답을 제공하는 능력은 정부 운영의 효율성과 효과성을 향상 시키는 데 도움이 될 수 있다. 다만, 공공 활용시 프라이버시 및 보안, 편향성과 공정성, 규제 및 법제도 변경에 따른 적시성, 비용, 변화에 대한 저항 등이 문제가 될 수 있다.

08 미드저니를 이용한 그림 생성 방법

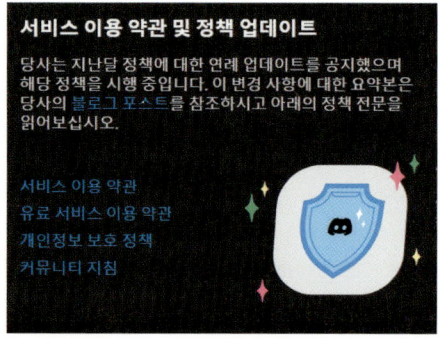

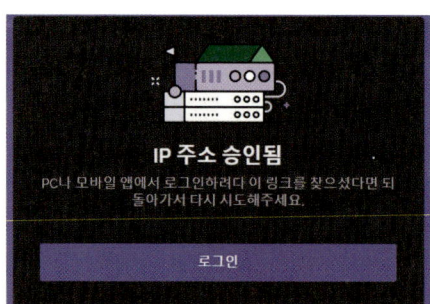

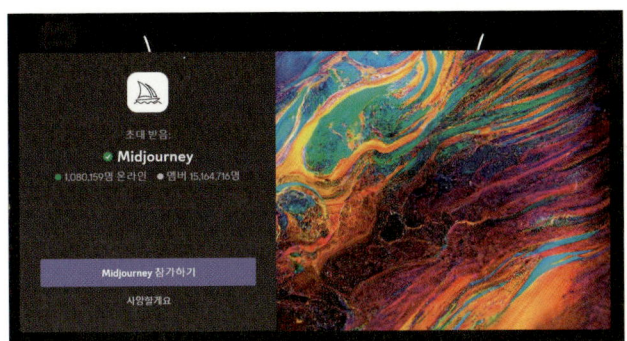

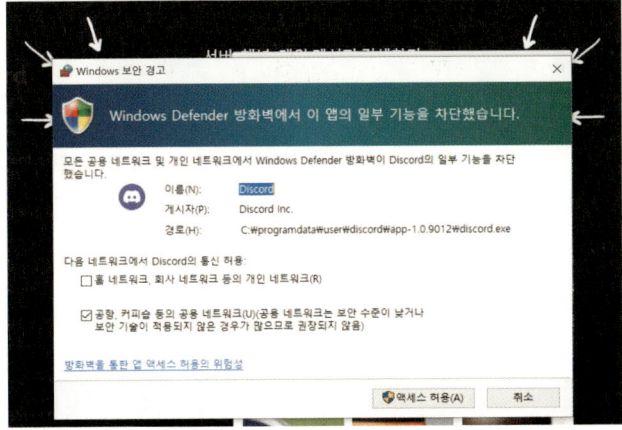

우선 첫 걸음은 미드저니 사이트에 접속하는 것이다. 파란색 화면에 선택할 수 있는 4개의 메뉴가 나온다. '시작하기(Getting Started)'는 나중에라도 한 번 살펴보면 좋다. 세세한 이미지를 생성할 수 있는 다양한 옵션과 명령어에 대한 설명이 나와 있다. 일단 시작을 해보자. '베타서비스 접속(Join the Beta)'을 클릭하면 바로 디스코드 초대 화면으로 이어진다.

미드저니를 사용하기 위해서는 일단 디스코드에 가입해야 한다. 가입 절차를 마치고 다시 한 번 베타서비스 접속을 누르면 위 화면과 동일한 화면이 나온다. 초대를 수락하고 미드저니 디스코드 안으로 접속한다.

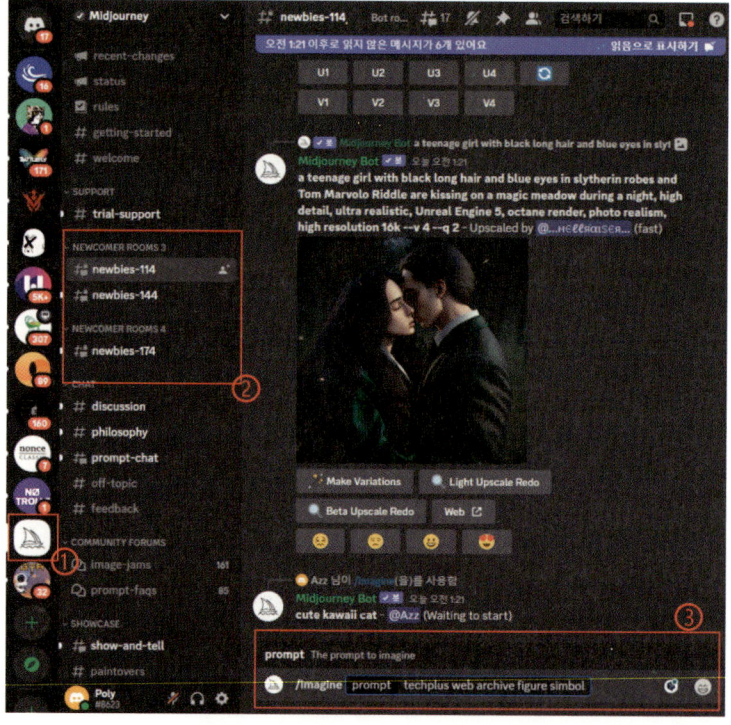

디스코드는 원래 사용하던 사람이 아니라면 약간 헤메기 좋게 설계되어 있다. 일단 왼쪽에 있는 상태 바에서 흰색 돛단배 모양의 아이콘(①)을 기억해야 한다. 여기를 클릭하면 언제든지 미드저니 세부 메뉴로 들어올 수 있다. 당장 이미지를 만들어야 하니 일단 방 제목이 '신입(Newbies)'으로 시작하는 방(②)에 아무곳이나 들어간다.

미드저니 인터페이스가 독특한 점은 크게 두가지다. 하나는 SNS를 통해서 내가 만들고 싶은 그림을 요청하면, 미드저니 봇이 그 그림을 만들어서 공유해 준다는 점이다. 두 번째는 이 과정을 그 방에 있는 사람들이 모두 지켜볼 수 있다는 것이다. 채팅창에 '슬래시(/)+ i'를 쓰면 그림 설정에 필요한 키워드를 입력할 수 있는 프롬프트 창(③)이 나온다. 웹에서 '테크플러스'라고 했을 때 어떤 이미지가 떠오를지 궁금하니 프롬프트 창에 'Techplus Web Archive'라고 입력한다. 키워드는 오직 영어만 입력 가능하며, 많이 입력할수록 생성에 오랜 시간이 걸린다.

키워드를 입력했으면 자신이 입력한 채팅을 계속 지켜보고 있어야 한다. 처음에는 대기(Waiting To Start) 상태로 있다가 순서에 따라 갑자기 백분율로 진행도가 업데이트된다. 그리고 생성이 완료되면 스크롤을 맨 아래로 내리면 된다. 그럼 완성된 이미지를 확인할 수 있다. 이 방법을 사용하지 않으면 다른 사람들이 만드는 그림에 스크롤이 빠르게 넘어가는 바람에 내가 작업한 이미지를 찾지 못하는 상황이 발생하니 유의해야 한다.

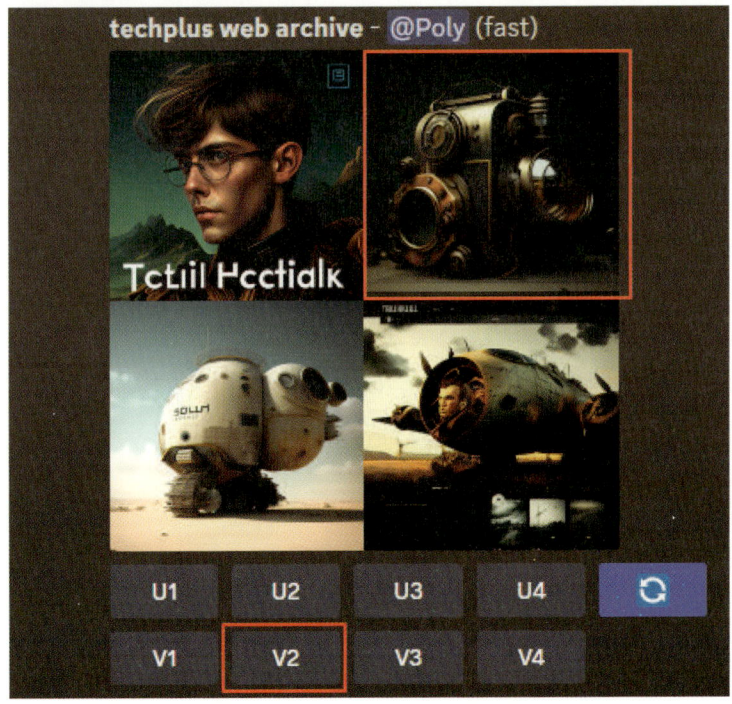

미드저니는 새로운 생성 명령을 내리면 기본적으로 4장의 서로 다른 이미지

를 제시한다. 이미지 밑에는 U1부터 U4, V1부터 V4까지 선택할 수 있는 창이 생긴다. 파란색 리사이클 아이콘은 4장 모두 마음에 안 들때 사용하면 된다. 새롭게 4장의 이미지가 다시 제시된다. U계열 버튼들은 생성된 이미지가 마음에 들 때 확정하는 용도로 사용한다. V계열 버튼들은 생성된 이미지와 비슷한 결을 유지하되, 세부적인 요소들을 변형시킬 때 사용한다. 나는 두 번째 이미지를 약간 변형하길 원했으므로 V2를 클릭했다.

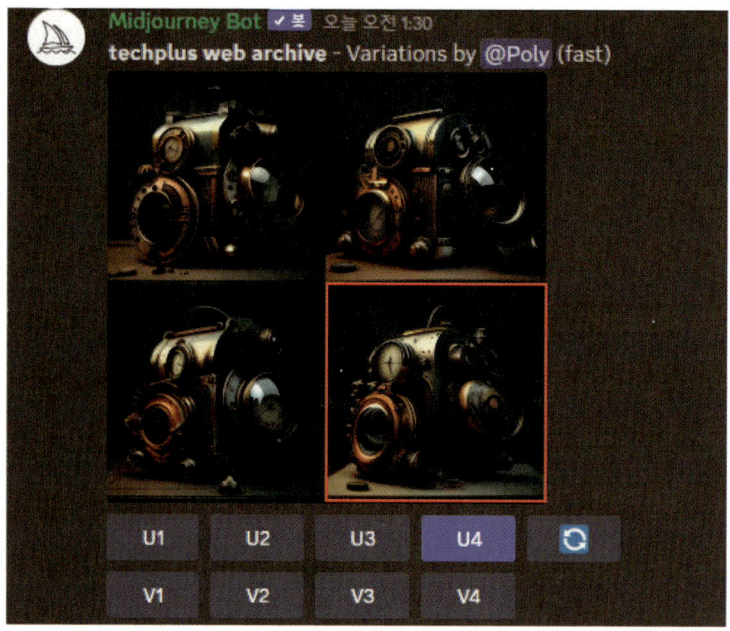

잠시 기다리면 두 번째 이미지를 여러가지로 변형시킨 사진 4장이 나온다. 여기서 또 변형을 시키거나, 마음에 드는 사진이 나오면 U버튼으로 확정하면 된다. 내 경우에는 네 번째 이미지가 그럴싸해 보여서 U4버튼을 눌렀다.

　이것이 인공지능이 봤을 때 '테크플러스'라는 단어와 어울릴법한 웹 이미지 되겠다. 잘 어울리는가. 마음에 안 든다면 계속해서 재생성할 수 있다. 이미지 생성은 한 단계를 넘어갈 때마다 대략 10초~20초 정도의 시간이 걸린다.

　이렇게 이미지를 25회 생성한 이후에는 유료 멤버십을 구독해야 한다. 매월 200개의 이미지를 만들 수 있는 베이직 플랜(8달러)과 무제한으로 이미지 생성이 가능한 스탠다드 플랜(24달러), 타인에게 자신이 만든 이미지를 공개하지 않으면서 무제한 생성이 가능한 프로 플랜(48달러) 등 세 종류다.

　※ 상업적 이용은 가능, 저작권은 '사회적 합의' 필요

　미드저니는 일단 유료 멤버십을 구독하면 모든 이미지에 대해 자유롭게 상업적 이용을 할 수 있다. 인공지능이 만든 이미지에 대한 저작권도 인정되는 분위기였으나 현재는 의견이 분분하다. 미 저작권청(USCO)은 앞서 지난해 9월 AI 프로그래머인 크리스 카슈타노바가 미드저니를 이용해 그렸던 만화책 '새벽의 자리야'를 저작물로 인정한 바 있다. 그러나 3개월 후인 12월에 돌연 태도를 바꿔 저작권 보호 관련 재심을 실시했다. 미국법상 작품의 저작권은 인간 작가에게만 적용된다는 이유였다.

　원본 저작권에 대한 침해 문제도 아직 명확히 해결되지 않았다. 미드저니 인공지능은 알고리즘 특성상 수십억개의 이미지 및 텍스트를 학습한다. 그 학습을 바탕으로 사용자의 키워드가 입력되었을 때 거기에 걸맞는 최종 결과물을 내놓는 것이다. 그렇다면 학습용으로 활용된 이미지의 원저작자 입장에서는 인공지능에게 저작권 침해를 당했다는 주장을 할 수 있다. 다만 지금으로서는 어떤 것도 확실치 않다. 저작권 이슈로 인공지능을 이용한 개인의 창작 활동이 제한받는 것은 상당히 먼 미래의 일일 것으로 보인다.

　끝으로 미드저니에 흥미는 가지만 어떤 키워드를 입력해야할지 막막한 사람들은 '커뮤니티 쇼케이스' 페이지를 방문해보길 권한다. 이곳에는 앞서 사용자들이 만들어 놓은 작품 중, 질이 뛰어나고 독특한 이미지들이 사용된 키워드들과 함께 전시되어 있다. 행운을 빈다.

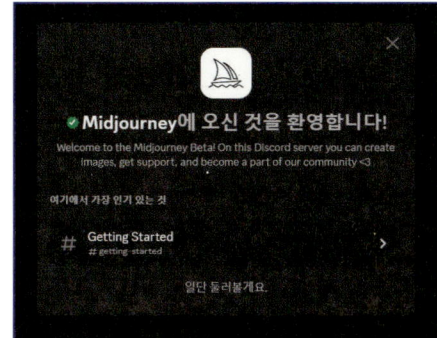 

* 출처: '이미지 생성 1타 인공지능' 미드저니, 기본 가이드 | 작성자 테크플러스

09 이미지 생성 인공지능(Text to Image)

ChatGPT가 일으킨 생성형 인공지능(AI) 열풍이 이미지 생성 AI로도 확산되고 있다. 몇 년 전부터 개발되고 사용된 프로그램들이지만 최근 ChatGPT 덕분에 사용자들이 늘고 있는 것이다.

생성 모델(Generative Models)을 기반으로 이미지를 그려주는 인공지능이 빠르게 발전하며 등장하고 있다. 2021년 12월 GLIDE가 나와서 관심을 끌었는데, 2022년 4월 OpenAI에서 달리2(DALLE2)가 나와서 많은 사람들이 사용하며 감탄을 자아냈다. 2022년 5월 구글에서도 Imagen을 출시하였고 이어서 2022년 6월 스테이블 디퓨전(Stable Diffusion) 등 텍스트를 입력하면 이미지를 그려주는 인공지능이 빠르게 발전하며 등장하고 있다. 이유는 이미지 생성 AI는 별도의 프로그램 설치 없이도 누구나 쉽게 사용할 수 있기 때문이다.

이미지 생성 AI는 ChatGPT처럼 프롬프트라는 입력창에 텍스트를 적으면 이미지 결과물을 생성해주는 AI 모델이다.

이 외에도 딥 드림 제너레이터(Deep Dream Generator), 미드저니(Mid Journey) 크레용(Craiyon), 나이트카페(NightCafe), 웜보 드림(Wombo Dream), 아트브리더(Artbreeder) 등이 있다. 이 프로그램들로 생성한 그림은 각종 미술대회에서 수상작으로 선정되는 등의 놀라움을 보여주고 있다. 뿐만 아니라 이 프로그램들을 활용해 비즈니스 모델을 개발하고 상용화하는 사례도 나오고 있다.

텍스트가 이미지가 되기 위해서는 '디퓨전 모델(Diffusion Model)'이 어떻게 적용되어 그림을 생성하는지 그리고 앞으로 3D나 4D 등의 영상까지 제작되는데 그 끝은 어디까지일지 궁금하다.

문장을 그림으로 전환할 수 있는 인공지능(AI)이 탄생한 것은 디퓨전 모델이라는 새로운 영역이 개척됐기에 가능하다. 그동안 컴퓨터 비전에 주로 쓰인 모델은 GAN(Generative Adversarial Networks)이라는 기계학습 방식을 기반으로 하고 있다. 이미지를 생성하는 '생성자(Generator)'와 해당 이미지가 진짜인지 가짜인지 판별하는 '판별자(Discriminator)'라는 두 개의 인공신경망을 만들어 서로 경쟁을 붙이는 방식이었다. 생성자가 이미지를 만들어내면 감별자가 진위를 판단하는데, 이를 반복하면서 정확도를 높이는 구조다. 가짜로 판별이 나면 생성자가 또 다른 그림을 그려 판별자가 인식할 수 없을 정도로 반복해서 더 진짜 같은 그림을 그리는 것이다.

> 디퓨전 모델(Diffusion Model)

디퓨전 모델은 데이터를 만들어내는 Deep Generative Model 중 하나로, 데이터(Data)로부터 노이즈(Noise)를 조금씩 더해가면서 데이터를 완전한 노이즈로 만드는 퍼워드 프로세스(Forward Process or Diffusion Process)와 이와 반대로 노이즈로부터 조금씩 복원해가면서 데이터를 만들어내는 리버스 프로세스(Reverse Process)를 활용한다. DALLE2나 엑사원이 도입한 디퓨전 모델은 보다 진일보했다는 평가를 받고 있다. 디퓨전이란 초점이 흐리다는 뜻으로 노이즈를 연속해서 학습시킨 뒤 이를 역으로 적용하는 방식이다. 마치 초고해상도 사진을 백지가 될 때까지 문질러, 다시 이를 반대로 백지에서 초고해상도 사진으로 바꾸는 작업과 유사하다고 할 수 있다.

예를 들어 '그랜드캐년에 있는 서부의 총잡이'라는 문장을 입력하면 이를 텍스트 인코더가 받아들여 이를 컴퓨터가 이해할 수 있도록 숫자로 전환하는 작업인 텍스트 임베딩을 거친다. 이후 디코더 모델이 그랜드캐년과 서부의 총잡이에 해당하는 각각의 이미지를 학습한 것을 토대로 그려낸다.

GAN은 지금껏 무수히 많은 컴퓨터 비전에서 사용되고 있기 때문에 표현이 제한적일 수 있는데, 디퓨전 모델은 백지 상태에서 그림을 그리기 때문에 매우 다양한 그림을 그릴 수 있다는 평가를 받고 있다.

디퓨전 모델은 현재 이미지(Image) 쪽에서는 가장 잘 작동하는 제너레이티브 모델(Generative Model) 중 하나이기 때문에 기본으로 알아놓으면 이미지 생성이나 이미지 생성에 관련된 연구를 할 때 아주 유용할 것 같다.

이미지 생성 서비스를 제공하는 주요 회사들을 살펴보면 다음과 같다.

① 미드저니(Midjourney)

* 출처: '미드저니(Midjourney)'가 그린 범선이 위에 있는 금반지

미드저니는 미국 항공우주국(NASA) 엔지니어 출신인 데이비드 홀츠가 개발한 'AI 화가' 프로그램이다.

인공지능 이미지 생성 서비스인 '미드저니(Midjourney)가 2022년 7월에 서비스를 시작해 사용자 수 2000만명을 돌파하며 빠른 속도로 확산되고 있다. 어느 시간에 접속하든 평균 200만명 이상의 사용자들이 이 서비스를 동시에 사용하고 있다.

미드저니는 상용 SNS 서비스인 디스코드(Discord)를 이용해 로그인 만으로 비교적 쉽게 사용하여 이미지를 생성하는 매우 특이한 방식을 사용한다.

프로그램 접속 후 프롬프트에 '/imagine'이라는 명령어를 넣고 원하는 문장이나 단어 등을 입력하면 이미지를 생성해준다. 특히 참조 이미지 주소(URL)를 넣어 좀 더 자신의 스타일에 맞게 이미지를 만들 수 있으며, 이미지 비율이나 해상도도 조절할 수 있다.

미드저니의 이러한 인기는 상당 부분 범용성에서 온다. 미드저니는 키워드만 잘 입력하면 분야에 크게 구애 받지 않고 바로 사용할 수 있는 수준의 결과물을 내놓는 것이 장점이다. 서비스 가입 시 기본으로 주어지는 25장의 무료 생성권을 다 사용하면 속절없이 최소 10달러부터 시작하는 월간 회원권을 유료 결제를 해야 함에도 이용자가 빠르게 증가한 이유다.

대부분 위에서 소개된 이미지 생성 프로그램들은 프롬프트에 영어로 입력하는 것이 기본이기 때문에 구글 번역, 파파고 등을 활용해도 충분히 원하는 이미지를 얻을 수 있다.

② 딥 드림 제너레이터(Deep Dream Generator)

* 출처: Deep Dream Generator

딥 드림 제너레이터는 2015년 구글이 개발한 딥러닝 기반의 이미지 생성 프로그램이다. 영화 인셉션에서 영감을 받아 개발했다는 프로그램으로 결과 이미지가 미술 작품의 느낌을 주는 것이 특징이다.

사용법은 크게 다르지 않다. 회원가입(페이스북, 구글 로그인 가능) 후 프롬프트에 원하는 문장을 입력하면 된다. 무료는 아니지만 첫 가입 시 100포인트를 주며, 한 번 이미지를 생성할 때마다 포인트가 감소한다. 설정에 따라 감소하는 포인트는 다르다.

딥 드림 제너레이터는 문장 입력 외에도 AI 모델, 종횡비, 품질, 네거티브 프롬프트, 얼굴 보정 등을 선택할 수 있다.

AI 모델에서는 퓨전, 예술적, 판타지, 포토리얼, 안정적인 이미지 가운데 원하는 스타일을 선택할 수 있고, 비율에서는 사각형, 풍경, 초상화 비율 중 하나를, 품질은 일반 품질과 고품질 중 하나를 선택할 수 있다. 네거티브 프롬프트는 결과 이미지에서 보고 싶지 않은 부분을 미리 빼는 설정으로 자동, 미설정, 직접 입력 중 하나를 선택하면 된다. 이 외 얼굴 보정 여부와 이미지 파일 크기를 선택할 수 있다.

③ 달리2(DALLE2)

* 출처: DALLE2

달리2는 오픈AI에서 개발한 이미지 생성 AI로 높은 해상도와 사실적이고 세밀한 이미지 생성이 특징이다.

사용법은 비교적 간단하다. 달리2 사이트에서 로그인한 후 프롬프트에 원하는 내용을 입력하면 된다. 내용을 입력할 때는 단어의 나열보다는 상상한 이미지를 구체적으로 설명하면 더 품질 좋은 이미지를 얻을 수 있다. 달리2는 포토샵처럼 이미지 합성이나 편집도 가능하다. 포토샵만큼 세밀하고 복잡한 편집은 안되지만 문장을 입력하는 것만으로 편집할 수 있다는 점은 이미지 생성 AI 활용의 무한한 확장성을 시사한다.

④ 스테이블 디퓨전(Stable Diffusion)

* 출처: Stable Diffusion

　스테이블 디퓨전은 대표적인 딥러닝 기반 이미지 생성 AI 프로그램으로 독일 뮌헨 대학교 Machine Vision & Learning Group연구실의 "잠재 확산 모델을 이용한 고해상도 이미지 합성 연구"를 기반으로 하여, 스테빌리티 AI(Stability AI)와 런웨이 ML(Runway ML)의 지원을 받아 개발됐다. 스테이블 디퓨전은 다른 웹 프로그램과 달리 자연어 처리 스타트업이 개발한 허깅페이스(Hugging Face)에서 설치 파일을 다운로드 받아 개인 컴퓨터에 설치해야 하는 번거로움이 있다. 하지만 무료이고 오픈소스이기 때문에 누구나 스테이블 디퓨전을 통해 이미지 생성 AI 프로그램을 만들 수 있다. 다만 허깅페이스의 '스테빌리티 AI' 공간에서는 웹 환경에서 사용해 볼 수 있는 데모 버전(Stable Diffusion 2.1 Demo)을 제공한다. 사용법은 간단하며 별도의 로그인도 필요 없다. 프롬프트에 원하는 문장을 입력하고 선택 사항으로 네거티브 프롬프트를 입력하면 된다.

　스테이블 디퓨전을 사용한 짧은 애니메이션을 제작할 수 있다. 예를 들어 10초짜리 실물 동영상을 각 프레임별로 쪼개서 사진 파일로 바꾸어야 한다. 이 작업은 비디오 편집 소프트웨어를 사용하여 수행할 수 있다. 대표적인 비디오 편집 소프트웨어로는 Adobe Premiere Pro, Final Cut Pro, DaVinci Resolve 등이 있다. 그리고 나서, 각각의 이미지를 스테이블 디퓨전 소프트웨어로 열어서 애니메이션화 작업을 수행해야 한다. 이 작업은 수동으로 한 프레임씩 변경해야 하기 때문에 시간이 많이 소요될 수 있다. 하지만, 일부 프레임을 복제하여 더욱 자연스러운 모션을 만들 수도 있다. 또한, 프레임 수를 줄이거나, 작은 영역에만 애니메이션을 적용하는 등의 방법을 사용하여 작업 시간을 줄일 수도 있다. 이런 방법들을 통해, 수백 장에서 수천 장의 이미지를 애니메이션화시키는 작업을 더욱 효율적으로 수행할 수 있다. 하지만, 여전히 시간과 노력이 많이 필요하므로, 빠르게 제작하는 사람들은 이미지의 개수를 줄이거나, 더 간단한 애니메이션을 만드는 경우가 많다.

⑤ 구글 이매진(Google Imagen)

* 출처: Imagen

구글에서 개발한 텍스트 입력을 기반으로 이미지를 생성할 수 있는 인공지능 프로그램이다. 구글은 '전례 없는 수준의 사실적 묘사와 깊은 수준의 언어 이해' 통해 사실적인 이미지를 생성할 수 있다고 소개했다. Imagen은 텍스트를 이해하는 대형 변환기 언어 모델의 성능을 기반으로 정확도 높은 이미지를 생성하는 확산을 결합한다.

Imagen은 대규모 사전 훈련된 언어 모델과 계단식 확산 모델이 결합하여 깊은 텍스트 이해와 사실적인 이미지 생성이 가능한 것이 Imagen의 장점이다.

⑥ 어도비 파이어플라이(Adobe Firefly)

* 출처: Adobe Firefly

　Adobe Firefly는 현재 베타 테스트 중인 Adobe에서 개발한 새로운 생성 AI 도구이다. 이 도구는 Photoshop, Illustrator 및 Premiere Pro와 같은 Adobe에서 가장 많이 사용되는 제품에 적용되었다. 또한 Adobe Firefly의 목표는 크리에이티브가 독특하고 흥미로운 콘텐츠를 빠르고 효율적으로 생성하는 것을 더 쉽게 만드는 것이라고 한다. Adobe Firefly도 텍스트 기반 프롬프트에서 고유한 이미지를 생성하는 기능이다. 예를 들어 사용자는 텍스트 기반의 프롬프트를 입력할 수 있으며 Firefly는 해당 프롬프트를 기반으로 이미지를 생성한다. 그런 다음 사용자는 작업하려는 이미지의 일부를 자르고 Photoshop 내에서 계속 편집할 수 있다.

　사용자는 자신의 프롬프트를 입력하여 그림을 생성하거나, Adobe에서 제공하는 프롬프트 갤러리에서 선택할 수 있다. 프롬프트가 입력되면 Firefly는 해당 프롬프트를 기반으로 이미지 또는 디자인을 생성한다. 그런 다음 사용자는 작업하려는 생성된 이미지 부분을 클립하고 선택한 Adobe 애플리케이션 내에서 계속 편집할 수 있다.

　Adobe Firefly는 이미지나 동영상 같은 창작물을 빠르고 효율적으로 생성하는 방법을 제공하여 크리에이티브 업무 방식을 혁신할 수 있는 잠재력을 가지고 있다. 손이 많이 가고 시간이 많이 걸리는 콘텐츠 생성 작업을 처리함으로써 크리에이터들은 창의성과 혁신과 같은 작업의 더 중요한 측면에 집중할 수 있다. Firefly는 또한 마케팅에서 교육에 이르기까지 다양한 산업 분야에서 사용될 가능성이 있다.

10 ChatGPT 전망과 인간의 역할 변화

ChatGPT 등 AI 기술의 진보에 따른 인간의 역할 변화가 필요하다. 인간의 언어와 추상적 개념을 이해하는 생성형 AI 애플리케이션의 대중화가 인간 최후의 보루였던 창의성 영역을 빠르게 대체하고 있다. 아마 지금이 현대사회의 몇가지 직업분야에 인간의 직접적인 노동을 필요로 하는 마지막 세기일지도 모른다.

과거에 자동차의 등장으로 인간의 이동이 편리해졌고, 컴퓨터의 등장으로 인간의 문제 해결 능력이 증강되었으며, 인터넷의 등장은 사람들의 집중력을 떨어뜨렸을지는 모르나 연결을 통해 새로운 가치를 생성하였다.

스마트폰의 등장으로 많은 전화번호를 일일이 기억하는 것은 덜 중요해졌으며 정보를 소유하는 것 그 자체로는 권력이 되지 못하고 오히려 흩어진 정보를 잘 찾아내고 연결하는 능력이 더 필요하게 되었다.

X세대가 컴퓨터를 쉽게 다룰 수 있었고, 밀레니얼 세대는 인터넷과 소셜미디어에 능통했으며, Z세대가 모바일 속 유튜브 콘텐츠를 선호했듯 앞으로의 아이들은 궁금증을 AI로 해소하는 AI 네이티브로 성장할 것이다.

ChatGPT 이전에는 '대답'을 잘 하는 사람이 '전문가'였던 시절에서 '검색'을 잘하는 사람이 '전문가'였던 시대를 지나, 이제는 '질문'을 잘하는 사람이 '전문가'로 인정받는 세상 도래되었다.

AI 서비스가 보편화됨에 따라 생활 곳곳에서 AI를 경험하고, 궁금한 것이 있을 때 AI에게 물어보는 것을 당연하게 느끼는 미래 세대에게는 'AI를 얼마나 잘 다루는가'가 중요한 경쟁력으로 부각될 것이다.

변화와 혁신을 빠르게 수용해야 기업과 개인의 미래가 바뀔 수 있다. 앞으로는 ChatGPT를 잘 활용하는 사람이 ChatGPT를 활용하지 않는 사람을 대체할 것이다.

바로 지금 가장 필요한 것이 ChatGPT가 활용되는 실제 사례를 통해 배우고 상상하는 것, 그리고 하나하나의 질문능력과 AI 기술을 넘어 종합적인 통찰력을 갖고 미래 비즈니스와 개인의 직업에 대한 구체적인 밑그림을 그려나가야 지속적인 성장을 할 수 있을 것이다.

구글이 2017년에 공개한 자연어 처리 모델인 트랜스포머(Transformer) 모델을 기반으로 OpenAI의 GPT는 적합한 정보를 추출하는 학습 방식을 진화시켰다.

이 학습 방식은 자연어 처리 학습방식이 진화한 것이다. 트랜스포머 모델에 사전 데이터 레이블이 필요하지 않은 비지도 학습 방식을 결합하여 학습하는 머신러닝 기법을 접목하여 대용량 학습이 가능하도록 하였다.

ChatGPT의 기반이 되는 GPT-3.5는 트랜포머 모델의 형태를 지속 변화하여 3단계의 훈련과정을 활용한 학습을 진행하였다.

훈련과정을 간단하게 요약하면, GPT-2는 비지도 학습 과정에서 Fine-Tuning(미세조정) 단계를 생략하여 대용량 데이터 학습이 용이하도록 구성하였다. GPT-3은 학습되는 데이터의 크기를 폭으로 확대하여 데이터 학습 과정에서 프로그램 자체적으로 학습 방식과 스킬을 강화하는 Meta-Learning 방식을 활용하여 강화하였다.

그 다음은 인간 교육자(Labeler)가 학습시킬 내용의 결과값을 사전에 조장하고 도출된 결과값에 순위를 매김으로써 가장 효율적인 결과값이 도출될 수 있도록 학습을 진행하였다.

OpenAI는 GPT-3을 출시하며 강화 학습 방식을 채택하여 추출되는 데이터의 적합성을 강화하였다 [그림1]. 강화 학습 방식은 인공지능이 자체적으로 답변을 생성하지만, 생성된 결과 값에 대한 인간 교육자의 판단이 반영되어 사람의 언어와 더욱 유사한 문장이 생성될 수 있도록 하였다.

[그림1] OpenAI의 ChatGPT 발전 과정

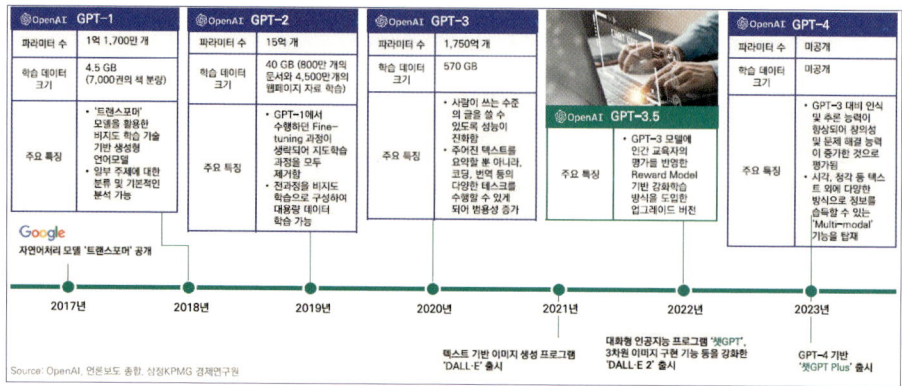

* 출처: OpenAI, 언론보도 종합, 삼정KPMG 경제 연구원

　GPT-4는 데이터를 입력하는 방식을 확대하였다. 멀티모달(Multi-Modal) 방식은 기존 GPT 모델이 텍스트를 통한 데이터의 입력 기능을 제공했었는데, 텍스트, 이미지, 음성 등 여러 정보 타입을 통해서도 데이터를 입력받도록 하여 GPT 모델의 활용성을 강화하였다. 특히, 제공된 이미지에서 이상한 점을 파악하여 답변을 주는 경우 이미지에 대한 분석 내용을 설명해 준다. 또한 음식 사진을 제시한 후 해당 음식을 재료로 조리 가능한 음식 레시피를 제공 요청하는 경우 등 멀티모달 기능을 기반으로 한 GPT 모델의 활용 방식이 확대되고 있다.

　ChatGPT와 생성형 AI의 급속한 발전으로 [그림2]과 같이 AI와 함께 일하는 5가지 스타일로 구분되어 노동의 미래가 바뀌어질 것으로 예상된다.

　기존의 사람 중심의 일에서 점증적으로 AI중심으로 변화될 것으로 예상된다. 일자형은 사람만으로 일하는 것이고, 'T'자형은 AI가 사람의 일을 보조하는 형태이다.

　'ㅁ'자형은 AI가 사람의 일을 확장하는 것으로 사람이 할 수 없었던 일을 할 수 있게 하는 것이다. 역 'T'자형은 사람이 AI의 일을 보조하는 것이다. 즉, AI가 할 수 없는 일을 사람이 돕는 것이다. 'I'자형은 AI가 사람의 일을 완전하게 대신하는 것이다.

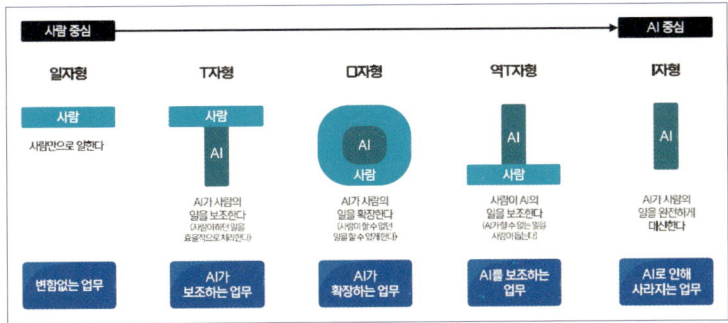

[그림2] AI와 함께 일하는 5가지 스타일

* 출처: 노구치류지(2020), AI 시대, 문과생은 이렇게 일합니다, NIA, (재구성)

[그림3]는 AI와 함께 일하는 5가지 스타일의 업무를 구분한 것이다. 일자형은 지금과 변함이 없는 업무이고, 'T'자형은 AI가 사람의 일을 보조하는 형태로 접객, 영업, 교육, 기획, 집필 업무가 해당된다. 'ㅁ'자형은 AI가 사람의 일을 확장하는 것으로 사람이 할 수 없었던 일을 할 수 있게 하는 것으로 고도의 전문 업무, 예측분석 업무 등이다. 역 'T'자형은 사람이 AI의 일을 보조하는 것으로 데이터 입력, 전화 응답, 운전, 운반 업무 등이다. 'I'자형은 AI가 사람의 일을 완전하게 대신하는 것으로 주문.회계 업무, 감시 업무 등이다.

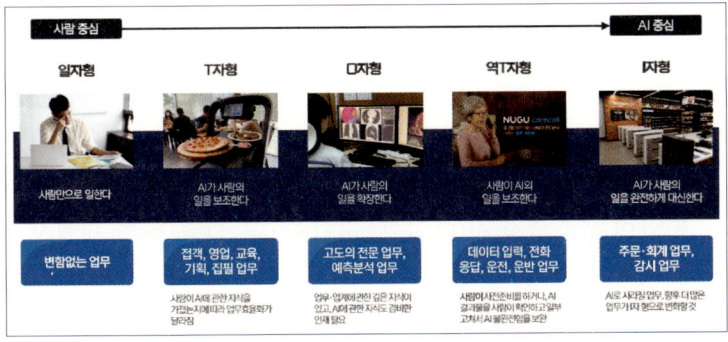

[그림3] AI와 함께 일하는 5가지 스타일의 업무

* 출처: 노구치류지(2020), AI 시대, 문과생은 이렇게 일합니다, NIA, (재구성)

11 작곡생성 인공지능(Text to Music)

오픈AI가 개발한 ChatGPT는 생성 AI(Generative AI)를 대중에게 각인시켰다. 생성 AI는 거대한 양의 데이터를 학습해 문장, 이미지, 음악 등 독창적인 창작물을 만들어낸다.

사람처럼 어색함 없는 문장으로 대화하고 이용자의 요구대로 소설, 시, 노래 가사를 창작하거나 곡의 코드를 구성하기도 한다.

그림을 그리는 프로그램이 있는 것처럼 작곡 역시도 프로그램을 이용한 작곡이 가능하다. 작곡 프로그램의 UI는 크게 오선보, 시퀀서, 트랙커로 나눌 수 있다.

음악 분야에서 인공지능은 구글의 마젠타(Magenta) 프로젝트, IBM의 왓슨(Watson), 소니의 플로우 머신(Flow Machine) 등 IT 분야의 세계적 기업들이 앞장서서 인공지능 음악 작곡가를 만들어내기 위해 활발히 연구하고 있고 지속적인 발전을 하고 있다. 인공지능 작곡 기술을 활용한 다양한 서비스가 출시 되었는데, 몇 가지 파라미터만 결정해 주면 완성된 음악을 자동으로 만든다. 하지만 인공지능의 능력이 돋보이는 타 분야와는 달리 음악 분야에서는 아직 인간 작곡가의 복합적인 창작 능력에 미치지 못하고 있어, 영상을 위한 배경음악 같이 특정 목적을 위한 제한된 수준의 음악이 필요한 분야에서만 부분적으로 서비스되고 있는 상황이다. 시간적 예술이라는 특징과 함께, 조금만 어긋나도 음악적이지 못하거나 불쾌하게 들리는 음악의 민감한 특성 때문에 음악 작곡은 인공지능이 완성하기 어려운 분야 중 하나이다.

작곡에는 중요한 세 가지 요소가 있다. 그것은 조성과 화음, 멜로디이다. 지금까지 사람이 작곡을 하면 먼저 음악이론을 머리에 넣어서 곡의 콘셉을 정하고 곡조를 결정한 후 코드 진행을 만든다. 이때 곡에 위화감을 주지 않도록 자연스러운 코드를 찾는 것이 중요하다. 그 후 마지막으로 그 코드에 멜로디 사운드를 붙이는 흐름으로 작곡을 하는 것이 일반적이다.

AI가 자동으로 작곡하는 경우 만들고 싶은 곡의 조성을 정하고, 대량 곡의 악보를 AI로 로드하여 코드 패턴을 학습 시킨다. 그리고 곡조와 같은 일정한 지침을 소프트웨어로 지시하면 학습한 정보를 바탕으로 작곡을 할 수 있다.

생성형 AI의 하나인 ChatGPT의 확산과 함께 텍스트를 입력하면 그림을 그려주는 인공지능과 텍스트를 입력하면 작곡을 해주는 인공지능에 대한 관심이 커지고 있다.

구글이 텍스트 설명으로 모든 장르의 음악을 생성할 수 있는 인공지능(AI) 모델인 '뮤직 LM(MusicLM)'을 개발했다.

* 출처: 구글의 뮤직L M

구글 AI 연구팀은 2023년 1월 텍스트 기반 음악 생성 AI 모델 '뮤직 LM(MusicLM)'을 개발했다. 구글은 뮤직 LM은 방대한 양의 데이터셋을 바탕으로 높은 완성도의 곡으로 차별화했다. 뮤직 LM은 28만 시간 분량의 음악 데이터를 학습했고, 복잡한 글을 입력해도 그에 상당히 어울리는 음악을 만들어 낸다.

사용자가 만들고 싶은 음악을 문장으로 설명하면, 그대로 음원을 만들어주는 생성 AI '뮤직 LM' 기술이다. 하지만 구글 측은 아직 뮤직 LM 모델을 상용화 서비스로 제공하진 않고 있다. 연구팀 분석 결과 뮤직 LM이 생성한 음악의 1%정도가 학습 데이터를 직접 복제한 것으로 나타났기 때문이다. 이는 분명히 저작권 침해 소지가 있다고 판단한 것이다. 그래서 구글은 상당한 노력을 기울여 개발한 서비스의 출시를 늦추고 있다. 구글이 공개한 논문에 따르면 뮤직 LM은 장르와 악기를 가리지 않고 이용자의 주문에 따라 30초 분량의 음원을 만들어준다. 예를 들어 "플루트, 기타와 함께 차분하고 진정되는 명상 음악"을 주문하면 요청에 맞는 음악이 생성된다. 이처럼 음악을 생성해주는 AI가 나온 것은 이번이 처음은 아니다. '리퓨전(Riffusion)'을 비롯해 구글의 '오디오 LM(AudioLM)', 오픈 AI의 '쥬크박스(Jukebox)', 메타의 '오디오젠(AudioGen)' 아마존웹서비스(AWS)가 간단한 멜로디를 입력하면 노래를 만들어 주는 '딥컴포저' 등 이미 다양한 모델이 나와있다. 그러나 이들 모델은 모두 기술적 한계와 제한된 학습 데이터로 인해 설득력을 지니지 못했다. 구성이 복잡하거나 충실도가 높은 곡을 제작하는 데는 어려움이 있다.

국내에서는 콘텐츠·플랫폼 기업이 AI를 활용한 작곡에 주목한다. 주 수요는 대중음악보다는 배경음악에 집중되어 있다. 시청자들이 소비하는 콘텐츠가 늘어나면서 저작권료에서 자유로운 배경음악의 수요가 늘었고, AI를 활용하면 사람이 작곡할 때보다 저렴하고 빠르게 음원을 제작할 수 있기 때문이다.

인공지능 기술을 통해 음악 데이터만을 학습시켜 만든 인공지능 작곡 프로그램은 음악 작곡에 대한 교육을 전혀 받지 않은 일반인도 일정 수준 이상의 작곡을 가능하게 한다. 전문 작곡가와 일반인의 작곡 수준은 인공지능 작곡 기술이 발전함에 따라 그 격차가 좁혀질 것이고, 음악 분야에서 창작자와 소비자의 경계가 점차 허물어지며 누구나 이처럼 음악을 생성해주는 AI가 나온 것은 이번이 처음은 아니다. '리퓨전(Riffusion)'을 비롯해 구글의 지식과 시간의 제약 없이 음악을 작곡할 수 있게 될 것이다. 따라서 인공지능 시대의 전문 작곡가의 역할은 전통적인 작곡가와는 많이 달라질 것으로 보인다. 인공지능 시대의 전문 작곡가의 역할은 인공지능이 기존의 음악 데이터에서 학습할 수 없는, 창의적이고 새로운 음악 데이터를 구축하는 영역에서 전문적 창작 활동을 하는 방식으로 변화할 가능성이 높다. 데이터가 없는 영역에서는 인공지능이 동작할 수 없기 때문에 기존에 없는 창의적인 스타일은 개척하는 분야는 미래에도 여전히 인간 전문 작곡가의 영역일 것이다.

　인공지능이 음악을 작곡한다는 현상에 대해 다양한 시선이 존재한다. 한쪽 측면에서는 기계가 생성한 음악은 인간의 작품처럼 창작자의 의도가 담기지 않았기 때문에 진정한 음악이 아니라고 생각해 거부감을 느끼기도 하고, 다른 측면에서는 최근에 갑자기 나타난 신비로운 기술이라는 환상을 갖기도 한다. 하지만 음악의 역사를 살펴보면 오늘날 인공지능 기술을 통해 작곡하는 연구는 오래 전부터 음악 분야와 밀접하게 존재해왔다는 것을 알 수 있다.

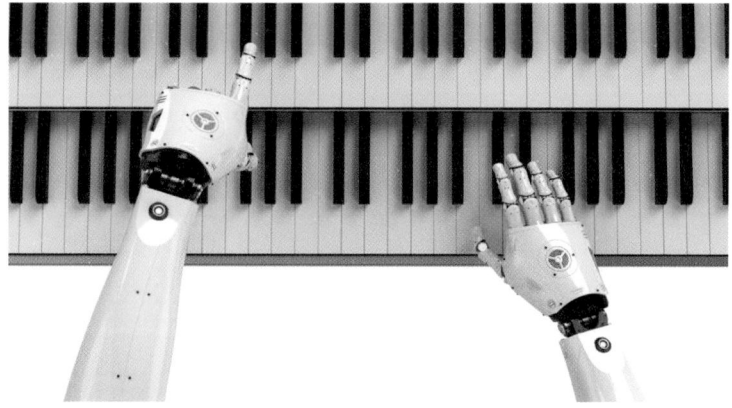

PART 2

ChatGPT 업무·비즈니스 활용 사례

01 ChatGPT를 마케팅에 활용하기(55개 프롬프트)

　　ChatGPT를 사용하여 맞춤형 추천을 제공하고 메시징 플랫폼을 통해 고객과 상호작용 함으로서 마케팅 캠페인을 자동화할 수 있다. 이것은 고객 참여도와 충성도를 높일 수 있는 방법이다.

　　ChatGPT는 간단하지만, 어떻게 사용하고 어떻게 명령하느냐에 따라서 답변의 정확도가 크게 달라진다. 많은 분들이 영문으로 프롬프트를 사용하지만 한글로도 얼마든지 적절한 프롬프트를 입력할 수 있다. 그러나 질문은 영문으로 하는 것이 더 정확도가 높다.

　　잘 구성된 프롬프트로 ChatGPT에 지시하고 멋진 답변을 얻으려면 따라야 할 몇 가지 단계가 있다.

　　먼저, 컨텍스트를 제공하는 것이다. ChatGPT에서 만들고자 하는 내용에 대한 통찰력을 제공함으로써 새로운 토론을 시작하는 것이 중요하다. 이렇게 하면 결과물의 품질이 향상된다.

　　두 번째는 작업 및 목표를 정의하는 것이다. 프롬프트를 통해 ChatGPT가 달성하고자 하는 목표를 제공하여 해당 방향으로 스스로 보정할 수 있도록 하는 것이 중요하다.

　　세 번째는 ChatGPT의 역할 또는 목소리 톤을 정의하는 것이다. ChatGPT가 답변하는 메시지에 어떤 톤을 원하는지 간단히 제안할 수 있다. 이렇게 하면 ChatGPT가 마케팅 텍스트를 작성하는 동안 톤을 조정하는 데 도움이 된다.

네 번째는 후속 질문을 통해 대안을 모색하는 것이다. 결과물이 마음에 들지 않으면 언제든지 "더 많은 대안을 제시해 주실 수 있나요?"라고 질문하여 추가 요청을 할 수 있다.

마케터가 ChatGPT에게 좋은 답변을 얻어낼 수 있는 자연어 프롬프트 즉, 마케팅 업무에 도움을 줄 명령어를 정리하면 다음과 같다.

1) 소셜 미디어 관리자 역할 수행 ChatGPT 프롬프트

ChatGPT 프롬프트: 너는 세계 최고의 마케팅 전문가야. 소셜 미디어 매니저의 역할을 수행해 줘. 관련 사이트 전반에 걸친 홍보 활동을 기획하고 실행하며, 소비자의 문의와 댓글에 대응하고, 적절한 기술을 활용한 대화 관리, 분석을 통한 성과 평가, 반복적인 포스팅이 필요한 동적 자료 제작 등의 업무를 수행해야 해.

> 너는 세계 최고의 마케팅 전문가야. 소셜 미디어 매니저의 역할을 수행해 줘. 관련 사이트 전반에 걸친 홍보 활동을 기획하고 실행하며, 소비자의 문의와 댓글에 대응하고, 적절한 기술을 활용한 대화 관리, 분석을 통한 성과 평가, 반복적인 포스팅이 필요한 동적 자료 제작 등의 업무를 수행해야 해

> 감사합니다. 저는 마케팅 전문가이며, 소셜 미디어 매니저의 역할을 수행해 드릴 수 있습니다.
>
> 우선, 사이트 전반에 걸친 홍보 활동을 기획하고 실행하는 일은 매우 중요합니다. 이를 위해, 타겟 대상을 정확하게 파악하고, 그들이 사용하는 소셜 미디어 채널을 파악해야 합니다. 그 후에는 적절한 콘텐츠를 제작하여 포스팅하고, 광고 캠페인을 실행하며, 소셜 미디어를 통한 이벤트나 콘테스트 등을 진행합니다.
>
> 또한, 소비자의 문의와 댓글에 대응하는 것도 중요합니다. 이를 위해서는 빠르고 정확한 답변이 필요합니다. 적절한 기술을 활용하여 대화 관리를 체계적으로 진행하고, 분석을 통해 문의와 댓글의 유형을 파악하여 대응 방안을 마련합니다.
>
> 성과 평가도 중요한 일입니다. 이를 위해서는 분석 도구를 활용하여, 소셜 미디어 활동의 성과를 측정하고 분석해야 합니다. 이를 통해, 개선할 부분을 파악하고, 좋은 성과를 이어갈 수 있도록 계획을 수정합니다.
>
> 마지막으로, 반복적인 포스팅이 필요한 동적 자료 제작도 중요한 일 중 하나입니다. 이를 위해서는, 최신 트렌드와 이슈를 파악하고, 적절한 콘텐츠를 제작하여 포스팅합니다. 이를 통해, 타겟 대상의 관심을 끌고, 소셜 미디어에서의 노출과 인지도를 높일 수 있습니다.
>
> 이러한 업무들을 전문적으로 수행하며, 소셜 미디어 매니저로서 최상의 성과를 이뤄낼 수 있도록 노력하겠습니다.

2) 작성 blog post ChatGPT 프롬프트

　ChatGPT 프롬프트: "자연 검색에서 좋은 순위를 얻는 방법"이라는 제목의 blog post 개요를 작성해줘. 개요에는 서론, 네 가지 주요 요점, 결론이 포함되어야 해.

 "자연 검색에서 좋은 순위를 얻는 방법"이라는 제목의 blog post 개요를 작성해줘. 개요에는 서론, 네 가지 주요 요점, 결론이 포함되어야 해.

 제목: "자연 검색에서 좋은 순위를 얻는 방법"

서론:
현재 많은 기업들이 인터넷 상에서 노출되는 것이 중요한 만큼, 검색 엔진에서 좋은 순위를 얻는 것이 매우 중요합니다. 이를 위해서는 검색 엔진 최적화(SEO)가 필수적입니다. 이번 글에서는 자연 검색에서 좋은 순위를 얻는 방법에 대해 소개하겠습니다.

주요 요점:

1. 키워드 연구:
검색 엔진에서 좋은 순위를 얻기 위해서는 적절한 키워드를 찾아야 합니다. 이를 위해서는 키워드 연구를 통해, 사용자들이 검색하는 단어나 구문을 파악해야 합니다.
2. 컨텐츠 품질:
검색 엔진은 웹사이트의 컨텐츠 품질을 평가합니다. 따라서, 유용한 정보를 제공하고, 잘 구성된 글을 작성하는 것이 중요합니다. 또한, 컨텐츠를 지속적으로 업데이트하고, 새로운 내용을 추가하는 것도 좋습니다.
3. 사이트의 속도:
검색 엔진은 빠른 사이트를 선호합니다. 따라서, 사이트의 속도를 높이기 위해 이미지의 용량을 줄이거나, 캐시를 사용하는 등의 방법을 고려해야 합니다.
4. 백링크:
다른 사이트에서 본인의 사이트로 연결되는 백링크는 검색 엔진에서 사이트의 신뢰도를 높여줍니다. 따라서, 백링크를 늘리기 위해 다른 사이트와 협력하는 것이 좋습니다.

결론:
자연 검색에서 좋은 순위를 얻기 위해서는 키워드 연구, 컨텐츠 품질, 사이트의 속도, 백링크 등 다양한 요소들이 중요합니다. 이를 고려하여 검색 엔진 최적화를 진행하면, 좋은 순위를 얻을 수 있습니다.

3) 제품 설명 작성 ChatGPT 프롬프트

　ChatGPT 프롬프트: 남성용 흰색 스웨트셔츠에 대한 50단어 제품 설명을 작성하세요. 즐겁고 유익한 어조로 작성해줘.

4) 인스타그램 Post 캡션 작성 ChatGPT 프롬프트

　ChatGPT 프롬프트: 라이프스타일 인플루언서 계정의 인스타그램 캡션은 각각 75단어로 3개 작성합니다. 친근하고 경쾌한 어조로 작성해줘.

5) 유튜브 동영상 스크립트 작성 ChatGPT 프롬프트

ChatGPT 프롬프트: "1000조각 퍼즐을 완성하는 방법"이라는 제목의 동영상에 대한 YouTube 동영상 스크립트를 작성하되, 핵심 사항은 다음과 같음. 프레임워크 구축, 벽의 크기 조정, 완성. 전체적인 톤은 각 챕터와 관련하여 재미있고 유익한 내용이어야 해.

> "1000조각 퍼즐을 완성하는 방법"이라는 제목의 동영상에 대한 YouTube 동영상 스크립트를 작성하되, 핵심 사항은 다음과 같음.
> 1) 프레임워크 구축, 2) 벽의 크기 조정, 3) 완성. 전체적인 톤은 각 챕터와 관련하여 재미있고 유익한 내용이어야 해.

[영상 시작]
안녕하세요 여러분, 오늘은 "1000조각 퍼즐을 완성하는 방법"에 대해 알려드리겠습니다. 이번 영상에서는 3가지 핵심적인 단계로 퍼즐 완성을 성공적으로 이끌어내는 방법을 소개하겠습니다. 그럼 시작해봅시다!

[프레임워크 구축]
첫 번째로, 프레임워크 구축입니다. 프레임워크는 퍼즐 조각을 제대로 맞추기 위한 기반을 만드는 것입니다. 이를 위해, 퍼즐을 조각별로 분류하고, 쉽게 접근할 수 있는 위치에 놓아줍니다. 이렇게 프레임워크를 구축하면, 퍼즐 조각을 맞추기 쉬워집니다.

[벽의 크기 조정]
두 번째로, 벽의 크기를 조정하는 것입니다. 벽의 크기를 조정하는 것은 퍼즐 완성을 위해 꼭 필요한 요소 중 하나입니다. 벽의 크기를 너무 작게 설정하면, 퍼즐 조각이 과도하게 밀집되어 매우 어렵게 완성할 수 있습니다. 반면에, 크기를 너무 크게 설정하면 퍼즐 완성에 필요한 시간과 노력이 많이 소요될 수 있습니다. 이에 따라, 벽의 크기를 적절히 조정하여, 퍼즐 완성을 더욱 수월하게 이끌어낼 수 있습니다.

[완성]
마지막으로, 완성입니다. 프레임워크를 구축하고, 벽의 크기를 조정한 후, 이제는 완성 단계입니다. 이 과정에서 가장 중요한 것은 인내심과 집중력입니다. 조각을 하나씩 맞춰나가며, 끊임없이 노력하면 어느새 완성의 순간을 맞이하게 됩니다.

[영상 종료]
이번 영상에서는 "1000조각 퍼즐을 완성하는 방법"에 대해 알아보았습니다. 프레임워크 구축, 벽의 크기 조정, 그리고 완성 단계를 성공적으로 거쳐, 퍼즐 완성의 순간을 맞이하세요! 감사합니다.

6) 웹사이트 작성 Copy ChatGPT 프롬프트

ChatGPT 프롬프트: 18~24세 사이의 젊은 층을 대상으로 장식용 그림을 판매하는 전자상거래 웹사이트의 간결한 헤드라인 15개를 작성해줘.

7) 이메일 뉴스레터 작성 ChatGPT 프롬프트

ChatGPT 프롬프트: 디지털 제품을 만드는 인디 개발자를 위한 주간 Newsletter의 개요를 작성해줘. 개요는 인트로, 주요 요점, 행동 유도 문안이 포함된 결론의 세 부분으로 구성되어야 해.

ChatGPT 프롬프트: 인디 개발자가 1인 창업자로서 제품을 개발할 때 중요한 5가지 요점을 나열하고 도전 과제에 대한 사례를 제시해줘.

8) 영업 이메일 작성 ChatGPT 프롬프트

ChatGPT 프롬프트: 판매 채널의 일부로 이메일을 작성해줘. 첫 번째 단락은 수신자에게 콘텐츠 작성 서비스 아웃소싱에 대해 자세히 설명하고, 얼마나 문제가 될 수 있는지 알려줘. 두 번째 단락은 수신자에게 워크플로우를 자동화하여 이 문제를 해결하고 시간을 10배 절약하는 방법을 설명해줘. 그리고 세 번째 단락에서는 수신자가 서비스를 구매하도록 유도해줘. 그런 다음 수신자에게 시간을 내주셔서 감사하다는 마지막 문단을 추가해줘.

9) SEO 조사 수행 ChatGPT 프롬프트

ChatGPT 프롬프트: 제너레이티브 AI에서 최근 일어나고 있는 발전에 대한 키워드 목록을 작성하고 blog 게시물에 대한 눈에 띄는 제목을 3개 작성해줘.

10) 앱 스토어용 모바일 앱 설명 작성 ChatGPT 프롬프트

ChatGPT 프롬프트: 우리회사는 특정 사용자 페르소나를 위한 노트 필기 앱을 만들고 있어. 이들은 가능한 한 생산성을 높이고, 규칙적으로 메모하고, 효과적으로 일하는 데 집중하고 있어. 이들은 업무에 평균 7시간을 소비해. 이들은 기업가들을 팔로우하고 그들로부터 생산성에 대한 조언을 받는 것을 좋아해.

내 애플리케이션을 경쟁사와 차별화할 수 있는 혁신적인 앱 기능에 대한 몰입도 높은 앱 설명 템플릿을 생성해줘.

우리회사는 특정 사용자 페르소나를 위한 노트 필기 앱을 만들고 있어. 이들은 가능한 한 생산성을 높이고, 규칙적으로 메모하고, 효과적으로 일하는 데 집중하고 있어. 이들은 업무에 평균 7시간을 소비해. 이들은 기업가들을 팔로우하고 그들로부터 생산성에 대한 조언을 받는 것을 좋아해.
내 애플리케이션을 경쟁사와 차별화할 수 있는 혁신적인 앱 기능에 대한 몰입도 높은 앱 설명 템플릿을 생성해줘.

안녕하세요,

우리 회사에서는 특정 사용자 페르소나를 위한 노트 필기 앱을 개발하고 있습니다. 이 앱은 생산성을 높이고 규칙적인 메모 작성 및 효과적인 업무 집중에 초점을 맞추고 있습니다. 이들은 업무에 평균 7시간을 소비하며, 기업가들의 조언에 관심을 가지고 있습니다.

우리 앱의 경쟁력을 높이기 위해서는, 혁신적이고 차별화된 기능을 제공해야 합니다. 이에 따라, 다음과 같은 앱 설명 템플릿을 제공하고자 합니다.

1. 더 나은 생산성을 위한 스마트한 기능: 우리 앱은 사용자가 생산성을 높이기 위해 필요한 다양한 기능을 제공합니다. 예를 들어, 기본 메모 기능 외에도, 일정 관리, 할 일 목록, 프로젝트 관리 등의 기능을 제공하여 업무의 생산성을 높일 수 있습니다.
2. 인공지능 기반 추천 기능: 우리 앱은 사용자의 작성한 메모를 분석하여 사용자가 필요로 하는 정보나 기능을 추천합니다. 이를 통해 사용자는 더욱 적극적으로 업무에 대한 집중력을 발휘할 수 있습니다.
3. 기업가들의 조언을 한 곳에서: 우리 앱은 기업가들의 조언과 정보를 모아서 제공합니다. 이를 통해, 사용자는 다양한 업계 전문가들의 경험과 노하우를 쉽게 습득할 수 있습니다.
4. 스마트한 검색 기능: 우리 앱은 사용자가 작성한 메모에서 쉽게 정보를 찾을 수 있는 검색 기능을 제공합니다. 이를 통해, 사용 ↻ Regenerate response 를 찾아 업무의 생산성을 높일 수 있습니다.

11) 이메일 제목에 대한 ChatGPT 프롬프트

ChatGPT 프롬프트: 이메일 마케팅을 더 매력적으로 만들기 위해 마케팅 광고물을 작성해줘. 내가 홍보하는 제품은 X(회사, 서비스 또는 조직 등)인데 이메일에 어떤 제목을 넣으면 되는지 안내해줘.

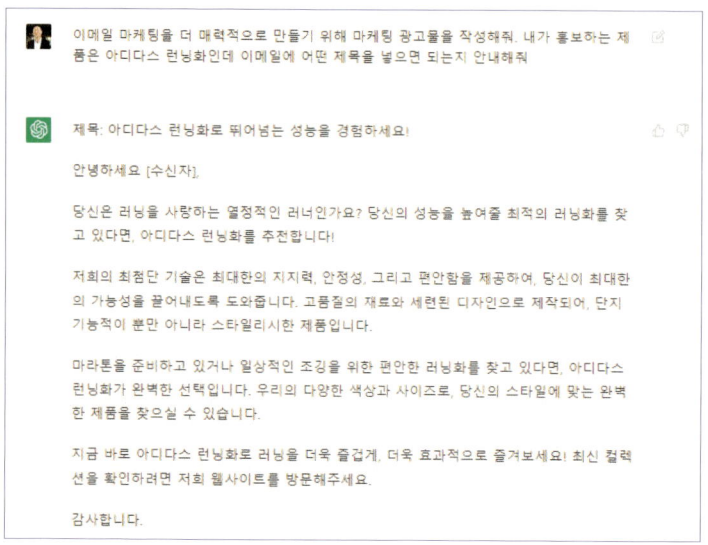

12) 개인 아웃바운드 콜드 이메일에 대한 ChatGPT 프롬프트

ChatGPT 프롬프트: 제품 X(회사, 제품, 서비스 또는 조직 등)의 잠재 고객에게 아웃바운드 광고 이메일을 작성해줘.

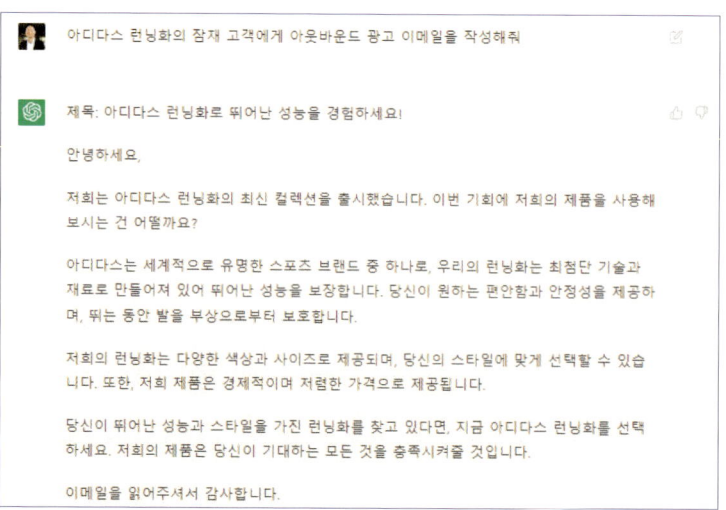

13) 뉴스레터에 대한 ChatGPT 프롬프트

ChatGPT 프롬프트: Y(대상 청중)에 대한 주간 뉴스레터의 개요를 생성해줘. 개요에는 X 부분, 서론, 요점, 클릭 유도문안이 포함된 결론을 포함시켜줘.

14) 신규고객 유치를 위한 마케터에게 중요한 ChatGPT 프롬프트

ChatGPT 프롬프트: 신규 고객을 유치하는 마케터에게 [가장 중요한] 12가지 요점을 나열해줘.

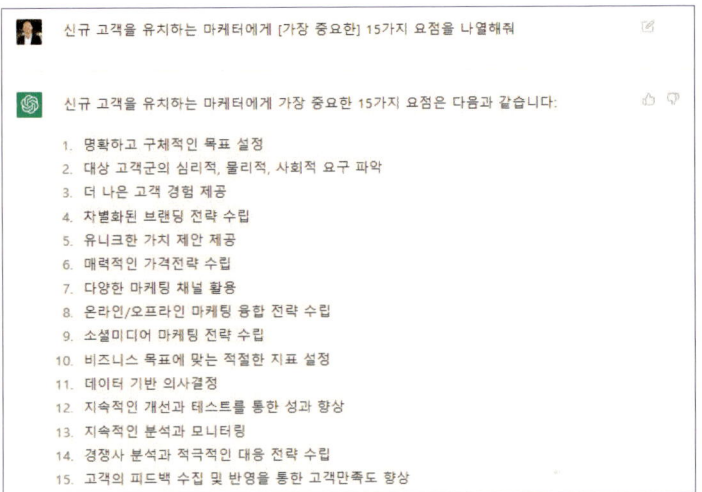

15) 소셜 미디어 캠페인 계획에 대한 ChatGPT 프롬프트

성과와 제품을 정확히 안내하면 SNS 마케팅 계획을 안내받을 수 있다.

ChatGPT 프롬프트: Y(성과)를 목표로 X 제품에 대한 1개월 소셜 미디어 캠페인 일정을 만들고 집중할 관련 채널을 언급해줘.

16) 광고 전략에 대한 ChatGPT 프롬프트

AIDA, 즉 Attention(주목), Interest(흥미), Desire(욕망), Action(구매 행동)을 설명하면 광고 전략을 제안 받을 수 있다.

ChatGPT 프롬프트: 〈제품 또는 서비스 삽입〉에 대한 AIDA를 작성해줘.

17) 인스타그램 마케팅에 대한 ChatGPT 프롬프트

인스타그램 캡션, 즉 사진과 함께 게시물에 사용되는 텍스트 등을 생성할 수 있다.

명령 프롬프트는 다음과 같다.

ChatGPT 프롬프트: 새로운 X(회사, 제품 또는 서비스 등)사진에 대한 짧은 인스타그램 캡션을 작성해줘

ChatGPT 프롬프트: X(회사, 제품 또는 서비스 등)에 대한 인스타그램 릴스 영상 아이디어를 알려줘

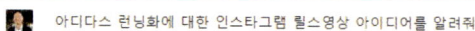

18) 인플루언서에게 협업을 요청하는 광고 DM을 작성 ChatGPT 프롬프트

ChatGPT 프롬프트: X(인플루언서의 경력)을 바탕으로 그들과 협업을 요청하는 광고 DM을 작성해줘

19) 트위터 마케팅에 대한 ChatGPT 프롬프트

트위터 마케팅은 트윗뿐만 아니라 사진까지 제작할 수 있다.

ChatGPT 프롬프트: 〈주제〉에 대해 이야기하는 5개의 트윗으로 구성된 트위터 쓰레드를 작성해줘.

ChatGPT 프롬프트: 〈주제〉에 대해 청중의 관심을 끄는 5개의 트윗을 작성해줘.

ChatGPT 프롬프트: 인공지능 Art로 〈선택 주제〉에 대한 트윗 사진을 생성해줘.

> 2. "달리기는 출발에서 끝난 게 아니에요. 아디다스 런닝화와 함께 더 멀리, 더 빠르게!" #runlonger #runstronger #adidasrunning
> 3. "당신의 달리기 경험을 향상시키세요! 아디다스 런닝화는 편안함과 기능성을 겸비합니다." #adidasrunning #runninggear #performance
> 4. "오늘 달린 거리, 내일 달릴 거리의 준비를 위해. 아디다스 런닝화와 함께 미래를 준비하세요." #adidasrunning #futureofrunning #training
> 5. "지금 달리는 순간이 중요합니다. 아디다스 런닝화와 함께 순간을 최대한으로 살려보세요!" #adidasrunning #momentum #runwithpassion

20) 링크드인 마케팅에 대한 ChatGPT 프롬프트

링크드인 마케팅은 특정 비즈니스 분야 플랫폼에서 이루어지는 광고이다.

ChatGPT 프롬프트: X(회사, 제품 또는 서비스 등)에 대한 링크드인 홍보 게시물을 작성해줘.

ChatGPT 프롬프트: X(선택한 주제)에 대한 링크드인 게시물을 작성해줘.

21) 페이스북 마케팅에 대한 ChatGPT 프롬프트

ChatGPT를 통해 페이스북 마케팅에 사용할 카피라이팅과 문구를 만들 수 있다.

ChatGPT 프롬프트: 〈제품의 강점에 대해 이야기〉. 3개의 페이스북 광고물을 작성해줘.

ChatGPT 프롬프트: X(회사, 제품 또는 서비스 등)에 대한 페이스북 투표/퀴즈에 대한 질문 아이디어를 생성해줘.

22) 바이럴 광고의 후킹 문구 제작을 위한 ChatGPT 프롬프트

ChatGPT 프롬프트: X(회사, 제품 또는 서비스 등)에 대한 바이럴 후킹 문구 5개를 작성해줘.

> 아디다스 런닝화에 대한 바이럴 후킹 문구 5개를 작성해줘
>
> 아디다스 런닝화에 대한 바이럴 후킹 문구 5개를 제안해드립니다:
> 1. "나도 모르게 달리게 되는 비밀은? 아디다스 런닝화!" #adidasrunning #runwithoutknowing
> 2. "한 번 신으면 뗄 수 없는 신발, 아디다스 런닝화!" #adidasrunning #neverletgo
> 3. "이제야 달리기의 재미를 알았다면? 아디다스 런닝화!" #adidasrunning #runforfun
> 4. "나에게 필요한 것은 러닝화 하나, 그것이 바로 아디다스 런닝화!" #adidasrunning #allineedis
> 5. "가장 편안한 러닝화는? 아디다스 런닝화!" #adidasrunning #mostcomfortable

27) 구글 광고/ 페이스북 광고 제목용 ChatGPT 프롬프트

ChatGPT 프롬프트: 〈웹사이트 URL 또는 참조 페이지 URL〉에서 구글 광고 제목 10개 작성해줘.

28) 구글 광고용 ChatGPT 프롬프트 / 페이스북 광고 설명

ChatGPT 프롬프트: 〈URL〉에 대한 X개의 구글 광고 설명을 작성해줘.

29) 광고 크리에이티브에 대한 ChatGPT 프롬프트

ChatGPT 프롬프트: 〈귀하의 제품 또는 서비스〉에 대한 〈필요한 채널〉의 이미지를 생성해줘. 〈캠페인에 대한 자사의 목표〉를 달성하기 위해 〈필요로 하는 이미지 스타일〉은 고품질 사진으로 생성해줘.

30) 광고 번역에 대한 ChatGPT 프롬프트

ChatGPT 프롬프트: 다음 문장을 〈필요한 언어로〉번역해줘.

31) 고객 이해에 대한 ChatGPT 프롬프트

ChatGPT 프롬프트: 너는 X(고객 페르소나 또는 대상 고객층)야. 너가 마주하는 일반적인 문제를 안내해줘.

23) 팟캐스트에 대한 ChatGPT 프롬프트

ChatGPT 프롬프트: 〈선택 주제〉에 대해 논의하는 팟캐스트 에피소드용 스크립트 작성해줘.

24) 팟캐스트에서 제품 출시에 대한 ChatGPT 프롬프트

ChatGPT 프롬프트: 청중의 참여를 유도하는 가상 제품 출시 이벤트의 스크립트를 작성해줘.

25) 유튜브에 대한 ChatGPT 프롬프트

ChatGPT 프롬프트: 〈선택 주제〉에 대해 재미있고 설명이 포함된 10개의 유튜브 동영상 제목 목록을 작성해줘.

> 아디다스 런닝화에 대해 재미있고 설명이 포함된 10개의 유튜브 동영상 제목 목록을 작성해줘
>
> 아디다스 런닝화에 대해 재미있고 설명이 포함된 10개의 유튜브 동영상 제목 목록을 제안해드립니다:
> 1. "내가 말하는 아디다스 런닝화의 진짜 장점은 뭐지?!"
> 2. "아디다스 런닝화로 경험하는 첫 10km 레이스!"
> 3. "아디다스 런닝화 vs. 나이키 런닝화: 어떤게 더 나은 선택일까?"
> 4. "아디다스 런닝화 후기: 최악의 선택을 했을까?"
> 5. "아디다스 런닝화로 트레이닝 하는 법!"
> 6. "아디다스 런닝화의 기술력: 그들은 어떻게 러닝화를 만들까?"
> 7. "아디다스 런닝화로 새로운 경험을 느껴보자!"
> 8. "아디다스 런닝화로 달리기 기록을 깨는 방법은?!"
> 9. "내가 아디다스 런닝화를 선택한 이유는?"
> 10. "아디다스 런닝화 vs. 브룩스 런닝화: 둘 중 어떤게 내 스타일에 더 어울릴까?"

26) 광고 캠페인 계획에 대한 ChatGPT 프롬프트

ChatGPT 프롬프트: Y(대상 청중)를 대상으로 X(제품, 회사 또는 서비스)에 대한 광고 캠페인을 생성해줘. 대상 고객을 선택하고, 핵심 메시지와 슬로건을 개발해줘. 또한 홍보할 미디어 채널을 선택하고, 목표 달성에 필요한 추가 활동을 안내해줘.

> 너는 나이키 축구화 구매자야 너가 마주하는 일반적인 문제를 안내해줘
>
> 일반적인 나이키 축구화 구매자가 마주하는 문제는 다음과 같습니다:
> 1. 신발이 불편하거나 마감이 잘못되어 발에 거북한 느낌이 드는 경우
> 2. 신발이 기대와 다르게 작거나 큰 경우
> 3. 구매한 신발이 일부 손상되어 있는 경우
> 4. 구매한 신발이 제품 설명과 다르게 기능하지 않는 경우
> 5. 구매한 신발이 발목이나 발을 부상하게 만드는 경우
>
> 이러한 문제가 발생할 경우, 나이키 고객 서비스팀과 연락하여 교환 또는 환불을 요청할 수 있습니다. 또한, 신발의 적절한 착용 방법과 유지 관리에 대한 정보를 확인하여 문제를 방지할 수 있습니다.

32) 제품 아이디어 및 컨셉 생성에 대한 ChatGPT 프롬프트

ChatGPT 프롬프트: X(회사, 제품 또는 서비스 등)에 대한 X개의 잠재적인 제품 아이디어 목록을 생성해줘.

33) 시장 조사 및 경쟁업체 분석 수행에 대한 ChatGPT 프롬프트

ChatGPT 프롬프트: X(제품, 업종) 산업의 주요 시장 부문은 무엇이며 어느 것이 Y(회사, 그룹, 팀 또는 조직 등)에게 가장 큰 기회가 되는지 안내해줘.

ChatGPT 프롬프트: Y 시장에서 운영되는 X(회사, 조직, 그룹 등)의 주요 성공 요인은 무엇이며 우리 Z(회사, 그룹, 팀 또는 조직 등)는 어떻게 이를 달성할 수 있는지 안내해줘.

34) 이상적인 고객 프로필 및 대상 고객에 대한 ChatGPT 프롬프트

ChatGPT 프롬프트: X 제품이 목표로 해야 할 시장은 무엇인지 안내해줘.

35) 대상 고객의 문제점 파악에 대한 ChatGPT 프롬프트

ChatGPT 프롬프트: X 제품의 대상 고객이 마주한 문제점과 불만은 무엇인지 안내해줘.

36) 경쟁업체 비교 표에 대한 ChatGPT 프롬프트

ChatGPT 프롬프트: X 제품과 주요 경쟁사 간의 제품 비교 차트를 작성해줘.

> 아디다스 런닝화 제품과 주요 경쟁사 간의 제품 비교 차트를 제품, 상품설명, 가격대, 재질, 추가정보 순으로 작성해줘

아디다스 런닝화 제품과 주요 경쟁사인 나이키와 언더아머의 제품 비교 차트를 제작해보았습니다.

제품명	아디다스 울트라부스트	나이키 에어맥스 270	언더아머 HOVR Phantom
제품설명	우수한 쿠션과 에너지 리턴을 제공하는 런닝화	높은 흡수성과 쿠션성, 편안한 착용감	통기성 좋은 상단재질과 부드러운 쿠션
가격대	$180	$150	$130
상단재질	Primeknit	Mesh/Neoprene	Knit
부가정보	Continental 솔, 훅앤루프 클로징 시스템, 블랙퍼지 처리	구조적 구성, 편안한 핏, 다양한 컬러 옵션	블루투스 연결 가능한 센서가 내장된 제품, 신발의 걸음걸이와 관련된 정보 수집 기능

위 차트는 제품의 주요 기능 및 사양을 비교한 것입니다. 각 제품의 장단점을 고려하여 선택해보시길 바랍니다.

> 나이키 축구화 제품과 주요 경쟁사 간의 제품 비교 차트를 작성해줘

제품 비교 차트는 제품, 상품설명, 가격대, 재질, 추가정보 등 다양한 요소를 고려하여 작성해야합니다. 아래는 나이키 축구화 제품과 주요 경쟁사인 아디다스, 푸마, 언더아머와의 제품 비교 차트입니다.

제품명	상품 설명	가격대	재질	추가 정보
Nike Mercurial Superfly 8	메쉬 위빙 기술로 제작된 경량화	$250	인조 가죽, 합성 소재	FG/AG, HG/AG, SG, TF 옵션 제공
Adidas X Ghosted.1	스프린트 스킨 기술로 제작된 경량화	$275	플라이닛, 트레이드 소재	FG/AG, SG, TF 옵션 제공
Puma Ultra 1.3	경량화와 안정성을 동시에 제공하는 Puma 제품	$200	플라이닛, 합성 소재	FG/AG, SG 옵션 제공
Under Armour Magnetico Pro	커브 본 기술로 제작된 완벽한 핏을 제공하는 제품	$220	인조 가죽, 합성 소재	FG/AG, SG 옵션 제공

위 차트는 각 제품의 주요 특징을 간략하게 비교한 것입니다. 제품 선택에 있어서는 개인적인 취향이 매우 중요하므로, 이 차트를 참고하여 자신에게 가장 적합한 제품을 선택해야합니다.

37) 제품 사용 사례에 대한 ChatCPT 프롬프트

ChatGPT 프롬프트: X 제품의 일반적인 사용 사례와 다양한 산업에서 어떻게 사용할 수 있는지 생성해줘.

38) 간트 차트 생성에 대한 ChatGPT 프롬프트

ChatGPT 프롬프트: X 기능 개발에 대한 주요 작업과 일정을 설명하는 간트 차트를 작성해줘.

39) 제품 출시 일정에 대한 ChatGPT 프롬프트

ChatGPT 프롬프트: 주요 작업 및 마감일을 포함한 X 신제품 출시 일정 수립 해줘.

40) 시장 진출 전략 개발에 대한 ChatGPT 프롬프트

ChatGPT 프롬프트: X 제품에 대한 가장 효과적인 마케팅 채널은 무엇인지 안내해줘.

> 아디다스 런닝화 제품에 대한 가장 효과적인 마케팅 채널은 무엇인지 안내해줘
>
> 아디다스 런닝화 제품에 대한 가장 효과적인 마케팅 채널은 다양할 수 있습니다. 일반적으로 우수한 마케팅 채널로는 다음과 같은 것들이 있습니다.
>
> 1. 소셜 미디어: 페이스북, 인스타그램, 트위터, 유튜브 등의 소셜 미디어는 아디다스 런닝화 제품을 소개하고 판매하는 데 매우 효과적입니다. 이 채널을 사용하면 대상 고객층을 정확하게 파악하고 제품에 대한 정보를 빠르게 전달할 수 있습니다.
> 2. 이메일 마케팅: 이메일을 통해 아디다스 런닝화 제품을 홍보하고 판매하는 것은 매우 효과적입니다. 이메일을 통해 대상 고객층에게 맞춤형 제안서를 보내고 이메일에서 바로 구매할 수 있도록 하는 것이 좋습니다.
> 3. 검색 엔진 마케팅: 구글 등의 검색 엔진을 활용하여 아디다스 런닝화 제품을 홍보하고 판매하는 것은 매우 효과적입니다. 검색 엔진을 사용하면 대상 고객층이 아디다스 런닝화 제품을 검색할 때 쉽게 찾을 수 있습니다.
> 4. 오프라인 마케팅: 오프라인 채널을 통해 대규모 이벤트나 스포츠 대회 등에서 아디다스 런닝화 제품을 홍보하고 판매하는 것도 효과적입니다. 대상 고객층에게 물리적으로 접근하고 제품을 직접 체험해볼 수 있는 기회를 제공함으로써 제품 인지도와 판매 실적을 높일 수 있습니다.

41) 시장 세분화를 위한 ChatGPT 프롬프트

ChatGPT 프롬프트: X 제품의 시장 공략법과 시장 세분화 방법은 무엇인지 안내해줘.

42) 브랜드 ID 및 메시지에 대한 ChatGPT 프롬프트

ChatGPT 프롬프트: X 제품에 대한 강력한 브랜드 ID와 메시지를 생성해줘.

43) 시장 진출 성공 지표 제시에 대한 ChatGPT 프롬프트

ChatGPT 프롬프트: X 제품의 시장 진출 전략의 성공을 측정하기 위해 따라가야 하는 주요 지표는 무엇인지 안내해줘.

44) 제품의 성능 지표를 이해하기 위한 ChatGPT 프롬프트

ChatGPT 프롬프트: X 제품의 성능을 측정하기 위해 따라가야 하는 주요 분석법은 무엇인지 안내해줘.

45) ROI 계산을 위한 ChatGPT 프롬프트

ChatGPT 프롬프트: X(회사명)는 2023년에 10억원 예산으로 라디오 광고 캠페인을 계획하고 있으며, 캠페인의 결과로 발생하는 점진적인 매출은 50억원 예상 기여 마진을 제공할 것으로 예상돼. 이때 단계별 과정을 통해 마케팅 투자 수익률을 계산해줘.

※ 회사명부터 년도, 돈과 단위, 진행하는 광고 캠페인 등 전부를 맞게 수정해서 프롬프트를 입력할 것.

46) CAC 계산에 대한 ChatGPT 프롬프트

ChatGPT 프롬프트: 마케팅 캠페인에 1천만원을 사용하고 5명의 신규고객을 유치했을 때 CAC를 계산해줘.

47) 웹 사이트 내 검색 엔진 최적화 분석에 대한 ChatGPT 프롬프트

ChatGPT 프롬프트: 다음 웹페이지 〈URL〉의 검색 엔진 최적화 방법을 분석해줘.

48) 키워드 목록 작성에 대한 ChatGPT 프롬프트

ChatGPT 프롬프트: 〈주제〉에 대한 10개의 관련 키워드를 생성해줘.

49) 콘텐츠 주제 브레인스토밍에 대한 ChatGPT 프롬프트

ChatGPT 프롬프트: 구글 첫 페이지에 등록될 가능성이 더 높은 〈주제〉의 10가지 콘텐츠 아이디어를 생성해줘.

> 구글 첫 페이지에 등록될 가능성이 더 높은 아디다스의 10가지 콘텐츠 아이디어를 생성해줘
>
> 아디다스의 구글 첫 페이지 등록을 위한 10가지 콘텐츠 아이디어는 다음과 같습니다:
> 1. "아디다스 런닝화 사용법"에 대한 블로그 포스트
> 2. "아디다스 런닝화"에 대한 유튜브 리뷰 동영상
> 3. "아디다스 런닝화"에 대한 사용자 후기 및 평가
> 4. "아디다스 런닝화"와 관련된 최신 러닝 트렌드에 대한 기사
> 5. "아디다스 런닝화"와 관련된 최신 스포츠 이벤트에 대한 기사
> 6. "아디다스 런닝화"와 관련된 최신 스포츠 선수 인터뷰
> 7. "아디다스 런닝화"와 관련된 페이스북 이벤트 페이지
> 8. "아디다스 런닝화"와 관련된 인스타그램 해시태그 캠페인
> 9. "아디다스 런닝화"와 관련된 트위터 Q&A 세션
> 10. "아디다스 런닝화"에 대한 제품 상세 정보 페이지

50) Meta Description(메타태그)을 생성하는 ChatGPT 프롬프트

Meta Description는 Html로 삽입하는 태그로, 페이지에 속성을 나타낸다. 이를 통해 SEO(Search Engine Optiomization)를 최적화할 수 있다.

ChatGPT 프롬프트: 〈선택 주제〉에 대한 웹페이지에 대해 최대 〈155자〉의 Meta Description(메타태그)을 생성해줘.

51) 랜딩 페이지 광고물에 대한 ChatGPT 프롬프트

랜딩 페이지에서는 페이지 돌입 후 처음에 보여지는 화면을 뜻하는 'Above the Fold'가 중요하다. 이 아이디어를 ChatGPT를 통해 제시 받을 수 있다.

ChatGPT 프롬프트: 나는 X(제품)를 판매하려고 계획 중이야. Above the Fold는 무엇으로 설정하면 되는지 안내해줘.

52) 콘텐츠 배포 일정에 대한 ChatGPT 프롬프트

ChatGPT 프롬프트: 〈URL〉에 대한 컨텐츠 배포 계획을 작성해줘.

53) 고객 반응 분석을 위한 ChatGPT 프롬프트

　ChatGPT 프롬프트: 다음 콘텐츠〈콘텐츠 개요〉에 대한 고객 반응을 분석해줘.

54) 맞춤형 마케팅 콘텐츠 생성을 위한 ChatGPT 프롬프트

　ChatGPT 프롬프트: 고급 백화점인 X(현대백화점)에 방문할 수 있도록 타깃 고객 맞춤형 마케팅 콘텐츠를 5개 생성해줘. 그리고 어떻게 하면 마케팅이 성공할 수 있는지 알려줘. 표 형태로 작성해줘.

　맞춤형 콘텐츠 마케팅은 가치 있고 관련 있는 콘텐츠를 만들고 배포하는 데 초점을 맞추는 전략적 마케팅 접근 방식이다. 명확하게 정의된 청중을 유치하고 유지하기 위한 일관된 콘텐츠가 중요하다. 궁극적으로 수익성 있는 고객 행동을 유도한다.

고급 백화점인 X(현대백화점)에 방문 할 수 있도록 타겟고객 맞춤형 마케팅 콘텐츠를 5개 생성해줘 그리고 어떻게 하면 마케팅이 성공할 수 있는지 알려줘. 표 형태로 작성해줘

고급 백화점인 X(현대백화점)에 방문할 수 있도록 타겟 고객 맞춤형 마케팅 콘텐츠 5개를 생성하고 마케팅의 성공을 위한 방법을 알려드리겠습니다.

콘텐츠 제목	콘텐츠 내용
"X 백화점 VIP 멤버십: 특별한 혜택과 서비스를 누리다"	고객을 위한 독특한 VIP 멤버십 프로그램 소개 및 멤버십 혜택 설명
"X 백화점 화장품 뷰티 이벤트: 아름다움의 세계로 초대"	화장품 뷰티 이벤트 개최 소식과 참여자들에게 제공되는 특별 혜택 설명
"럭셔리 패션 쇼핑의 새로운 기준, X 백화점"	다양한 럭셔리 패션 브랜드와 컬렉션 소개 및 스타일링 팁 제공
"X 백화점 레스토랑: 고급 다이닝의 향연"	품질 높은 레스토랑과 셰프의 요리 경험 소개 및 예약 안내
"X 백화점 인스타그램 챌린지: 공유하고 혜택 받자"	인스타그램 챌린지 이벤트 개최 및 참여자들에게 제공되는 혜택 설명

6. 소셜 콘텐츠 공유 및 협업: 고객들이 X 백화점과 관련된 콘텐츠를 소셜 미디어에서 공유할 수 있도록 장려해주세요. 이를 위해 해시태그 캠페인, 사용자 생성 콘텐츠 공모전, 온라인 협업 이벤트 등을 기획하여 고객들의 참여를 유도해보세요.
7. 데이터 분석과 개선: 마케팅 성과를 지속적으로 모니터링하고 데이터를 분석하여 전략을 개선해주세요. 고객의 행동 패턴, 구매 성향 등을 분석하여 타겟 고객에게 최적화된 마케팅 메시지를 전달하는 것이 중요합니다.

이러한 전략과 팁을 활용하여 X(현대백화점)의 마케팅 성공을 도모해보세요.

마케팅 성공을 위한 방법:

1. 명확한 목표 설정: 명확하고 구체적인 마케팅 목표를 설정하여 효율적인 전략을 구축하세요. 예를 들어, 고객 유치, 매출 증가, 브랜드 인지도 향상 등을 고려할 수 있습니다.
2. 타겟 고객에게 맞춤형 콘텐츠 제공: 타겟 고객의 Bedt Practices
   1. Experiences & Creative Offers: 제품 또는 서비스를 체험할 수 있는 특별한 경험과 창의적인 혜택을 제공하세요.
   2. Personalized Recommendations: 개별 고객의 취향과 관심사에 기반하여

계속

앞서 언급한 방법에 추가적으로 마케팅의 성공을 위한 몇 가지 팁을 더 안내해드리겠습니다.

3. 강조할 고유한 가치 제시: X 백화점의 고유한 가치와 차별화된 요소를 강조하여 고객들에게 전달해주세요. 탁월한 제품 품질, 독특한 브랜드 협업, 개인 맞춤 서비스 등 X 백화점만의 장점을 강조하고 부각시켜주세요.
4. 다채로운 채널 활용: 다양한 마케팅 채널을 효과적으로 활용하여 X 백화점에 대한 인지도와 관심을 높여주세요. 소셜 미디어, 온라인 광고, 블로그, 이메일 마케팅 등 다양한 채널을 조합하여 전략적인 마케팅 캠페인을 구성해보세요.
5. 고객 경험 개선: X 백화점에서의 고객 경험을 지속적으로 개선해주세요. 친절하고 전문적인 서비스, 편리한 구매 과정, 청결하고 아름다운 환경 등을 유지하며 고객들에게 최상의 경험을 제공해주세요.

55) 콘텐츠 조사를 위한 ChatGPT 프롬프트

ChatGPT 프롬프트: X(키워드)를 다루는 Y(선택 주제)에 대한 인기 블로그 n개를 추천하고 해당 URL도 함께 안내해줘.

* 출처: https://www.cigro.io 재편집

02 ChatGPT를 활용해 사업계획서 작성하기

일반적으로 사업 아이디어를 구상하여 사업계획서를 작성하는데 대부분 체계적으로 작성하지 않아서 예측하지 못한 상황이 생길 경우 대처하는데 어려움이 생겨 곤란한 상황에 봉착될 수 있다.

사업을 구상할 때 창업자가 가장 먼저 할 일은 업종 및 사업 아이템을 선정하는 것이다. 이는 사업의 성공 여부를 결정짓는 요소로, 업종 선정 등을 잘하려면 우선 자신의 적성 및 능력을 고려하고 다양한 정보를 수집하는 것이 중요하다. 정보를 얻기 위해서 자기 사업을 갖고 있는 사람들을 만나거나 창업 센터에서 상담을 받는 것도 좋다. 그 밖에도 사업이 유망한지, 자본 규모에 맞는지 등 여러 가지 사항들을 검토해야 한다.

사업 아이템을 골랐다면, 사업성에 대해 분석하고 사업계획서도 작성해야 한다. 사업계획서는 사업을 본궤도에 올리기 위한 준비 과정이다. 현재의 위치, 당면한 과제, 앞으로 벌어질 수 있는 여러 가지 문제점들을 예상하고 미리 대처하기 위한 경영 도구이다. 일반적으로 사업계획서는 사업의 목적, 사업 아이템 선정, 주 고객과 경쟁자 분석, 초기 투자 계획과 자금 계획, 상권 분석, 입지 선정 및 인테리어, 인원 계획과 수익성 계획 등으로 나누어서 작성한다.

ChatGPT를 활용해 내가 계획하고 있는 ChatGPT 활용 교육 사업에 대한 사업계획서를 작성해 보겠다.

사업 아이디어는 ChatGPT를 활용해 기업의 업무 효율을 높이고, 비즈니스 생상성을 높일 수 있는 기업대상 ChatGPT 활용 교육을 하는 것이다.
아래는 실제 ChatGPT에서 사업계획서 작성을 위한 질문과 답변한 내용이다.

> 너는 사업계획서를 체계적으로 잘 작성하는 교육사업 컨설팅 전문가야. 너는 다양한 교육 사업 성공 사례를 가지고 있는 세계 최고의 전문가야.
> 나는 ChatGPT를 활용해 기업의 업무 효율을 높이고, 비즈니스 생산성을 높일 수 있는 ChatGPT활용 역량강화 교육과정을 개설하여 사업을 하려고 해.
> 나는 기업대상 ChatGPT 활용 역량 강화 교육을 온라인과 오프라인으로 교육을 수차례 실시한 경험을 가지고 있고, 지금도 ChatGPT 업무 및 비즈니스 활용 역량 강화 교육을 실시하고 있어. 대상은 일반 직장인 및 일반 기업이 대상이야.
> 너는 위의 내용을 참고하여 사업계획서를 작성해줘
> 사업계획서는 개요, 온라인과정과 오프라인과정을 구분해주고, 교육 내용, 관련시장조사, 교육 방법, 예상일정 및 수강료, 수강생 모집 방법, 수강생 모집 홍보전략, 운영계획, 재무 계획, 수익 창출방안, 지속 가능 전략의 내용이 포함되어야 해, 표로 작성해줘

사업계획서

교육사업명: ChatGPT 활용 역량 강화 교육

1. 개요
   - 교육 대상: 일반 사무직 종사자 및 기업
   - 교육 방식: 온라인 및 오프라인 형태로 제공
   - 교육 목표: 비즈니스 업무 효율성 및 생산성 향상
2. 교육 구분

구분	온라인 교육	오프라인 교육
교육 시간	유연한 시간표에 따라 진행	집중적인 일정으로 실시
교육 방법	동영상 강의, 실습 과제, 그룹 토론	워크샵, 팀 프로젝트, 실전 시나리오
교육 내용	ChatGPT 활용 방법 및 사례 학습	ChatGPT 심층 이론 및 실전 전략
예상 일정	상담을 통해 협의	상담을 통해 협의
등록비용	상담을 통해 협의	상담을 통해 협의

3. 관련 시장 조사
   - 대상 시장: 일반 사무직 종사자 및 기업
   - 시장 규모 및 성장 동향 파악
   - 경쟁사 및 유사 제품/서비스 분석

4. 교육 방법
   - 온라인 교육:
     - 동영상 강의, 실습 과제, 그룹 토론 등을 활용
     - 온라인 플랫폼 및 도구 활용
   - 오프라인 교육:
     - 워크샵, 팀 프로젝트, 실전 시나리오 연습 등을 통한 협업 학습
     - 실제 업무 상황을 모의하여 실전 전략 학습
5. 학생 모집 방법
   - 온라인 광고 및 마케팅 활용
   - 업무 관련 커뮤니티 및 포털 사이트 활용
   - 기업과의 제휴 및 B2B 마케팅 활동
6. 학생 모집 홍보 전략
   - SNS 활용: Instagram, LinkedIn, Facebook 등을 통한 콘텐츠 공유 및 광고
   - 웹사이트 제작 및 SEO 최적화
   - 이메일 마케팅 및 뉴스레터 발송
   - 기업 컨퍼런스 및 전시회 참여

7. 운영 계획
    * 강의 일정 및 시간표 조정
    * 강사 및 스태프 역할 및 책임 분담
    * 학생 관리 및 진도 관리 시스템 구축
    * 피드백 및 개선 체계 수립

8. 재무 계획
    * 초기 투자 비용 및 운영 비용 추정
    * 교육료 수입 예상
    * 마케팅 및 홍보 예산 계획
9. 수익 창출 전략
    * 교육 수익: 교육료 수입
10. 지속 가능성 전략
    * 학생 만족도 조사 및 피드백 반영
    * 교육 프로그램 개선 및 업데이트
    * 새로운 시장 동향 파악 및 대응 전략 수립

위의 내용을 토대로 사업계획서를 작성하였습니다. 표 형태로 작성하여 개요, 교육 구분, 관련 시장 조사, 교육 방법, 예상 일정 및 등록비용, 학생 모집 방법, 학생 모집 홍보 전략, 운영 계획, 재무 계획, 수익 창출 전략, 지속 가능성 전략을 각각 나누어 상세히 기술하였습니다.

03 ChatGPT를 활용한 AI 프로그램 코딩 활용사례

ChatGPT는 다양한 프로그래밍 언어로 코딩을 짜준다.

개발자의 경우 다른 개발 언어로 쓰여진 라이브러리를 내가 쓰는 개발 언어로 변환할 수도 있고, 코딩할 내용을 자연어로 명령해 코드를 수정하고 보완할 수 있다.

간단한 프로그램 코드 짜기, 주석 달기, 코드상 오류 찾기(오타, 정의되지 않은 코드 발견), 에러 코드에 대한 이유 확인, 에러 코드 수정, 프로그램 설치법 안내, 업데이트 방법 안내 등 ChatGPT를 이용해 다양한 프로그래밍 작업 수행 가능하다.

ChatGPT를 활용한 프로그램 코딩 사례를 살펴보면 다음과 같다.

① 랜덤 비밀번호 생성기를 파이썬으로 프로그래밍 해줘.

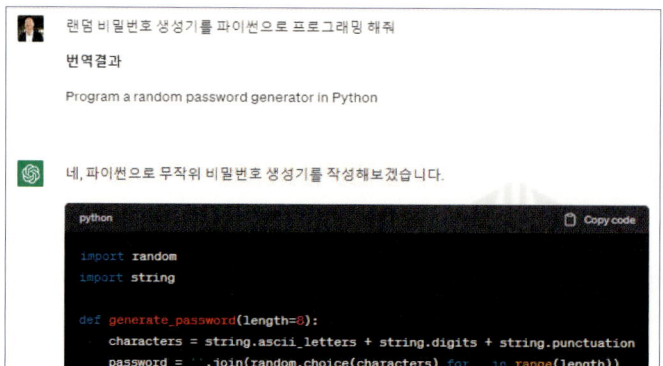

```
        return password

# 비밀번호 생성
password = generate_password()

# 생성된 비밀번호 출력
print("생성된 비밀번호:", password)
```

위의 코드는 `random` 모듈과 `string` 모듈을 사용하여 무작위 비밀번호를 생성합니다. `generate_password` 함수는 주어진 길이(default: 8)에 따라 알파벳, 숫자, 특수문자를 포함한 문자열에서 무작위로 선택하여 비밀번호를 생성합니다. 생성된 비밀번호는 변수 `password`에 저장되며, 마지막으로 생성된 비밀번호를 출력합니다.

위와 같이 ChatGPT는 파이썬으로 간단한 비밀번호 생성기를 만드는 방법을 코딩해 준다. 이를 통해 새로운 프로그래밍 기술을 배울 수도 있고, 더 나아가 프로그램을 만들수도 있다.

② 무역회사에서 기존 거래 이력을 파악해서 기존 거래처에게 신상품을 소개하는 이메일을 자동으로 작성해서 기존 거래처에게 자동으로 발송할 수 있는 프로그램을 파이썬으로 코딩해줘.

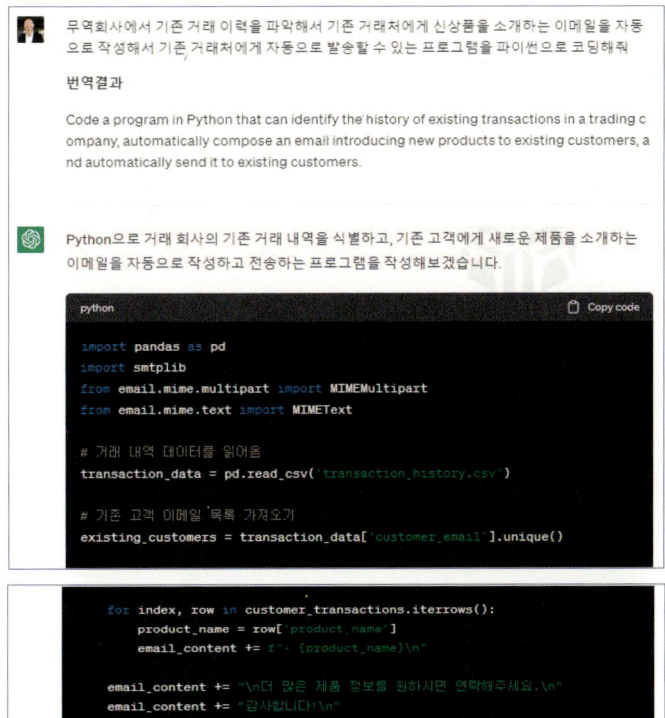

ChatGPT 업무 · 비즈니스 활용 사례 109

```
# 이메일 전송 설정
sender_email = 'your_email@example.com'
sender_password = 'your_email_password'
receiver_email = customer_email

msg = MIMEMultipart()
msg['From'] = sender_email
msg['To'] = receiver_email
msg['Subject'] = '새로운 제품 소개'
msg.attach(MIMEText(email_content, 'plain'))

# 이메일 전송
with smtplib.SMTP('smtp.gmail.com', 587) as smtp:
    smtp.starttls()
    smtp.login(sender_email, sender_password)
    smtp.send_message(msg)
    print(f"이메일 전송 완료: {receiver_email}")
```

위의 코드는 `pandas` 라이브러리를 사용하여 거래 회사의 거래 내역 데이터를 읽어옵니다. 이후, 기존 고객의 이메일 주소를 식별합니다. 그런 다음, 각 고객에 대해 이메일을 작성하고 전송합니다. 이메일은 거래 내역을 분석하여 해당 고객에게 흥미로울만한 새로운 제품을 소개하는 내용으로 구성됩니다. 코드 실행 시 이메일 발신자의 이메일 주소와 비밀번호를 설정하고,

04 ChatGPT를 활용한 기업의 SWOT 분석 활용사례

SWOT 분석은 강점(Strength), 약점(Weakness), 기회(Opportunity), 위기(Threat)의 앞 글자를 따서 SWOT 분석이라 하며 기업의 강점과 약점, 환경적 기회와 위기를 열거하여 효과적인 기업 경영전략을 수립하기 위한 분석방법이다.

사실 형식 자체는 간단하지만 빈틈없이 제대로 하려면 엄청난 시간과 노력을 필요로 한다. 현황을 정확히 진단해야 하는 작업이기 때문에 오만 가지 자료들을 추려내서 분석한 뒤에 결론을 도출해 내야 하기 때문이다.

ChatGPT를 활용해서 기업의 SWOT 분석을 할 수 있다. ChatGPT를 활용해서 NAVER(네이버)의 비즈니스 모델을 SWOT 분석하면 다음과 같은 분석 정보를 얻을 수 있다.

> 너는 SWOT분석 전문가야.
> NAVER(네이버)의 비즈니스 모델을 SWOT분석해줘
> 500단어 길이. 표로 작성 해줘
>
> 번역결과
>
> You are a SWOT analysis expert.
> SWOT analysis of NAVER's business model
> 500 words long. fill in the table

> 나는 SWOT 분석 전문가입니다. NAVER의 사업 모델에 대한 SWOT 분석을 500 단어로 상세히 분석하고, 표를 작성하겠습니다.
>
> NAVER의 사업 모델에 대한 SWOT 분석은 다음과 같습니다:
>
> 강점 (Strengths):

- 강력한 검색 엔진과 포털 서비스: NAVER는 국내에서 가장 강력한 검색 엔진과 포털 서비스를 제공하는 회사로 알려져 있습니다. NAVER의 검색 엔진은 사용자들이 다양한 정보를 쉽고 빠르게 찾을 수 있도록 도와줍니다. 또한, NAVER는 다양한 온라인 서비스 포트폴리오를 보유하고 있어 사용자들이 블로그, 카페, 쇼핑 등의 다양한 서비스를 이용할 수 있습니다.
- 강력한 브랜드 인식과 사용자 로열티: NAVER는 국내에서 가장 인기 있는 포털 사이트로 알려져 있으며, 사용자들에게 강력한 브랜드 인식과 사용자 로열티를 갖고 있습니다. 많은 사람들이 NAVER를 신뢰하고 사용하기 때문에 NAVER의 서비스는 높은 이용률과 사용자들의 충성도를 유지하고 있습니다.

- 다양한 비즈니스 영역 확장: NAVER는 검색 엔진과 포털 서비스 외에도 다양한 비즈니스 영역으로 확장해 오고 있습니다. 예를 들어, 온라인 결제 시스템인 NAVER Pay, 금융 서비스인 NAVER Money 등을 제공하고 있습니다. 이러한 다양한 비즈니스 영역으로의 확장은 NAVER에게 추가적인 수익원을 창출할 수 있는 기회를 제공합니다.

약점 (Weaknesses):

- 광고 수익에 대한 의존도: NAVER의 주요 수익원은 광고 수익입니다. 이는 광고 시장의 변동성에 따라 NAVER의 수익에 영향을 미칠 수 있는 약점입니다. 따라서 NAVER는 광고 수익에 대한 의존도를 줄이기 위해 다양한 수익 모델을 모색하고 다각화해야 합니다.
- 종속된 플랫폼 제공: NAVER의 주요 서비스는 모바일 앱 중심으로 제공되고 있습니다. 이는 모바일 플랫폼에 종속되어 있음을 의미하며, 새로운 플랫폼이나 기기의 등장에 따른 변화에 적응할 필요가 있습니다. 또한, 플랫폼 제공에 대한 종속성은 경쟁사들이 NAVER를 따라잡거나 앞서게 될 가능성을 내포하고 있습니다.

기회 (Opportunities):

- 급증하는 디지털 광고 시장: 디지털 광고 시장은 지속적으로 성장하고 있습니다. 이에 따라 NAVER는 광고 수익을 더욱 증대시킬 수 있는 기회를 가지고 있습니다. 또한, 인공지능과 빅데이터를 활용하여 광고 효과를 개선하고 사용자들에게 더욱 맞춤화된 광고를 제공할 수 있는 가능성도 있습니다.
- 글로벌 시장으로의 진출: NAVER는 국내에서 이미 강력한 지위를 확립한 기업이지만, 글로벌 시장에서도 더욱 성장할 수 있는 기회가 있습니다. NAVER는 글로벌 시장에서의 경쟁력을 강화하기 위해 다양한 전략을 도입하고 있으며, 글로벌 시장으로의 진출을 통해 더 많은 사용자들에게 서비스를 제공할 수 있습니다.

위협 (Threats):

- 경쟁사의 성장과 진출: NAVER는 국내외에서 다양한 경쟁사들이 성장하고 있습니다. 경쟁사들이 제공하는 유사한 서비스와 기술을 경쟁해야 하는 도전이 있습니다. 따라서 NAVER는 경쟁사들의 동향을 지속적으로 파악하고, 새로운 기술과 서비스를 개발하여 경쟁력을 유지해야 합니다.
- 정부 규제와 법적인 제약: 인터넷 서비스 분야에서는 정부 규제와 법적인 제약이 항상 존재합니다. 개인정보 보호, 온라인 광고 규제 등의 법적 요건을 준수하고, 관련된 법적인 제약에 대한 대비가 필요합니다.

이 SWOT 분석은 NAVER의 사업 모델을 ganzherzig 상세히 분석한 것입니다. 강점, 약점, 기회, 위협 요소를 모두 고려하여 분석하였으며, NAVER의 비즈니스 전략과 경쟁 환경을 평가하는 데 도움을 줄 수 있습니다.

> 위 분석 결과를 요약해서 표로 작성해줘
>
> 번역결과
> Summarize the results of the above analysis and write a table.

위의 분석 결과를 요약하고 표로 정리하면 다음과 같습니다:

강점 (Strengths)	약점 (Weaknesses)	기회 (Opportunities)	위협 (Threats)
- 강력한 검색 엔진과 포털 서비스 제공	- 의존도가 높은 광고 수익	- 급증하는 디지털 광고 시장	- 경쟁사의 성장과 진출
- 다양한 온라인 서비스 포트폴리오	- 모바일 앱 중심의 서비스 제공	- 인공지능과 빅데이터 활용	- 정부 규제와 법적인 제약
- 강력한 브랜드 인식과 사용자 로열티	- 국내 중심의 비즈니스 모델	- 글로벌 시장으로의 확장 가능성	-
- 글로벌 시장에서의 경쟁력 및 선도적인 지위	- 종속된 플랫폼 제공에 대한 취약성		

이 표는 NAVER의 사업 모델에 대한 SWOT 분석 결과를 정리한 것입니다. 강점, 약점, 기회, 위협 요소를 모두 고려하여 분석 결과를 요약하였습니다. 그러나 이는 분석의 일부분이므로, 실제 상황에 따라 변동할 수 있으며, 추가적인 조사와 평가가 필요합니다.

분석 결과를 토대로 네이버와 가장 경쟁하는 회사를 추천하고. 경쟁 서비스의 SWOT을 분석해서 표로 작성된 정보이다.

NAVER와 가장 경쟁하는 회사를 추천하고, 해당 경쟁 서비스의 SWOT 분석 결과를 표로 정리하겠습니다:

경쟁 회사	강점 (Strengths)	약점 (Weaknesses)	기회 (Opportunities)	위협 (Threats)
구글	- 강력한 검색 엔진과 정보 검색 기능	- 사용자 데이터 보안과 개인정보 보호 이슈	- 글로벌 시장에서의 성장과 다양한 비즈니스 영역 확장	- NAVER와의 경쟁에서 밀리거나 경쟁력 상실의 위험
카카오	- 강력한 모바일 플랫폼과 다양한 서비스 제공	- 국내 중심의 비즈니스 모델과 해외 시장 진출의 취약성	- 글로벌 시장으로의 진출과 다양한 비즈니스 영역 확장	- NAVER와의 경쟁에서 밀리거나 경쟁력 상실의 위험
쿠팡	- 강력한 온라인 쇼핑 및 배송 서비스 제공	- 물류 및 배송 인프라의 한계와 고객 불만족 요소	- 급증하는 온라인 쇼핑 시장에서의 성장과 확장	- NAVER와의 경쟁에서 밀리거나 경쟁력 상실의 위험
페이스북	- 거대한 사용자 네트워크와 소셜 미디어 플랫폼	- 개인정보 보호와 데이터 사용에 대한 논란	- 광고 시장에서의 성장과 다양한 비즈니스 모델 개발	- NAVER와의 경쟁에서 밀리거나 경쟁력 상실의 위험

위 표는 NAVER와 가장 경쟁하는 주요 회사들 중 가장 대표적인 네 개의 회사를 추천하고, 해당 경쟁 서비스의 SWOT 분석 결과를 정리한 것입니다. 각 회사의 강점, 약점, 기회, 위협 요소를 고려하여 분석한 결과입니다. 그러나 이는 분석의 일부로서 상황에 따라 변동할 수 있으므로, 실제로는 더 상세한 조사와 평가가 필요합니다.

분석결과를 토대로 네이버와 카카오를 비교하고 SWOT 분석을 수행한 결과를 표로 정리한 것이다.

개별적으로 분석할 수도 있지만, 주로 강점과 기회(SO)분석, 강점과 위기(ST)분석, 약점과 기회(WO)분석, 약점과 위기(WT)분석의 네 가지 방법으로 분석한다. 내부 요인과 외부 요인을 결합해서 생각해 보는 것이 향후 전략을 수립할 때 도움이 되기 때문이다.

WO		- 해외 진출의 취약성	- 급증하는 디지털 광고 시장
WT		- 해외 진출의 취약성	- 카카오와의 경쟁 및 타 플랫폼의 등장

위 표는 네이버의 SWOT 분석을 SO (강점과 기회), ST (강점과 위험), WO (약점과 기회), WT (약점과 위험) 조합에 따라 정리한 것입니다. 각 조합에 따른 강점, 약점, 기회, 위험 요소를 고려하여 분석한 결과입니다. 이는 분석 결과로서 실제 상황에 따라 변동할 수 있으므로, 추가적인 조사와 평가가 필요합니다.

ChatGPT 업무 · 비즈니스 활용 사례

05 ChatGPT를 활용해 내가 원하는 주제로 소설 쓰기

ChatGPT는 인터넷을 포함한 방대한 양의 텍스트 데이터로부터 학습하며, 이 데이터에는 다양한 장르와 스타일의 소설, 이야기, 문학 작품 등도 포함되어 있다.

이러한 학습된 데이터를 기반으로 문장 구조와 문법, 어휘, 화법 등 언어적인 요소를 이해하고 소설을 생성할 수 있다. 소설을 생성할 때 문학적 패턴, 스타일, 테마, 플롯(Plot) 등을 인식하여 이를 통해 소설 작성 시 일관성 있는 구조와 스타일을 유지하며 글을 작성하게 된다.

ChatGPT를 활용해서 내가 원하는 주제로 소설을 작성하기 위해서는 소설을 쓰는 방법과 원칙을 이해하는 것이 중요하다.

단편 소설 쓰는 방법의 공동 저자 'Lucy V. Hay.'의 글쓰기 워크숍 및 강의 내용을 중심으로 소설을 쓰는 방법에 대한 내용을 먼저 학습하고자 한다.

루시 헤이는 글쓰기 워크숍, 강의, 그녀의 블로그인 Bang2Write를 통해 작가들이 글 쓰는 데 도움을 주는 활동을 하는 작가, 스크립트 에디터 겸 블로거이다.

소설 쓰기는 대단히 힘들지만, 단편 소설이라면 누구든지 이야기를 짓고 완성할 수 있다. 다른 소설과 마찬가지로, 훌륭한 단편 소설은 독자에게 감동과 즐거움을 준다. ChatGPT를 활용해서 브레인스토밍, 초안 작성, 고쳐쓰기의 과정을 통해 짧은 시간 내에 성공적으로 단편 소설을 쓸 수 있는 방법은 다음과 같다.

> 내가 원하는 소설을 쓰기 위한 브레인스토밍

① 플롯 또는 줄거리를 떠올린다.

무엇에 대한 이야기이며 어떤 사건이 일어날 것인지에 대하여 생각해 본다. 무엇을 설명하고 묘사할 것인지를 고려해야 한다. 이야기 전개에 대한 접근 방법과 관점을 결정해야 한다.

플롯(Plot)은 인과관계에 기인한 사건의 이야기이다.

예를 들어, 주인공이 안 좋은 사건을 해결해야 하거나, 반갑지 않은 친구 또는 가족이 찾아오는 것과 같은 단순한 플롯으로 시작할 수도 있다.

주인공이 다른 차원의 공간에서 깨어나거나 다른 사람의 깊은 비밀을 알게 되는 등 보다 복잡한 플롯으로 시작하는 것도 가능하다.

② 입체적인 주인공을 부각시킨다.

대부분의 소설은 최대 한두 명의 주인공에 초점을 둘 것이다. 욕망과 원하는 일이 분명하지만, 모순도 많은 주인공을 떠올릴 수 있다. 단순히 선한 인물과 악한 인물이 아닌, 주인공의 흥미로운 면들을 부각시켜서 입체적이고 균형잡힌 모습으로 묘사하는 것이 좋다.

주인공 묘사에 영감을 줄만한 실제 인물의 모습을 참고하는 것도 가능하다.

예를 들어, 학교에서 집단 따돌림을 당하는 남동생을 보호하려고 하지만, 동시에 학교생활에 잘 적응하려고 하는 십 대 소녀가 주인공이 될 수 있다. 아니면, 이웃사람과 친한 친구가 되고자 하는데, 그 이웃이 불법 행위에 연루되어 있다는 사실을 알게 된 고독한 노인이 주인공일 수도 있다.

③ 주인공의 갈등 상황을 만든다.

모든 단편 소설에는 주인공이 어려움이나 문제를 해결해야 하는 갈등 상황이 전개된다. 소설 전반부에 주인공의 갈등 상황을 다루는 것이 좋다. 주인공의 힘들고 어려운 삶을 그리는 것은 좋은 시도이다.

예를 들면, 주인공이 원하는 것을 얻기 위해 어려운 시기를 극복하려고 하거나, 힘들고 위험한 상황에 빠져서 반드시 살아남기 위한 길을 찾아야할 수도 있다.

④ 흥미로운 배경을 선택한다.

사건이 전개되는 배경은 단편 소설의 또 다른 핵심 요소다. 소설의 중심이 되는 배경을 정한 다음, 등장인물들의 장면에 따라 세부 사항들을 포함시킨다. 당신이 흥미롭다고 여길 뿐만 아니라, 독자들도 흥미를 느낄 수 있는 배경을 선택해야 한다.

예를 들어, 당신의 모교나 화성의 작은 식민지를 소설의 배경으로 정할 수 있을 것이다. 독자에게 혼란을 줄 수 있으므로, 너무 많은 배경을 사용하지 않도록 하자. 단편 소설에는 한두 가지 배경이면 충분하다.

⑤ 특정 주제에 대해 생각해 본다.

많은 단편 소설들이 한 가지 주제에 초점을 맞추고 서술자나 주인공의 시점에서 그 주제를 탐구한다. '사랑', '욕망', '상실' 등과 같은 폭넓은 주제를 선택하고 주인공의 시점에서 그 주제를 생각해 보도록 한다.

⑥ 절정 단계를 구성한다.

훌륭한 단편 소설에는 주인공의 감정이 최고조에 달하는 충격적인 장면이 있어야 한다. 절정의 순간은 일반적으로 소설의 후반부나 끝부분에 나온다. 이 장면에서 주인공은 당황하거나, 궁지에 몰리고, 절박해지며, 심지어 통제 불능 상태에 빠질 수도 있다.

예를 들면, 고독한 노인 주인공이 이웃의 불법 행위로 인하여 대립해야 하는 상황이나, 십 대 소녀 주인공이 학교의 집단 따돌림에 맞서서 남동생을 지켜야 하는 상황이 절정 단계가 될 수 있을 것이다.

⑦ 반전이 있거나 충격적인 결말을 생각한다.

독자가 예상할 수 있는 뻔한 결말이 아닌, 놀라움과 충격, 흥미를 줄 수 있는 결말을 구성하기 위해 ChatGPT를 활용해서 브레인스토밍 하는 것이 좋다. 독자가 결말을 예상할 수 있게끔 일부러 안정감을 준 다음, 다른 인물이나 장면으로 전환하여 충격적인 내용을 전개해야 한다.

틀에 박힌 설정이나 흔한 플롯으로 반전을 만드는 진부한 결말을 피하자. 긴장감과 박진감을 더하면 독자가 충격적인 결말이라고 여길 것이다.

⑧ 단편 소설 몇 편을 찾아서 읽는다.

　실력 있는 작가들의 작품들을 읽고, 독자들을 사로잡는 성공적인 단편 소설을 쓰는 방법을 알아보는 것도 방법이다. 문학, 공상 과학, 판타지에 이르기까지 여러 장르의 단편 소설을 읽는다. 작가가 이야기를 전개하는 데 있어서 등장인물, 주제, 배경, 플롯 등을 어떻게 효과적으로 사용했는지 살펴본다.

〉초안 작성하기

① 플롯의 개요를 잡는다.

　전개, 상승, 절정, 하강, 결말의 5단계 플롯 개요를 구성한다. 시작, 중간, 끝이 분명한 소설을 쓰기 위해서 개요를 참조한다.

② 시작 부분을 매력적으로 만든다.

　시작 부분에 독자들의 주의를 끌 수 있는 행동, 갈등, 특이한 장면들이 있어야 한다. 첫 문단에 독자에게 주인공과 배경을 소개하고, 소설의 핵심 주제 및 아이디어를 알게 한다.

　첫 문장을 다음과 같이 써보자. '아내가 떠난 다음 날, 케이크를 만들 생각은 없었지만 혹시 설탕을 빌려줄 수 있는지 묻기 위해 옆집 초인종을 눌렀다.' 이 문장은 독자들에게 하여금, 과거의 갈등 상황, 아내와의 이별, 현재 서술자와 이웃 사이에 긴장감 등을 설명해 준다.

③ 한 가지 시점을 고수해야 한다.

　단편 소설은 일반적으로 1인칭 시점에서 이야기를 서술하고 한 가지 시점을 유지한다. 이 방법으로 단편 소설의 세계관이 분명해질 수 있다. 작가와 독자 사이에 다소 거리감이 생기지만, 3인칭 시점에서 서술하는 것도 가능하다.

④ 등장인물을 밝히고 플롯을 전개시키기 위해서 대화를 사용한다.

　단편 소설에서 대화는 항상 한 번에 여러 가지 역할을 한다. 등장인물에 관한 것과 플롯에 추가할 사항을 독자에게 알려주기 위해서 대화를 사용해야 한다. 말하는 등장인물이 누구인지 밝히고 장면에 긴장과 갈등을 더하는 지문을 포함시키는 것도 좋은 방법이다.

⑤ 배경에 대한 감각적인 세부 묘사를 한다.

주인공이 배경에서 어떤 감정, 소리, 맛, 냄새 등을 느끼는지 생각해 본다. 배경을 묘사할 때 독자들에게 생생하게 전달될 수 있도록 감각을 사용한다.

스노우플레이크 기법(Snowflake Method)을 시도할 수 있다. 한 문장의 요약, 한 문단의 요약, 모든 등장인물 소개, 장면들을 설명하는 표를 작성한다

대부분의 단편 소설은 과거시제를 사용한다.

예를 들어, 당신의 모교를 이렇게 묘사할 수 있을 것이다. '운동화, 헤어스프레이, 잃어버린 꿈과 분필 냄새가 나는 커다란 건물.' 또는, 집에서 바라보는 하늘을 다음과 같이 묘사한다. '이른 아침 근처 숲에서 온 자욱한 안개로 뒤덮인 하얀 종이와 같았다.'

⑥ 실현 또는 비밀을 드러냄으로써 결말을 짓는다.

실현과 비밀을 드러내는 과정이 심각하거나 명확해야할 필요는 없다. 등장인물들이 상황을 변화시키거나 다르게 바라보면서 섬세하게 그려낼 수 있다. 열린 결말과 같은 실현이나, 비밀을 드러냄으로써 문제가 해결되고 상황이 종료되는 결말을 만들 수 있을 것이다.

한 등장인물의 변화를 드러내는 흥미로운 장면이나 대화로도 결말을 쓸 수 있다.

예를 들어, 주인공이 비록 친구를 잃더라도 이웃을 고발하기로 결심하는 장면과, 주인공이 피투성이가 된 동생을 데리고 저녁식사하러 집에 가는 장면으로 결말을 낼 수 있다.

> 초안 고쳐쓰기

① 단편 소설을 큰 소리로 읽는다.

각 문장, 특히 대화 부분이 어떻게 느껴지는지 잘 들어본다. 문단마다 이야기의 흐름이 자연스러운지 살펴보자. 어색한 문장이나 표현을 찾아서 나중에 수정할 수 있도록 밑줄을 긋는다.

플롯 개요를 따라 소설이 전개되고 주인공이 분명한 갈등 상황에 처해있는지 확인한다.

소리 내어 소설을 읽으면 맞춤법, 문법, 문장 부호의 오류를 찾는 데 도움이 된다.

② 단편 소설의 명료함과 흐름을 위해서 고쳐 쓴다.

대부분의 단편소설은 1,000~7,000단어, 또는 1~10페이지의 길이로 구성된다. 장면이나 문장을 삭제해서 짧고 간결한 이야기를 만들도록 하자. 반드시 소설에서 필수적인 세부사항과 장면들만 포함시켜야 한다.

일반적으로 단편 소설은 길이가 짧을수록 더 좋다. 단순히 당신이 좋아하기 때문에 많은 내용을 전달하지 않는 문장이나 뚜렷한 목적 없는 장면을 포함시키지 않도록 하자. 계속해서 소설을 간결하게 다듬어야 한다.

③ 흥미로운 제목을 떠올린다.

대부분의 편집자와 독자들은 소설의 제목을 먼저 확인하고 읽고 싶은지 결정한다. 독자들에게 호기심과 흥미를 불러일으키는 제목을 선택해서 실제로 소설을 읽도록 만들어야 한다. 소설 제목을 정할 때 주제, 장면, 등장인물의 이름을 사용하는 것이 일반적이다.

④ 다른 사람들로 하여금 단편 소설을 읽고 비평하도록 한다.

친구, 가족, 학교 동료들에게 단편 소설을 보여주고 감동적이고 몰입이 되는지 물어본다. 다른 사람들로부터 건설적인 비판은 당신이 쓴 소설의 발전에 도움이 되므로 받아들이는 것이 좋다.

글쓰기 모임에 참가하여 당신이 쓴 단편 소설을 워크숍에 제출하는 것도 가능하다. 다른 사람들로부터 피드백을 받은 다음 고쳐쓰기를 해서 최고의 초안을 작성해야 한다.

ChatGPT를 활용해 사용자의 요구와 선호도에 따라 소설의 장르, 스타일, 캐릭터, 배경 등을 조절하여 이를 통해 개인화된 창의적이고 독창적인 소설을 작성할 수 있다. 소설은 일반적으로 대중적인 장르인 판타지, 로맨스, 무협 등의 장르가 많다. ChatGPT의 도움을 받아 내가 원하는 주제로 소설을 쓸 수 있다.

예를 들어, 메타버스에서 재미있게 살고 있는 내용을 중심으로 소설을 쓰면 다음과 같이 쓸 수 있다.

메타버스에서 재미있게 살고 있는 내용을 중심으로 소설을 쓰고자 한다.
메타버스에서 살아가는 인간의 이야기를 소설로 구성해줘

번역결과

I want to write a novel centered on the contents of living in the metaverse.
Please compose the story of a human living in the metaverse into a novel

 Title: 메타버스의 세계 (The World of the Metaverse)

Chapter 1: 새로운 시작 (A New Beginning)

지구는 기계와 가상현실의 경계가 흐려지는 시대로 접어들었다. 이제 사람들은 현실과 메타버스 사이를 오가며 새로운 세계를 탐험할 수 있었다. 주인공인 마이클은 메타버스에 빠져들기 전까지는 평범한 일상을 보내고 있었다. 하지만 그의 삶은 이제 완전히 변화하게 될 것이다.

Chapter 2: 가상 세계의 초대 (The Invitation to the Virtual World)

어느 날, 마이클은 메타버스 개발사인 블루플래닛으로부터 메일을 받았다. 그 메일에는 메타버스의 초대장이 포함되어 있었다. 마이클은 호기심에 사로잡히며 그 초대장을 받아들이게 되었다. 그는 메타버스의 문을 열고 그 안으로 들어섰다.

메타버스 안에서 마이클은 자신만의 가상 아바타를 생성하고 자유롭게 탐험을 시작했다. 그는 높은 건물들과 빛나는 도시, 그리고 환상적인 풍경들을 만나며 새로운 친구들을 사귀기도 했다. 메타버스 안에서 마이클은 현실에서는 불가능했던 경험들을 즐길 수 있었다.

Chapter 4: 현실과 가상의 경계 (The Boundary Between Reality and Virtual)

그러나 메타버스 안에서의 삶은 점차 현실과 가상의 경계가 흐려지는 것을 마이클은 알게 되었다. 그는 현실과 가상 사이에서 갈등을 겪기도 했고, 가상 세계에서 일어나는 일들이 현실에 영향을 미치기도 했다. 마이클은 이제 어디가 진짜인지 헷갈리며 자신의 정체성에 대해 고민하게 되었다.

Chapter 5: 메타버스의 진실 (The Truth of the Metaverse)

마이클은 메타버스 안에서 특이한 현상들을 발견하며 그 진실을 파헤치기 시작했다. 그는 자신을 둘러싼 메타버스의 역할과 목적을 알게 되었고, 그것이 인류에게 미치는 영향을 이해하게 되었다. 마이클은 이제 메타버스 안에서의 삶과 현실을 조화롭게 이어나가야 할 결단을 내려야 했다.

Chapter 6: 균형의 탐구 (The Quest for Balance)

마이클은 자신의 모험을 통해 메타버스와 현실 사이에서 균형을 찾아야 한다는 깨달음을 얻었다. 그는 메타버스에서 획득한 지식과 경험을 현실 세계에 적용하여 사회적인 변화를 이끌어내는 방법을 모색하게 되었다. 마이클은 메타버스를 넘어 현실 세계에서 진정한 의미 있는 존재로 살아가기 위해 힘차게 나아간다.

Chapter 6: 균형의 탐구 (The Quest for Balance)

마이클은 자신의 모험을 통해 메타버스와 현실 사이에서 균형을 찾아야 한다는 깨달음을 얻었다. 그는 메타버스에서 획득한 지식과 경험을 현실 세계에 적용하여 사회적인 변화를 이끌어내는 방법을 모색하게 되었다. 마이클은 메타버스를 넘어 현실 세계에서 진정한 의미 있는 존재로 살아가기 위해 힘차게 나아갔다.

Chapter 7: 두 세계의 결합 (The Fusion of Two Worlds)

마이클은 결국 메타버스와 현실 사이에서 완전한 균형을 찾아냈다. 그는 메타버스 안에서의 경험과 지식을 이용해 현실에서의 문제를 해결하고, 사람들에게 새로운 가치를 전달하는데 성공했다. 마이클은 두 세계를 결합시키며, 현실과 가상이 상호보완적으로 공존할 수 있는 새로운 시대를 열었다.

Epilogue: 새로운 가능성 (New Possibilities)

마이클은 자신의 메타버스에서의 모험을 마치고 새로운 가능성을 만끽하며 현실 세계로 돌아왔다. 그는 메타버스를 통해 얻은 경험을 공유하고, 사람들이 자신의 꿈과 열정을 메타버스 안에서 실현할 수 있도록 도와주는 새로운 사업을 창업했다. 마이클은 이제 현실과 메타버스 사이의 연결고리가 되어 인류의 미래를 개척하고자 한다.

다음은 내가 쓰고자 하는 소설의 스토리보드를 장면으로 구분하여 좀 더 재미있게 구성하여 소설을 쓸 수 있다.

 이 소설의 스토리보드를 장면으로 구분하여 작성해줘

번역결과

Write a storyboard for this novel divided into scenes.

 장면 1: 비범한 세상

- 화면에는 평범한 현실 세계가 펼쳐진다. 사람들이 서로를 지나가고 일상적인 일들을 하고 있다.
- 대조적인 화면으로 메타버스의 환상적인 세계가 나타난다. 빛나는 도시, 푸른 하늘, 무한한 가능성이 가득한 장면들이 펼쳐진다.

장면 2: 초대장의 비밀

- 주인공 마이클이 메일함을 열고 블루플래닛의 초대장을 발견한다. 초대장은 신비로운 빛으로 둘러싸여 있다.
- 마이클이 초대장을 받아들이며, 초대장이 해제되어 가상 세계의 문이 열린다.

장면 3: 가상 아바타 탄생

- 마이클이 메타버스에 입장하여 자신의 가상 아바타를 생성하는 과정이 그려진다. 아바타는 마이클의 모습과 유사하면서도 새로운 특징을 갖추고 있다.
- 마이클은 아바타를 보며 자신의 새로운 모습에 신선함과 흥분을 느낀다.

장면 4: 탐험의 시작

- 마이클이 메타버스 안에서 탐험을 시작한다. 그는 높은 건물들을 오르내리며 도시의 경치를 감상한다.
- 마이클은 다른 사용자들과 교류하고, 함께 모험을 떠날 동반자들을 만난다.

장면 5: 현실과 메타버스의 교차

- 마이클이 메타버스 안에서의 경험들이 현실에 영향을 미치는 모습이 그려진다. 그는 메타버스 안에서의 친구들과 현실에서의 만남을 갖게 되고, 두 세계가 서로 교차하는 장면들이 펼쳐진다.

장면 6: 메타버스의 비밀

- 마이클이 메타버스 안에서 특이한 현상들을 발견하며 메타버스의 진실을 알아가는 과정이 그려진다.
- 그의 탐구는 점점 깊어지고, 그는 메타버스가 인류에게 미치는 영향과 그 중요성을 이해하게 된다.

장면 7: 균형의 탐구

- 마이클은 메타버스와 현실 사이의 균형을 찾기 위해 모험을 떠난다. 그는 지식을 쌓고 경험을 통해 두 세계를 조화롭게 이어가는 방법을 찾아나선다.
- 마이클의 내면의 탐구와 외부의 모험들이 서로 얽히며 진행된다.

장면 8: 결합과 새로운 가능성

장면 8: 결합과 새로운 가능성

- 마이클은 두 세계의 결합을 이루어내고 균형을 찾는다. 그는 메타버스와 현실이 상호보완적으로 공존할 수 있는 새로운 가능성을 찾아낸다.
- 마이클은 사람들에게 새로운 가치를 전달하고, 현실과 가상의 결합으로 인류의 미래를 개척하고자 한다.

장면 9: 열린 결말

- 마이클은 새로운 사업을 창업하고, 메타버스와 현실을 넘나들며 자신의 꿈을 실현한다.
- 결말은 열려있으며, 마이클의 모험은 계속될 것임을 시사한다.

다음은 챕터별로 소설을 쓰고 중간 중간에 위에서 구분한 장면의 내용이 포함되도록 소설을 쓰면 더 흥미롭고 재미있게 소설을 쓸 수 있다.

06 ChatGPT를 활용해 책의 제목, 목차부터 챕터 원고까지 작성하기

ChatGPT를 활용해서 시, 소설, 시나리오 작성, 작곡 등을 할 수 있다.

ChatGPT는 대형 언어 모델(Large Language Model: LLM)로 사전에 훈련된 생성 변환기이다. 빅데이터의 '빅'처럼 어느 정도의 규모가 대형인지는 정해진 기준은 없지만 최근 초거대 AI 모델들의 매개변수 수를 통해 상대적인 규모는 파악이 가능하다. 대형 대규모 언어 모델은 대화 또는 기타 자연 언어 입력에 대해 인간과 유사한 응답을 생성하기 위해 방대한 양의 텍스트 데이터에 대해 훈련된 인공 지능의 하위 집합이라 할 수 있다. 이러한 자연어 응답을 생성하기 위해 LLM은 다층 신경망을 사용하여 복잡한 데이터를 처리, 분석 및 예측하는 심층 학습 모델을 사용한다.

ChatGPT는 "RLHF(Reinforcement Learning from Human Feedback)"라는 인간의 피드백을 통해 지속적으로 학습하고 성장해 나간다.

LLM은 종종 인간의 텍스트와 구별할 수 없는 고품질의 일관된 텍스트를 생성하는 능력이 독특하다. ChatGPT의 기반은 GPT-3으로 1,750억 개의 매개변수가 있는데 지금은 GPT-4가 출시되어 약 1조 개 이상의 매개 변수를 예상할 수 있다. 그래서 번역, 요약, 시, 소설, 시나리오 쓰기를 포함한 광범위한 자연어 작업을 처리할 수 있다.

주제가 주어지면 문맥상 적절하고 문법적으로 올바른 다양한 응답을 생성한다. ChatGPT를 이용해 내가 쓰고자 하는 책의 제목과 목차 구성에서부터 내용 구성까지 제작이 가능하다. 특정 정보나 특정 주제로 책을 집필하기 전에 ChatGPT가 제시하는 아우트라인이나 내용을 참조하여 필요한 정보나 자료 등을 수집, 가공하여 원고를 작성하는 것도 책 저술의 한 방법이라 할 수 있다.

ChatGPT는 구체적 상황을 제시하면 그에 맞는 답을 제시하는 특징을 가지고 있다. 그리고 질문의 맥락과 목적, 요구사항을 자세히 적어주면 그에 맞는 답을 해 준다. 또한 앞 질문에 대한 답변에 계속 이어서 세부적으로 질문하면 맥락을 이어서 답변 가능하다. 또한 ChatGPT를 직접 가르치면서 질문하면 좀 더 원하는 답변을 만들 수 있다(In-Context Learning). 즉, 대화 중에 사용자가 입력하는 문장(프롬프트)를 통해서 ChatGPT를 가르칠 수 있다.

ChatGPT로 책을 쓰려면 책의 줄거리나 주제에 대해 자세한 개요를 미리 제공하면 원하는 글에 가까운 글을 얻을 수 있다. 그러나 모든 책의 완성품은 저자의 저술 의도와 저자가 생각하는 가치관과 기준을 충족해야 하기 때문에 상당한 편집 작업이 필요할 수 있다.

ChatGPT를 활용해 특정 주제에 대한 전체적인 원고의 틀인 챕터(Chapter)를 구성하고 챕터를 중심으로 책을 저술해 나간다.

다음은 일반적인 책 쓰기를 ChatGPT를 활용하여 단계별로 작성해 보겠다.

① ChatGPT 화면에서 New Chat을 클릭한다.

② 화면 중앙좌측에 있는 'Write a Complete Book In One Click'을 클릭한다.

③ Output in은 '한국어'로 선택하고 Tone과 Writing Style은 Default로 지정한다.

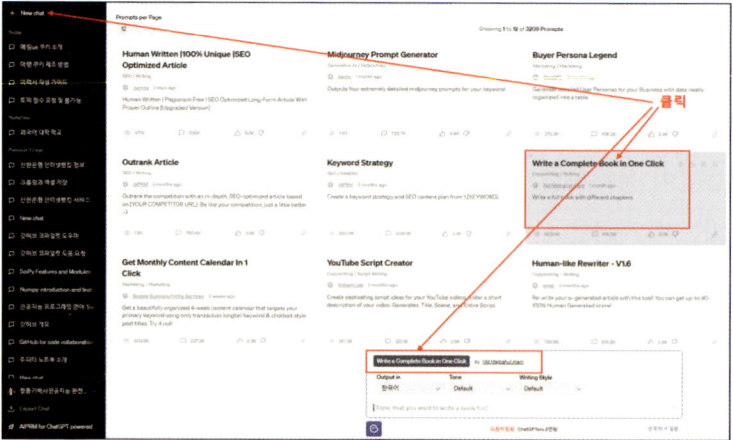

④ 책을 저술하고자 하는 저자가 생각하는 책의 제목을 입력한다.

⑤ 예시, '50대가 알아야 할 성공적인 삶을 위한 비결'이라 입력한다.

> 50대가 알아야 할 성공적인 삶을 위한 비결
>
> 번역결과
>
> The secrets to a successful life that people in their 50s should know

인생에서 성공하는 비밀: 50대에 알아야 할 것들

Chapter 1: 지혜와 경험의 가치
Chapter 2: 건강과 웰빙 관리
Chapter 3: 가족과 관계 유지하기
Chapter 4: 재정 관리와 미래 계획
Chapter 5: 새로운 도전과 성장
Chapter 6: 자아 성찰과 목표 설정
Chapter 7: 사회 참여와 봉사활동
Chapter 8: 기술과 디지털 시대의 적응
Chapter 9: 여가와 취미의 중요성
Chapter 10: 문화와 예술의 세계 탐험
Chapter 11: 스트레스 관리와 멘탈 헬스
Chapter 12: 교육과 지식의 추구
Chapter 13: 성취와 자부심의 발견
Chapter 14: 인생의 변화에 대한 유연한 대처
Chapter 15: 후회 없는 인생을 위한 결론

환영합니다! "인생에서 성공하는 비밀: 50대에 알아야 할 것들"은 여러분이 50대에 진입하면서 알아야 할 도전과 기회를 안내하는 포괄적인 안내서입니다. 이 책은 50대의 독특한 상황에서의 성공과 만족을 이루기 위한 지혜, 통찰력 및 실용적인 조언을 제공하는 목적으로 제작되었습니다.

본 책을 통해 여러분은 50대에 개인적인 성취, 직업적인 성공, 그리고 전반적인 복지를 달성하는 비밀을 탐색할 것입니다. 50대는 여러분이 인생의 중요한 전환점에 처해있는 시기로, 이 책은 이 중요한 단계를 최대한 활용할 수 있는 지혜와 통찰력을 제공하기 위해 노력했습니다.

본 책의 페이지를 통해 여러분은 50대에서 성공적인 삶을 이루기 위해 중요한 여러 가지 측면을 탐구할 것입니다. 변화와 새로운 시작을 수용하는 것부터 건강과 웰빙 관리, 가족 및 인간관계 유지, 재정 관리, 미래 계획, 새로운 도전과 성장, 자아 성찰과 목표 설정, 사회 참여와 봉사활동, 디지털 시대의 기술 적응, 여가와 취미, 문화와 예술 탐험, 스트레스 관리와 멘탈 헬스, 교육과 지식의 추구, 성취와 자부심의 발견, 그리고 인생의 변화에 대한 유연한 대처까지 각 장에서 다루게 될 것입니다.

전문가의 지혜, 개인적인 경험들, 그리고 연구에 기반한 전략들을 활용하여, 이 책은 여러분의 신뢰할 수 있는 동반자가 되어 실질적인 조언과 동기부여를 제공할 것입니다. 이 책에서 제시되는 지침을 실천함으로써, 여러분은 장애물을 극복하고 기회를 잡으며, 원하는 삶을 형성할 수 있는 도구와 마음가짐을 개발할 수 있을 것입니다.

50대는 안식이나 멈춤의 시기가 아닌, 새로운 지평을 탐색하고 목표를 재정의하며, 진정한 잠재력을 발견할 수 있는 시기입니다. 이 책에서 공유되는 비밀들은 여러분이 변화의 도전을 극복하고, 기회를 포착하며, 펼치고자 하는 가능성을 받아들이는 데 필요한 지식과 영감을 제공할 것입니다.

기억하세요, 50대는 결여하거나 굳어있을 때가 아닌, 새로운 지평을 탐색하고, 목표를 재정의하며, 미래를 형성하기 위한 기회입니다. 이 책에서 제공되는 비밀들을 실천함으로써, 여러분은

ChatGPT 업무 · 비즈니스 활용 사례 127

이 변혁적인 시기의 도전에 대처하고, 미래를 적극적으로 받아들이며, 원하는 가능성을 실현할 수 있는 도구와 마음가짐을 개발할 것입니다.

Chapter 1: 지혜와 경험의 가치

지혜와 경험은 인생에서 소중한 자산입니다. 50대에 접어들면서 이러한 가치에 대한 이해와 활용이 더욱 중요해집니다. 이 장에서는 지혜와 경험을 인생의 보물로 여기고, 이를 어떻게 활용할 수 있는지에 대해 탐구해보겠습니다.

50대는 여러분이 쌓아온 지식과 경험의 결과물을 바탕으로 새로운 관점을 발견하고, 자신의 삶과 주변 환경을 더 깊이 이해하는 시기입니다. 지혜와 경험을 가지고 있는 여러분은 이를 통해 더 현명한 결정을 내릴 수 있으며, 과거의 실수와 성공을 통해 배우고 성장할 수 있습니다.

이 장에서는 지혜와 경험을 어떻게 발전시킬 수 있는지에 대한 전략과 도구를 알아보겠습니다. 자기 반성과 학습을 통해 지식을 확장하고, 새로운 아이디어를 탐색하며, 사회와의 연결을 유지하며, 팀의 일원으로 참여하며, 멘토와 함께하는 경험을 통해 지혜와 경험을 더욱 풍부하게 만들 수 있습니다.

50대에 접어들면서, 우리는 자신의 지혜와 경험을 소중히 여기고, 그것들을 남들과 공유하며, 신중한 결정을 내리는 방법을 배우고 발전시키는 것이 중요합니다. 이 장을 통해 여러분은 자신의 지식과 경험을 존중하며, 인생의 다음 장으로 나아가는 데 필요한 지혜와 통찰력을 발전시킬 수 있을 것입니다.

(Word Count: 510)
Add to Notebook

⑥ 다음은 ChatGPT가 제시한 목차 중에서 'Chapter 2: 건강과 웰빙 관리에 대해서 1000자 이내로 작성해줘'라고 입력한다.

 Chapter 2: 건강과 웰빙 관리에 대해서 1000자 이내로 작성해줘
번역결과
Chapter 2: Write about health and wellness management in 1000 words or less

 Chapter 2: 건강과 웰빙 관리

건강과 웰빙은 우리 삶에서 가장 중요한 가치 중 하나입니다. 허나 50대에 도달하면서 건강과 웰빙을 유지하고 관리하는 것이 더욱 중요해집니다. 이 장에서는 건강과 웰빙을 효과적으로 관리하기 위한 방법과 전략에 대해 다루고자 합니다.

1. 균형 잡힌 식단: 올바른 영양소 섭취는 건강과 웰빙을 유지하는 핵심입니다. 50대에 도달하면서는 식단에 신경을 써야 합니다. 신선한 과일과 채소, 곡물, 단백질, 지방의 적절한 조합을 포함한 균형 잡힌 식사를 챙기는 것이 중요합니다.
2. 정기적인 운동: 운동은 건강과 웰빙을 촉진하는 데 필수적입니다. 50대에 도달하면서는 심혈관 건강을 위해 유산소 운동과 심장 운동을 포함한 다양한 운동을 꾸준히 실천하는 것이 좋습니다. 또한 근력 운동과 유연성 향상을 위한 스트레칭도 중요합니다.
3. 스트레스 관리: 스트레스는 건강에 악영향을 줄 수 있는 요인입니다. 50대에 도달하면서는 스트레스 관리 방법을 익히는 것이 중요합니다. 일상적인 운동, 명상, 호흡법, 관계 유지, 휴식 시간 확보 등 다양한 스트레스 관리 방법을 시도해보세요.
4. 충분한 휴식: 충분한 휴식은 건강과 웰빙을 유지하는 데 중요합니다. 50대에 도달하면서는 균형 잡힌 생활과 충분한 수면 시간을 확보하는 것이 중요합니다. 휴식을 통해 몸과 마음의 회복력을 높이고 스트레스를 효과적으로 완화할 수 있습니다.

5. 정기적인 건강 검진: 50대에는 건강 검진을 정기적으로 받는 것이 중요합니다. 혈압, 혈당, 콜레스테롤, 유방암, 대장암 등 주요 질병의 조기 발견과 예방을 위해 건강 상태를 모니터링 하는 것이 필수입니다.

6. 신체적 및 정신적 자기 관리: 건강과 웰빙을 위해서는 신체적인 자기 관리뿐만 아니라 정신적인 자기 관리도 중요합니다. 50대에 도달하면서는 스스로에게 관심을 기울이고 돌봄을 해야 합니다. 취미, 관심사, 자기 개발 등을 통해 정신적인 만족과 성장을 추구해보세요.

7. 소셜 네트워킹과 지지 체계: 건강과 웰빙은 사회적인 연결과 지지 체계에 의해 강화됩니다. 50대에 도달하면서는 가족, 친구, 지역 사회와의 소셜 네트워킹을 유지하고, 상호 지원할 수 있는 관계를 구축하는 것이 중요합니다.

건강과 웰빙은 50대에서 즐거운 삶과 성공적인 노후를 위해 필수적인 요소입니다. 이 장에서 제시된 전략을 통해 여러분은 건강과 웰빙을 향상시키고, 자신의 인생을 더욱 풍요롭게 만들 수 있을 것입니다.

⑦ 다음은 ChatGPT 가 제시한 목차 중에서 'Chapter 3: 가족과 관계 유지하기'에 대해서 1000자 이내로 작성해줘'라고 입력한다.

 Chapter 3: 가족과 관계 유지하기'에 대해서 1000자 이내로 작성 해줘

번역결과

Chapter 3: Write in 1000 words or less about 'maintaining relationships with family'

 Chapter 3: 가족과의 관계 유지

가족과의 관계는 우리 삶에서 귀중한 요소입니다. 특히 50대에 도달하면서 가족과의 관계를 유지하고 강화하는 것이 더욱 중요해집니다. 이 장에서는 가족과의 관계를 유지하는 방법과 가족과의 소중한 연결을 강화하는 전략을 알아보겠습니다.

1. 소통과 이해: 가족 간의 소통은 강한 관계를 유지하는 데 필수적입니다. 50대에 도달하면서는 가족 구성원들과의 소통을 적극적으로 추구하고, 서로의 의견과 감정을 이해하려는 노력을 기울여야 합니다. 열린 대화와 존중하는 태도를 갖고 가족 구성원들과 소통하는 것이 중요합니다.

2. 시간과 관심: 가족과의 관계를 유지하려면 시간과 관심을 투자해야 합니다. 50대에 도달하면서는 가족 구성원들과 함께 보내는 시간을 소중히 여기고, 가족 구성원들의 관심사와 성공을 축하하며 함께 나눌 수 있는 기회를 만들어야 합니다. 일상적인 활동에서 가족과 함께 시간을 보내는 것은 강한 가족 관계를 형성하는 데 도움이 됩니다.

3. 서로의 경계 존중: 가족 구성원들 간에 서로의 경계를 존중하는 것은 건강한 관계를 유지하는 데 중요합니다. 50대에 도달하면서는 가족 구성원들의 개별적인 필요와 선호도를 존중하며, 개인 공간과 개인 시간을 중요시하는 태도를 가지는 것이 좋습니다.

4. 갈등 관리: 가족 간에 갈등은 피할 수 없는 것입니다. 하지만 50대에 도달하면서는 갈등을 효과적으로 관리하고 해결하는 방법을 익혀야 합니다. 상호간의 존중과 이해를 바탕으로 갈등 상황을 직시하고, 대화와 협상을 통해 해결책을 찾는 것이 중요합니다.

5. 지속적인 지지와 격려: 가족 구성원들에게 지속적인 지지와 격려를 제공하는 것은 강한 가족 관계를 형성하는 데 도움이 됩니다. 50대에 도달하면서는 가족 구성원들의 꿈과 목표를 지지하고, 어려운 시기에는 격려와 지원을 제공하는 것이 중요합니다.

가족과의 관계 유지는 50대에서 행복하고 의미 있는 삶을 살기 위해 필수적입니다. 이 장에서 소개된 전략을 활용하여 가족과의 관계를 강화하고, 사랑과 연결을 더욱 깊게 만들어 나갈 수 있을 것입니다.

이렇게 계속해서 Chapter 별로 질문을 해서 답변을 받은 내용을 내가 원하는 형태로 수정 보완해서 한 권의 책을 완성한다.

07 ChatGPT를 활용해 검색 엔진 상위 노출하기

　ChatGPT를 활용해서 내가 판매하고 있는 상품이나, 내가 작성한 블로그나 웹사이트의 방문자 수와 방문 횟수를 높이는 것은 매우 중요하다. 또한 네이버, 다음, 구글 등 검색 엔진에서 노출되는 검색어, 검색 순위, 검색량 등을 높이는 전략은 고객 유치 및 제품 판매를 위한 중요한 마케팅 전략 중 하나이다.

　다음은 검색 엔진에서 노출되기 위해는 웹사이트나 블로그 등의 온라인 콘텐츠를 검색 엔진에 최적화 해야 한다.

　검색 엔진 최적화(Search Engine Optimization: SEO)란? 검색 엔진이 이해하기 쉽도록 홈페이지의 구조와 페이지를 개발해 검색 결과 상위에 노출될 수 있도록 하는 작업을 말한다.

　기본적인 작업 방식은 특정 검색어를 웹 페이지에 적절하게 배치하고 다른 웹 페이지에서 링크가 많이 연결되도록 하는 것이다.

　SEO의 첫 단계는 구글, 네이버 등 타깃팅 하고 있는 검색 엔진이 어떻게 동작하는지, 홈페이지 내 콘텐츠를 검색봇이 잘 인식해 수집해갈 수 있게 하려면 어떻게 구성해야 하는지를 알아야 한다.

　네이버의 경우, 블로그/카페/지식인 위주로 콘텐츠가 노출되기 때문에 독립적인 홈페이지에서 제공하는 콘텐츠로는 노출이 쉽지 않다. 즉, 동일한 내용의 콘텐츠라도 네이버 서비스 내에 자리 잡은 콘텐츠가 네이버 밖 홈페이지에 위치한 콘텐츠보다 검색 결과 상위에 더 잘 노출된다는 것이다.

반면, 구글은 홈페이지 관리자를 위한 '웹마스터'도구를 제공한다. 이 도구를 통해 현재 구글 검색 엔진이 자신의 홈페이지 콘텐츠를 어떻게 수집해가고 있는지, 각 페이지에 인덱싱이 잘 되고 있는지 등 다양한 정보를 확인할 수 있다. 따라서 네이버와 구글 중 홈페이지를 어디에 더 중요하게 노출할 것인지 결정해, SEO를 최적화하는 것이 중요하다.

ChatGPT를 활용한 AIPRM 확장 프로그램의 키워드 스트래티지(Keyword Strategy)를 활용해서 사이트의 검색 엔진 최적화를 향상시키고, 콘텐츠 마케팅 전략을 수립하여 실행할 수 있다. 키워드 스트래티지 템플릿은 검색 엔진에서 검색어를 검색하는 방식과 관련하여 다양한 정보를 제공한다. 이를 통해 키워드의 트렌드와 연관 검색어, 검색의 난이도 등을 파악할 수 있다. 이러한 정보를 기반으로 키워드를 선택하고 콘텐츠를 작성함으로써 검색 엔진 상위 노출에 대한 전략으로 구현할 수 있다.

예를 들어 '머랭쿠키(Meringuecookie)'라는 수제 쿠키를 검색 엔진 상위 노출을 위해 키워드 전략을 세우기 위한 단계별 실행 예시이다.

먼저, 키워드 전략을 세우기 위해 AIPRM 확장 프로그램에서 'Keyword Strategy'를 클릭하고 '머랭 쿠키'를 입력한다.

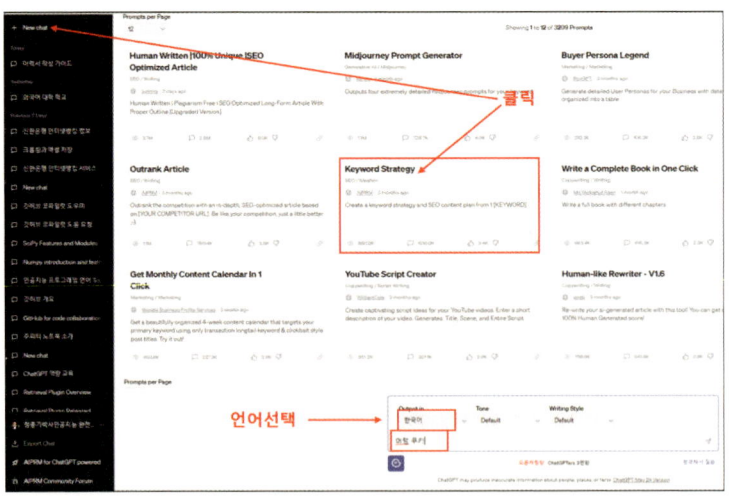

다음은 머랭 쿠키(Meringue Cookie)를 주제로 키워드 클러스터, 키워드, 검색 의도, 제목, 메타 설명, 머랭 쿠키 만드는 레시피를 표로 작성해 달라는 질문을 한다.

머랭 쿠키(meringuecookie)를 주제로 키워드 클러스터, 키워드, 검색 의도, 제목, 메타 설명, 머랭 쿠키 만드는 레시피를 표로 작성해줘

번역결과

Create a table of keyword clusters, keywords, search intent, title, meta description, and recipe for making meringue cookies with the theme of meringuecookie.

키워드 그룹	키워드	검색 의도	제목	메타 설명	레시피
레시피	메링ue 쿠키	레시피	쉬운 메링ue 쿠키 레시피	메링ue 쿠키 만드는 방법 배우기	[제목]
재료	메링ue, 설탕	재료	메링ue 쿠키 재료	메링ue 쿠키를 만들기 위해 필요한 재료 확인하기	- 큰 달걀 흰자 4개

- 설탕 1컵
- 선택 사항: 향료 (바닐라 추출물, 레몬 껍질 등) |
  | 텍스처 | 부드럽고 말랑한 | 텍스처 | 부드러운 메링ue 쿠키 만드는 방법 | 부드럽고 말랑한 텍스처를 얻는 기술 배우기 | - 달걀 흰자를 거품이 굳어질 때까지 휘핑하기
- 설탕을 점진적으로 넣고 광택과 굳은 상태가 될 때까지 계속 휘핑하기
- 낮은 온도에서 오래 구워 부드러운 텍스처 얻기 |
  | 변형 | 초콜릿 칩, 견과류, 과일 | 변형 | 창의적인 메링ue 쿠키 아이디어 | 다양한 변형과 추가 재료에 대해 탐구하기 | - 구워 가기 전에 초콜릿 칩, 견과류, 혹은 건과일 추가하기
- 다양한 맛과 토핑 시도해보기 |
  | 색상 | 분홍색, 하얀색, 노란색 | 시각적 요소 | 다채로운 메링ue 쿠키 | 다양한 색상으로 아름다운 메링ue 쿠키 만들기 | - 메링ue에 음식용 염색료를 사용하여 색상 조절하기
- 메링ue를 파이핑하거나 원하는 모양으로 만들기 |

위와 같이 '머랭 쿠키; 키워드는 '레시피', '재료'로 정보 검색 의도로 사용자들이 검색한다는 것을 알 수 있다. 그리고 '머랭 쿠키 만드는 방법 배우기', '머랭 쿠키 만들기 위해 필요한 재료 확인' 등으로 검색된다. 그래서 제목은 '집에서도 쉽게 만드는 머랭 크키 레시피'가 검색 엔진에서는 최적화되어 있는 것을 확인할 수 있다.

다음은 머랭 쿠키의 종류로 검색하여 다양한 종류의 머랭 쿠키를 검색한다. 아래의 예시처럼 머랭 쿠키를 10가지로 알려달라고 해서 사용자들이 어떠한 키워드와 목적으로 검색하는지를 파악하면 이러한 정보를 기반으로 키워드를 선택하고 콘텐츠를 작성함으로써 검색 엔진 상위 노출에 대한 마케팅 전략 수립하여 성공적으로 구현할 수 있다.

 머랭 쿠키(meringuecookie)의 종류를 10가지 알려주고 특징을 표로 작성해줘

번역결과

Tell me about 10 types of meringuecookie and fill out the characteristics in a table.

머랭쿠키 종류	특성
클래식 머랭 쿠키	가볍고 산뜻하며 섬세한 질감, 미묘하게 달콤한 맛.
초콜릿 머랭 쿠키	풍부한 초콜릿 맛, 가볍고 경쾌한 질감.
레몬 머랭 쿠키	상큼한 레몬향, 상큼한 시트러스 향.
아몬드 머랭 쿠키	고소한 맛, 약간 쫄깃한 식감.
코코넛 머랭 쿠키	열대 지방과 토스티한 풍미, 바삭바삭한 겉면, 쫄깃한 속살.
커피 머랭 쿠키	진한 커피 맛, 가볍고 폭신한 질감.

딸기 머랭 쿠키	달콤한 딸기맛, 생기있는 핑크빛.
피스타치오 머랭 쿠키	독특한 피스타치오 풍미, 바삭바삭한 식감.
민트 초콜릿 머랭 쿠키	상큼한 민트향, 초콜릿의 풍미.
라즈베리 머랭 쿠키	톡 쏘는 라즈베리 향, 생생한 레드 컬러.

한국인:

메링ue 쿠키 종류	특징
클래식 메링ue 쿠키	가벼우며 바삭한 질감, 약간의 단맛
초콜릿 메링ue 쿠키	풍부한 초콜릿 맛, 가벼운 공기 촉감
레몬 메링ue 쿠키	상큼한 레몬 향, 시트러스한 맛
아몬드 메링ue 쿠키	고소한 아몬드 향, 약간의 쫄깃한 질감
코코넛 메링ue 쿠키	열대적이고 토스트한 맛, 바삭한 표면과 쫄깃한 가운데
커피 메링ue 쿠키	진한 커피 향, 가벼운 바삭한 질감
딸기 메링ue 쿠키	달콤한 딸기 향

08 ChatGPT에서 '키워드 스트래티지' 비즈니스에 활용하기

AIPRM에서 매우 유용한 프롬프트들이 제공되고 있다. 그 중에서 키워드 검색 도우미 중 하나인 키워드 스트래티지(Keyword Strategy)에 원하는 키워드를 넣으면 관련 키워드를 표로 정리해 준다.

아래의 예시는 AIPRM에 있는 스트래티지를 사용하여 저자가 비즈니스를 하고 있는 'ChatGPT 업무 활용'이란 주제를 가지고 간단하게 활용한 사례이다.

① 먼저, ChatGPT에서 왼쪽 상단에 있는 '+New chat'를 클릭한다.

② 아래의 화면이 나타나면 'Keyword Strategy'를 클릭한다.

③ ChatGPT 입력 화면에서 'ChatGPT 업무 활용'을 입력한다.

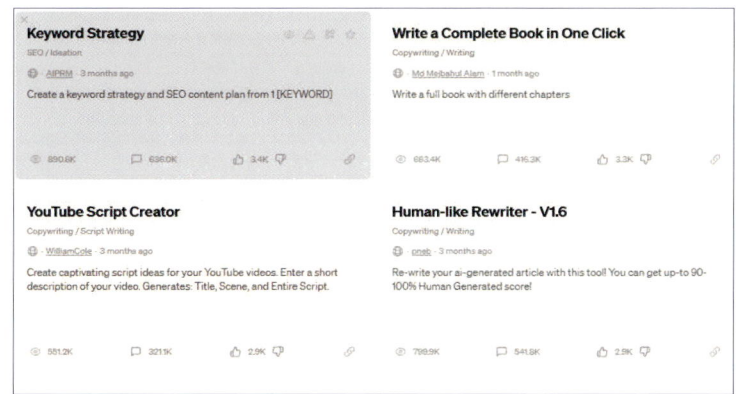

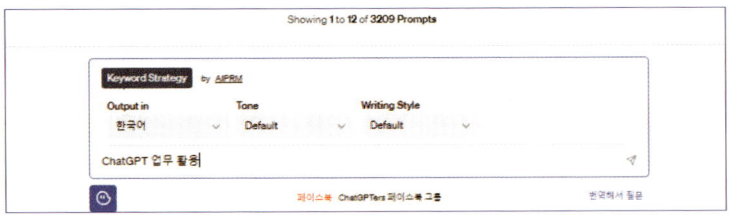

아래 화면은 'ChatGPT 업무 활용'을 입력한 내용에 대한 결과이다.

ChatGPT 업무 활용

번역결과

ChatGPT business utilization

키워드 클러스터	키워드	사용자 의도	제목	메타 설명
비즈니스 활용	ChatGPT 비즈니스 활용	정보적	ChatGPT 비즈니스 활용 가이드	ChatGPT 비즈니스 활용에 대한 포괄적인 가이드로 적합한 정보를 찾아보세요. 비즈니스에서 ChatGPT를 활용하는 방법, 전략 및 팁을 알려드립니다. 지금 클릭하여 시작하세요!
비즈니스 활용	ChatGPT 업무 효율화	정보적	ChatGPT 업무 효율화 방법	ChatGPT를 활용하여 비즈니스 업무를 효율적으로 처리하는 방법을 알려드립니다. 업무 생산성을 향상시키고 시간을 절약하세요. 자세한 내용은 지금 확인하세요!
비즈니스 활용	ChatGPT 비즈니스 전략	정보적	ChatGPT 비즈니스 전략 개발	ChatGPT를 활용하여 비즈니스 전략을 개발하는 방법을 배워보세요. 성공적인 비즈니스 전략 구축에 도움을 주는 가이드입니다. 지금 읽어보세요!
비즈니스 활용	ChatGPT AI 컨설팅	상업적	ChatGPT AI 컨설팅 서비스	ChatGPT를 활용한 AI 컨설팅 서비스로 비즈니스에 혁신을 가져오세요. 최신 기술과 전문가 지식으로 최적의 솔루션을 제공합니다. 지금 상담 신청하세요!
데이터 분석	ChatGPT 데이터 분석	정보적	ChatGPT 데이터 분석 가이드	ChatGPT를 사용한 데이터 분석 방법과 최신 데이터 분석 도구에 대해 알아보세요. 데이터로부터 인사이트를 도출하는 데 도움이 됩니다. 자세한 내용을 확인하세요!
데이터 분석	ChatGPT 비즈니스 인텔리전스	정보적	ChatGPT 비즈니스 인텔리전스 솔루션	ChatGPT를 활용한 비즈니스 인텔리전스 솔루션으로 데이터 기반 의사 결정을 강화하세요. 비즈니스 성과 향상에 도움이 되는 서비스입니다. 지금 알아보세요!
데이터 분석	ChatGPT 데이터 시각화	정보적	ChatGPT 데이터 시각화 툴	ChatGPT를 사용하여 데이터를 시각적으로 표현하는 방법을 알려드립니다. 데이터 시각화를 통해 더 나은 인사이트를 얻으세요. 자세한 내용을 확인하세요!
고객 서비스	ChatGPT 고객 서비스 자동화	정보적	ChatGPT 고객 서비스 자동화 방법	ChatGPT를 활용하여 고객 서비스를 자동화하는 방법을 알려드립니다. 효율적인 고객 응대와 서비스 개선을 위한 가이드입니다. 지금 읽어보세요!

고객 서비스	ChatGPT 가상 도우미	상업적	ChatGPT 가상 도우미 서비스	ChatGPT를 활용한 가상 도우미 서비스로 고객 서비스 수준을 향상시키세요. 24시간 서비스와 지능적인 응대를 제공합니다. 지금 상세 정보를 확인하세요!
고객 서비스	ChatGPT 실시간 채팅 지원	상업적	ChatGPT 실시간 채팅 지원 서비스	ChatGPT를 활용한 실시간 채팅 지원 서비스로 고객 문의와 응대를 신속하게 처리하세요. 탁월한 고객 경험을 제공합니다. 지금 상세 내용을 알아보세요!

Super Categories (최상위 카테고리):

1. 비즈니스 활용 (Business Utilization)
2. 데이터 분석 (Data Analysis)
3. 고객 서비스 (Customer Service)

Meta Descriptions (메타 설명):

1. "ChatGPT 비즈니스 활용에 대한 포괄적인 가이드로 적합한 정보를 찾아보세요. 비즈니스에서 ChatGPT를 활용하는 방법, 전략 및 팁을 알려드립니다. 지금 클릭하여 시작하세요!"
2. "ChatGPT를 활용하여 비즈니스 업무를 효율적으로 처리하는 방법을 알려드립니다. 업무 생산성을 향상시키고 시간을 절약하세요. 자세한 내용은 지금 확인하세요!"
3. "ChatGPT를 활용하여 비즈니스 전략을 개발하는 방법을 배워보세요. 성공적인 비즈니스 전략 구축에 도움을 주는 가이드입니다. 지금 읽어보세요!"
4. "ChatGPT를 활용한 AI 컨설팅 서비스로 비즈니스에 혁신을 가져오세요. 최신 기술과 전문가 지식으로 최적의 솔루션을 제공합니다. 지금 상담 신청하세요!"
5. "ChatGPT를 사용한 데이터 분석 방법과 최신 데이터 분석 도구에 대해 알아보세요. 데이터로부터 인사이트를 도출하는 데 도움이 됩니다. 자세한 내용을 확인하세요!"
6. "ChatGPT를 활용한 비즈니스 인텔리전스 솔루션으로 데이터 기반 의사 결정을 강화하세요. 비즈니스 성과 향상에 도움이 되는 서비스입니다. 지금 알아보세요!"
7. "ChatGPT를 사용하여 데이터를 시각적으로 표현하는 방법을 알려드립니다. 데이터 시각화를 통해 더 나은 인사이트를 얻으세요. 자세한 내용을 확인하세요!"
8. "ChatGPT를 활용하여 고객 서비스를 자동화하는 방법을 알려드립니다. 효율적인 고객 응대와 서비스 개선을 위한 가이드입니다. 지금 읽어보세요!"
9. "ChatGPT를 활용한 가상 도우미 서비스로 고객 서비스 수준을 향상시키세요. 24시간 서비스와 지능적인 응대를 제공합니다. 지금 상세 정보를 확인하세요!"
10. "ChatGPT를 활용한 실시간 채팅 지원 서비스로 고객 문의와 응대를 신속하게 처리하세요. 탁월한 고객 경험을 제공합니다. 지금 상세 내용을 알아보세요!"

Super Categories (최상위 카테고리):

1. 비즈니스 활용 (Business Utilization)
2. 데이터 분석 (Data Analysis)
3. 고객 서비스 (Customer Service)

Subcategories (하위 카테고리):

1. 정보적 (Informational)
2. 상업적 (Commercial)

검색자 의도 (Search Intent):

1. 정보적 (Informational): 사용자는 ChatGPT 비즈니스 활용에 대한 정보와 가이드를 찾고 있습니다.
2. 상업적 (Commercial): 사용자는 ChatGPT를 상업적으로 활용하는 서비스나 솔루션에 대한 정보와 제안을 찾고 있습니다.

Click-enticing Titles (클릭 유도 제목):

1. ChatGPT 비즈니스 활용 가이드
2. ChatGPT 업무 효율화 방법
3. ChatGPT 비즈니스 전략 개발
4. ChatGPT AI 컨설팅 서비스
5. ChatGPT 데이터 분석 가이드
6. ChatGPT 비즈니스 인텔리전스 솔루션
7. ChatGPT 데이터 시각화 툴
8. ChatGPT 고객 서비스 자동화 방법
9. ChatGPT 가상 도우미 서비스
10. ChatGPT 실시간 채팅 지원 서비스

이와 같이 내가 원하는 키워드를 넣으면 관련 키워드의 핵심 내용에 대해서 상세하게 표로 정리해주기 때문에 다양한 업무 및 비즈니스에 활용할 수 있다.

09 ChatGPT를 활용해서 이력서 및 자기소개서 쓰기

　ChatGPT를 활용해서 취업 또는 이직을 하기 위한 이력서를 차별성 있게 쓸 수 있다. 이력서는 나의 첫 인상이자 나의 상세 페이지이다.

　누구나 취업 준비 및 이직을 위해서 위해서는 이력서, 자기소개서를 써야 하고 경력직이라면 경력기술서를 써서 제출해야 한다. 물론 자기소개서를 잘 쓰는 것은 중요하다. 글로 쓰는 면접과 같은 역할을 하기 때문이다. 하지만 자기소개서만큼 중요한 것이 바로 이력서와 경력 기술서이다. 자기소개서가 글로 쓰는 면접이라면 이력서는 나를 보여주는 첫 인상이자 상세 페이지라 할 수 있다.

　ChatGPT는 자연어 처리(NLP) 기술을 사용하여 대규모 데이터를 학습하였기 때문에 다양한 이력서를 분석하고, 이력서 및 자기소개서 작성에 필요한 여러 가지 정보와 패턴을 이해해서 내가 원하는 이력서를 작성할 수 있다. 따라서 ChatGPT를 이용하여 이력서를 작성하면, 채용 담당자가 원하는 정보를 포함하고, 적절한 표현과 문장 구조를 사용하여 작성될 수 있다.

　일반적으로 이력서를 작성할 때는 필수적으로 들어가야 하는 요소들이 있다. 그 요소들은 다음과 같다. 개인정보(이름, 연락처), 간단한 자기소개(3줄~4줄), 이전 직장 혹은 직무 관련 경력, 최종학력, 수상 경력 및 기타 활동, 자격증 및 어학 성적 등이다.

　ChatGPT를 활용해서 어떻게 이력서를 작성하면 더 쉽게 이력서를 작성하고 조금이라도 더 차별성 있게 작성하여 취업 및 이직에 도움이 되는지 살펴보도록 하겠다.

먼저 이력서나 자기소개서를 작성할 경우에는 ChatGPT에게 먼저 나에 대한 정보를 제공해야 한다. 예를 들어 나의 주요 경력, 핵심 경험 및 기술, 학위, 자격증, 프로젝트 수행 경험 등 기타 관련 정보를 제공하고, 해당 키워드와 해당 항목이 직무에 어떻게 기여할 수 있는지 핵심 내용을 먼저 제공한다.

ChatGPT 질문 예시

아래 내용을 참고해서 콘텐츠 크리에이터로 취업하기 위한 이력서를 작성해줘.

나는 정종기이고, 나의 연락처는 010-3228-5578이다. 나의 이메일은 topjjk@naver.com이다. 서울대학교를 2020년 2월에 졸업하였고, 경영학을 전공하였다. 세부 전공은 마케팅이다. 나의 직무 경력은 네이버 블로그 크리에이터, 카카오 브런치 작가로 활동하고 있는 SNS 콘텐츠 크리에이터이고 에디터이다. 독서, 일상에 관련한 공감 에세이 콘텐츠 작성, 가독성을 위한 글 디자인 구조화와 페이지 유입을 위한 글 제목 카피라이팅에 차별성을 가지고 있다. 최근에는 조회 수 15만 회, 단일 아티클 조회수 약 3만 회를 달성했다.

기타 활동으로는 캐나다, 미국 해외 취업 강연, 월드잡 토크 콘서트, 해외 취업 설명회 강연 등을 한 경험이 있다.

내가 취득한 자격증은 컴퓨터 활용능력 2급 취득, GAIQ 자격증을 취득하였다. 나의 토익 점수는 880점이다.

서울시에서 주최한 서울을 홍보하는 서울 콘텐츠 공모전에서 우수상을 수상하였다.

> ChatGPT를 활용한 이력서 작성

> 콘텐츠 크리에이터로 취업하기 위한 이력서 작성 방법을 알려줘
>
> 번역결과
>
> How to write a resume for a job as a content creator

콘텐츠 크리에이터로 일자리를 얻기 위해 이력서를 작성하는 방법에 대해 안내해 드리겠습니다.

1. 개요 섹션:
   - 이름, 연락처, 이메일 주소 등 개인 정보를 포함합니다.
   - 직무 목표나 짧은 자기 소개 문구를 추가할 수 있습니다.
2. 학력:
   - 최신 학력부터 시작하여 과정, 학교 이름, 졸업 연도 등을 기재합니다.
   - 콘텐츠 제작과 관련된 학문적 배경이나 교육 경험을 강조합니다.
3. 경력:
   - 콘텐츠 제작 관련 경력을 중심으로 나열합니다.
   - 이전 직장이나 프로젝트에서 어떤 종류의 콘텐츠를 제작했으며, 어떤 결과를 이뤘는지 설명합니다.
   - 기여한 콘텐츠의 유형(블로그, 동영상, 소셜 미디어 등)과 사용한 툴 또는 플랫폼에 대해서도 언급합니다.
4. 기술/역량:
   - 콘텐츠 제작과 관련된 기술과 역량을 강조합니다.
   - 콘텐츠 관리 플랫폼(예: WordPress, YouTube), 편집 도구(예: Adobe Creative Suite), 검색 엔진 최적화(SEO) 등의 기술을 언급합니다.
   - 쓰기, 편집, 비주얼 디자인, 영상 편집 등의 역량을 강조합니다.
5. 포트폴리오:
   - 작성한 콘텐츠의 링크나 포트폴리오를 첨부합니다.

5. 포트폴리오:
   - 작성한 콘텐츠의 링크나 포트폴리오를 첨부합니다.
   - 블로그, YouTube 채널, 소셜 미디어 프로필 등을 통해 자신의 작업물을 시각적으로 나타내어 링크로 제공합니다.
6. 수상/활동:
   - 콘텐츠 제작과 관련된 수상 경력이나 참여한 프로젝트, 봉사 활동 등을 소개합니다.
   - 인지도 있는 상을 수상했거나, 주목받은 프로젝트에 참여했거나, 업계 관련 이벤트에 참석했다면 언급합니다.
7. 참고 사항:
   - 콘텐츠 크리에이터로서의 특별한 관심

아래 내용을 참고해서 콘텐츠 크리에이터로 취업하기 위한 자기 소개서를 작성해줘.
나는 정종기이고, 나의 연락처는 010-3228-5578이다. 나의 이메일은 topjjk@naver.com이다. 서울대학교를 2020년 2월에 졸업하였고, 경영학을 전공하였다. 세부 전공은 마케팅이다. 나의 직무 경력은 네이버 블로그 크리에이터, 카카오 브런치 작가로 활동하고 있는 SNS 콘텐츠 크리에이터이고 에디터이다. 독서, 일상에 관련한 공감 에세이 콘텐츠 작성, 가독성을 위한 글 디자인 구조와 페이지 유입을 위한 글 제목 카피라이팅에 차별성을 가지고 있다. 최근에는 조회수 15만회, 단일 아티클 조회수 약 3만회를 달성했다.

기타 활동으로는 캐나다, 미국 해외 취업 강연, 월드잡 토크 콘서트 해외 취업 설명회 강연 등을 한 경험이 있다.

내가 취득한 자격증은 컴퓨터 활용능력 2급 취득, GAIQ 자격증을 취득 하였다.

나의 토익 점수는 880점이다.

서울시에서 주최한 서울을 홍보하는 서울 콘텐츠 공모전에서 우수상을 수상하였다.

성함: 정종기
연락처: 010-3228-5578
이메일: **topjjk@naver.com**

학력:

- 대학교: 서울대학교
- 전공: 경영학
- 졸업 연도: 2020년 2월
- 전공 분야: 마케팅

경력:

- SNS 콘텐츠 크리에이터 및 편집자
  - Naver 블로그 크리에이터 및 Kakao Brunch 작가로 근무
  - 일상생활과 관련한 공감에 기반한 에세이 콘텐츠의 독창성
  - 가독성을 위한 텍스트 디자인 및 페이지 유입을 위한 제목 작성
  - 최근에는 하나의 글에 대해 약 150,000회 조회수 및 약 30,000회 조회수 달성

활동:

- 캐나다 및 미국에서 해외 취업에 대한 강의 진행
- World Job Talk Concert 해외 취업박람회에서 강의 진행

자격증:

- 컴퓨터 활용능력 2급
- GAIQ(Google Analytics Individual Qualification) 자격증

영어 능력:

- TOEIC 점수: 880점

수상:

- 서울시 주최 서울 홍보 콘텐츠 대회에서 우수상 수상

위의 정보를 참고하여 콘텐츠 크리에이터로 지원하는 이력서입니다.

〉상세 정보를 입력하고 ChatGPT를 활용한 자기소개서 작성

 아래 내용을 참고해서 콘텐츠 크리에이터로 취업하기 위한 이력서를 작성해줘.
나는 정종기이고, 나의 연락처는 010-3228-5578이다. 나의 이메일은 topjjk@naver.com이다. 서울대학교를 2020년 2월에 졸업하였고, 경영학을 전공하였다. 세부 전공은 마케팅이다. 나의 직무 경력은 네이버 블로그 크리에이터, 카카오 브런치 작가로 활동하고 있는 SNS 콘텐츠 크리에이터이고 에디터이다. 독서, 일상에 관련한 공감 에세이 콘텐츠 작성, 가독성을 위한 글 디자인 구조화와 페이지 유입을 위한 글 제목 카피라이팅에 차별성을 가지고 있다. 최근에는 조회수 15만회, 단일 아티클 조회수 약 3만회를 달성했다.
기타 활동으로는 캐나다, 미국 해외 취업 강연, 월드잡 토크 콘서트 해외 취업 설명회 강연 등을 한 경업이 있다.
내가 취득한 자격증은 컴퓨터 활용능력 2급 취득, GAIQ 자격증을 취득 하였다.
나의 토익 점수는 880점이다.
서울시에서 주최한 서울을 홍보하는 서울 콘텐츠 공모전에서 우수상을 수상하였다.

 친애하는 채용 담당자님,

저는 정종기라고 합니다. 연락처는 010-3228-5578이며 이메일은 topjjk@naver.com입니다. 2020년 2월에 서울대학교 경영학을 전공하여 졸업했습니다. 전공은 마케팅입니다. 저는 SNS 콘텐츠 크리에이터 및 편집자로서 Naver 블로그 크리에이터 및 Kakao Brunch 작가로 일한 경험이 있습니다. 일상 생활과 관련된 공감에 기반한 에세이 콘텐츠를 읽고 쓰며, 가독성을 고려한 텍스트 디자인과 페이지 유입을 위한 제목 작성, 본문 내용에 맞춘 구조화를 통해 차별화를 이루었습니다. 최근에는 하나의 글에 대해 약 150,000회의 조회수와 약 30,000회의 조회수를 달성했습니다.

그 외의 활동으로는 캐나다와 미국에서의 해외 취업 강연 및 World Job Talk Concert 해외 취업 박람회에서의 강의 등의 경험이 있습니다. 또한 컴퓨터 활용능력 2급과 GAIQ(Google Analytics Individual Qualification) 자격증을 보유하고 있습니다. TOEIC 점수는 880점입니다. 또한 서울시 주최 서울 홍보 콘텐츠 대회에서 우수상을 수상한 경력이 있습니다.

콘텐츠 크리에이터로서의 역량과 경험을 바탕으로 팀에 가치를 제공하고 싶습니다. 저는 창의적인 콘텐츠 아이디어를 개발하고 독자들에게 감동과 영감을 전달할 수 있는 능력을 가지고 있습니다. 텍스트 작성, 편집, 디자인, SEO 등 다양한 영역에서의 전문적인 역량을 활용하여 팀의 목표 달성에 기여하고 싶습니다.

본 이력서를 검토해 주셔서 감사합니다. 기회를 주시면 저는 팀에 큰 가치를 제공할 것을 확신합니다. 저에 대해 더 자세히 알고 싶으시다면 포트폴리오를 제공할 수 있습니다. 면접의 기회를 부여해 주시기를 간절히 기다리며, 부족한 부분에 대한 자세한 설명을 위해 면접에서 만나 뵙길 바랍니다.

감사합니다.

정종기 드림

10. ChatGPT를 활용한 건강을 위한 다이어트 상담 사례

ChatGPT를 활용해 일상 생활에서 건강을 위한 다이어트 방법을 추천 받을 수 있다.

 나는 50대 여성이야 키는 165이고, 몸무게는 70kg 이야 내가 다이어트를 하려고 하는데 추천하는 방법이 있을까?
6개월 기간 동안 다이어트 계획을 짜줘 계획인 기간, 식단, 적합한 운동, 먹지 말아야 할 음식, 먹어도 되는 음식 등을 표로 작성해줘.
영어로 작성하고 한국어로 번역해줘

번역결과

I am a woman in my 50s, I am 165 cm tall and weigh 70 kg. I am trying to lose weight. Do you have any recommendations?
Make a diet plan for a period of 6 months. Fill out a table of the planned period, diet, suitable exercise, foods not to eat, and foods that can be eaten.
Please write in English and translate to Korean

 다이어트 계획을 위한 6개월 동안의 식단 계획을 아래 표에 작성해 보았습니다.

기간	식단	적합한 운동	피해야 할 음식	섭취 가능한 음식
1개월	저칼로리 식단	유산소 운동 (걷기, 수영, 자전거 등)	고지방 음식, 과일 주스	채소, 고기, 생선, 계란
2개월	단백질 중심 식단	강도 높은 유산소 운동 (런닝, HIIT 등)	패스트푸드, 과자	견과류, 우유, 요구르트
3개월	균형 잡힌 식단	근력 운동 (줄넘기, 덤벨 운동 등)	고당도 음료, 햄버거	과일, 콩, 잣, 닭가슴살
4개월	과일 중심 식단	조깅, 요가, 필라테스 등	과도한 소금, 설탕	옥수수, 아보카도, 베리류
5개월	채소 중심 식단	스트레칭, 수영, 사이클링 등	유제품, 밀가루	토마토, 당근, 시금치
6개월	규칙적인 식단	다양한 유형의 운동 조합	과도한 알코올, 담배	올리브오일, 고등어, 두부

위의 식단 계획은 체중 감량을 위한 일반적인 가이드라인입니다. 개인의 건강 상태와 목표에 따라 식단과 운동을 조정할 필요가 있습니다. 또한, 영양사나 의사와 상담하여 맞춤형 계획을 수립하는 것이 좋습니다.

여러분의 개인적인 상황과 목표를 고려하여 식단 계획을 조정하고, 일정 기간 동안 꾸준히 지속하는 것이 중요합니다. 건강한 식습관과 적절한 운동을 결합하여 지속 가능한 체중 감량을 이루시길 바랍니다.

추가적으로 ChatGPT를 활용해 건강한 다이어트 방법을 추천 받을 수 있다.

다이어트를 하려고 하는데 추천하는 방법이 있을까?

번역결과

I'm trying to lose weight, do you have any recommendations?

체중 감량을 위한 추천 사항은 다음과 같습니다:

1. 건강한 식습관 유지:
   - 신선한 과일과 채소를 다량으로 섭취하고, 고지방과 고당도 식품은 제한합니다.
   - 균형 잡힌 식단을 유지하며, 식사를 규칙적으로 하고 과식을 피합니다.
   - 식사 전에 충분한 물을 마시고, 고칼로리 음료 및 알코올을 제한합니다.
2. 적절한 식사 제어:
   - 식사를 천천히 씹고 충분히 즐기며, 정량을 지키도록 합니다.
   - 식사 시간을 일정하게 유지하고, 야식을 피하도록 합니다.
   - 식사를 기록하고 식사량과 영양소 섭취를 추적합니다.
3. 꾸준한 신체 활동:
   - 유산소 운동과 근력 운동을 조합하여 맞춤형 운동 계획을 수립합니다.
   - 일주일에 최소 150분 이상의 유산소 운동을 실시하고, 근력 운동을 주 2~3회 수행합니다.
   - 일상 생활에서 활동량을 늘리기 위해 걷기, 계단 오르내리기 등을 선택합니다.
4. 스트레스 관리:
   - 스트레스를 효과적으로 관리하는 방법을 찾습니다. 명상, 요가, 숨쉬기 연습 등을 시도합니다.
   - 충분한 휴식과 수면을 취하며, 충돌하는 스케줄을 피하도록 합니다.
   - 취미나 관심사에 시간을 투자하여 긍정적인 마음을 유지합니다.
5. 지속성과 인내:
   - 체중 감량은 시간이 걸리고 지속적인 노력을 필요로 합니다. 지속성과 인내심을 가지고 목표를 추구합니다.
   - 자신을 비교하거나 음식에 대한 과도한 제한을 피하고, 건강과 웰빙을 중심으로 목표를 설정합니다.

중요한 것은 개인에게 맞는 식습관과 운동 계획을 수립하고, 지속적으로 실천하는 것입니다. 건강 전문가나 영양사와 상담하여 맞춤형 계획을 수립하는 것이 도움이 될 수 있습니다.

11. ChatGPT를 활용한 학업 및 직업 진로 상담 사례

글로벌 경쟁시대에 학생들의 학업 및 진로 상담은 매우 중요하다. 진로가 정해져야 그에 맞춰 목표가 생기고 해당 진로와 연결된 대학 입시 및 직업에 대한 계획을 세울 수 있게 되기 때문이다. 요즘 대학의 입시요강은 정말 다양해 지고 교육과정이 계속 개편되기 때문에 입시 구조의 다변화로 선택과 집중이 가장 중요해졌다. 중학교 때부터 철저한 준비를 해야 한다는 말이 있을 정도로 고교학점제와 교과 평가제 등의 제도에 따라 자신의 진로를 결정해 해당 직업과 관련된 과목을 이수하고 학점을 취득하는 방법으로 학교생활을 하게 된다. 이러한 제도의 특징은 진로를 먼저 정하고 그 후에 학습이 연결되는 방향이 성공 가능성이 높을 수 있다.

요즘 학생들을 보면 남들이 한다는 것을 따라하기만 급급하고 자기 내면을 바라보지 못한 채 꿈과 진로를 정하지 못하는 경우가 많다.

자신의 진로와 목표를 설정하는 것은 학습에 있어서 가장 중요한 이유라고 할 수 있다.

학생들의 학업 및 진로 선택의 중요성과 학습에 미치는 영향 등을 ChatGPT를 활용한 상담을 통해 도움이 되는 정보를 알아보겠다.

이번 사례는 진학을 앞둔 학생들이 취업과 학과 전공 사이의 관련성에 대한 정보 문의 및 고민 상담이다. 먼저 대학교 전공 학과 선택 시 고민이 있을 때를 예로 상담하면 다음과 같다.

너는 학업 및 진학을 상담해주는 전문가야.
나는 진학을 앞둔 학생들이 취업과 학과 전공 사이의 관련성에 대한 정보 문의 및 고민을 해결하고자 해.
먼저 대학교 전공 학과 선택 시 고민이 있는데, 미래를 위해 취업이 잘 되는 학과를 선택해야 할까?

번역결과

You are an expert in counseling for study and further education.
I want to solve information inquiries and concerns about the relationship between employment and majors by students who are about to go on to higher education.
First of all, I have a problem when choosing a major in college. Should I choose a department that offers good employment for the future?

고등 교육을 계속할 예정인 학생들이 취업과 전공 사이의 관계에 대한 정보 문의와 우려를 해결하고자 합니다. 우선, 대학에서 전공을 선택할 때 문제가 있습니다. 미래에 취업에 유리한 학과를 선택해야 할까요?

좋은 취업 기회를 제공하는 학과를 선택하는 것은 학생들에게 매력적으로 다가올 수 있습니다. 그러나 전공 선택은 단순히 취업 가능성만 고려하는 것이 아닙니다. 전공은 개인의 관심과 역량, 성향에 부합하고 흥미를 가지는 분야여야 합니다.

전공은 당신이 원하는 직업에 대한 필수적인 지식과 기술을 제공하는 것 외에도, 깊이 있는 학문적 탐구와 성장을 도모할 수 있는 기회를 제공합니다. 또한, 적절한 전공을 선택하면 전문 분야에서의 경쟁력을 향상시키고 새로운 기회를 창출할 수도 있습니다.

따라서, 전공 선택은 취업 가능성만 고려하는 것보다는 자신의 관심과 역량, 목표에 부합하는 분야를 선택하는 것이 중요합니다. 취업 기회는 전공 선택 이외에도 자격증, 인턴십, 경험 등 다양한 요소에 의해 좌우될 수 있습니다. 따라서, 전공 선택에는 신중한 고려와 자기 탐색이 필요합니다.

최종적으로, 취업에 유리한 전공을 선택하는 것도 중요하지만, 개인의 역량과 관심사를 고려하여 자신에게 맞는 전공을 선택하는 것이 미래에 장기적인 성공과 만족도를 도모하는 데 도움이 될 것입니다.

위의 ChatGPT 상담 내용의 답변을 구체화하여 취업이 잘되는 학과에 대한 정보를 문의하면 다음과 같다.

지금은 ChatGPT 등 AI 기술이 미래의 직업에 영향을 미칠 것으로 예상되는데, 미래에 전망이 좋은 대학 전공 10개를 알려줘

번역결과

Now, AI technologies such as ChatGPT are expected to affect jobs in the future.
10 college majors with good future prospects

앞으로 ChatGPT와 같은 AI 기술은 미래의 일자리에 영향을 미칠 것으로 예상됩니다. 미래 전망이 밝은 10개의 대학 전공을 소개해드리겠습니다.

1. 데이터 과학 및 분석: 데이터 기반 의사 결정과 예측 능력이 요구되는 분야로, 산업 혁신과 비즈니스 성장을 위한 중요한 역할을 합니다.
2. 인공지능 및 기계 학습: AI 기술의 발전으로 인해 수요가 크게 증가하고 있으며, 자율주행차, 음성 인식 등의 분야에서 새로운 기회를 제공합니다.
3. 사이버 보안: 디지털 환경에서의 정보 보호와 사이버 공격 방어에 대한 전문 지식과 기술이 필요한 분야로, 데이터 보안 및 개인 정보 보호가 중요한 이슈로 부상하고 있습니다.

4. 의료 기술: 의료 분야에서의 혁신과 진단, 치료, 의료 기기 등의 발전을 주도하는 분야로, 인구 고령화와 함께 의료 서비스의 수요가 증가하고 있습니다.
5. 지능형 로봇공학: 로봇 기술과 인공지능의 융합을 통해 자동화, 자율주행, 의료 보조 등의 분야에서의 적용이 기대되고 있습니다.
6. 블록체인: 탈중앙화된 거래 기술로서, 금융, 유통, 인증 등 다양한 분야에서의 적용 가능성이 있으며, 보안과 투명성을 강화하는 역할을 합니다.

7. 환경 과학 및 지속 가능성: 기후 변화와 환경 문제에 대한 대응과 해결 방안을 모색하는 분야로, 환경 보호와 지속 가능한 발전에 관심과 필요성이 높아지고 있습니다.
8. 디자인과 창의적인 예술: 디지털 디자인, 그래픽 디자인, 콘텐츠 제작 등의 분야에서 창의적이고 혁신적인 아이디어와 기술이 요구됩니다.
9. 미디어 및 디지털 커뮤니케이션: 디지털 매체와 플랫폼의 발전으로 인해 커뮤니케이션 전략과 콘텐츠 제작에 대한 수요가 증가하고 있습니다.
10. 사회복지 및 상담: 사회 문제 해결과 개인의 복지를 촉진하기 위한 전문가로서의 역할이 중요시되며, 인간 중심의 관점과 상담 기술이 요구됩니다.

위 전공들은 미래의 일자리와 수요 예측을 고려하여 선정된 것입니다. 그러나 학생 개인의 관심과 역량을 고려하여 전공 선택을 하는 것이 중요합니다. 적합한 전공을 선택하여 미래에 발전하고 성공할 수 있기를 바랍니다.

위의 상담 내용을 토대로 구체적인 진로 및 준비 사항을 상세히 질의해서 상담을 받을 수 있다.

 고등학생이 위 2. 인공지능 및 기계 학습 개발자가 되기 위해서 어떤 준비를 해야 하고 관련 전공은 무엇을 선택해야 하지?

번역결과

2. What should high school students prepare to become artificial intelligence and machine learning developers?
What major should I choose?

 인공지능 및 기계 학습 개발자가 되기 위해 고등학생들이 준비해야 할 사항과 어떤 전공을 선택해야 하는지에 대해 알려드리겠습니다.

고등학생들이 인공지능 및 기계 학습 개발자가 되기 위해 준비할 수 있는 몇 가지 사항은 다음과 같습니다.

1. 수학과 과학 공부: 인공지능과 기계 학습은 수학과 과학의 기초 개념을 이해하는 데 중요한 역할을 합니다. 선형 대수학, 확률과 통계, 미적분 등의 수학적 개념을 학습하고, 물리학과 컴퓨터 과학의 기본 원리를 이해하는 것이 중요합니다.
2. 프로그래밍 언어 학습: 기계 학습 개발에는 프로그래밍 언어의 이해와 숙련이 필요합니다. Python은 인공지능 및 기계 학습 개발에 널리 사용되는 언어이므로 Python을 학습하는 것이 좋습니다. 또한, C++, Java 등 다른 언어도 유용하게 활용될 수 있습니다.
3. 기계 학습과 인공지능 공부: 인공지능과 기계 학습에 대한 기본 개념과 이론을 학습하는 것이 중요합니다. 온라인 강좌, 도서, 자습서를 활용하여 기계 학습 알고리즘, 신경망 모델, 자연어 처리 등에 대한 이해를 높일 수 있습니다.
4. 프로젝트 및 경험 쌓기: 고등학생으로서 직접적인 경험을 쌓는 것이 중요합니다. 오픈 소스 프로젝트, 대회 참가, 독립적인 연구 등을 통해 실제로 프로그래밍하고 인공지능 모델을 구축해보는 경험을 쌓는 것이 도움이 됩니다.

고등학생들이 어떤 전공을 선택해야 하는지는 개인의 관심과 목표에 따라 다를 수 있습니다. 컴퓨터 과학, 데이터 과학, 인공지능, 기계 학습 등과 관련된 전공을 선택하는 것이 일반적입니다. 그러나 인공지능 및 기계 학습은 다양한 분야와 융합되어 사용되므로, 수학, 물리학, 통계학, 컴퓨터 과학 등 다양한 학문 분야의 지식을 보완할 수 있는 전공을 선택하는 것도 좋은 방법입니다.

중요한 것은 개인의 관심과 역량에 따라 적합한 전공을 선택하고, 지속적인 학습과 경험을 쌓는 것입니다. 산업의 변화와 기술의 발전에 따라 필요한 역량도 변화할 수 있으므로, 지속적인 자기개발과 업계 동향에 대한 관심도 중요합니다.

다음은 MBTI 성격유형별 적합한 직업을 상담할 수 있다.

MBTI INTJ에게 적합한 직업은 무엇이 있을까?

번역결과
What jobs are suitable for MBTI INTJs?

MBTI(INTJ) 유형에 적합한 직업은 다양할 수 있습니다. INTJ는 분석적이고 전략적인 사고를 가지며, 문제 해결과 혁신에 탁월한 능력을 갖추고 있습니다. 그래서 다음과 같은 직업이 INTJ에게 적합할 수 있습니다:

1. 과학자/연구원: INTJ는 논리적인 사고와 혁신적인 아이디어를 통해 과학적인 연구와 개발에 기여할 수 있습니다.
2. IT 전문가: INTJ는 복잡한 시스템과 기술에 대한 이해와 관심이 있으며, 소프트웨어 개발자, 데이터 분석가, 시스템 아키텍트 등의 역할에서 능력을 발휘할 수 있습니다.
3. 경영자/전략 기획자: INTJ는 전략적인 사고와 조직적인 능력을 가지고 있어 경영 및 비즈니스 분야에서 리더십 역할을 수행할 수 있습니다.
4. 변호사/법률가: INTJ는 분석적인 사고력과 논리적인 주장력을 가지고 있어 법률 분야에서 성공할 수 있습니다.
5. 컨설턴트/전문가: INTJ는 문제 해결과 전략적인 판단에 뛰어난 능력을 가지고 있어 조직이나 개인에게 전략적인 조언과 컨설팅을 제공하는 역할을 수행할 수 있습니다.
6. 대학 교수/연구자: INTJ는 지식을 추구하고 깊은 이해를 바탕으로 가르치는 데 능숙합니다. 대학에서 교수 또는 연구자로서 활동할 수 있습니다.
7. 작가/에디터: INTJ는 창의적인 사고와 분석력을 통해 글을 쓰거나 편집하는 일에 적합할 수 있습니다.

8. 공학자/기술자: INTJ는 시스템에 대한 이해와 문제 해결 능력을 가지고 있어 다양한 공학 분야에서 성과를 내거나 기술 개발에 기여할 수 있습니다.
9. 연구 및 전략 기획자: INTJ는 분석적인 사고와 창의적인 전략 수립 능력을 가지고 있어 조직이나 기업의 발전을 위한 연구와 전략을 기획하는 일에 적합할 수 있습니다.
10. 예술가/작곡가: INTJ는 독창적인 아이디어와 예술적인 표현에 관심을 가지고 있어 작곡, 작가, 예술 디자인 등의 분야에서 창작활동을 할 수 있습니다.

이는 일반적인 가이드일 뿐이며, 개인의 성향과 관심사에 따라 적합한 직업이 달라질 수 있습니다. 직업 선택에 있어서 자신의 장점과 가치를 고려하고, 자기 인식과 관심 분야를 탐구하는 것이 중요합니다.

12. ChatGPT를 활용한 심리상담 사례

ChatGPT를 활용해 심리상담을 할 수 있다. 현재의 심리 상태를 파악할 수 있고, 심리 상담을 통해 문제를 해결할 수 있는 정보를 얻을 수 있다. 건강한 심리 상태를 유지하기 위한 방법과 효과성 등이 궁금할 때 ChatGPT와 함께 대화를 이어나갈 수 있다.

 나의 심리 상태를 알기 위해서 가장 먼저 해야 할 것을 알려줘.

번역결과

Please tell me what to do first to know my psychological state.

 심리적인 상태를 파악하기 위해 처음으로 해야 할 일은 다음과 같습니다:

1. 자기 관찰하기: 자신의 감정, 생각 및 행동에 대해 주의를 기울이고 기록하는 것이 중요합니다. 일기를 쓰거나 감정 일지를 작성하여 자신의 상태를 추적할 수 있습니다.
2. 전문가와의 상담: 심리적인 상태를 평가하고 이해하기 위해 심리 상담사나 심리학자와 상담하는 것이 유용합니다. 전문가는 진단 도구와 인터뷰를 통해 개인의 심리적인 상태를 평가하고 적절한 지원을 제공할 수 있습니다.
3. 심리검사: 심리적인 상태를 파악하는 데 도움이 되는 다양한 심리검사가 있습니다. 이러한 검사는 인지, 감정, 성격 등 다양한 영역을 평가하여 개인의 심리적인 특성과 문제를 이해하는 데 도움을 줍니다.
4. 자기 돌봄: 심리적인 상태를 이해하기 위해서는 자기 돌봄에 신경을 써야 합니다. 충분한 휴식과 수면, 건강한 식습관, 균형 잡힌 생활 습관을 유지하는 것이 중요합니다. 스트레스 관리 기술과 심리적인 안녕을 증진시키는 방법을 배우고 실천하는 것도 도움이 될 수 있습니다.

상기한 단계들은 심리적인 상태를 이해하는 데 도움이 되는 시작점입니다. 개인의 상황에 따라 추가적인 지원이 필요할 수 있으며, 전문가와의 상담을 통해 적절한 지침과 지원을 받을 수 있습니다.

검색 결과를 구체화하여 다음 상담을 이어갈 수 있다.

위의 내용 중 자기 돌봄이 심리 상태에 도움이 되는 이유를 알려주고, 내가 우선적으로 해야 할 5가지를 알려줘

번역결과

Among the above, tell me why self-care is good for your psychological state, and tell me the 5 things I should prioritize

자기 돌봄은 심리적인 상태에 좋은 이유가 여러 가지 있습니다. 다음은 자기 돌봄이 심리적인 상태에 긍정적인 영향을 미치는 이유입니다:

1. 스트레스 관리: 자기 돌봄은 스트레스를 효과적으로 관리하는 데 도움이 됩니다. 충분한 휴식과 수면, 정기적인 운동, 심신의 휴식을 취함으로써 스트레스를 완화하고 심리적인 안정을 증진시킬 수 있습니다.
2. 자아 존중감 강화: 자기 돌봄은 자신을 존중하고 대접하는 것을 의미합니다. 자신을 돌보고 존중함으로써 자아 존중감이 향상되고 자신에 대한 긍정적인 자아 이미지가 형성될 수 있습니다.
3. 감정 조절과 정서 균형: 자기 돌봄은 감정을 인식하고 조절하는 능력을 향상시킵니다. 자신의 감정에 대해 이해하고 적절한 자기 돌봄을 통해 정서적인 균형을 유지할 수 있습니다.
4. 자기 성장과 자기 발전: 자기 돌봄은 개인의 성장과 발전을 촉진시킵니다. 본인에게 필요한 관심과 관심사를 찾아 개발하고, 개인의 강점을 발휘하여 자기 실현을 이룰 수 있습니다.

4. 자기 성장과 자기 발전: 자기 돌봄은 개인의 성장과 발전을 촉진시킵니다. 본인에게 필요한 관심과 관심사를 찾아 개발하고, 개인의 강점을 발휘하여 자기 실현을 이룰 수 있습니다.
5. 자기효능감 강화: 자기 돌봄은 자기효능감을 강화시킵니다. 자신의 능력과 자원을 인식하고 적절한 자기 돌봄을 통해 목표를 달성할 수 있는 능력을 향상시킬 수 있습니다.

다음은 자기 돌봄을 우선시해야 할 5가지 사항입니다:

1. 충분한 휴식과 수면을 취하기
2. 영양가 있는 식단을 유지하고 균형 잡힌 식습관을 가지기
3. 정기적인 신체 활동을 실천하기
4. 스트레스 관리 기술을 배우고 사용하기
5. 자기존중감을 향상시키기 위해 자기 돌봄 활동에 시간을 할애하기

위의 사항들은 개인의 심리적인 상태와 웰빙을 향상시키는 데 도움을 주는데 중요한 역할을 합니다. 개인의 상황과 필요에 따라 자기 돌봄 계획을 조정하고 추가적인 자문을 받는 것이 좋습니다.

13 ChatGPT를 활용한 음식 추천하기

ChatGPT를 활용해서 음식 메뉴 추천 및 요리 검색 정보를 제공할 수 있다.

> 음식메뉴 추천

외국인 친구가 한국에 오는데 저녁식사를 대접하고 싶다. 외국인들이 한국에 방문하면 즐겨 찾는 음식 검색 키워드 순위로 음식을 추천해주고 반응 및 평가를 알려줘.

번역결과

A foreign friend is coming to Korea and I want to treat her to dinner. foreigners When you visit Korea, it recommends foods based on your favorite food search keywords and responds.
and rate it.

외국 친구가 한국을 방문하게 되었고, 저녁 식사로 대접하고 싶습니다. 외국인 방문자를 대상으로 한국에서의 음식 추천을, 친구의 취향에 기반하여 검색 키워드를 통해 응답하고 평가를 해주는 것을 추천합니다.

기반으로 하는 키워드와 음식 추천에 대한 평가를 제시해드리겠습니다:

1. BBQ: 한국의 대표적인 음식 중 하나인 바비큐는 고기를 직접 구워 먹는 스타일로, 즐거운 분위기와 다양한 맛을 경험할 수 있습니다. 평가: ★★★★☆
2. Bibimbap: 비빔밥은 다양한 야채와 고기, 계란 등이 고루 섞인 한국 전통 음식으로, 건강하면서도 맛있는 선택입니다. 평가: ★★★☆☆
3. Kimchi Jjigae: 김치찌개는 발효된 김치를 활용해 만든 국물 요리로, 풍부한 맛과 고소한 향이 일품입니다. 평가: ★★★★☆
4. Tteokbokki: 떡볶이는 고추장을 기반으로 한 떡과 어우러진 매콤한 음식으로, 가장 대표적인 분식 메뉴 중 하나입니다. 평가: ★★★☆☆
5. Samgyeopsal: 삼겹살은 돼지고기의 배속 부위로, 스스로 고기를 구워 먹는 즐거움과 함께 맛있는 한식을 즐길 수 있습니다. 평가: ★★★★☆

〉하루 섭취한 부족한 음식 영양소에 대한 질문과 메뉴 추천

> 점심에 된장찌개, 제육볶음, 애호박무침, 김치, 밥 한 공기를 먹었다.
> 부족한 영양소를 분석하고 저녁 메뉴를 추천해줘
>
> 번역결과
>
> For lunch, I ate soybean paste stew, stir-fried pork, seasoned zucchini, kimchi, and a bowl of rice.
> Analyze lack of nutrients and recommend dinner menu

점심으로 된장찌개, 제육볶음, 야채 볶음, 김치, 그리고 밥 한 그릇을 먹었습니다. 영양소의 부족을 분석하고 저녁 메뉴를 추천해드리겠습니다.

분석 결과, 점심 식사에서 주로 단백질과 식이섬유가 부족한 것으로 나타났습니다. 이를 보완하기 위해 저녁 식사로는 아래의 메뉴를 추천합니다:

1. 고등어 구이와 시금치 샐러드: 고등어는 Omega-3 지방산과 단백질이 풍부하며, 시금치는 철분과 식이섬유가 풍부합니다. 이 조합으로 영양을 보충할 수 있습니다.
2. 닭가슴살 샐러드와 오리엔탈 드레싱: 닭가슴살은 저지방 고단백 식품으로 알려져 있고, 샐러드와 함께 섭취하면 식이섬유와 다양한 영양소를 함께 섭취할 수 있습니다.
3. 국수와 해산물 미역국: 국수는 탄수화물을 공급하며, 해산물 미역국은 식이섬유와 다양한 미네랄을 함유하고 있습니다.
4. 채소볶음과 연어 초밥: 다양한 채소를 함께 볶음으로써 식이섬유와 비타민을 보충할 수 있고, 신선한 연어 초밥은 단백질과 오메가-3 지방산을 함유하고 있습니다.

이러한 메뉴를 선택하여 다양한 영양소를 고루 섭취할 수 있으며, 균형 잡힌 식단을 유지할 수 있을 것입니다.

일상적으로 먹는 요리 레시피에 대한 질문을 ChatGPT에게 해서 답을 얻을 수 있다.

이번 사례는 일상적인 가정에서 식사 때 먹는 음식에 대한 레시피를 알아보는 ChatGPT 활용 사례이다.

> **동태탕 레시피 질문 사례**

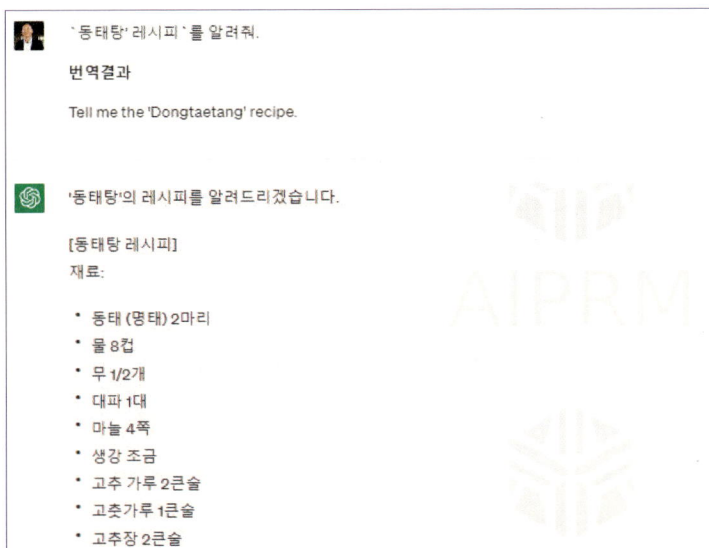

> **김치찌개 레시피 질문 사례**

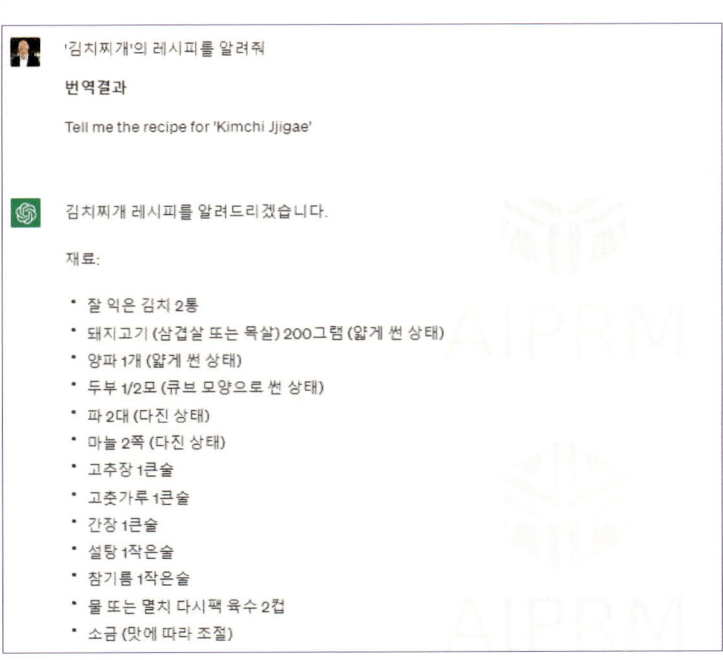

조리과정:

1. 중간 불에서 냄비를 예열하고 얇게 썬 돼지고기를 넣어 약간 갈색이 나도록 볶아줍니다.
2. 다진 마늘, 얇게 썬 양파, 다진 파를 넣고 양파가 투명해질 때까지 볶아줍니다.
3. 잘 익은 김치를 손으로 뜯어 넣고 고추장, 고춧가루, 간장, 설탕을 함께 넣어 잘 섞어줍니다.
4. 물 또는 멸치 다시팩 육수를 넣고 끓기 시작하면 뚜껑을 열어줍니다.
5. 두부와 돼지고기를 넣고 끓여줍니다.
6. 국물이 끓으면 중간 불에서 10분간 더 끓여줍니다.
7. 마지막으로 참기름을 넣고 소금으로 간을 맞춰줍니다.

김치찌개는 한국의 대표적인 국물 요리로, 매운 맛과 깊은 풍미를 가지고 있습니다. 이 레시피를 참고하여 맛있는 김치찌개를 만들어보세요.

> 냉장고 재료로 할 수 있는 요리 질문 레시피 검색

집 냉장고에 돼지고기, 파프리카, 콩나물, 양파, 당근이 있다.
이 재료를 모두 사용하여 할 수 있는 요리를 추천해줘.

냉장고에 있는 돼지고기, 파프리카, 콩나물, 양파, 당근을 활용하여 "야채 볶음 돼지고기"라는 요리를 추천합니다. 다음은 레시피입니다:

재료:

- 돼지고기 200그램 (얇게 썬 상태)
- 빨간 파프리카 1개 (얇게 썬 상태)
- 콩나물 1컵
- 양파 1개 (얇게 썬 상태)
- 당근 1개 (채 썬 상태)
- 마늘 2쪽 (다진 상태)
- 간장 2큰술
- 오이스터 소스 1큰술
- 참기름 1큰술
- 소금과 후추 (맛에 따라 조절)

14. ChatGPT를 활용한 일상생활 활용 사례

일상 생활에서 문제에 봉착할 수 있는 부동산 임대차 계약관련 임대차 계약 시 유의 사항 체크 ChatGPT 자문 사례이다.

 너는 부동산 분야 박사이면서 컨설팅 전문가야
임대차 계약시 유의 사항 체크를 하고자 해!
전세 시세가 주변보다 매우 싸게 나왔어. 집주인이 담보가 있는데 체크해야 할 것이 무엇이지?
10가지를 이해하기 쉽게 관련 근거와 함께 답변 해줘

 전문가 자문: 임대 계약 체결 시 확인해야 할 사항

1. 임대료의 저렴함: 주변 지역에 비해 임대료가 현저히 저렴한 경우, 다음 사항을 확인해야 합니다.
   * 현재 임대료가 시장 가격과 비교하여 합리적인지 확인
   * 저렴한 가격의 이유를 직접 질의하여 확인 (예: 시장 조건, 건물 상태 등)
2. 임대인의 담보: 임대인이 담보물을 가지고 있는 경우, 다음 사항을 확인해야 합니다.
   * 담보물의 종류와 가치를 파악 (예: 부동산, 예금, 보증 보험 등)
   * 담보물의 유효성과 임차인의 이익을 보호하는 조항이 있는지 확인
3. 임대 기간과 조건: 임대 기간과 조건을 명확히 확인해야 합니다.
   * 임대 기간의 시작일과 종료일을 명시적으로 기재
   * 임대 조건(임대료 조정, 보증금 반환 등)에 대한 약정을 명확히 기재
4. 임대료 및 보증금 지불 방법: 지불 방법을 확인해야 합니다.
   * 지불 일정과 방법(월별, 분기별, 계약 체결 시 지급 등)을 명확히 확인
   * 보증금 반환 조건과 절차를 명시적으로 확인
5. 공동 공간 및 시설 이용 규칙: 공동 공간 및 시설 이용에 대한 규칙을 확인해야 합니다.
   * 주차장, 엘리베이터, 휴게실 등 공동 시설의 이용 규칙 확인
   * 시설 이용 관련 비용 부담과 유지 보수 책임에 대한 약정 확인
6. 유지 보수 책임과 조치: 임대인과 임차인의 유지 보수 책임을 확인해야 합니다.
   * 건물의 보수 및 정기적인 유지 관리에 대한 책임 확인
   * 임차인이 임대물에 손상을 입혔을 경우의 조치 및 책임 확인

> 7. 임대료 조정 및 계약 갱신: 임대료 조정과 임대 계약 갱신에 대한 내용을 확인해야 합니다.
>   - 임대료 조정 기준과 주기를 명시적으로 확인
>   - 임대 계약 갱신에 대한 조건과 절차를 명확히 확인
> 8. 계약 해지 조건과 절차: 임대 계약 해지에 대한 조건과 절차를 확인해야 합니다.
>   - 계약 해지 사유와 절차를 명확히 확인
>   - 사전 통지 기간과 관련 조항을 확인하여 각별히 신경 써야 합니다.
> 9. 손해 배상 조항: 손해 배상에 대한 조항을 확인해야 합니다.
>   - 임차인과 임대인 간의 손해 배상 책임을 명확히 확인
>   - 부동산 보험 등 손해 보상 가능성 확인
> 10. 법적 조언 및 전문가의 검토: 임대 계약서를 체결하기 전에 법적 조언과 전문가의 검토를 받는 것이 좋습니다.
>   - 부동산 변호사나 전문가의 도움을 받아 계약서를 검토
>   - 관련 법률 및 규정 준수 여부를 확인
>
> 위의 사항들은 임대 계약서를 체결하기 전에 확인해야 할 주요 사항들입니다. 그러나 법적인 측면에서 임대 계약서를 검토하기 위해서는 법률 전문가의 조언을 받는 것이 좋습니다.

다음은 전세 세입자가 겪을 수 있는 상황 중 전세 계약 후, 거주 중 발생하는 계약사항의 문제에서 ChatGPT 활용 사례이다.

 거주기간 동안 집주인이 바뀌었을 경우는 어떻게 하나요? 바뀐 집주인이 입주를 요구했을 경우는 법적 효력이 있나??

번역결과

What if the landlord changes during the period of residence? the changed landlord Is the request for occupancy legally valid?

 질문: 거주 기간 동안 임대인이 변경된 경우, 변경된 임대인에 대한 거주 요청은 법적으로 유효한가요?

답변: 임대인의 변경은 일반적으로 임대 계약의 유효성에 영향을 미치지 않습니다. 즉, 임대인이 변경되더라도 이전 임대 계약은 여전히 유효하며 임차인은 거주를 요구할 수 있습니다. 그러나 이러한 경우에도 일부 규정 및 법적 절차가 적용될 수 있으므로, 해당 국가의 임대법 및 임대 계약서의 조항을 확인하는 것이 중요합니다.

변경된 임대인과의 거주 요청에 대한 법적 유효성은 국가에 따라 다를 수 있으므로 법률 전문가의 조언을 받는 것이 좋습니다. 법률 전문가는 관련 법률과 규정을 고려하여 변경된 임대인과의 거주 요청의 법적 유효성을 평가할 수 있습니다.

15 ChatGPT를 활용해 건강관련 상담 사례

일상 생활에서 질병 발생 시, ChatGPT를 활용해 건강 상담을 할 수 있다.

건강상담 사례는 두통 질병 관련 효과적인 복용약 문의, 약 성분의 차이점 등 생활 속 정보 문의 사례이다. 두통 증상 발현에 따른 최적의 해소 방법 등이 궁금할 때 아래와 같이 ChatGPT를 활용해 상담할 수 있다.

아래는 실제 ChatGPT를 활용한 질문과 답변한 내용이다.

> 심한 두통에는 타이레놀을 먹어야 하나? 아니면 이지앤6를 먹어야 할까? 둘 중에 어떤 약이 더 효과적일까? 상세하게 설명해줘
>
> 번역결과
>
> Should I take Tylenol for a severe headache? Or should I try EZN6? Which of the two is more effective? explain in detail

> 질문: 심한 두통에 타이레놀을 복용해야 할까요? 아니면 EZN6을 시도해 볼까요? 두 가지 중 어느 것이 더 효과적인지 자세히 설명해주세요.
>
> 답변: 두통 치료에는 다양한 옵션이 있으며, 개인에 따라 효과가 다를 수 있습니다. 타이레놀과 EZN6은 두통 완화를 위해 일반적으로 사용되는 약물입니다. 그러나 특정 상황이나 개인의 건강 상태에 따라 어떤 약물이 더 효과적인지 판단하기는 어렵습니다.
>
> * 타이레놀 (아세트아미노펜): 타이레놀은 통증 완화와 해열 작용이 있는 약물로, 일반적으로 경증에서 중등도의 두통에 효과적입니다. 주로 발열, 근육통, 관절통, 치통 등을 완화하는 데 사용됩니다. 하지만 심한 두통에 대해서는 개인에 따라 효과가 다를 수 있습니다.
> * EZN6: EZN6은 대체로 처방전을 받아야 하는 약물로, 진통 작용과 혈관 수축 작용을 통해 두통을 완화시키는 데 사용됩니다. 이 약물은 혈압 변동이 있을 수 있으므로 의사의 지시에 따라 사용해야 합니다.

> 어떤 약물이 더 효과적인지는 개인의 상황과 두통의 원인에 따라 다를 수 있습니다. 심한 두통의 경우 의사와 상담하여 개인에게 가장 적합한 치료 방법을 결정하는 것이 좋습니다. 의사는 심각성, 원인, 개인 건강 상태 등을 고려하여 약물 치료를 제시할 수 있습니다. 또한, 약물 복용 전에 의사에게 본인의 건강 상태와 복용 중인 다른 약물에 대해 알려주는 것이 중요합니다.

검색 결과를 확인하고 궁금한 것은 추가로 질문하여 정보를 얻을 수 있다.

 그렇다면 '아세트아미노펜'과 'EZN6(이부프로펜)'의 차이점은 무엇인가?
번역결과
Then, what is the difference between 'acetaminophen' and 'EZN6 (ibuprofen)'?

> 타이레놀(아세트아미노펜)과 EZN6(이부프로펜) 간의 차이점은 다음과 같습니다:
>
> 1. 화학적 구성:
>   - 타이레놀(아세트아미노펜): 아세트아미노펜이라는 화학물질로 구성되어 있습니다.
>   - EZN6(이부프로펜): 이부프로펜이라는 화학물질로 구성되어 있습니다.
> 2. 작용 방식:
>   - 타이레놀(아세트아미노펜): 주로 중추신경계에서 통증을 억제하고 해열 작용을 합니다.
>   - EZN6(이부프로펜): 주로 염증을 억제하고 진통작용을 합니다. 염증을 일으키는 화학물질인 프로스타글란딘을 차단하여 통증을 완화시킵니다.
> 3. 효과:
>   - 타이레놀(아세트아미노펜): 일반적으로 경증에서 중등도의 통증 및 발열을 완화하는 데 효과적입니다.
>   - EZN6(이부프로펜): 주로 중등도에서 중증의 통증, 염증 및 발열을 완화하는 데 효과적입니다.
>
> 4. 부작용:
>   - 타이레놀(아세트아미노펜): 과다 복용 시 간 손상의 위험이 있을 수 있습니다. 알레르기 반응이나 소화기 장애가 발생할 수도 있습니다.
>   - EZN6(이부프로펜): 소화기 장애, 위장관 출혈, 알레르기 반응, 심장 부작용 등의 부작용이 발생할 수 있습니다.
> 5. 복용 시 주의사항:
>   - 타이레놀(아세트아미노펜): 과도한 복용은 간 손상을 유발할 수 있으므로 권장 용량을 초과하지 않도록 주의해야 합니다.
>   - EZN6(이부프로펜): 장기간 또는 과도한 복용은 위장관 출혈 등의 부작용을 유발할 수 있으므로 권장 용량을 지켜야 합니다.
>
> 위의 차이점을 고려하여 의사와 상담한 후 개인의 상황과 증상에 맞는 약물을 선택하는 것이 중요합니다. 또한, 약물 사용 시 권장 용량을 지키고 부작용에 대해 주의해야 합니다.

검색 결과를 구체화하여 세부 항목을 별도로 문의하여 정보를 추가로 얻을 수 있다.

 약국에서 파는 '아세트아미노펜'이 들어있는 약의 종류는 무엇인가?
번역결과
What types of medicines contain 'acetaminophen' sold at pharmacies?

약국에서 판매되는 아세트아미노펜을 함유한 약물의 종류는 다양합니다. 일반적으로 아세트아미노펜은 해열제, 진통제, 항염증제 등으로 사용됩니다. 아세트아미노펜을 함유한 약물의 몇 가지 예시는 다음과 같습니다:

1. 타이레놀(Tylenol): 아세트아미노펜이 주성분으로 포함된 약물로, 일반적으로 경증에서 중등도의 통증 및 발열 완화에 사용됩니다.
2. 에데틀(Eudorlin): 아세트아미노펜과 카페인, 아스피린이 함유된 조합 약물로, 두통, 근육통, 관절통 등의 증상 완화에 사용될 수 있습니다.
3. 파나데인(Panadeine): 아세트아미노펜과 코데인이 함유된 조합 약물로, 중등도의 통증 완화에 사용됩니다.
4. 아세토아미노펜(Acetaminophen): 아세트아미노펜 단일 성분으로 제조된 약물로, 통증 완화 및 발열 완화에 사용됩니다.
5. 니콜리스(Nicolas): 아세트아미노펜과 카페인, 이소니아질과 함께 사용되는 조합 약물로, 두통, 경련, 생리통 등의 증상 완화에 사용될 수 있습니다.

약국에서 구매할 수 있는 아세트아미노펜 함유 약물은 국가 및 지역에 따라 다를 수 있으며, 이는 현지의 의약품 규정에 따라 달라질 수 있습니다. 아세트아미노펜이 함유된 약물을 사용하기 전에 의사, 약사 또는 약국 직원에게 상담하여 정확한 용법 및 용량을 확인하는 것이 중요합니다.

약국에서 구매할 수 있는 아세트아미노펜 함유 약물은 국가 및 지역에 따라 다를 수 있으며, 이는 현지의 의약품 규정에 따라 달라질 수 있습니다. 아세트아미노펜이 함유된 약물을 사용하기 전에 의사, 약사 또는 약국 직원에게 상담하여 정확한 용법 및 용량을 확인하는 것이 중요합니다.

최초 검색 결과와 관련이 있는 추가 자료를 요청하여 정보를 얻을 수 있다.

궁극적으로, 두통을 예방할 수 있는 방법을 알려줘

번역결과

Ultimately, tell me how to prevent headaches

 두통 예방을 위해 다음과 같은 조치를 취할 수 있습니다:

1. 건강한 생활 습관 유지:
   - 충분한 수면을 취하고 휴식을 취합니다.
   - 규칙적인 식사를 유지하고 건강한 식단을 섭취합니다.
   - 신체 활동을 꾸준히 하고 근력과 유연성을 향상시키는 운동을 합니다.
2. 스트레스 관리:
   - 스트레스를 효과적으로 관리하기 위해 심리적인 안정을 유지합니다.
   - 심리적인 안정을 위해 명상, 요가, 숨쉬기 연습 등을 시도합니다.
   - 스트레스를 유발하는 요소를 최소화하고 긍정적인 마인드셋을 유지합니다.
3. 유해한 환경 요소 회피:
   - 공기가 청정한 장소에서 시간을 보내도록 노력합니다.
   - 강한 냄새나 환경 요소에 노출되는 것을 피합니다.
   - 빛의 강도나 환경 소음 등에 민감한 경우, 적절한 보호를 찾습니다.
4. 적절한 자세 유지:
   - 장시간 동안 같은 자세로 앉거나 서있지 않도록 주의합니다.
   - 컴퓨터나 모바일 기기 사용 시 적절한 자세와 화면 설정을 유지합니다.
   - 목, 어깨, 등의 근육을 이완시키기 위해 스트레칭을 꾸준히 실시합니다.

5. 유수분 균형 유지:
    * 충분한 수분을 섭취하여 신체를 건강하게 유지합니다.
    * 하루에 권장되는 양의 물을 마시고 디하이드레이션을 방지합니다.
6. 트리거 요인 식별 및 피하기:
    * 자신에게 특히 두통을 유발하는 요인을 확인하고 기록합니다.
    * 트리거 요인을 피하거나 관리하는 방법을 찾습니다.

두통 예방을 위해 위의 조치들을 종합적으로 실천하는 것이 중요합니다. 그러나 만약 두통이 지속되거나 심각한 경우, 의료 전문가와 상담하는 것이 좋습니다.

PART 3

ChatGPT 100배 활용하기

01 OpenAI API Key 발급 받는 이유 및 방법

ChatGPT를 사용하면서 여러 Application들과 연동해서 사용하려면 API 키를 요구하는 것을 볼 수 있다. OpenAI API 키를 발급 받는 이유를 상세히 설명하면 다음과 같다.

① 강력한 언어 모델 액세스

OpenAI API 키를 발급 받으면 OpenAI의 언어 모델에 직접 액세스할 수 있다. 이 언어 모델은 GPT-3와 같은 고급 인공지능 기술을 기반으로 하며, 대량의 데이터를 기반으로 학습되어 자연어 처리 작업에 탁월한 성능을 발휘한다. API 키를 통해 이러한 강력한 언어 모델을 활용하여 텍스트 생성, 대화 시뮬레이션, 문서 요약, 번역, 질문 답변 등 다양한 작업을 수행할 수 있다.

② 개발자 도구 및 통합

OpenAI API를 사용하면 개발자들은 자신의 애플리케이션에 인공지능 기능을 통합할 수 있다. API를 활용하여 텍스트 분석, 대화형 인터페이스, 자동 요약, 언어 이해, 자연어 생성 등 다양한 기능을 구현할 수 있다. API 키를 발급 받으면 OpenAI의 개발자 도구와 문서에 액세스할 수 있어 API를 사용하는 방법을 상세히 배울 수 있다.

③ 인공지능 연구 및 개발

OpenAI API를 사용하면 연구자와 개발자들은 자연어 처리 및 인공지능 관련 연구를 수행할 수 있다. API를 활용하여 새로운 알고리즘, 모델 아키텍처, 기계 학습 기법 등을 실험하고 테스트할 수 있다. 또한, OpenAI의 언어 모델을 기반으로 한 다양한 연구 주제를 탐구할 수 있다.

④ 제품 및 서비스 개발

OpenAI API를 사용하면 기업이나 개발자들은 자신의 제품이나 서비스에 인공지능 기능을 통합할 수 있다. 예를 들어, 대화형 챗봇, 텍스트 분석 도구, 자동 요약 서비스, 언어 이해 기능 등을 개발할 수 있다. OpenAI API를 활용하여 고객에게 더 나은 사용자 경험과 가치를 제공할 수 있다.

이러한 이유로 OpenAI API 키를 발급 받으면 강력한 언어 모델에 액세스하고, 개발자 도구를 활용하여 애플리케이션을 개발하고, 연구 및 테스트를 수행하며, 제품 및 서비스를 개발하는 데에 필요한 기능과 리소스를 활용할 수 있다.

Open API Key를 발급 받는 방법은 다음과 같다.

① 먼저, OpenAI Key 발급 받기 위해서는 먼저 아래와 같이 openai.com으로 접속한다.

② 두 번째는 아래 화면의 API를 클릭한다.

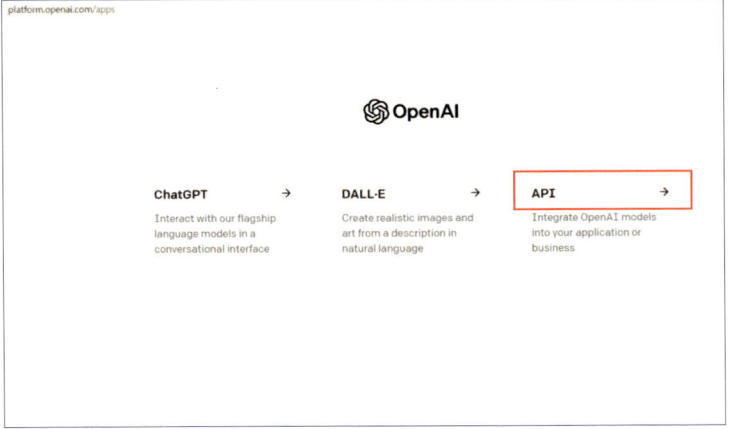

③ OpenAI Platform에는 Application 구축에 필요한 것들이 있다.

④ 오른쪽 상단에 있는 Personal을 클릭하면 다음과 같은 화면이 나타난다.

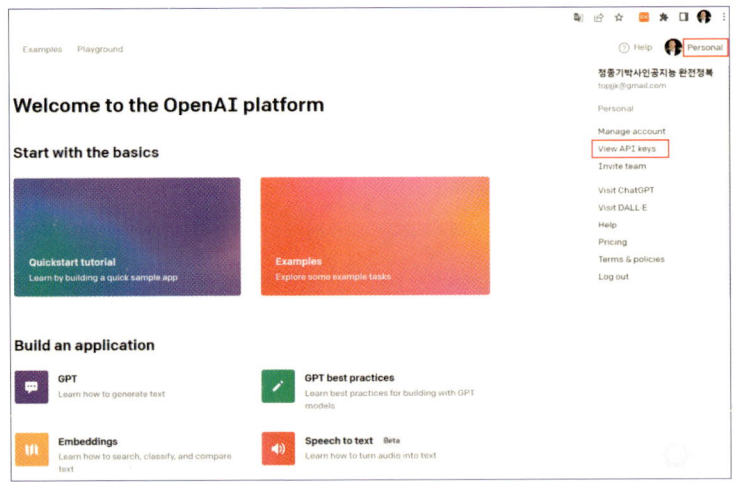

⑤ 오른쪽 상단 Personal 중간에 있는 'View API keys'를 클릭하면 아래와 같은 화면이 나타난다.

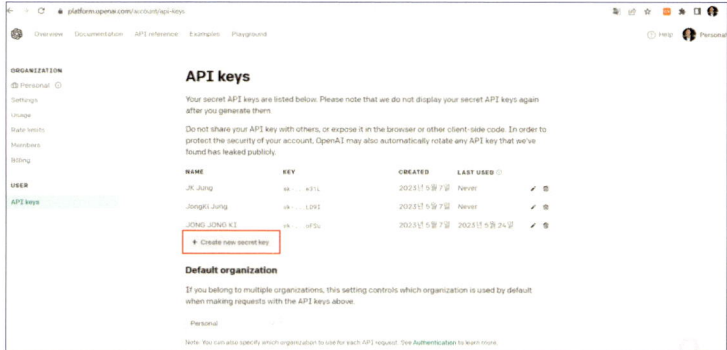

⑥ 화면 중간에 있는 '+Create new secret key'를 클릭한다.

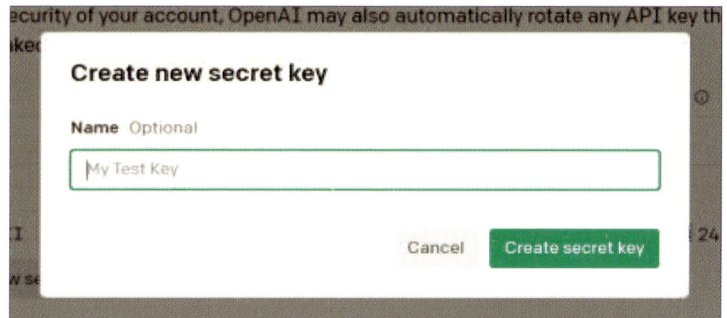

⑦ 위의 중간에 'Create new secret key'에 사용자 이름을 입력한다. 입력하지 않으면 'secret key'라는 이름으로 key가 생성된다.

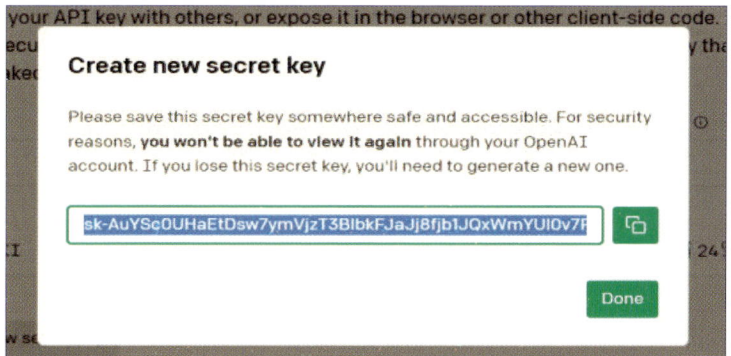

ChatGPT 100배 활용하기 167

⑧ 생성된 Key 값을 복사하고 메모장이나 개인적으로 따로 기록 저장해서 사용한다.

한번 보여준 키는 다시 확인이 불가능하다.

API 키는 비용이 청구되는 카드를 입력해야 활성화가 된다.

API 요금은 사용한 만큼 비용이 청구되는데, ChatGPT Plus는 월 22달러짜리 정기 구독 서비스이다. 그러나 GPT API 키 사용료는 OpenAI API를 통해 GPT 모델을 사용하는데 발생하는 비용을 의미하며, 이는 사용한 만큼 비용이 청구된다. GPT API는 초당 호출 수, API 요청 수, 사용한 자원 등에 따라 다양한 가격대가 있다. 따라서 GPT API 사용료는 사용한만큼 지불해야 하며, 사용하지 않은 자원에 대해서는 비용이 청구되지 않는다. 다빈치 모델로 간단한 답변에 1000토큰, 40원 가량이 소요된다. 테스트로 몇 번 사용하기에는 부담없는 가격이지만 무분별하게 많이 사용하면 계속 유료로 비용이 청구되기 때문에 사용에 유의해야 한다.

정기구독 서비스는 ChatGPT 채팅창의 업그레이드 투 플러스(Upgrade to Plus)버튼을 입력했을 때 뜨는 서비스이다.

02 ChatGPT에 크롬(Chrome) 확장 프로그램 설치 활용하기

ChatGPT를 활용하는 방법에는 여러 가지가 있지만 실제로 활용 잘하는 사람은 많지 않다.

ChatGPT의 이용방법은 간단하다. https://chat.openai.com/chat 사이트에 접속하고, 회원가입하면 바로 사용 가능하다. 설치하고 검색 창처럼 보이는 곳에 질문을 입력하면 된다. 더 자세한 사용법이 궁금하다면 ChatGPT에게 질문하는 방법도 있다.

ChatGPT 이용 시, 정확한 답을 얻기 위해서는 정확하고 세부적인 질문을 해야 올바른 답이 나온다.

확장 프로그램을 설치하면, ChatGPT를 더 잘 활용할 수 있다. 구글 크롬 웹 스토어에 접속 후, 검색창에 ChatGPT를 검색하시면 다양한 확장 프로그램이 나와서 이용할 수 있다.

ChatGPT를 더 잘 활용하기 위해서 확장 프로그램을 설치하여 사용하는 방법을 아래와 같이 몇 개 설명하겠다.

[그림1] ChatGPT에 크롬(Chrome) 확장 프로그램 설치하기

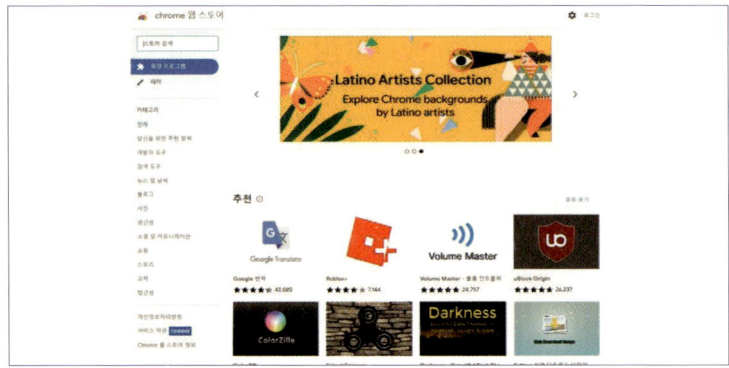

> **프롬프트 지니: ChatGPT 자동 번역기**

ChatGPT 쓸 때 질문을 영어로 번역해 주고, 답변도 한글로 번역해 주는 번역기이다.

ChatGPT에 자동 번역기를 추가해서 ChatGPT를 최대한 활용할 수 있도록 설치하는 방법을 설명하면 다음과 같다.

① 크롬 웹스토어 접속하여 확장 프로그램 – 프롬프트 지니 검색

크롬(Chrome) 웹스토어에서 '프롬프트 지니: 자동 번역기'를 검색하면 아래와 같은 화면이 보인다.

② 오른쪽 상단에 있는 Chrome에 추가 버튼 클릭

화면에 보이는 오른쪽 'Chrom에 추가' 버튼을 클릭하면 다음과 같이 내용이 보인다. '확장 추가' 버튼을 클릭한다.

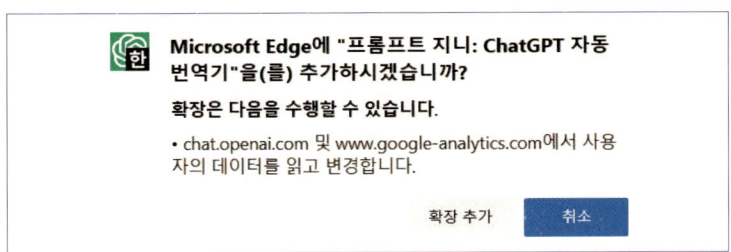

아래 화면은 프롬프트 지니를 추가 하기 전 ChatGPT 채팅창이다.

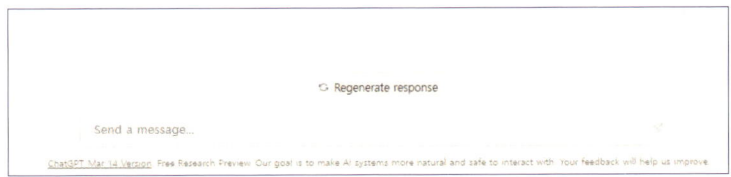

아래 화면은 프롬프트 지니가 추가된 ChatGPT 채팅창이다.

프롬프트 지니가 추가된 ChatGPT 채팅창에서 한글로 질문을 입력하면 영문으로 번역한 후 ChatGPT에 영문으로 질문한 후 답변을 영문으로 받고 다시 한글로 번역해서 답변을 제공한다.

그렇기 때문에 한글로 질문하는 것보다 질문의 정확도가 높아져 답변의 정확도 역시 높아진다.

> ChatGPT for Google(구글 검색과 동시에 ChatGPT가 작동)

구글 검색 시, 동시에 ChatGPT가 작동하도록 도와주는 확장 프로그램이다.

Google, Bing, DuckDuckGo 및 기타 검색 엔진과 함께 ChatGPT의 응답을 표시하는 확장 프로그램이다. 답변을 받은 즉시 ChatGPT로 채팅을 시작할 수도 있다.

모든 인기 검색 엔진에 지원되고, 질의 및 답변에 대해 ChatGPT와 채팅이 가능하다.

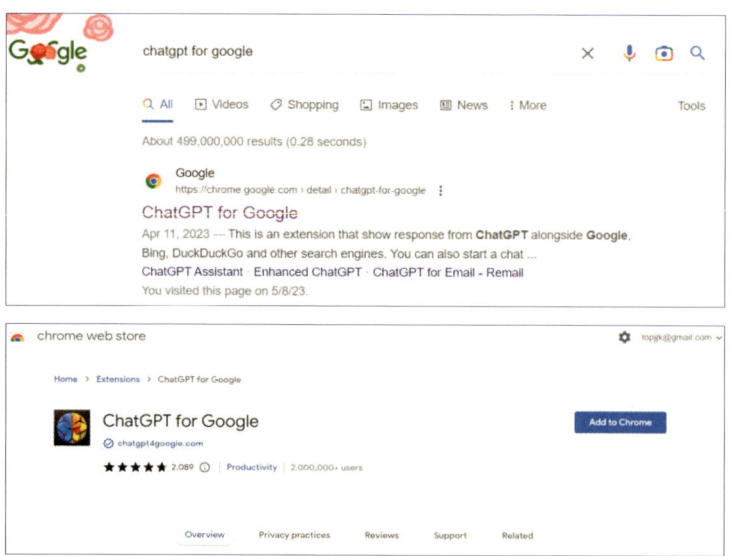

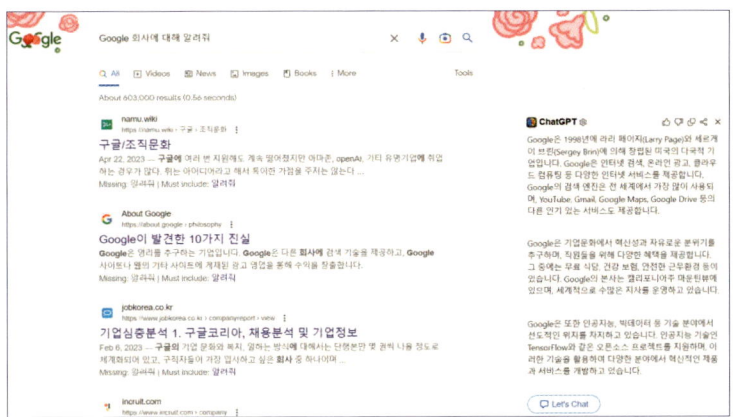

> AIPRM for ChatGPT(프롬프트 템플릿)

ChatGPT를 처음 사용해서 어떤 질문을 해야 좋을지 난감할 때, 이 확장 프로그램을 활용하면 도움이 많이 된다. 또한 이 확장 프로그램은 좀 더 정확하고 원하는 결과값을 얻기위해 여러 사용자들이 최적화된 프롬프트를 설정해 놓은 '일종의 프롬프트 양식'이라고 볼 수 있다.

AIPRM은 아래 화면과 같이 타 사용자가 만들어 놓은 다양한 분야의 프롬프트 최적화 양식을 공유한다.

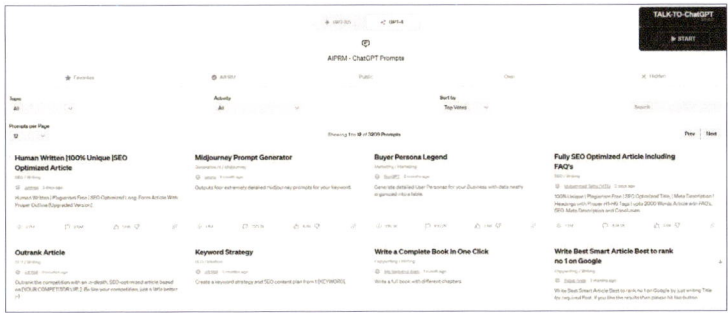

위 화면과 같이 프롬프트 창에 출력 언어, 톤(Tone)과 문체(Writing Style) 등 하이퍼 파라미터(Hyper Parameter)를 선택하는 기능이 추가되었고, 오른쪽 하단에 'Continue'는 GPT 내용이 끊어지거나 중단되었을 때, 계속 작성해 달라고 요청하는 기능이다.

AIPRM에서 매우 유용한 프롬프트들이 제공되고 있다. 예를 들어, 검색 도우미 중 하나인 'Keyword Strategy'에 원하는 키워드를 넣으면 관련 키워드를 표로 정리해 준다. 엑셀 작업 시 'Excel Expert', 파이썬 프로그래밍 'Python Pro' 이 밖에도 글쓰기 등을 지원하는 프롬프트도 제공되고 있는데 이를 활용하면 보다 전문적인 결과값을 도출할 수 있다.

AIPRM은 SEO, SaaS 등을 위한 선별된 프롬프트 템플릿 목록을 ChatGPT에 추가하여 질문할 수 있다. 웹사이트의 검색 엔진 최적화를 개선할 빠르고 쉬운 방법을 제공하여 마케팅, 영업 및 지원 등에 쉽게 사용할 수 있다.

AIPRM의 많은 무료 기능뿐만 아니라 "즐겨찾기", "숨김", 나만의 사용자 지정 목록, 사용자 지정 쓰기 톤, 사용자 지정 쓰기 스타일, (사용자 지정) Power Continue 작업과 같은 많은 새로운 프리미엄 기능도 제공한다.

❯ Talk to ChatGPT(ChatGPT와 다국어로 대화하기)

마이크를 통해 ChatGPT와 대화하고 음성으로 응답을 들을 수 있다. Talk to ChatGPT는 음성인식 및 텍스트 음성 변환 기술을 사용하여 음성으로 응답을 들을 수 있다. TEXT-TO-SPEECH, SPEECH-TO-TEXT 가 가능하다.

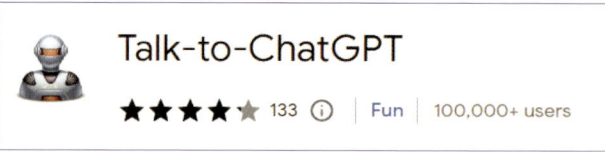

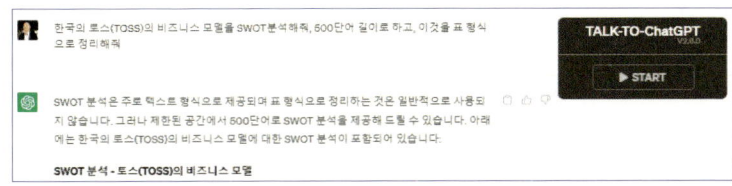

이것은 오픈 소스 프로젝트를 기반으로 하는 공식 "Talk to ChatGPT" 확장 프로그램이다. 사용하려면 먼저 크롬 확장 프로그램을 설치한다. 다음은 ChatGPT 홈페이지를 열어서 페이지 오른쪽 상단에 상자가 나타난다. 시작하려면 시작 버튼을 클릭하여 사용하면 된다.

이 확장 프로그램은 Google Chrome API의 모든 음성 인식 및 텍스트 음성 변환 언어를 지원하므로 모든 주요 언어가 지원된다.

이것은 기본 ChatGPT 텍스트 전용 인터페이스에 기능을 추가하는 재미있고, 실험적인 확장 프로그램이다. 완전 무료이며 오픈 소스이다. 소스는 Github에서 사용할 수 있다.

> WebChatGPT(Internet Access 가능)

ChatGPT가 인터넷에 액세스하고 정확한 결과와 소스 링크를 제공할 수 있다. ChatGPT는 2021년 10월까지의 데이터를 기준(GPT-3.5)으로 정보를 제공하고 있지만, 이 확장 프로그램을 설치하면 최근 웹페이지 링크 등의 자료를 토대로 결과값을 보정할 수 있다. 즉, 웹 브라우징을 통해 관련 웹 검색 결과로 ChatGPT 프롬프트를 보강할 수 있다. 이 무료 확장 프로그램은 보다 정확한 최신 대화를 위해 ChatGPT 프롬프트에 관련 웹 결과를 추가하여 답변을 제공한다.

주요 특징으로는 검색어에 대한 웹 결과 얻기, 모든 URL에서 웹페이지 텍스트 추출, 프롬프트 템플릿 추가 및 사용 등이다.

WebChatGPT가 필요한 이유는 OpenAI가 ChatGPT Plus 사용자에게 제

공하는 웹 브라우징 기능과 유사하여 ChatGPT가 인터넷에 액세스하고 정확한 결과와 소스 링크를 제공할 수 있다. 그러나 훨씬 더 빠르고 가벼우며 모든 ChatGPT 사용자가 무료로 사용할 수 있다.

03 ChatGPT 관련 확장 프로그램 및 사이트 정보

 ChatGPT를 활용해서 더 많은 정보 활용과 업무 및 비즈니스 효율을 더 높이기 위해서는 다른 소프트웨어와 연동해서 사용하면 좋다. 이번 장에서는 ChatGPT의 기본적인 활용과 확장 프로그램을 활용하여 업무 활용을 높일 수 있도록 저자가 가지고 있는 노하우를 상세하게 설명하여 도움 되도록 하겠다.

 ChatGPT의 빠른 상용화는 사용자 데이터의 확보, [표1]과 같은 다양한 확장 프로그램의 출시, 기존 서비스와의 결합 등으로 이어져 소비자가 느끼는 효용은 더 커지는 효과로 이어지고 있다.

 오픈 AI는 사용자 수가 빠르게 늘어남에 따라 여기서 확보된 데이터를 기반으로 모델을 계속 추가 학습(Fine Tuning) 시키고 있다. 이에 출시 초기에 비해 질문에 대한 답변 수준이 지속적으로 개선되고 있다. 나아가 데이터를 기반으로 알고리즘 등 시스템 전반을 효율화하며 빠르게 성장시키고 있다.

 ChatGPT 관련 확장 프로그램은 추가적인 개발자를 오픈 AI 생태계에 끌어들여 더 많은 서비스를 개발함으로써 시너지 효과를 더 강화시킬 것으로 예상된다.

 또한 다수의 개발자들이 ChatGPT의 활용도를 더 끌어올릴 수 있는 확장 프로그램들을 앞다퉈 출시하고 있다. 예를 들어 좀 더 좋은 답변을 끌어낼 수 있도록 질문을 개선하는 프롬프트 엔지니어링이나 영어가 아닌 언어의 검색 결과를 개선하는 프로그램 등이 그것이다.

 마이크로소프트의 발 빠른 사업화도 ChatGPT의 단점을 보완하고 소비자

효용을 개선시키는 데 일조하고 있다. ChatGPT는 AI 모델의 특성상 답변의 정확성을 담보하기 어렵다. 이에 마이크로소프트는 자사의 검색 엔진인 빙과 ChatGPT를 결합시킨 Bing+ 서비스를 출시했다. Bing+는 검색 엔진을 통해 확보되는 실시간 데이터를 ChatGPT가 처리함으로써 최신 데이터를 활용하면서도 동시에 가장 연관성이 높을 것으로 예상되는 답변을 선별해서 제공하고 데이터의 출처를 링크로 제공함으로써 사용자가 정확성 여부를 확인할 수 있도록 보완해 나가고 있다. 이에 Bing+ 역시 출시 이후 한 달 만에 일일 활성 사용자 수가 1억명을 돌파했다.

[표1] ChatGPT 활용 관련 확장 프로그램 및 사이트

명칭	주요 활용 내용
프롬프트 지니	ChatGPT에서 질문 / 답변 자동 영한/한영 번역
ShareGPT	대화 내용을 PDF 등 형식 또는 링크로 공유
YouTube Summary	유튜브 영상의 스크립트 추출 및 영상 요약
ChatGPT Writter	한국어/영어 이메일 작성, 답장 메일 생성
AIPRM for ChatGPT	여러 사용자들이 최적화된 프롬프트를 공유
ChatGPT Optimizer	내용 복사, 단어 / 글자수 표시, 스크롤 이동 등
Web ChatGPT	최근 웹페이지 등의 자료를 통해 적시성 보완
Gimme Summary	AI 열람 중인 웹페이지 내용 바로 요약
Deepl Translate	웹페이지 내용을 마우스로 드래그하여 번역
Eightify	유튜브 영상 내용 요약 및 타임스탬프 제공
ChatGPT to Notion	대화 내용을 'Notion' 프로그램에 저장
ChatGPT Chrome Extension	크롬 브라우저에서 ChatGPT 화면 접속
ChatGPT for Google	Google, Naver. Google, Bing, Baidu, Yahoo, Naver 등 지원
ChatGPT for Google	구글 등 검색 엔진에서 ChatGPT 결과 표시
ReaderGPT	한번 클릭으로 웹페이지 내용 요약
GPT Formula	엑셀 / 구글시트용 함수 및 공식 생성
Merlin	AI 비서 (내용 요약, 메일 답장, 수식 생성 등)
라이너(Liner)	출저가 있는 구글 서치 어시스턴트
ChatGPT Save	대화 내용을 CSV(엑셀) 파일로 저장
Tome	AI 텍스트 프롬프트로 PPT 생성 및 편집
Beautiful.ai	텍스트 프롬프트로 PPT 생성 및 편집
다글로(Daglo)	음성 데이터를 텍스트로 변환
Tactiq	Google Meet, Zoom 등 회의 노트 작성

* 참고: 언론 자료 종합

04 ChatGPT에 질문을 잘 하기 위한 핵심적인 팁

ChatGPT에게 질문을 잘 하여 내가 원하는 답을 얻어내는 것이 매우 중요하다. 그리고 한글보다 영어로 질문을 하면 답변이 훨씬 더 빠르고 정확도가 높아진다.

구체적 상황을 제시하면 그에 맞는 답을 제시해준다. 예를 들어 대학생 수준으로 작성해 줘, 팀장처럼 작성해 줘, 스티브 잡스의 생각을 말해줘 등 이다. 그리고 질문의 맥락과 목적, 요구사항을 자세히 적어주면 그에 맞는 답을 해 준다. 긴 문장은 짧게 끊어서, 대화식이 아니라 개조식으로 물으면 더 명확한 답변이 가능하다. 또한 앞 질문에 대한 답변에 계속 이어서 세부적으로 질문하면 맥락을 이어서 답변 가능하다.

ChatGPT를 직접 가르치면서 질문하면 좀 더 원하는 답변을 만들 수 있다 (In-Context Learning). 즉, 대화 중에 사용자가 입력하는 문장(프롬프트)를 통해서 ChatGPT를 가르칠 수 있다.

질문을 잘 하기 위한 여러 가지 팁을 [표1]과 같이 정리하였다.

[표1] 질문을 잘하기 위한 팁

질문을 잘하기 위한 팁	내용
적절한 언어 사용하기	ChatGPT는 자연어 처리 기술을 이용해 대화를 한다. 따라서, 자연스러운 언어를 사용하는 것이 좋다. 일반적인 용어나 대화에서 흔히 쓰이는 언어를 사용하는 것이 좋다.
명확한 질문 준비하기	ChatGPT는 단순한 질문보다는 구체적이고 명확한 질문을 준비하여 ChatGPT가 더 잘 이해하고 답변을 준비할 수 있도록 하는 것이 중요하다.
관련 주제에 대한 사전 지식 습득하기	ChatGPT는 기존에 학습한 데이터를 기반으로 답변을 생성하기 때문에 질문과 관련된 주제에 대한 사전 지식을 습득하는 것이 유용하다.
명확하고 간결하게 질문하기	ChatGPT는 언어 모델이기 때문에 명확하고 간결한 질문이 좋다. 길고 복잡한 문장 대신 짧고 간결한 문장으로 질문을 작성하는 것이 좋다.
질문의 범위 제한하기	ChatGPT는 전문가가 아니며, 모든 분야의 지식을 가지고 있지 않다. 따라서, 질문의 범위를 명확하게 제한하고, 가능한 한 구체적인 질문을 하는 것이 좋다.
질문 유형을 선택하기	ChatGPT는 다양한 유형의 질문에 대응할 수 있다. 따라서 해당 질문에 적합한 유형을 선택하는 것이 중요하다. ChatGPT는 다양한 분야에 대한 지식을 가지고 있다. 따라서 질문을 분류하여 관련 분야에 대한 답변을 받을 수 있도록 해야 한다.
비슷한 질문 피하기	ChatGPT는 과거 질문에 대한 답변을 기억하고 있기 때문에 유사한 질문을 여러 번 하면 반복적인 답변을 제공할 가능성이 높아진다.
명확하고 구체적인 질문 하기	ChatGPT는 대화를 통해 지식을 전달하기 때문에, 질문이 명확하고 구체적일수록 답변이 더욱 정확해질 가능성이 높다. 따라서 가능한 한 자세하게 질문을 구체화하여 정확한 답변을 얻을 수 있도록 노력한다. 예를 들어 "AI에 대해 알려주세요"와 같은 일반적인 질문보다는 "AI의 최신 기술 동향은 무엇인가요?"와 같이 구체적인 질문이 좋다.
적절한 예시를 제공하기	적절한 예시를 제공하기: ChatGPT가 질문에 대한 답변을 이해하고 생성하는 데 도움이 될 수 있는 예시를 제공하는 것이 좋다. 질문을 할 때, 문제 상황이나 원하는 목적을 잘 설명하고, 추가적인 정보를 제공할수록 ChatGPT는 더욱 정확한 답변을 제공할 수 있다.
답변 확인을 위해 다시 질문하기	ChatGPT가 생성한 답변이 이해하기 어렵거나 충분하지 않을 경우, 추가 질문을 하여 더 명확한 답변을 얻을 수 있도록 한다.
적극적인 대화하기	ChatGPT는 질문에 대한 답변만을 제공하는 것이 아니라, 대화를 통해 더 많은 정보를 제공할 수 있다. 따라서, 적극적인 대화를 통해 ChatGPT와의 상호작용을 즐기는 것이 좋다.
불필요한 정보 제거하기	ChatGPT에게 꼭 필요한 정보만을 포함하여 질문을 작성하여 질문한다. 불필요한 정보가 포함되면 ChatGPT가 질문을 이해하는 데 있어서 혼란스러울 수 있다.
ChatGPT가 생성한 답변을 분석하기	ChatGPT가 생성한 답변을 분석하고, 이를 통해 ChatGPT의 작동 방식을 이해하며 보다 나은 질문을 할 수 있는 방법을 발견할 수 있다.
구체적 상황을 제시하면 그에 맞는 답을 제시하기	예를 들어, 대학생 수준에서 작성해 줘, 팀장처럼 작성해줘, 스티브 잡스의 생각을 말해줘 등 이다.
질문의 맥락과 목적을 자세히 적어주기	질문의 맥락과 목적, 요구사항을 자세히 적어주면 그에 맞는 답을 해 준다.

ChatGPT에게서 더 좋은 결과를 얻기 원한다면 ChatGPT에게 숨겨진 기능이나 방법을 직접 물어보는 것도 방법이다. 예를 들어 아래와 같이 좋은 글을 작

성할 수 있는 하이퍼 파라미터(Hyperparameter) 값을 예를 들어 질문하여 답을 얻을 수 있다.

 ChatGPT에서 좋은 글을 작성할 수 있는 하이퍼파라미터 값을 예를 들어 작성해줘

하이퍼파라미터는 모델의 성능과 학습 속도를 결정하는 매우 중요한 요소입니다. 하이퍼파라미터 값을 결정하는 것은 모델의 최종 성능에 큰 영향을 미칩니다.

다음은 ChatGPT 모델에서 사용될 수 있는 하이퍼파라미터 예시입니다.

- num_layers: Transformer 모델에서의 레이어 수를 결정하는 하이퍼파라미터입니다. 예를 들어, 12, 24, 36 등의 값을 가질 수 있습니다. 더 많은 레이어는 모델의 복잡도를 증가시키지만, 더 나은 성능을 얻을 수 있습니다.
- hidden_size: 모델의 잠재 공간의 크기를 결정하는 하이퍼파라미터입니다. 더 큰 값은 모델의 복잡도를 증가시키지만, 더 나은 성능을 얻을 수 있습니다. 예를 들어, 256, 512, 1024 등의 값을 가질 수 있습니다.

- num_heads: Multi-Head Attention에서 헤드 수를 결정하는 하이퍼파라미터입니다. 예를 들어, 8, 16, 32 등의 값을 가질 수 있습니다. 더 많은 헤드는 모델의 복잡도를 증가시키지만, 더 나은 성능을 얻을 수 있습니다.
- batch_size: 학습할 때 사용되는 배치 크기를 결정하는 하이퍼파라미터입니다. 예를 들어, 32, 64, 128 등의 값을 가질 수 있습니다. 더 큰 배치 크기는 학습 시간을 줄이지만, 더 많은 GPU 메모리를 필요로 합니다.
- learning_rate: 학습률을 결정하는 하이퍼파라미터입니다. 예를 들어, 0.0001, 0.001, 0.01 등의 값을 가질 수 있습니다. 더 높은 학습률은 빠른 수렴을 가능하게 하지만, 모델의 성능이 감소할 수 있습니다.

이러한 하이퍼파라미터들은 모델 학습에 있어 매우 중요한 역할을 합니다. 하지만, 모델의 최적화를 위해서는 각각의 모델과 데이터셋에 따라 최적의 하이퍼파라미터 값을 찾는 과정이 필요합니다.

ChatGPT는 인공지능이지만, 대화를 하는 상대방으로서 예의와 존중을 표시하는 것이 좋다. 대화의 시작과 끝에 적절한 인사와 감사 인사를 표시하는 것이 좋다.

05 ChatGPT의 핵심 프롬프트 잘 작성하는 방법

프롬프트란 인공지능(ChatGPT)에게 인간의 언어인 자연어로 일을 시키는 명령어이다.

사전적 의미에서는 지시 메시지. 입력 재촉. 컴퓨터 시스템이 사용자에 대하여 다음에 어떠한 조작을 행해야 하는지 지시하기 위한 지시 메시지 또는 명령 대기 상태에서 시스템이 표시하고 있는 기호이다. 프롬프트는 사용자와의 대화를 재촉하기 위해서 사용된다. 대화(Dialog) 형식이라고도 한다.

ChatGPT와 같은 기계 인식 시스템의 기능으로 구문이나 특정 용어를 활용하는 경우, 알고리즘이 문의 내용을 이해하기 위해서는 프롬프트가 가장 중요하다.

ChatGPT의 핵심인 프롬프트를 잘 작성하기 위한 기본 구조와 방법은 [그림1]과 같다.

[그림1] 프롬프트 잘 작성하는 기본 구조

프롬프트 기본 구조
- 역할 부여
- 사전 지식 입력하기
- 미션수행
- 수정 / 반복 / 최종 결과물

① 역할 부여하기

프롬프트들의 공통점은 ChatGPT에게 '역할'을 부여하는 것이 중요하다. ChatGPT를 활용해 내가 원하는 결과를 얻는 것이 중요하다. 내가 어떤 구체적인 답을 얻기 위해서는 구체적인 질문을 하는 것이 핵심이다.

어떤 역할을 부여해야만이, 내가 원하는 일관된 관점으로 이야기를 하며, 내가 원하는 수준의 답변이 나오게 된다. 대략 결과 값이 나오면, 이렇게 해줘, 저렇게 바꿔줘 라고 계속 수정을 요청해서 원하는 결과 값을 얻으면 된다. 일반적으로 내가 시키는 일의 전문가라는 표현을 많이 쓰게 된다.

예를 들어 지금부터 너는 소셜미디어 전문 콘텐츠 마케터야, 너는 지금 경제학을 전공한 경제학 박사야, 너는 채용 면접관이야 등 명확하게 역할 부여하는 것이 중요하다.

다음의 예시처럼 '역할'을 부여해서 프롬프트를 작성하면 정말 실제 상황처럼 질문과 답변을 얻을 수 있다.

예시) 하나은행 신입행원 채용 면접 연습

먼저 역할을 부여하고 상황을 설명한 뒤 필요한 10가지 질문을 달라고 요구하면 다음과 같은 답변을 받을 수 있다. 그리고 다음에는 10가지 예상 질문에 대해 각각 모범 답변을 요구하면 하나은행 면접관은 상세하게 설명해 준다.

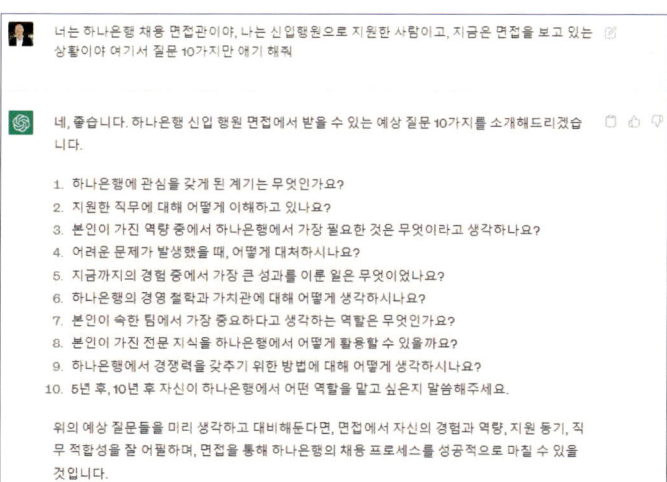

대화하듯 질문을 해주고 답변에 대답도 해주기 때문에 다양한 직업 선택 및 취업을 위한 더 좋은 면접 연습을 할 수 있다.

② 사전 지식 입력하기

　ChatGPT에 질문하기 전에 사전에 알아야 하는 내용들을 넣어주고, 할 일을 요청하는 것이 좋다. 질문자의 성향, 성격, 노하우 등 사전에 참고할 정보를 입력하여 프롬프트를 구성하고, 결국 좋은 내용을 뽑아 낸다면, 이것이 질문자들에게 가장 좋은 프롬프트라 할 수 있다. 예를 들어 우리는 토익(TOEIC) 교육을 한국에서 진행하고 있는 온라인 토익전문 교육원이야, 현재 취업을 준비하는 20대 중/후반의 연령대가 많이 수강하고 있어, 나는 지금 OTT시장을 분석해야 해, 대표적인 서비스는 넷플릭스, 디즈니 플러스, 아마존 프라임이 있어 등 ChatCPT가 분석해야 할 데이터의 영역을 지정해 준다. 그리고 내가 줄 수 있는 사전 지식은 구체적이고 많을수록 좋다.

　ChatGPT에게 사전 지식을 입력해 주는 것은 내가 원하는 결과 값을 얻는데 아주 중요하고 핵심적인 요소라 할 수 있다.

③ 미션수행

　미션수행 부분은 여러 가지로 구분할 수 있지만, ChatGPT에게 톤 앤 매너와 직접 과정을 수행하는 것처럼 구체적인 지시가 중요하다.

　ChatGPT가 프롬프트를 만들 때 참고해야 하는 데이터 영역은 여기야 또는 여기서부터 여기까지야, 여기에서 내가 원하는 결과 값을 찾고 만들어달라고 하는 것이 핵심이다.

　예를 들어 나는 "토익시험에서 꼭! 알아야 할 필수 어휘 5개"라는 주제로 인스타그램 게시글을 작성할 거야, 아래 내용 조건은 아주 중요하기 때문에 모든 조건을 충족하는 게시글을 5가지 작성해 줘. 각각의 게시글은 한글로 200자 이내로 작성해 줘, 톤 앤 매너는 "주목도 높고", "밝고", "유쾌하고", "재미있고", "창의적"으로 작성해줘, 문장 중간에 다양한 이모지를 넣어서 만들어 줘, 각 게시글에 맞는 해시태그 10개를 노출 알고리즘과 SEO를 고려해서 넣어줘.

　아래는 위에 있는 예를 실제 ChatGPT에서 질문과 답변한 내용이다.

> 나는 "토익시험에서 꼭! 알아야할 필수 어휘 5개"라는 주제로 인스타그램 게시글을 작성할꺼야, 아래 내용 조건은 아주 중요하기 때문에 모든 조건을 충족하는 게시글을 5가지 작성해줘, 각각의 게시글은 한글로 200자 이내로 작성해줘, 톤앤매너는 "주목도 높고", "밝고", "유쾌하고", "재미있고", "창의적"으로 작성해줘, 문장 중간에 다양한 이모지를 넣어서 만들어줘, 각 게시글에 맞는 해시태그 10개를 노출 알고리즘과 SEO를 고려해서 넣어줘

> 번역결과
> I said, "A must in the TOEIC test! I'm going to write an Instagram post with the subject "5 Essential Vocabulary You Need to Know". The content conditions below are very important, so please write 5 posts that meet all the conditions. Please write each post in Korean within 200 characters, Tone and Manner should be "high attention", "bright", "pleasant", "interesting", "creative", put various emojis in the middle of the sentence. Give me 10 hashtags for each post, considering the exposure algorithm and SEO.

포스팅 1:
알고 계세요? TOEIC 시험에 꼭 필요한 5가지 어휘들! 📚💡✨
#TOEIC필수어휘 #영어공부 #어휘테스트 #언어능력향상 #영어마스터 #단어암기 #영어스터디 #영어학습 #토익스터디 #성공적토익

포스팅 2:
이거 알면 토익 공부가 천방지축! 😎🌟
TOEIC 시험에 꼭 알아야 할 필수 어휘 5가지! 📚📖
#토익어휘 #영어문법 #토익공부 #영어표현 #어휘암기 #토익스터디그램 #영어스터디그램 #영어공부법 #토익100점 #토익학원

포스팅 3:
놓치면 후회할 TOEIC 필수 어휘 5가지! 😱🔑
어떤 어휘들이 필수인지 확인해보세요! 📚💡🔍
#TOEIC #영어시험 #토익스터디 #영어단어 #어휘퀴즈 #영어공부하는날 #영단어 #토익전략 #토익팁 #토익800

포스팅 4:
이제야 알았다면 안타까울 TOEIC 필수 어휘 5가지! 😮❤️
5개의 어휘로 더 높은 점수 따내기! 📚📝👍
#토익필수단어 #토익시험 #영어단어암기 #토익스터디룸 #영어단어외우기 #TOEIC800점 #토익연습 #영어공부하는사람 #영어단어공부 #토익학습법

포스팅 5:
TOEIC 필수 어휘 5가지, 반드시 알아야 할껄! 😲📚✅
다음 시험엔 높은 점수가 기다리고 있을 거야! 📚🌟🏆
#TOEIC어휘 #영어시험준비 #토익스터디룸 #영어단어퀴즈 #영어단어외우기 #토익학원추천 #영어단어공부법 #토익시험대비 #TOEIC900점 #성공적토익

가급적이면 프롬프트를 구성할 때, 뒷부분에, 5개로 만들어줘, 10개로 만들어줘 등 다양하고 구체적으로 만들어 달라고 요청해야 한다. 내가 원하는 결과 값이 나올 때까지 구체적인 부분에 구체적인 지시를 통해서 수정을 지시해야 원하는 결과 값을 얻을 수 있다.

예를 들어 넌, 내가 만든 유튜브 동영상의 제목을 만들어야 해. 제목은 아래의 조건을 모두 만족해야 해.

동영상 내용을 간략하게 정리한 내용을 넣어줘, 유튜브 검색 노출에 유리하도록 제목을 넣어줘, 제목 앞 부분에 주목을 끌 수 있는 창의적이고 재미있는 단어로 시작해 줘, 이게 매우 중요해! 주목을 끌만한 이모지를 여러 개 사용해 줘,

제목의 전체적인 톤 앤 매너는 "설명적"이고 "유익한" 느낌으로 만들어줘, 길이는 70자를 넘지 않도록 만들어줘, 10개의 예시를 만들어 줘.

아래는 위에 있는 예를 실제 ChatGPT에서 질문과 답변한 내용이다.

> 넌, 내가 만든 유튜브 동영상의 제목을 만들어야 해. 제목은 아래의 조건을 모두 만족해야 해. 동영상 내용을 간략하게 정리한 내용을 넣어줘, 유튜브 검색 노출에 유리하도록 제목을 넣어줘, 제목 앞 부분에 주목을 끌 수 있는 창의적이고 재미있는 단어로 시작해줘, 이게 매우 중요해! 주목을 끌만한 이모지를 여러개 사용해줘, 제목의 전체적인 톤앤매너는 "설명적"이고 "유익한" 느낌으로 만들어줘, 길이는 70자를 넘지 않도록 만들어줘, 10개의 예시를 만들어줘
>
> 내가 만든 유튜브 동영상 제목을 만들어드릴게요. 아래 조건들을 모두 충족하는 제목을 준비해 드렸습니다.
>
> 1. 💥 엄청난 비밀! 내가 찾아낸 놀라운 사실! 🔒🔍
> 2. 💥 폭발적 반응! 이것만은 꼭 알아야 할 비결! 🔑
> 3. 🎉 대박 주제! 당신이 꼭 알아야 할 필수 정보! 💡
> 4. 😂 웃음 폭발! 재미 있고 유익한 비디오 소개! 🎬
> 5. 🔥 트렌디한 주제로 전해드립니다! 지금 확인하세요! 📺🆕
> 6. 🔥 화제의 컨텐츠! 이 영상은 어떤 내용일까요? 🎥❓
> 7. 💥 놀라운 사실! 당신이 몰랐던 충격적인 이야기! 😱
> 8. 💡 혁신적인 시도! 당신에게 필요한 핵심 정보! 🔍🔥
> 9. 🎬 감동적인 이야기! 당신의 눈물을 자아내는 내용! 😢❤️
> 10. 😮 신비로운 비밀! 오직 이 영상에서만 공개합니다! 😮🔒
>
> 각 제목은 동영상 내용을 간략히 정리하고, 유튜브 검색 노출에 유리하도록 설명적이고 유익한 느낌으로 작성하였습니다. 주목을 끌 수 있는 창의적이고 재미있는 단어로 시작하며, 다양한 이모지를 사용하여 주목을 끌 수 있도록 하였습니다. 또한, 제목의 길이는 70자를 넘지 않도록 준수하였습니다.

ChatGPT 프롬프트를 잘 작성하는 방법은 다음 [표1]과 같이 '(역할)로서, (목적)을 만들어, (형태)를 보여주는 것'이다. ChatGPT 프롬프트 활용 방법을 통해 새로운 아이디어와 새로운 질문을 만들어 활용하면 도움이 될 것이다.

[표1] ChatGPT 프롬프트 활용 방법

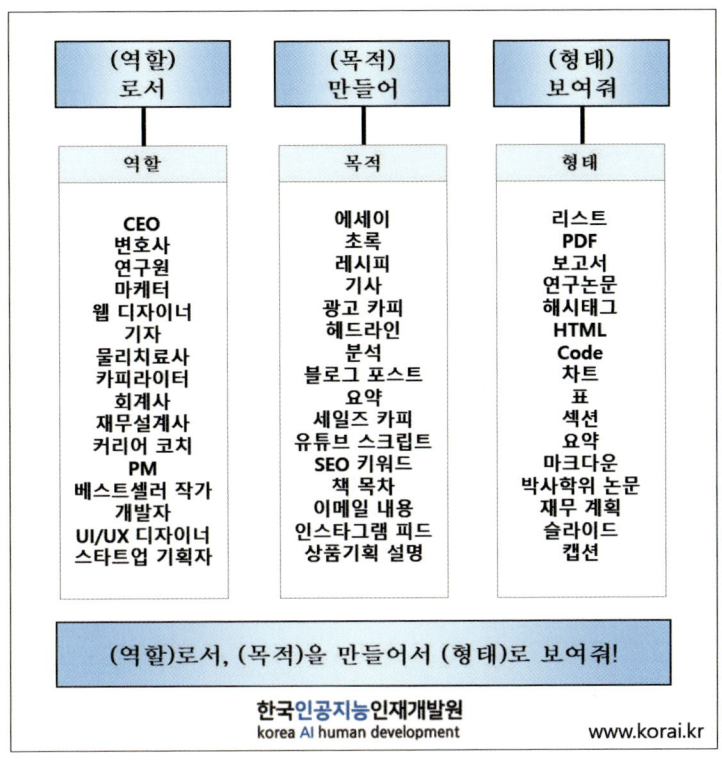

06 ChatGPT의 기능을 확장해주는 ChatGPT 플러그인 사용방법

OpenAI가 ChatGPT의 기능을 확장하게 도와주는 플러그인(Plugin) 기능을 지속적으로 출시하고 있다. (ChatGPT plugins https://openai.com/blog/chatgpt-plugins)

❯ ChatGPT 플러그인이 무엇인가?

ChatGPT 플러그인은 ChatGPT의 기능을 확장하도록 설계된 타사 확장 프로그램이다. OpenAI에 따르면 "플러그인은 안전을 핵심 원칙으로 하는 언어 모델을 위해 특별히 설계된 도구이며 ChatGPT가 최신 정보에 액세스하거나 계산을 실행하거나 타사 서비스를 사용할 수 있도록 도와준다."

플러그인은 기존 프로그램이나 앱에 특정 기능을 추가하는 소프트웨어 구성요소이다.

ChatGPT 플러그인의 핵심 기능은 ChatGPT에 더 유용한 정보를 가져와 생성 AI 챗봇을 더 유용하게 만드는 것이다. 특히, 인터넷상의 최신 정보를 수집하기 위해서 인터넷 액세스 및 특정 서비스에 대한 직접 링크를 제공하여 OpenAI의 생성 AI 챗봇의 기능을 확장한다. 웹 액세스 및 플러그인 이전에 ChatGPT는 2021년 말에 끝나는 데이터 세트에서 작업했다. 이러한 제한에도 불구하고 ChatGPT 사용자는 지속적으로 확대되었다. 이제 ChatGPT 플러그인은 ChatGPT의 작동 방식을 변경하고 Google Bard 및 Microsoft Bing AI와 같은 경쟁업체와 함께 속도를 높이고 있다.

> ## ChatGPT 플러그인은 어떻게 작동되나?

플러그인은 일반적으로 다른 소프트웨어와 함께 작동하도록 설계되며, 타사 개발자가 기존 프로그램의 기능을 확장하기 위해 만드는 경우가 많다. 사용자는 플러그인 설치를 통해 새로운 기능을 추가하며 소프트웨어를 입맛에 맞게 커스터마이징할 수 있다. 대부분의 플러그인은 기존 소프트웨어에 종속성이 없으므로 언제든 플러그인을 삭제하거나 비활성화할 수 있다.

플러그인은 웹 브라우저, 콘텐츠 관리 시스템, 이미지 편집기 및 기타 여러 유형의 소프트웨어의 기능을 확장하는 데 사용할 수 있다. 예를 들어, 웹 브라우저 플러그인은 사용자가 브라우저 창에서 바로 동영상이나 대화형 애플리케이션과 같은 특정 유형의 멀티미디어 콘텐츠를 볼 수 있게 해준다. 콘텐츠 관리 시스템용 플러그인은 SEO 최적화 또는 소셜 미디어 통합과 같은 웹 페이지 생성 및 관리를 위한 추가 도구를 제공할 수 있다.

플러그인은 일반적으로 호스트 소프트웨어와 원활하게 작동하도록 설계되며, 사용자 인터페이스에 통합되어 추가 옵션이나 설정을 제공하는 경우가 많다. 플러그인은 기본 소프트웨어와 별도로 다운로드하여 설치할 수 있으며, 종종 독립적으로 업데이트할 수도 있다.

ChatGPT에 [표1]과 같은 제3의 애플리케이션을 연동시키면 해당 영역에서 가지고 있는 특화된 정보를 실시간으로 이용할 수 있고 사용자를 위해 해당 서비스를 직접 해 줄 수 있다.

나아가 ChatGPT가 최신 정보에 접근하거나 사용자가 동의한다면 회사의 문서 저장소나 개인의 정보에 접근해 계산을 수행하거나, 예약 및 주문 같은 써드파티 서비스를 사용할 수 있게 되는 등 다양한 작업을 수행할 수 있다. 한마디로 기존 ChatGPT의 한계가 상당 부분 극복되고 그 기능은 대폭 확장되는 것이다.

> **ChatGPT 플러그인의 한계는?**

ChatGPT 플러그인에 대한 전문가(devocean.sk.com/blog)들의 연구 내용을 요약하면 다음과 같다. ChatGPT는 방대한 언어 사용 데이터를 사전에 학습하는데 기본적으로 한번 학습한 모델을 다양한 응용처에 이용하기 때문에 몇 가지 한계가 있다. 학습한 기간까지의 데이터만 이용할 수 있어 적시성이 떨어지고 특정 영역에 특화되거나 프라이버시 문제가 있는 데이터는 활용이 어려워 답변의 질이 떨어질 수 있다. 또한 질문에 대답만 할 수 있지 그 대답을 실행해주지는 못한다. 예를 들어 기존의 ChatGPT에게 이번 주말에 갈 만한 좋은 채식 식당을 추천해 달라면 추천해 주겠지만, 최신 정보를 활용할 수 없고 식당 정보에 특화되어 있지는 않기 때문에 더 정확한 답변을 해주기 어려운 측면이 있었다. 또한 적절한 식당을 추천해 주더라도 그 식당을 예약하기 위해서는 예약 앱을 사용하는 등 별도의 절차를 거쳐야 했다. 그러나 ChatGPT에 식당 예약 앱인 오픈테이블(Open Table)을 플러그인 시키면 오픈 테이블이 가지고 있는 다양한 최신 정보를 활용할 수 있고 예약까지 한 번에 처리할 수 있다.

그리고 여행정보 익스피디아(Expedia)의 Plugin을 사용하면 사용자가 프롬프트 창에 "한국에서 프랑스로 가는 직항 항공편을 알아봐 줘"라고 입력하면 ChatGPT는 익스피디아에서 해당 항공편의 일정과 가격 정보 등을 보여주며 예약 링크(Link) 화면을 함께 제공하여 사용자가 클릭하여 바로 이동할 수 있게 해준다.

> **ChatGPT 플러그인은 얼마나 있나?**

2023년 6월 현재 ChatGPT 플러그인 스토어에서 약 100개의 ChatGPT 플러그인을 사용할 수 있다. 개발자가 OpenAI의 개발 규칙과 플랫폼 자체를 이해하고 기존 웹사이트와 서비스를 ChatGPT 플랫폼에 통합함에 따라 앞으로 몇 달 안에 더 많은 ChatGPT 플러그인이 출시될 것으로 기대한다.

OpenAI사에서 발표한 ChatGPT의 기능을 확장해 주는 대표적인 ChatGPT 플러그인은 [표1]과 같이 정리할 수 있다. 이러한 Plugin 기능은 현재 ChatGPT가 가지고 있는 데이터의 한계를 뛰어넘을 뿐 아니라 이용자들은 ChatGPT 안에 원하는 플러그인만 선택하여 맞춤형 환경을 구축할 수 있다.

[표1] ChatGPT의 기능을 확장해주는 Third-party Plugins

플러그인	주요 내용
익스피디아(Expedia)	여행 계획을 현실로 만드세요. 그곳에 가고, 머물고, 보고 할 일을 찾으세요 (호텔 예약)
피스칼노트(FiscalNote)	법적, 정치적, 규제 데이터 및 정보에 대해 시장을 선도하는 실시간 데이터 세트를 엄선하여 이에 대한 액세스를 제공하고 가능하게 함(법률 데이터)
인스타카트(Instacart)	지역 식료품점의 상품을 주문하고 배달 (장보기)
오픈테이블(Open Table)	예약에 대한 직접 링크와 함께 레스토랑 추천 (식당 검색 및 예약)
스픽(Speak)	AI 기반 언어 튜터인 Speak를 통해 다른 언어로 무엇이든 말하는 방법을 배웁니다. (외국어 교육)
재피어(Zapier)	Google Sheets, Trello, Gmail, HubSpot, Salesforce 등과 같은 5,000개 이상의 앱과 상호작용 (업무 자동화, 웹 애플리케이션과 함께 자동화 워크플로우 제공)
소피파이(Shopify)	세계 최고의 브랜드에서 수백만 개의 제품을 검색 (온라인 쇼핑몰과 브랜드의 상품 검색 및 구매)
카약(KAYAK)	항공편, 숙박 및 렌터카를 검색. 예산 내에서 갈 수 있는 모든 장소에 대한 추천 (항공권, 여행 장소 추천)
클라나 쇼핑(Klarna Shopping)	수천 개의 온라인 상점에서 가격을 검색하고 비교 (온라인 상점 가격 비교)
밀로 패밀리(Milo Family AI)	부모에게 매일 20분씩 대화 질문: 안녕하세요 Milo, 오늘의 마술은 무엇인가요? (부모를 위한 AI)
울프럼(Wolfram)	Wolfram, Alpha 및 Wolfram 언어를 통해 계산, 수학, 선별된 지식 및 실시간 데이터에 액세스 (수학 학습)
링크리더(Link Reader)	링크리더는 사용자가 제공한 URL에서 웹 페이지, PDF, 이미지 등을 읽는 기능을 가진 플러그인
쇼우미(Show Me)	Show Me는 다이어그램을 만들고, 편집할 수 있는 앱입니다. 챗 GPT에게 명령하면 다이어그램을 아주 손쉽게 만들 수 있어 문서작업에 매우 용이한 플러그인
웨더리포트(Weather Report)	Weather Report는 이름 그대로 날씨를 알려주는 플러그인입니다. 기존 검색엔진에서도 날씨를 손쉽게 검색할 수 있지만, 챗GPT에서는 여러 위치의 날씨를 한 번에 요청할 수 있고, 날씨에 맞는 의상 추천을 받는 등 기존 검색 엔진의 날씨 검색 기능 +@를 제공

오픈AI는 우선 익스피디아(Expedia, 호텔 예약), 피스칼노트(FiscalNote, 법률 데이터), 오픈테이블(Open Table, 식당 예약), 스픽(Speak, 외국어 교육), 인스타카트(Instacart, 장보기), 재피어(Zapier, 업무 자동화) 등을 연동할

수 있도록 하였고 향후 지속적으로 확대할 계획이다. 특히 업무 자동화 앱인 재피어는 그 자체가 구글 시트 등 5,000여개의 앱을 연동하기 때문에 확장 효과가 클 것으로 예상된다.

현재 많은 기업들이 자신의 비즈니스에 ChatGPT를 활용하는 방안을 적극적으로 탐구하고 있다.

OpenAI는 Plugin 발표 이전에 ChatGPT의 언어 모델인 GPT의 API를 공개가 있었다. 그 이후 많은 이용자와 기업들이 GPT API를 활용해 서비스를 개발하기 시작했다. OpenAI는 API를 이용하여 ChatGPT의 기능을 외부로 제공했다면 반대로 Plugin을 이용하여 외부의 서비스를 ChatGPT 안으로 가져왔다.

그래서 이제부터 ChatGPT는 "단순한 챗봇" 이상이 되기 때문에 이를 플랫폼이라고 부른다.

〉 ChatGPT 플러그인 설치 방법

ChatGPT 플러그인을 설치하려면 클릭 몇 번이면 되지만 ChatGPT Plus 구독이 필요하다. 프리미엄 구독 없이는 ChatGPT 플러그인을 사용할 수 없다.

ChatGPT 플러그인을 설치하는 방법은 다음과 같은 순서대로하면 된다.

① ChatGPT를 열고 왼쪽 하단에서 설정 〉 베타 기능을 선택한 다음 플러그인 설정을 전환한다.

② ChatGPT에서 새 채팅을 선택한다.

③ ChatGPT 모델을 GPT-4로 전환한다.

④ 드롭다운 메뉴에서 Plugins 〉 Plugin Store를 선택한다.

⑤ 이제 설치하려는 ChatGPT 플러그인을 선택한다.

설치는 1~2분 정도 소요된다. 제거하려면 플러그인을 다시 선택하면 된다. 그러나 현재 구독을 쉽게 취소할 수 있는 "모든 플러그인" 목록은 없다. 또한 아직은 플러그인을 정렬할 수 있는 방법이 없으므로 원하는 것을 찾을 때까지 모든 페이지를 스크롤 해야 한다. 검색 기능은 나중에 업데이트될 것이지만 이러한 사용자 친화적인 UI 기능이 준비되어 있으면 더 유용하게 사용할 수 있을 것 같다.

> ChatGPT 플러그인 사용 방법

ChatGPT 플러그인을 사용하는 방법은 설치한 플러그인에 따라 다르다. 그러나 ChatGPT 플러그인 사용의 일반적인 요점은 일반 ChatGPT와 유사하다. 질문을 하면 ChatGPT가 답변을 제공한다. 답변의 정확성은 프롬프트의 품질에 따라 다르고, ChatGPT 플러그인의 품질에 따라 또 달라진다.

ChatGPT 플러그인이 아직은 베타 기능 정도이고, ChatGPT 플러그인 생태계는 아직 완전히 가동되지 않았기 때문에 사용 가능한 플러그인의 수에도 불구하고 모든 플러그인이 제대로 작동하지 않거나 아직은 내가 원하는 대로 작동하지 않지만 머지않아 내가 생각하고 내가 원하는 대로 작동될 것으로 기대한다.

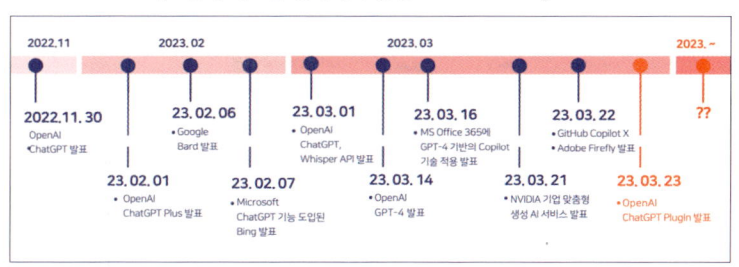

[그림1] 새로운 생태계의 등장 ChatGPT Plugins

* 출처: https://devocean.sk.com/blog

Retrieval Plugin은 개인이나 기업, 조직의 프라이빗 데이터를 ChatGPT가 액세스하고, 해당 데이터 내에서 검색하여 답변을 제공할 수 있는 기능을 지원한다.

사용자는 파일, 메모, 이메일, 문서 등의 데이터에서 가장 관련성이 높은 답변을 받을 수 있으며 사용자는 안전하게 정보를 검색하거나 요약 또는 추천과 같은 결과도 받을 수 있다.

개인은 자신의 파일을 정리하거나 대량의 이메일에서 정보를 추출하려는 경우, 그리고 기업이 자신들의 Knowledge 데이터를 바로 활용하여 손쉽게 생산성을 높이기 위해서 이 Plugin은 매우 혁신적일 것이다.

그리고 Retrieval plugin은 오픈 소스로 제공하여 ChatGPT를 보강하려는 모든 개발자가 정보를 자체 호스팅할 수 있다.

이렇듯 지금 OpenAI는 ChatGPT를 중심으로 전후방의 다양한 연계 서비스를 통합 발전시키며 생태계를 구축하고 있다.

ChatGPT Plugin은 ChatGPT를 더욱 풍부하고 유용하게 만드는 동시에 전 세계 다양한 영역의 비즈니스 판도를 바꿀 수 있는 엄청난 기능이다.

앞으로 Plugin에 참여하는 기업과 개발자가 늘어날 것이고 그럴수록 ChatGPT는 끝없이 확장될 것이다.

많은 사람들은 "ChatGPT를 AI환경에서 아이폰의 출시와 같다면, ChatGPT Plugin은 iOS 앱스토어 출시와 비견될 만한 일이다"라고 평가하고 있다.

이제 수많은 기업과 개발자들이 ChatGPT의 능력을 활용하여 Plugin 개발에 몰두할 것이며, 앞으로 훨씬 더 놀라운 Plugin이 등장할 것으로 예상된다.

애플의 앱스토어와 구글의 플레이 스토어와 같이 OpenAI의 새로운 사업 모델로 자리잡을 것으로 보인다.

07 ChatGPT 프롬프트 자동 생성 웹앱 활용하기(ChatGPT Prompt Generator)

ChatGPT를 잘 활용하기 위해서 다양한 확장 프로그램을 활용하는 것이다. ChatGPT 프롬프트는 어떻게 질문하느냐에 따라 답의 퀄리티가 매우 상이하다. ChatGPT 프롬프트를 자동으로 생성해주는 웹앱인 'ChatGPT Prompt Generator(https://prompt-generator.cckn.vercel.app/)'를 사용하면 내가 원하는 다양한 프롬프트를 쉽고 편리하게 생성해서 ChatGPT에 질문할 수 있다.

사용방법을 설명하면 먼저, '토픽'에 내가 질문하고 싶은 내용을 입력한다.

두 번째는 [표1]에서 정리한 것과 같이 내가 원하는 답변 형태로 선택을 한다.

[표1] ChatGPT 프롬프트 작성시 선택할 수 있는 항목

동작	말투	스타일	길이	관점	포맷
설명해줘	친근한	정확하게	한 문장으로	개발자	마크다운 형태
예를 들어줘	정중한	간결하게	500자 이내	디자이너	표형태
문법을 교정해줘	존댓말	자세하게	3페이지 분량	마케터	리스트
코드를 작성해줘	유머러스한			기획자	예시와 함께
	무례한				다이어그램으로 출력하기
					대화문으로 출력하기

세 번째는 '영어로 대답해줘', '질문에 대한 피드백', 결론만 이야기해줘'를 선택한다.

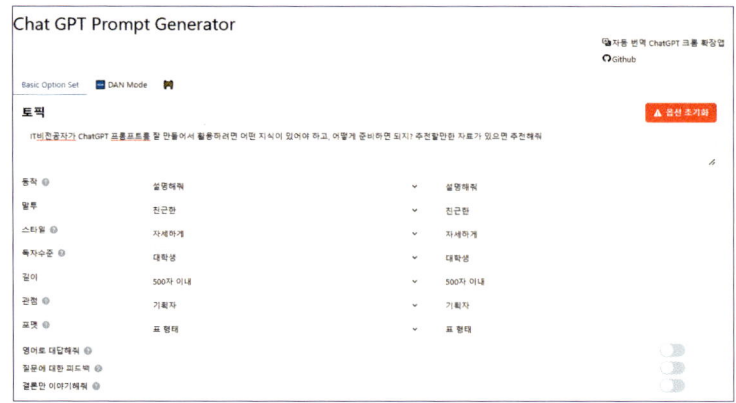

네 번째는 생성된 프롬프트를 확인하고 우측 하단에 있는 '클립보드에 복사하기'를 클릭하여 생성된 프롬프트를 복사한다.

다섯 번째는 복사한 생성된 프롬프트를 아래와 같이 ChatGPT에서 질문을 한다.

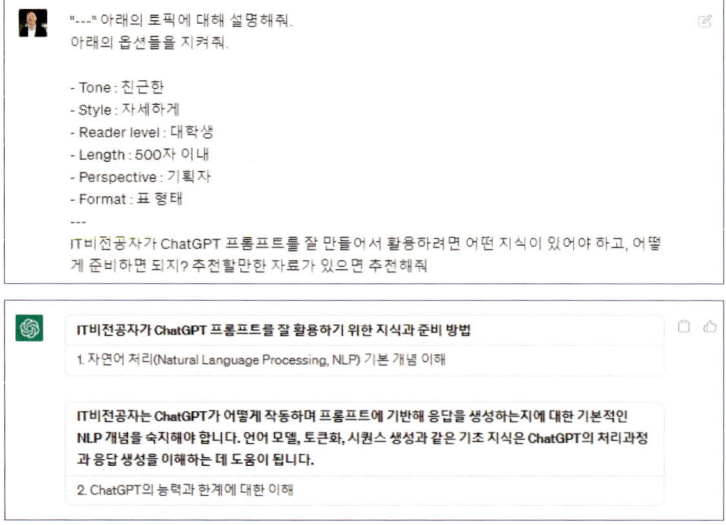

ChatGPT가 할 수 있는 일과 할 수 없는 일에 대해 이해하는 것이 중요합니다. IT비전공자는 잠재적인 편향성, 사실적인 정확도의 제한, 생성된 내용에 대한 비판적 평가의 필요성을 인지해야 합니다. 이러한 인식은 책임감 있고 정보를 신중하게 활용할 수 있는 기반을 제공합니다.

3. 목적에 맞는 프롬프트 명확히 구성

ChatGPT를 효과적으로 활용하기 위해 IT비전공자는 목표를 명확히 정의하고 의도를 명시하는 프롬프트를 제공해야 합니다. 원하는 결과를 이해하고 정확한 질문이나 문장을 작성함으로써 관련성 높은 응답을 받을 수 있습니다.

4. 실험과 반복

IT비전공자는 ChatGPT를 실험의 도구로 활용해야 합니다. 프롬프트를 반복적으로 개선하고 다양한 접근 방식을 테스트하며 모델의 응답을 관찰함으로써 능력을 파악하고 프롬프트를 조정할 수 있습니다.

5. 협력적 학습과 커뮤니티 참여

온라인 포럼, 커뮤니티, 토론 등 ChatGPT 사용과 관련된 학습 커뮤니티에 참여하는 것은 소중한 정보와 공유 경험을 제공합니다. IT비전공자는 ↻ Regenerate response 문을 하며 최신 동향, 꿀팁, 잠재적인 문제에 대해 알아갈 수 있습니다.

우측 지니 아이콘을 눌러 지니를 불러보세요

08 ChatGPT 하이퍼 파라미터(Hyper Parameter) 설정으로 더 정확한 답변 도출

ChatGPT에게 질문을 잘하여 내가 원하는 답을 얻어내는 것이 매우 중요하다.

하이퍼 파라미터는 사용자가 인공지능 모델의 셋팅을 조절하는 변수로 이 값을 프롬프트에 잘 적용하면 원하는 방향으로 좋은 결과를 도출할 수 있다.

파라미터는 한국어로 매개변수이다. 파라미터는 모델 내부에서 결정되는 변수이다. 또한 그 값은 데이터로부터 결정된다. 하이퍼 파라미터는 모델링할 때 사용자가 직접 세팅해주는 값을 뜻한다.

하이퍼 파라미터는 정해진 최적의 값은 없다. 휴리스틱(Heuristics)한 방법이나 경험 법칙(Rules of Thumb)에 의해 결정하는 경우가 많다.

파라미터와 하이퍼 파라미터를 구분하는 기준은 사용자가 직접 설정하느냐 아니냐 이다.

사용자가 직접 설정하면 하이퍼 파라미터, 모델 혹은 데이터에 의해 결정되면 파라미터이다.

사용법은 ChatGPT 프롬프트에 명령어 입력 후 이어서 '하이퍼 파라미터' 변수 값을 추가 하여 질문하면 된다.

예를 들어, 5월부터 12월까지 기업 임직원 대상 ChatGPT 업무 활용 교육 사업을 하려고 합니다. 교육 신청을 위해 감동적인 홍보 이메일을 작성해주세요.

Max_length:2048, writing style:Journalistic

Please write in Korean Language

얼라이언스코리아는 5월부터 12월까지 기업 임직원 대상 'ChatGPT 업무 및 비즈니스 활용 역량 강화 과정' 교육과정을 개설하려고 한다. 기업의 임직원들이 이 교육 신청을 할 수 있도록 친절하고 상세한 홍보 이메일을 작성해줘 Max_length:2048, Friendly, Expository, writing style:Journalistic
Please write in Korean Language

제목: ChatGPT 업무 및 비즈니스 활용 역량 강화 과정 - 신청 안내 및 상세 안내서

안녕하세요, 얼라이언스코리아 임직원 여러분,

저희 얼라이언스코리아에서는 기업의 업무 효율성과 비즈니스 역량을 향상시키기 위해 'ChatGPT 업무 및 비즈니스 활용 역량 강화 과정'을 개최하게 되었습니다. 이 과정은 5월부터 12월까지 진행될 예정이며, 귀사의 임직원 여러분들께서 참여하실 수 있습니다.

이 강화 과정은 최신 인공지능 언어 모델인 ChatGPT를 활용하여 업무와 비즈니스에 활용하는 방법을 학습하는 것을 목표로 합니다. 아래는 상세한 내용과 신청 방법에 대한 안내입니다:

1. 교육 일정: 5월부터 12월까지 매월 진행되며, 총 8개의 세션으로 구성됩니다.
    * 각 세션은 2시간 동안 진행될 예정입니다.
    * 정확한 일정 및 장소는 신청 완료 후 개별 안내드릴 예정입니다.
2. 교육 내용:
    * 인공지능 기술과 ChatGPT의 개요 및 활용 방법 소개
    * 업무에서의 ChatGPT 활용 사례 및 적용 전략
    * 효율적인 커뮤니케이션과 업무 자동화를 위한 ChatGPT 활용 방법
    * 비즈니스 분야에서의 ChatGPT 활용 사례와 성공적인 전략
3. 신청 방법:
    * 교육에 참여를 희망하시는 임직원 분들께서는 첨부된 신청 양식을 작성하여 우측의 이메일 주소로 제출해주시기 바랍니다.
    * 신청 기간은 4월 30일까지이며, 선착순으로 신청이 마감될 수 있습니다.

참여하시는 분들께서는 ChatGPT의 활용에 대한 이해와 실제 업무에 적용하는 방법을 습득할 수 있을 것입니다. 이 강화 과정을 통해 귀사의 업무 효율성과 비즈니스

다음은 글의 톤(Tone)과 문체(Writing Style)를 조정하는 하이퍼 파라미터로 주로 글쓰기 결과값에 활용이 가능하다.

글의 톤과 문체는 의미상 유사하지만 톤은 문장에 담긴 감정적 분위기를 의미하며, 문체는 글의 내용적 측면의 분위기를 의미한다. 톤은 형용사로 문체의 의미를 표현하는데 활용된다. 톤에 사용되는 단어를 살펴보면 다음과 같다[표1].

[표1] 톤에 사용되는 단어

Authoritative(권위적인)	Clinical(냉담한)	Cold(차가운)	Confident(자신감에찬)
Cynical(냉소적인)	Emotional(감정적인)	Empathetic(공감하는)	Formal(격식있는)
Friendly(친근한)	Humorous(유머있는)	Informal(비격식적인)	Ironic(역설적인)
Optimistic(낙관적인)	Pessimistic(비관적인)	Sarcastic(빈정대는)	Serious(심각한)
Sympathetic(동조적인)	Tentative(머뭇되는)	Warm(따뜻한)	

톤에 사용되는 단어를 예를 들면 Humorous의 경우 딱딱한 내용의 글을 최대한 유머러스하게 표현해준다.

다음은 문체에 사용되는 단어를 살펴보면 다음과 같다[표2].

[표2] 문체에 사용되는 단어

Academic(학술적인)	Analytical(분석적)	Argumentative (논쟁적인)	Conversational (대화적인)
Creative(창의적인)	Critical(비판적인)	Descriptive(설명적인)	Epigrammatic(풍자적인)
Epistolary(편지체)	Expository(설명적인)	Informative(자세한)	Instructive(유익한)
Journalistic(신문체)	Metaphorical(은유적인)	Narrative(서술적인)	Persuasive(설득적인)
Poetic(시적인)	Satirical(풍자적인)	Technical(기술적인)	

사용자가 프롬프트에 질문을 하고 하이퍼 파라미터를 사용해 인공지능 모델의 셋팅을 조절할 수 있다. 하이퍼 파라미터 값을 프롬프트에 잘 적용하면 원하는 방향으로 좋은 결과를 도출할 수 있다. 주로 사용되는 하이퍼 파라미터를 설명하면 다음 [표3]과 같다.

[표3] 하이퍼 파리미터(Hyper Parameter) 변수

하이퍼 파라미터 변수	내용
Max_length : (0~2,048)	• (0~2,048) 결과 값의 길이를 의미하며 2,048은 모델의 토큰 수를 의미한다. 2,048일 때 입력할 수 있는 최대 글자 수는 약 1,000자에서 2,000자 정도. 이 값은 실제로는 입력 텍스트의 길이와 토큰화 방식에 따라 달라질 수 있다.
Length penalty: (0.5~2.0)	• 생성된 문장의 길이를 조정하는 변수로, 이 값이 높을수록 길이가 긴 문장이 우선순위가 높아진다.
Repetition penalty: (0~1)	• 중복된 단어가 생성되는 것을 피하기 위해 사용되는 파라미터이다. 이 값이 높을수록 중복된 단어가 생성되는 것이 방지된다.
Beam width: (0~10)	• 빔 서치(Beam Search) 알고리즘에서 사용되는 파라미터로, 이 값이 높을 수록 다양한 문장을 생성할 가능성이 높아진다. 일반적으로 빔 너비는 5에서 10사이의 값이 많이 사용된다. 값이 높을 수록 다양한 문장이 출연할 확률이 높아진다. 예를 들어 "나는 밥을"이라는 문장을 생성하는 경우, Beam width 가 1이면 "나는 밥을 먹었다"와 같은 하나의 문장만 생성 된다. 하지만 Beam width 가 3으로 늘어난다면 "나는 밥을 먹었다", "나는 밥을 좋아한다", "나는 밥을 사러 갔다"와 같이 다양한 문장이 생성될 수 있다.

Top-p: (0~1)	• 이전 단어들을 바탕으로 생성한 후보 중에서, 누적 확률 분포의 상위 p%에 해당하는 후보만을 선택하는 기법. 예를 들어, top-p가 0.9이면 누적 확률 분포의 상위 90%에 해당하는 후보들만을 선택한다. 값이 낮을수록 다음 단어의 예측 가능성이 커지며(일반적), 값이 높을수록 다양한 단어가 도출될 가능성이 높다. 이 명령어는 ChatGPT의 응답에 포함될 가능성이 있는 최대 단어수를 조정하는 데 사용된다. 예를 들어, "Top-p:0.5"라는 명령어를 사용하면 ChatGPT는 응답에 포함될 가능성이 50% 이하인 단어를 제외한다. 예를 들어 "나는 OOO에 갔다." • Top-p가 0.5일 경우, 모델이 생성한 단어 확률 분포에서 상위 50%의 단어만을 고려하여 다음 단어를 선택한다. 이 경우, 가능한 다음 단어로는 "학교", "영화관", "식당" 등이 있다. • Top-p가 0.9일 경우, 모델이 생성한 단어 확률 분포에서 상위 90%의 단어만을 고려하여 다음 단어를 선택한다. 이 경우, 가능한 다음 단어로는 "학교", "영화관", "식당", "수영장", "공원" 등이 있다.
Temperature: (0~1)	• ChatGPT의 창의성과 예측력을 조절하는 데 사용된다. 높은 온도 값은 보다 창의적이지만, 예측하기 어려운 응답을 생성하고, 낮은 온도 값은 보다 일관된 응답을 생성한다. 생성된 후보 단어들의 확률 분포를 조절하는 파라미터 값이 높을수록 분포가 평탄해지며, 낮을수록 분포가 sharp 해진다. 예를 들어, Temperature가 0.5일 때는 큰 확률의 단어가 선택 되지만, Temperature가 1일 때는 모든 단어들의 확률이 비슷해진다. 값이 높을수록, 예측 불가한 단어 출연 확률이 커진다. 예를 들어 "나는 OOO에 갔다." Temperature 가 0.5일 경우, 모델이 생성한 단어 확률 분포의 폭이 좁아져서 예측 결과가 보다 확정적이고 일관성 있게 생성된다. 이 경우, 가능한 다음 단어로는 "학교", "도서관", "영화관" 등이 있다. Temperature 가 2.0일 경우, 모델이 생성한 단어 확률 분포의 폭이 넓어져서 예측 결과가 더 다양해 진다. 이 경우, 가능한 다음 단어로는 "바다", "사진관", "서점", "노래방" 등이 있다.
Top-k: (숫자)	• 이 명령어는 ChatGPT가 생성할 수 있는 단어의 집합을 제한하여, 보다 일관된 응답을 생성하는 데 사용된다. "Top-k:10"라는 명령어를 사용하면, ChatGPT는 가장 가능성이 높은 10개의 단어만을 고려하여 응답을 생성하려고 시도할 것이다. 명령어에서 사용 가능한 숫자 범위는 일반적으로 모델의 어휘 크기에 따라 달라진다. 일반적으로, 모델의 어휘 크기보다 작거나 같은 값을 사용하는 것이 좋다. 예를 들어, 만약 모델의 어휘 크기가 10,0000이라면 "Top-k:100" 또는 "Top-k:1000"과 같은 값이 적절할 수 있다. 그러나, 이 값은 모델과 사용되는 데이터에 따라 달라질 수 있다. 일반적으로, 높은 k값은 더 많은 다양성을 제공하지만, 더 많은 불확실성을 초래하고, 낮은 k값은 더 안정적이고 일관된 결과를 제공하지만, 보다 일반적인 답변을 생성할 수 있다.
Length	• 이 명령어는 ChatGPT의 응답 길이를 조절하는 데 사용된다. 예를 들어, "length:50"는 ChatGPT가 최대 50개의 토큰으로 구성된 응답을 생성하도록 지시한다.
Presence_penalty	• 이 명령어는 ChatGPT가 특정 토큰을 포함하도록 방지하는 데 사용된다. 예를 들어, "Presence_penalty:0.5"는 ChatGPT가 가능한 한 특정 토큰을 사용하지 않도록 노력하도록 지시한다.
Frequency_penalty	• 이 명령어는 ChatGPT가 특정 토큰을 덜 사용하도록 유도하는데 사용 된다. 예를 들어, "Frequency_penalty:0.5"는 ChatGPT가 가능한 한 특정 토큰을 적게 사용하도록 노력하도록 지시한다.
Stop	• 이 명령어는 ChatGPT의 응답 생성을 중단하도록 지시한다. 예를 들어, "Stop:Thank you!"는 ChatGPT가 "Thank you!"라는 단어를 만날 때 응답 생성을 중단하도록 지시한다.

지금까지 살펴본 것과 같이 ChatGPT 하이퍼 파라미터(Hyper Parameter)는 사용자가 인공지능 모델의 셋팅을 조절하는 변수로 이 값을 프롬프트에 잘 적용하면 ChatGPT의 답변을 원하는 방향으로 좋은 결과를 도출할 수 있다. 마치 프로그램 코딩으로 출력 결과를 조절하는 것과 같아서 적절하게 잘 사용할 필요가 있다.

09 업무 및 비즈니스 효율을 높일 수 있는 AI도구 모음

ChatGPT의 활용으로 과거 '대답'을 잘 하는 사람이 '전문가'였던 시절에서 '검색'을 잘하는 사람이 '전문가'였던 시대를 지나, 이제는 '질문'을 잘하는 사람이 '전문가'로 인정받는 세상이 되었다.

이제는 ChatGPT 활용에 대한 연구와 관심이 높아지면서 이후 업무 효율화로 관심이 이어지고 있다. ChatGPT는 블로그나 이메일을 쉽게 쓰는 것도 장점이지만 업무 및 비즈니스 효율도 극대화 시킬 수 있다.

내가 원하는 답을 얻어내는 것이 매우 중요하다. 그리고 한글보다 영어로 질문을 하면 답변이 훨씬 더 빠르고 정확도가 높아진다.

업무 효율을 높여주는 것은 ChatGPT 외에도 좋은 도구들이 많이 있다. 이 도구 중 업무 및 연구에 사용하면 효과가 있는 것들을 모아서 소개하면 [표1], [표2]와 같다. 먼저 'ChatPDF'는 PDF 파일에 대한 내용을 업로드하면 PDF 내용을 인식하고 내용을 요약 정리해준다. 또한 입력한 PDF에 대한 내용을 중심으로 질의하면 답변을 해 준다.

'아숙업'은 카카오톡에서 실행이 가능한 서비스이다. ChatGPT에서 질문하는 형태대로 질문을 하면 답변을 한다. 글자인식, 이미지인식 기능과 그림생성 기능을 제공하여 사용자가 증가하고 있다.

'Perplexity'는 참고 문헌 검색 서비스를 제공한다. 일상적인 언어로 질문이 가능하며, 인터넷, 뉴스, Academic, Wikipedia 등 신뢰하는 데이터를 검색,

정리해서 제공해준다.

'Elicit'는 참고 문헌 검색 서비스를 제공한다. 일상 언어로 질문을 하면 참고 문헌을 검색하여 정보를 제공해 준다. 특히 저널데이터를 전문적으로 검색, 정리해서 제공해주고, 초록요약, 주요 결과물 요약 제공, 검색결과 중 Top 3~5 논문을 요약해서 제공해준다.

[표1] 업무 및 연구에 활용되는 AI 도구 모음(1/2)

Tools	주소	용도	장점	유의점
ChatGPT	https://chat.openai.com/ https://ai.com/	• 문서초안 작성 • 문서교열, 번역, 요약 • 어조변경 (ex. 전문적, 대중적) • 문서처리 (ex. 키워드추출)	• 대량학습 • 대부분의 질문에 답변 • 코딩 활용 시 매우 좋음 • "나에게~질문해줘" 가능: self-discussion • GPT-4 이미지 입력, Plugin 활용 검색, MS Office Copilot 등 연동	• 보안 이슈 존재 • 외부 데이터 검색기능 없음 (논문, 특허, 규정 등 신뢰불가) • 허위 답변도 능숙 • Fact check 필수 • GPT-4 활용추천 (성능이슈)
ChatPDF	https://www.chatpdf.com/	• 입력한 PDF에 대한 질의	• 논문에 한정되지 않음 (규정 집 등 행정 문서도 가능) • 성능이 빠름 • 다국어 지원 (영어 문서 입력, 한글 질의 가능)	• 보안 이슈 민감함 문서 사용 자제해야 함
아숙업 AskUp	http://pf.kakao.com/_BhxkWxj	• 카카오 톡에서 실행 • 그림생성 beta test 중 (ex. ~그려줘, draw~) • 이미지인식 및 내용 분석 가능 • 인물사진 제한적 변형 가능	• ChatGPT의 모든 기능 사용 가능 • 이미지 입력 및 글자인식 • ? 로 시작 시 검색후 답변: 실시간 정보 가능 • ! 로 시작 시 GPT-4 버전사용 (1일 10회 제한)	• ChatGPT에 비해 답변길이 제한 • ChatGPT 단점 포함
Perplexity	https://perplexity.ai	• 참고 문헌 검색	• 일상 언어로 질문 • Internet, News, Academic, Wikipedia 등 신뢰하는 데이터를 검색, 정리해서 제공 • iPhone App 제공	• 한번에 찾는 논문수가 제한됨 • Scopus 데이터를 검색하지 않음 • 질문이 구체적 일수록 답이 틀림 (ex. 피인용 수 10건 이상논문 검색)
elicit	https://elicit.org/	• 참고 문헌 검색	• 일상 언어로 질문 • 저널데이터를 전문적으로 검색, 정리해서 제공 • 초록요약, 주요결과물 요약 제공 • 검색결과 중 Top 3~5 논문을 요약, 문단제공 (품질은 검토 및 수정필요)	• 최신정보가 없지는 않으나 취약 • Scopus 데이터를 검색하지 않음 • 질문이 구체적 일수록 답이 틀림 (ex. 피인용 수 10건 이상논문 검색)

'Tldrthis'는 영문을 요약해주는 서비스이다. 웹문서 URL을 입력하면 내용을 정리해서 제공해 준다. 추출 요약 및 생성 요약(글 새로 쓰기) 선택이 가능하고, 전체 요약 및 섹션 별 요약이 가능하다. 뉴스, 성명 등 논문 외 문헌 요약에 유리하다.

'DeepL'은 다국어 번역 서비스를 제공한다. Docx, Pptx, PDF 파일 전체 번역이 가능하다. 'Connected Papers'는 논문 작성 검색 및 작성 시 필요한 인용과 피인용 관계를 보여준다. 논문의 피인용 수를 직관적으로 알 수 있다. 또한 선택한 논문의 초록까지 접근이 가능하다. 'Paper Digest'는 논문을 요약해주는 서비스이다. PDF 파일을 업로드하면 본문 내용의 성격에 따라 분류해준다. 'Scispace'는 관련 문헌을 검색해 준다. PDF 파일을 업로드하면 일부 내용을 요약해주고, 업로드 한 파일 안에서 질의가 가능하다. 관련 문헌을 검색하며 가지치기가 가능하다.

[표2] 업무 및 연구에 활용되는 AI 도구 모음(2/2)

Tools	주소	용도	장점	유의점
TLDRThis	https://tldrthis.com/	• 영문 요약	• 웹문서 URL 직접 입력 및 텍스트 입력 가능 • 추출 요약/생성 요약(글 새로 쓰기) 선택가능 • 전체 요약/섹션 별 요약 선택 가능 • 뉴스, 성명 등 논문 外 문헌 요약에 유리	• 요약문 분량조정 어려움 • 한국어 요약 불가

DeepL	https://www.deepl.com/	• 다국어 번역	• (체감상) 구글 번역기 보다 매끄러움
			• 외국어→ 한국어 번역시 경어/평어 섞임 적음
			• 스마트 폰 앱 활용 시 사진 촬영 입력 가능
			• 개인별 용어집 활용:전문 용어 번역이 용이
			• docx, pptx, PDF 파일 전체 번역 가능
				• 국내 신용카드 API 결제불가
				  Rapid API활용 시 우회 가능 설명:
				  https://bit.ly/3UxF8B7
				• PDF 파일 번역시 보안 이슈 존재
				  (Adobe社를 경유해 PDF 해석)

connected papers	https://www.connectedpapers.com/	• 인용 네트워크 작성	• 인용-피인용 관계를 보며 중요 레퍼런스 탐색 • 피인용 수를 직관적으로 알 수 있음 • 선택 논문의 초록까지 접근가능	• 일부 논문 초록이 보이지 않음 (semantic scholar)
paper digest	https://www.paper-digest.com/	• 논문 요약	• PDF 파일 업로드 가능 • 본문 내용을 성격에 따라 정리 What this paper is about	• Open Access 논문에 한해 동작
Scispace	https://typeset.io/	• Research Copilot을 표방 • 용어 설명 • 관련 문헌 검색	• PDF 파일을 업로드하고 안에서 질의 • 관련 문헌을 검색하며 가지치기 가능 • 일부 논문은 요약 본 제공(semantic scholar) • Google Chrome Extension 존재	• Open Access 논문에 한해 동작 (추정) • 서지 정보

* 출처: 한국에너지기술연구원(이제현), 재편집

10 ChatGPT를 활용할 때 알면 좋은 7가지

    ChatGPT는 다양하게 활용할 수 있다. ChatGPT를 기본 가이드대로 사용하는 것과 다양한 활용 노하우를 알고 활용하는 것은 결과에서 엄청난 차이가 있다. 다음은 ChatGPT 기본 가이드와 처음 시작하는 분들을 위해 접속 사이트 등 기본적인 내용과 확장 프로그램 그리고 업무 및 비즈니스에 활용할 수 있는 내용을 정리하였다. 다양한 활용 노하우를 통해 내가 원하는 답을 빠르게 얻어내면 많은 도움이 될 것이다.

    더 자세한 사용법이 궁금하다면 ChatGPT에게 질문하는 방법도 있다. ChatGPT 이용 시, 정확한 답을 얻기 위해서는 정확하고 세부적인 질문을 해야 올바른 답을 얻을 수 있다.

① Microsoft Bing: https://www.bing.com/new

    마이크로소프트에서 제공하는 서비스이며, 마이크로소프트 엣지에서 로그인 후 화면이 나오면 사용할 수 있다. 검색창에 질문을 하면 우측에 답변이 나오며, 빙 메뉴의 '채팅'이나 우측 위젯의 '채팅하기'를 누르면 대화를 이어갈 수 있다.

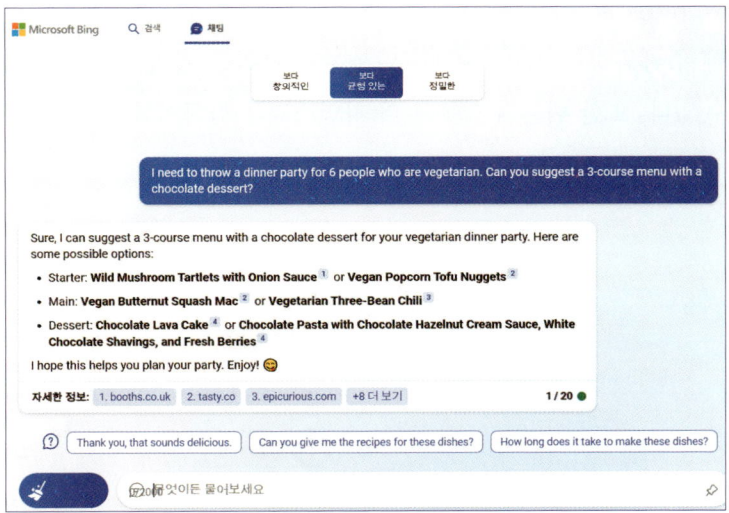

② 네이티브: https://www.native.me

 체인파트너스에서 제공하는 서비스이며, 한글로 이용할 수 있는 ChatGPT이다. 사용자의 대화를 영어로 번역해 ChatGPT와 영어로 대화한 후, 다시 한글로 번역해 준다.

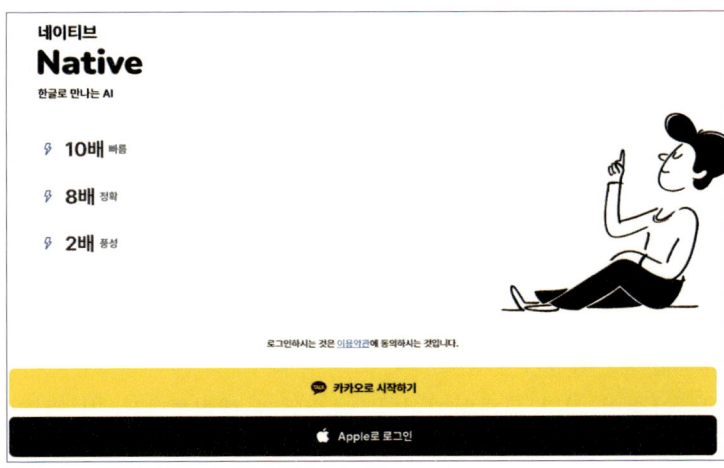

③ 챗 뤼튼: https://wrtn.ai/app/chat

뤼튼에서 제공하는 서비스이며, 웹사이트 그리고 카카오톡 채널 추가로도 이용할 수 있다. 또한 뤼튼의 챗봇은 더 자연스러운 한국어를 구사한다.

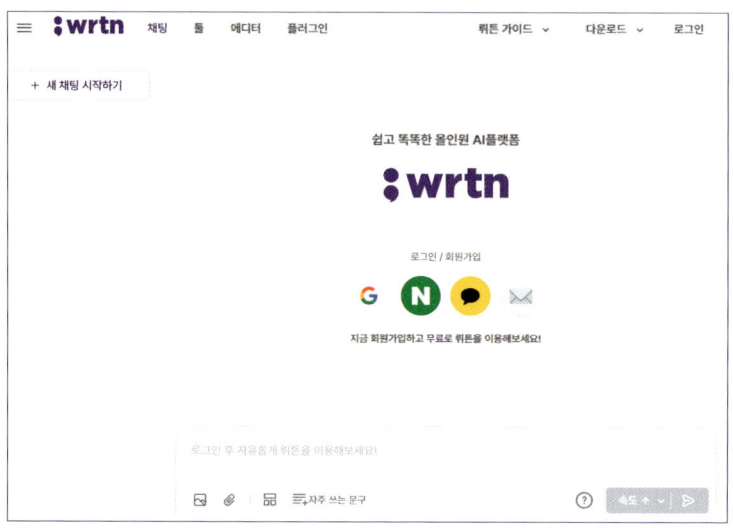

④ AskUp(아숙업): https://pf.kakao.com/_BhxkWxj

업스테이지(Upstage)에서 제공하는 서비스이며, 카카오톡에서 친구 추가를 통해 쉽게 이용할 수 있다. 위 사이트에 접속하시고 채널 추가(노란버튼)를 누르면 카카오톡 채팅방이 생성되어 그곳에 질문하면 된다.

ChatGPT의 모든 기능이 사용가능하고 음성인식을 통한 텍스트 변환으로 사용이 편리하다.

사용방법을 2단계로 살펴보면 다음과 같다.

1단계 - 친구추가: http://pf.kakao.com/_BhxkWxj/friend

1단계는 아숙업 친구 등록하기이다. 아숙업과 대화를 나누기 전 먼저 친구로 등록해야 한다. 우측 상단 노란색 채널 추가를 클릭한 후, 팝업창이 뜨면 [채널 추가] 버튼을 클릭하면 된다.

2단계 - 대화하기: https://askup.upstage.ai

2단계는 아숙업과 1:1 대화하기이다. 모든 준비가 끝났다. 이제 아숙업과 대화를 나눌 수 있다. 우측 상단 로봇 버튼[1:1 대화]을 클릭해서 대화창이 뜨면 챗봇과 채팅할 수 있다.

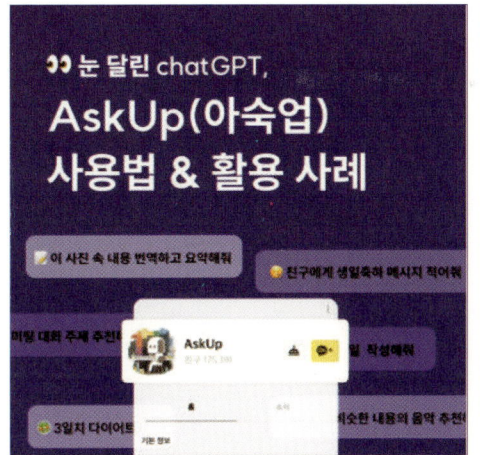
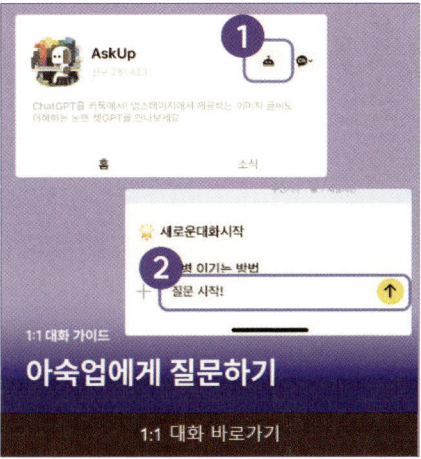

아숙업은 ChatGPT와 같이 질문과 답변을 챗봇 형태로 이어갈 수 있다.

특징은 이미지를 인식하고 분석할 수 있으며 내용을 요약할 수 있다. 텍스트로 입력된 내용을 그림으로 그릴 수 있다. 음식 사진을 업로드하면 음식 내용을 분석하고 원하는 식단을 짜줄 수도 있다. 또한 PDF을 인식하여 내용을 요약 분석할 수 있다.

⑤ Chatpdf.com (PDF 파일 논문/규정집/행정문서 요약)

업무 효율을 높일 수 있는 AI 도구로 PDF파일 논문, 규정집, 행정문서 등을 요약해준다. 입력한 PDF 파일에 대한 내용 분석 및 핵심내용 정리 그리고 PDF에 있는 내용을 중심으로 질문과 답변을 이어갈 수 있다.

⑥ Notebook Web Clipper (Zoho Notebook)

ChatGPT에서 질문하고 답변한 내용들을 Notebook에 바로 옮기고 싶을 때 사용하는 '노트북 웹클리퍼'이다.

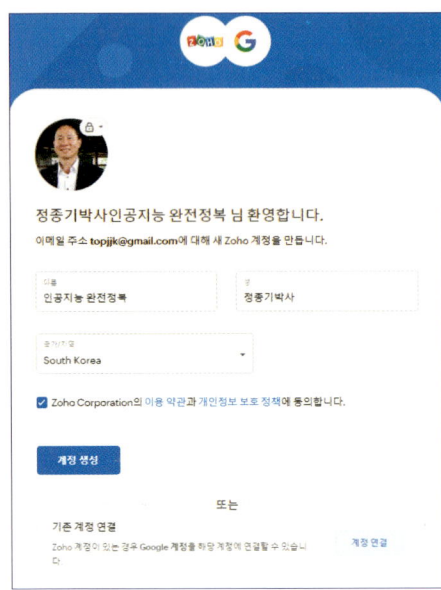
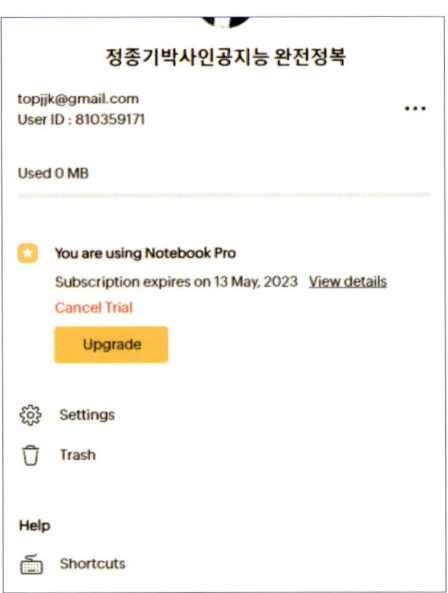

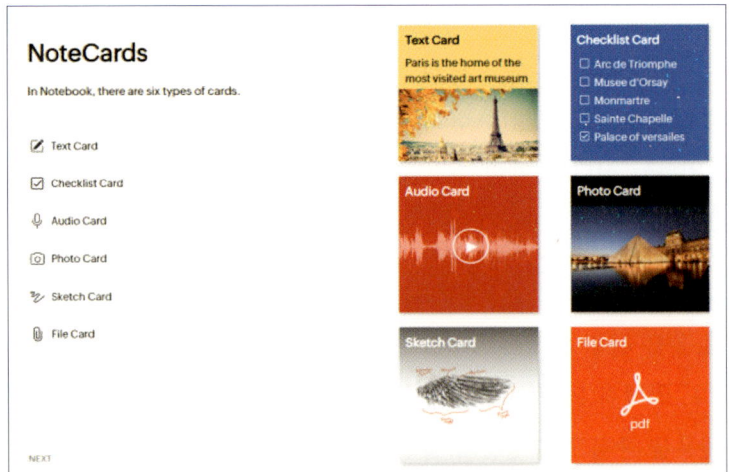

　　Web Clipper를 사용하여 웹에서 노트북으로 콘텐츠를 클립한다. 메모 카드로 저장된 클립 콘텐츠는 장치 간에 즉시 동기화된다. zoho.com/notebook/mobile-app.html에서 장치에 노트북 앱을 다운로드하여 사용하면 생산성을 높일 수 있다.

　　Web Clipper가 클립할 수 있는 것을 정리하면 다음과 같다.

　　먼저, 시도하고 싶은 새로운 레시피나 다음에 방문하고 싶은 장소, 텍스트, 이미지 또는 링크를 메모 카드에 스크랩하고 특정 노트북에 저장할 수 있다.

두 번째는 나중에 참조할 수 있도록 기사를 저장하고 싶을 때 사용하는 것이다. 즉, Clean View를 사용하면 광고를 제외한 전체 기사를 메모 카드로 저장할 수 있다.

세 번째는 웹 페이지의 스크린샷을 빠르게 캡처해야 할 때이다. '스크린샷' 옵션은 스크린샷을 포토 카드로 빠르게 저장할 수 있다. 전체 페이지, 보이는 화면 또는 페이지의 일부만 자르도록 선택할 수 있다.

사용 방법은 노트북에 추가하기 전에 이미지/스크린샷에 주석을 달고 이미지를 편집할 수 있다. 또한 메모장에 저장하기 전에 메모 카드에 태그, 미리 알림을 추가하여 사용하면 편리하게 사용할 수 있다.

네 번째는 회의 메모를 사용하여 Zoom, Cisco Webex, Zoho Meeting 및 Zoho Showtime을 사용하여 온라인 회의에 대한 빠른 메모를 작성할 수 있다.

Web Clipper를 사용하여 메모 카드를 만들 수도 있다. 브라우저를 떠나지 않고 메모하고 싶은 생각이 있을 때 사용할 수 있다. 브라우저에서 바로 처음부터 빠른 메모를 작성할 수 있고, 컴퓨터에서 Web Clipper로 직접 사진을 추가할 수도 있다.

⑦ 프롬프트베이스(Promptbace.com)

프롬프트만 모아놓은 사이트에서 내가 필요한 프롬프트를 선택하여 구매를 할 수도 있고 무료로 사용할 수 있다.

11 ChatGPT 활용을 위한 55가지 검색 엔진 최적화(SEO) 프롬프트

검색 엔진 최적화(Search Engine Optimization: SEO)란 검색 엔진으로부터 어떤 웹사이트에 도달하는 트래픽의 양과 질을 개선하는 작업을 말한다. 흔히 어떤 사이트가 검색 결과에 빨리 나타날수록, 즉 순위가 더 높을수록 사용자들이 그 사이트를 클릭할 가능성이 커진다. 또한 SEO는 이미지 검색, 지역 검색, 구체적 업종에 대한 검색 등 여러 종류의 검색을 목표로 삼는다.

검색 엔진 최적화는 검색 엔진 결과 페이지에서 블로그 등의 웹사이트를 개발해 검색 결과를 상위에 노출될 수 있도록 최적화 시키며, 이를 토대로 유저들이 직접 검색한 내용을 웹사이트를 통해 접속할 수 있도록 유도하는 것을 말한다.

대표적인 사이트인 네이버와 구글에서는 검색 엔진이 크롤링을 하는데, 이는 정보를 샅샅이 살펴보는 행동을 뜻한다. 크롤링으로 인해 유저가 검색하는 내용을 가장 연관성이 높은 콘텐츠로 제공할 수 있도록 카탈로그화하여 저장해놓기 때문에 검색 엔진 최적화를 해놓는 게 좋다.

검색 엔진 최적화가 필요한 이유는 바로 상위 노출이다. 마케팅 전문가는 검색 후 첫 페이지에서만 키워드 유입률의 91%를 책임지고 있는데 이는 SEO를 통해 자신의 콘텐츠 웹 페이지를 상위에 노출시켜 유입률, 트래픽을 높이는 방법이므로 마케팅을 시작하기 전에 꼭 필요한 사전 작업이라고 강조한다.

ChatGPT에서 마케팅 활용을 위한 55가지 검색 엔진 최적화(SEO) 프롬프트를 정리하면 [표1]과 같다.

[표1] ChatGPT 활용을 위한 55가지 검색 엔진 최적화(SEO) 프롬프트

No	한글	영문
1	"[주제]에 대한 관련 키워드 목록 생성하기"	"Generate a list of related keywords for [topic]"
2	"컨텐츠 최적화를 위한 [주제]의 롱테일 키워드 식별하기"	"Identify long-tail keywords for [topic] content optimization"
3	"[주제]의 최고 성과 키워드 찾기"	"Find top-performing keywords for [topic]"
4	"[주제]에 대한 메타 설명과 제목 태그 생성하기"	"Create meta descriptions and title tags for [topic]"
5	"[주제]와 관련된 내부 링크 기회 찾기"	"Find opportunities for internal linking related to [topic]"
6	"[주제]에 대한 블로그 게시물과 기사 주제 아이디어 생성하기"	"Generate ideas for blog posts and article topics on [topic]"
7	"[주제] 콘텐츠에 사용할 산업 전용 용어 연구하기"	"Research industry-specific terminology for use in [topic] content"
8	"[주제] 콘텐츠를 위한 권위 있는 웹사이트에서 백링크 획득하기"	"Find authoritative websites to acquire backlinks for [topic] content"
9	"[주제]의 LSI 키워드 목록 생성하기"	"Generate a list of LSI keywords for [topic]"
10	"[주제]와 관련된 XML 사이트맵 예시 작성하기"	"Create an XML sitemap example related to [topic]"
11	"[주제]에 대한 최상의 메타 태그 연구하기"	"Research the best meta tags for [topic]"
12	"[주제]를 위한 경쟁이 적은 키워드 찾기"	"Find keywords with low competition for [topic]"
13	"[주제] 키워드에 대한 동의어 목록 작성하기"	"Create a list of synonyms for [topic] keywords"
14	"[주제] 컨텐츠를 위한 최상의 내부 링크 구조 연구하기"	"Research the best internal linking structure for [topic] content"
15	"[주제]에 대한 사람들이 묻는 질문 목록 생성하기"	"Generate a list of questions people ask about [topic]"
16	"[주제]와 관련된 이미지를 위한 최상의 alt 태그 목록 작성하기"	"Create a list of the best alt tags for images related to [topic]"
17	"[주제]에 대한 관련 세부 주제 목록 생성하기"	"Create a list of related subtopics for [topic]"
18	"[주제] 컨텐츠를 발행하기 가장 적합한 시기 찾기"	"Find the best time to publish content related to [topic]"
19	"[주제]를 위한 최상의 외부 링크 전략 연구하기"	"Research the best external linking strategies for [topic]"
20	"[주제] SEO에 가장 인기 있는 도구 찾기"	"Find the most popular tools used for [topic] SEO"
21	"[주제]에 대한 영향력 있는 인플루언서 목록 작성하기"	"Create a list of potential influencers for [topic]"
22	"[주제]를 위한 최상의 스키마 마크업 연구하기"	"Research the best schema markup for [topic]"
23	"[주제] 컨텐츠를 위한 최상의 헤더 태그 찾기"	"Find the best header tags for [topic] content"

24	"[주제]에 대한 링크 빌딩 기회 목록 작성하기"	"Create a list of potential link-building opportunities for [topic]"
25	"[주제] 백링크에 대한 최상의 앵커 텍스트 연구하기"	"Research the best anchor text for [topic] backlinks"
26	"[주제] PPC 캠페인에 대한 최상의 키워드 찾기"	"Find the best keywords for [topic] PPC campaigns"
27	"[주제]게스트 블로깅 기회의 잠재적인 목록 작성하기"	"Create a list of potential guest blogging opportunities for [topic]"
28	"[주제] 지역 SEO 전략 중 최상의 것 조사하기"	"Research the best local SEO strategies for [topic]"
29	"[주제] 음성 검색 최적화에 대한 최상의 키워드 찾기"	"Find the best keywords for [topic] voice search optimization"
30	"[주제] 웹사이트 성능을 위한 최상의 분석 도구 조사하기"	"Research the best analytics tools for [topic] website performance"
31	"[주제] 추천 스니펫을 위한 최상의 키워드 나열하기"	"List the best keywords for [topic] featured snippets"
32	"[주제] 파트너십 가능성 목록 생성하기"	"Create a list of potential partnerships for [topic]"
33	"[주제] 모바일 최적화를 위한 최상의 전술 조사하기"	"Research the best tactics for [topic] mobile optimization"
34	"[주제] 비디오 최적화를 위한 최상의 키워드 찾기"	"Find the best keywords for [topic] video optimization"
35	"[주제] 전자 상거래 최적화를 위한 최상의 전술 조사. 키워드 클러스터 제공."	"Research the best tactics for [topic] e-commerce optimization. Provide keyword clusters."
36	"[주제] 최상의 키워드 찾기"	"Find the best keywords for [topic]"
37	"[주제] 제휴 마케팅 가능성 목록 작성하기"	"Create a list of potential affiliate marketing opportunities for [topic]"
38	"[주제]에 대한 최상의 제휴 마케팅 웹사이트는 무엇인가?"	"What are the best affiliate marketing websites for [topic]"
39	"[주제] 국제 SEO에 대한 최상의 전술은 무엇인가?"	"What are the best tactics for [topic] international SEO"
40	"[주제] AMP 최적화를 위한 최상의 키워드 찾기"	"Find the best keywords for [topic] AMP optimization"
41	"[주제] 팟캐스트 또는 게스트로 참여할 수 있는 잠재적인 기회 목록 작성하기"	"Create a list of potential podcast or podcast guest opportunities for [topic]"
42	"[주제] Google My Business 최적화를 위한 최상의 전술 조사하기"	"Research the best tactics for [topic] Google My Business optimization"
43	"[주제] 소셜 미디어 최적화를 위한 최상의 키워드 찾기"	"Find the best keywords for [topic] social media optimization"
44	"[주제] 관련 인기 콘텐츠 주제 찾기"	"Find popular content topics related to [topic]"
45	"[주제] 최상의 SEO 전술을 조사하고 실행 가능한 단계 제공하기"	"Research the best SEO tactics for [topic] and provide actionable steps"

46	"[주제] 관련된 비디오 시리즈 또는 웨비나 아이디어 잠재적인 목록 작성하기"	"Create a list of potential video series or webinar ideas related to [topic]"
47	"[주제] 경쟁 업체의 전략 조사하기"	"Research competitor strategies related to [topic]"
48	"[주제] 관련된 정규 태그 예시 찾기"	"Find canonical tag examples related to [topic]"
49	"[주제] 여러 지리적 위치를 대상으로 하는 예시 키워드 목록 작성하기"	"Create an example keyword list targeting multiple geographic locations for [topic]"
50	"[주제] 고객 구매 퍼널의 다른 단계를 대상으로 한 키워드 아이디어 생성하기"	"Generate keyword ideas targeting different stages of the customer purchase funnel for [topic]"
51	"[주제] 산업 관련 해시태그 식별하기"	"Identify industry hashtags related to [topic]."
52	"[주제] Google 검색에 상위 노출하기"	"[topic] How to improve Google Search Ranking"
53	"[주제] 관련 고품질 콘텐츠 주제 찾기"	"Find high-Quality content topics related to [topic]"
54	"[주제] 키워드 최적화를 위한 최상의 아이디어 생성하기"	"[topic] Generating the best Ideas for Keyword Optimization"
55	"[주제]에 대한 최상의 SEO 전략 연구하기"	"Research the best SEO strategy for [topic]"

12 ChatGPT의 새로운 기능 웹 브라우징과 플러그인 쉽게 사용하기

　OpenAI에서 예고했던 ChatGPT의 새로운 기능인 웹 브라우징(Web Browsing)과 플러그인(Plugins)이 일부 사용자들에게 공개가 되었다. OpenAI는 ChatGPT PLUS 유료 이용자들은 모두 사용이 가능하다.

　ChatGPT의 새로운 기능인 웹 브라우징은, 이전에는 질문에 대한 정적인 정보만을 제공했던 것과 달리, 실시간으로 인터넷을 탐색하여 다양한 최신 정보를 가져올 수 있게 되었다. OpenAI는 허가를 받는다는 전제 하에 개인이나 기업의 정보에 접근해 다양한 업무를 처리할 수 있는 오픈소스 검색 플러그인은 프로그래밍 언어인 파이썬을 사용해 필요한 알고리즘을 만들어줄 수 있는 코드인터프레터(Code Interpreter)도 공개하였다.

› Browsing

　ChatGPT는 방대한 양의 텍스트를 학습하여 만들어진 대화형 인공지능이다. 이 때문에 'ChatGPT가 아는 정보'는 학습 데이터가 작성된 시기까지의 정보에 한정되어 있어서 최신 정보에 대응할 수 없는 경우가 많았다. 이에 OpenAI는 ChatGPT에 "인터넷상의 최신 정보를 수집하는 기능"을 추가하는 플러그인 "Browsing"을 발표했다.

　인터넷상에서의 정보 수집에는 Bing의 API가 활용되고 있고, ChatGPT가 모으는 정보에는 Microsoft가 Bing에서 실시하고 있는 정보원의 신뢰성 체크나 문제가 있는 콘텐츠의 제거가 적용되었다.

› Code Interpreter

OpenAI는, 자사 제작 플러그인으로서 ChatGPT에 Python 인터프리터를 추가하는 코드 인터프리터를 발표했는데, 코드인터프리터를를 사용하면 사용자는 ChatGPT에 방화벽으로 보호된 Python 실행 환경을 구축할 수 있다. 또한 Python에서 처리하는 파일 업로드 및 처리 결과 다운로드도 가능하다.

› Retrieval

Retrieval은 정보 제공을 허가한 개인·단체의 데이터에 액세스할 수 있는 플러그인이다. Retrieval을 사용하면 사용자는 자연스러운 대화의 흐름으로 정부기관이나 각종 단체의 문서를 열람할 수 있게 된다.

Retrieval은 오픈 소스로 개발되었으며 아래 링크에서 소스 코드를 확인할 수 있다. GitHub-openai/chatgpt-retrieval-plugin, https://github.com/openai/chatgpt-retrieval-plugin

OpenAI가 직접 만든 2개의 플러그인은 브라우징 플러그인(Browsing Plugin)과 코드 인터프리터에 대해 좀 더 살펴보면 다음과 같다.

ChatGPT에 항상 제기되는 문제는 제한된 학습 데이터 세트이다. 최근 데이터는 답변에 포함되기 어렵다. 하지만 이제 브라우징 플러그인을 활성화하면 ChatGPT는 플러그인을 호출할지 아니면 자체적인 지식을 사용하여 사용자의 질문을 처리할지 결정할 수 있다. 이를 통해 최신 정보에 더 쉽게 접근할 수 있게 되었다.

ChatGPT가 인터넷 세상을 직접 탐색할 수 있게 하는 Web Browser는 검색을 실행하고, 검색 결과에서 적합한 링크를 클릭하고, 그 전 페이지로 돌아가서 다른 검색 결과를 보거나, 새로운 검색을 실행하는 등 사람처럼 인터넷 세상을 탐색하고 참조한 출처를 표시해 주고 결과를 알려준다.

ChatGPT가 파이선 코드를 직접 실행할 수 있는 코드인터프리터 플러그인은 채팅 대화가 지속되는 동안 유지되는 샌드박싱된 파이썬 실행 환경을 제공하고, 사용자가 작업 공간에 파일을 업로드하고, 생성된 작업 결과를 다운로드할 수 있다. 또한 제공된 CSV파일이나 엑셀 데이터 파일을 업로드하여 분석하고 그래프를 그려주거나, 특정 열을 살펴볼 수 있다. 가장 인상적인 기능 중 하나는 실시간으로 파일을 편집할 수 있다는 점이다. 예를 들어, 이미지를 업로드하고 이미지의 해상도와 속성을 변경한 뒤 변경된 이미지를 새 파일 형식으로 다운로드할 수 있다.

이 모든 작업을 채팅만을 이용해 가능하다. 사용자는 쉽고 빠른 정보 접근과 처리가 가능하며 매우 높은 생산성 효율을 경험할 수 있다.

그리고 ChatGPT가 개인 또는 조직 정보에 접근할 수 있도록 하는 검색 플러그인은 자연어로 질의한 내용을 ChatGPT가 대신 검색하고 파일, 메모, 이메일 등의 소스에 가장 관련성이 높은 자료를 찾아 준다.

웹 브라우징은 OpenAI가 개발한 GPT-3.5 기반 모델을 기반으로 하며, 사용자가 요청한 정보에 대한 검색 및 요약을 수행한다. 이 기능은 더 많은 컨텍스트와 실시간 업데이트된 지식을 제공하여 사용자들에게 더욱 유용하고 포괄적인 답변을 제공할 수 있게 도와준다.

ChatGPT의 새로운 기능인 웹 브라우징과 플러그인 사용법을 설명하면 다음과 같다.

[Settings]를 클릭하면 Settings 화면이 열린다.

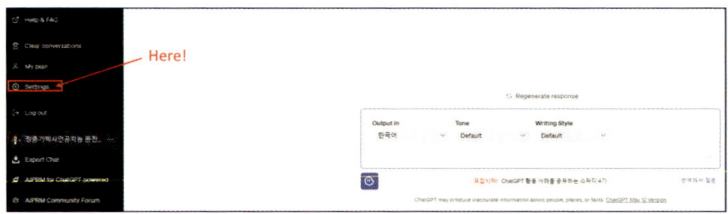

[Beta features]를 클릭하고 Web browsing을 클릭하여 활성화한다.

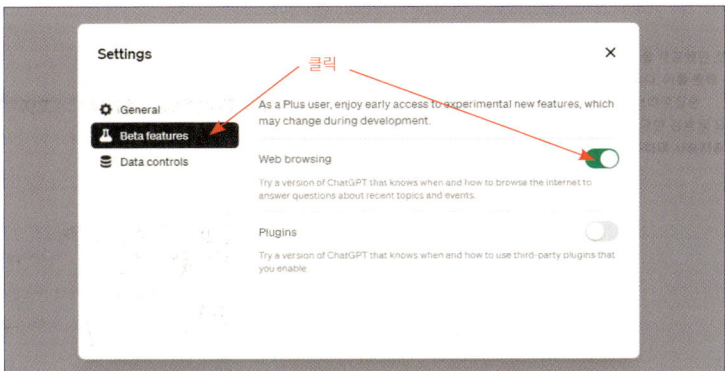

웹 브라우징(Web browsing)을 사용할 수 있는 경우 GPT-4 하위 항목에서 'Browsing (Beta)'를 선택할 수 있다.

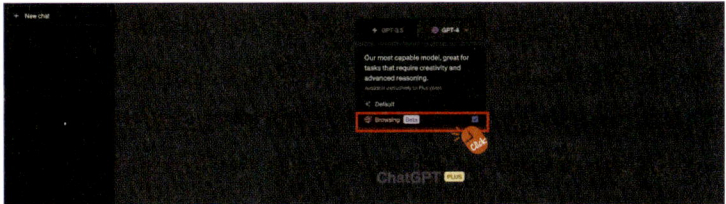

이제 질문을 해보겠다.

이전 ChatGPT는 2021년 9월까지의 데이터로 학습이 되어있기 때문에 2022년 카타르 월드컵 우승팀에 대해서는 알지 못했었다.

하지만 웹 브라우징 기능이 활성화된 상태에서는 질문의 답을 하기 위해 웹에서 검색 후 답변을 한다.

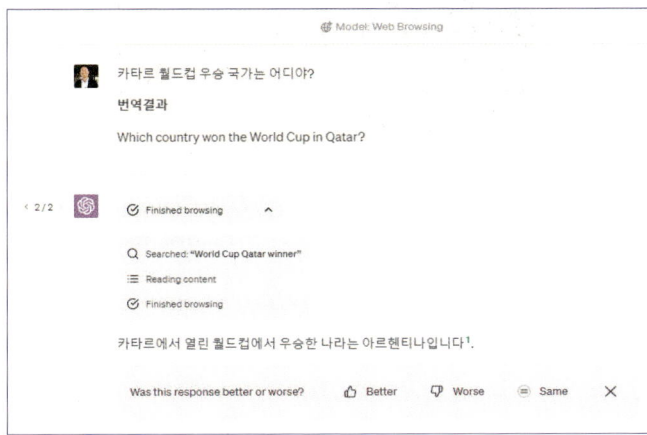

ChatGPT 100배 활용하기 219

검색한 정보를 보여주고, 우측 숫자에 마우스를 가져가면 참조한 출처와 링크를 함께 제공하여 사용자가 클릭하면 바로 이동할 수 있게 한다.

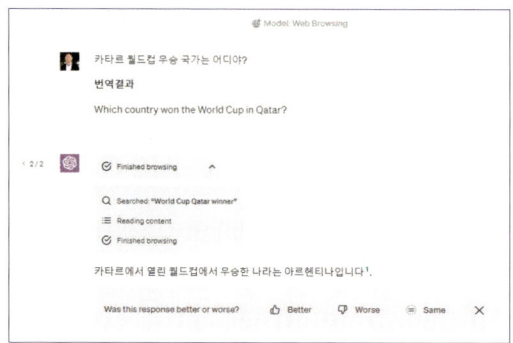 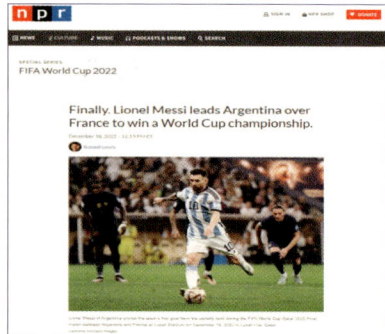

Plugins 사용하기

[Settings]를 클릭하면 Settings 화면이 열린다. [Beta features]를 클릭하고 Plugins를 클릭하여 활성화한다. 현재 웹 브라우징(Web browsing)보다 플러그인(Plugins) 기능은 사용자가 더 제한적이다.

Web browsing 하위에 Plugins이 보이지 않는다면 아직 사용이 불가한 상태이기 때문에 좀 더 서비스가 제공될 때까지 기다려야 한다.

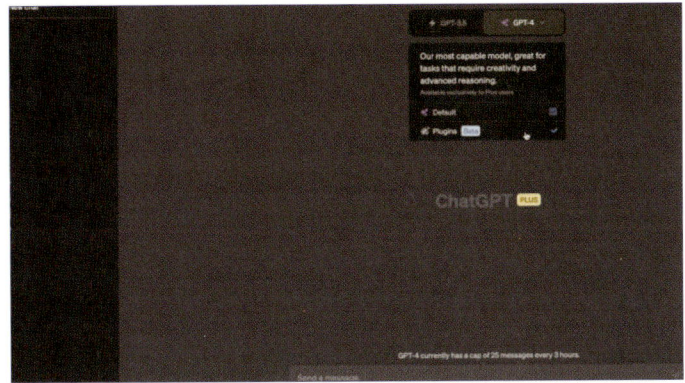

플러그인을 사용할 수 있는 경우 GPT-4 하위 항목에서 'Plugins(Beta)'를 선택할 수 있다. 그런 다음 Plugin store에 들어가서 원하는 Plugin을 설치하여 사용할 수 있다.

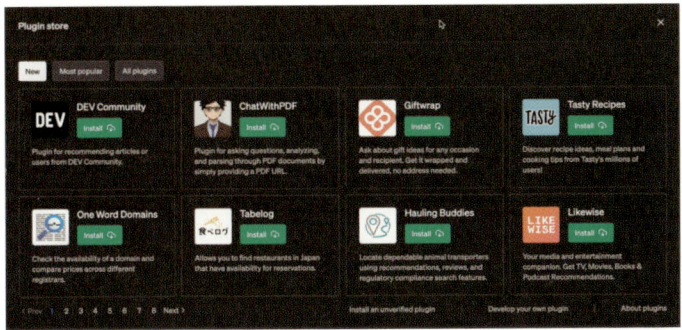

플러그인을 결합하여 동시에 사용할 수도 있기 때문에 자신에게 필요한 플러그인을 선택하여 설치하면 된다.

플러그인은 OpenAI에서 제어하지 않는 타사 애플리케이션으로 구동이 된다.

대화의 일부와 현재 접속한 위치 정보(Country, State)를 플러그인으로 보낼 수 있다. 활성화한 플러그인에 따라 플러그인을 사용할 시기를 자동으로 선택할 수 있다.

현재 Plugin store에는 100개 이상의 Plugin이 등록되어 있다.

13

ChatGPT와 파이썬을 활용해 반복 업무 자동화 시키기

  비즈니스 및 업무를 처리하면서 인터넷 상에 있는 정보를 검색하여 취합하는 업무를 많이 한다. 이러한 반복적인 업무를 ChatGPT와 파이썬(Python)을 활용해 자동화시킬 수 있다.

  웹 서버에 저장된 데이터를 가져오는 행위를 '웹 크롤링' 또는 '웹 스크래핑'이라고 부른다. 웹 크롤링은 Google 등의 대규모 검색 엔진이 GoogleBot과 같은 로봇 크롤러를 인터넷에 보내 인터넷 콘텐츠를 색인화하는 과정을 의미한다. 누군가가 홈페이지를 새로 만들면 어떻게 그 웹사이트가 구글에서 검색이 될까? 구글은 검색을 위해서 인터넷에 연결된 모든 웹 페이지를 돌아다니면서 페이지의 정보를 저장해두기 때문에 검색이 가능하다.

  웹 스크래핑은 일반적으로 특정한 데이터만을 웹사이트로부터 가져오는 행위를 스크래핑이라고 부른다. 웹 스크래핑은 웹 사이트 상에서 원하는 부분에 위치한 정보를 컴퓨터로 자동 추출하여 수집하는 기술이다.

  다음은 ChatGPT와 파이썬을 활용한 자동 웹 크롤링을 단계별로 수행한 사례이다.

  인터넷상에 있는 뉴스기사, 게시글 등 웹페이지의 내용을 자동으로 엑셀로 수집 정리하고 싶을 때 유용하게 활용될 수 있다.

  아래의 사례는 '서울디지털재단 이슈레포트(Issue Report) ChatGPT 활용 연구'를 참고하였다.

실제 예제로 스마트도시협회에서 운영하고 있는 '스마트시티 솔루션 마켓 (http://smartcitysolutionmarket.com)'을 웹 크롤링한 사례를 재편집하였다.

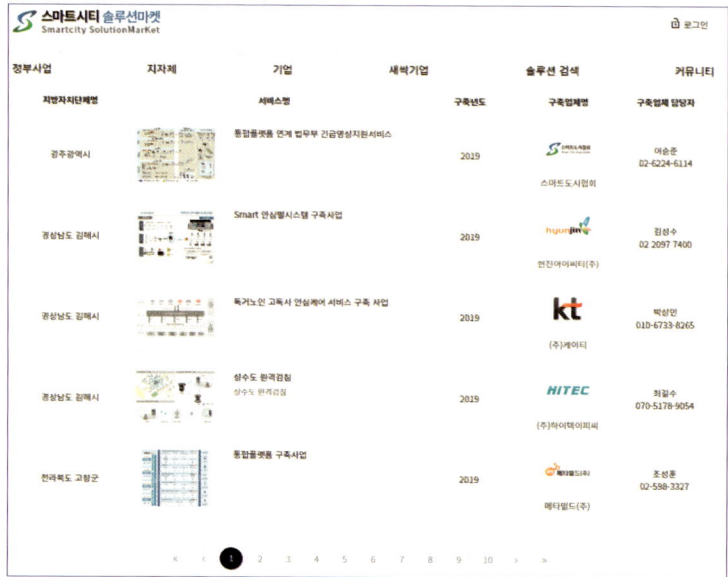

① 실제 구현을 위한 준비 사항
- 크롬 브라우저
- ChatGPT 사이트 연결 : https://chat.openai.com
- 코랩(Colab) 사이트 연결 : https://colab.research.google.com/
- 실습 대상 사이트 연결: http://smartcitysolutionmarket.com/ '지자체' 탭

② 실제 구현을 위한 준비 사항
- 대상 사이트 URL 복사: http://smartcitysolutionmarket.com/scsm/locgov/locgovSlutnList.do?menuNo=16#

③ 웹 크롤링을 위해서는 먼저 수집하고자 하는 웹주소의 패턴 파악
- 스크랩하고 싶은 주소창의 웹 주소를 확인하여 주소의 패턴을 파악한다. 뉴스 기사나 게시글 같은 경우 '페이지 번호'에 따라서 주소가 변화하거나, '검색어' 별로 링크가 만들어지는 패턴이 있다. 여기서 이러한 패턴을 찾는 것이 필요하다.

http://smartcitysolutionmarket.com/scsm/locgov/locgovSlutnList.
do?menuNo=1 6&sortOrderField=&searchCondition=&searchKeyword
=&searchWdrLocgovNo=& searchBsisLocgovNo=&pageIndex=1 (위 예
제 링크주소의 제일 마지막이 게시판 페이지 번호별로 변하는 것을 알 수 있음)

④ 구글 크롬에서 'F12' 키를 누르고 웹페이지의 HTML 구조 파악 및 코드값 정리
 • 오른쪽 개발도구에서 HTML Elements를 선택하고 세분화하다 보면 왼쪽 편에 해당 구역에 음영으로 표시된다.

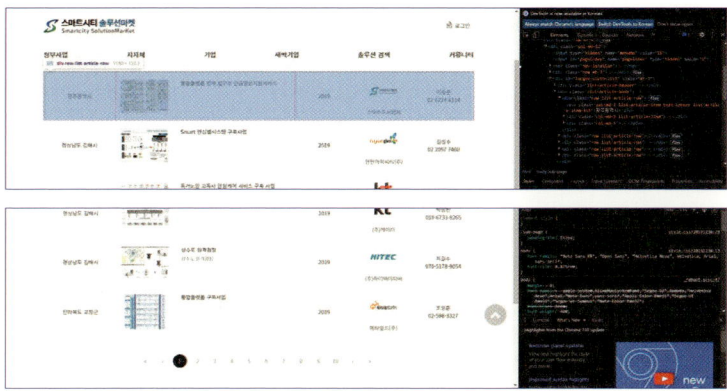

 • 수집하고 싶은 정보가 음영으로 표시되면 HTML 코드를 정리한다.
  - 첫 번째 값은 지방자치단체로 '광주광역시' 값이다.
    광주광역시 텍스트 앞의 〈div class="col-md-2 list-article-itemtext-center list-artilce-item-tit"〉 코드 값을 복사
  - 두 번째 값은 서비스명으로 '통합 플랫폼 연계 법무부 긴급영상지원서비스' 앞의 코드 값을 복사 〈div class="col-lg-8"〉
  - 세 번째 값은 구축연도로 '2019'년 앞의 〈span class="d-block d-md-none bg-light p-2"〉 코드 값을 복사

⑤ ChatGPT에 웹 크롤링 프로그램 작성 요청
 프롬프트 명령어는 2가지 예시로 질문할 수 있다.
 프롬프트 명령어 1: 아래 주소의 웹페이지를 크롤링하고 엑셀 파일로 저장하는 파이썬 코드를 생성해줘.
 'http://smartcitysolutionmarket.com/scsm/locgov/locgovSlutnList.

do?menuNo=16&sortOrderField=&searchCondition=&searchKeyword=&searchWdrLocgovNo=&searchBsisLocgovNo=&pageIndex='+'pagenumber'

위 주소링크는 마지막 pagenumber가 변화한다. 각 페이지의 내용을 수집한다. 우선, 각 페이지에서 모든 〈div class="row list-article-row"〉를 찾는다.

첫 번째 열의 명을 '자치단체명'으로 하고, 〈div class="col-md-2 list-article-item text-center list-artilce-item-tit"〉의 텍스트를 값으로 한다. 예시는 '광주광역시'이다.

두 번째 열의 명을 '서비스명'으로 하고, 〈div class="col-lg-8"〉의 텍스트를 값으로 한다.

예시는 '통합플랫폼 연계 법무부 긴급영상지원서비스'이다.

세 번째 열의 명을 '구축연도'로 하고, 〈span class="d-block d-md-none bg-lightp-2"〉의 텍스트를 값으로 한다. 예시는 '2019년'이다.

```python
# 각 페이지에 대해 크롤링 수행
for page in range(1, total_pages + 1):
    url = f"http://smartcitysolutionmarket.com/scsm/locgov/locgovSlutnList.d
    response = requests.get(url)
    soup = BeautifulSoup(response.text, 'html.parser')

    # 데이터 추출 및 엑셀에 저장
    rows = soup.select('table.tbl01 tbody tr')
    for row in rows:
        service_name = row.select_one('td:nth-of-type(2)').text.strip()
        construction_year = row.select_one('td:nth-of-type(4)').text.strip()
        construction_company = row.select_one('td:nth-of-type(6)').text.stri

        sheet.append([service_name, construction_year, construction_company]

# 엑셀 파일 저장
workbook.save('service_data.xlsx')
```

위의 코드는 `requests`와 `BeautifulSoup` 라이브러리를 사용하여 주어진 URL의 페이지 데이터를 가져옵니다. `total_pages` 변수에 크롤링할 페이지의 총 개수를 설정하고, 각 페이지에 대해 반복문을 수행하여 데이터를 추출하고 시트에 저장합니다. 마지막으로, 엑셀 파일을 저장합니다. 프로그램을 실행하면 `service_data.xlsx`라는 이름의 엑셀 파일이 생성되고, 서비스 이름, 건설 연도 및 건설 회사 이름이 해당 엑셀 파일에 저장됩니다.

프롬프트 명령어 2: 아래 페이지를 크롤링해서 서비스명, 구축년도, 구축업체명을 엑셀로 저장하는 파이썬 프로그램 작성해줘.

http://smartcitysolutionmarket.com/scsm/locgov/locgovSlutnList.do?menuNo=16#

 아래 페이지를 크롤링해서 서비스명, 구축년도, 구축업체명을 엑셀로 저장하는 파이썬 프로그램 작성해줘

http://smartcitysolutionmarket.com/scsm/locgov/locgovSlutnList.do?menuNo=16#

번역결과

Write a Python program that crawls the page below and saves the service name, construction year, and construction company name in Excel

http://smartcitysolutionmarket.com/scsm/locgov/locgovSlutnList.do?menuNo=16#

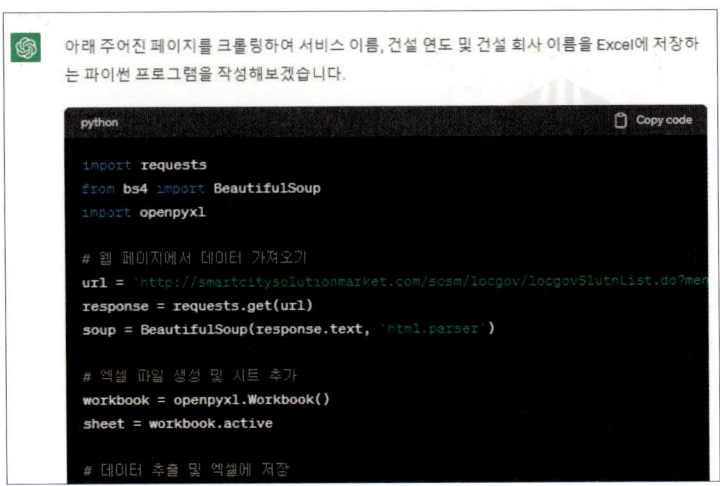

⑥ 생성된 파이썬 코드를 파이썬 프로그램에 넣고 실행하면, 웹 크롤링 시작

[프롬프트 명령어 1에 대한 파이썬 코드 실행]

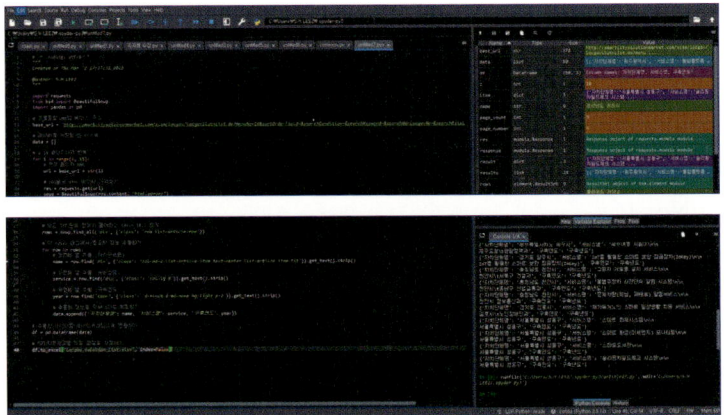

[프롬프트 명령어 2에 대한 파이썬 코드 실행]

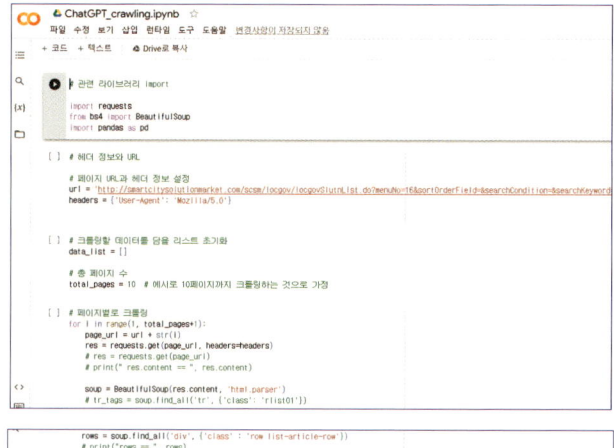

⑦ 웹 스크랩이 끝나면 최종 저장된 파일에 웹 크롤링한 내용이 저장된 것을 볼 수 있음

위와 같은 과정으로 생성된 엑셀파일을 열어서 웹 크롤링이 잘 진행되었는지 확인한다.

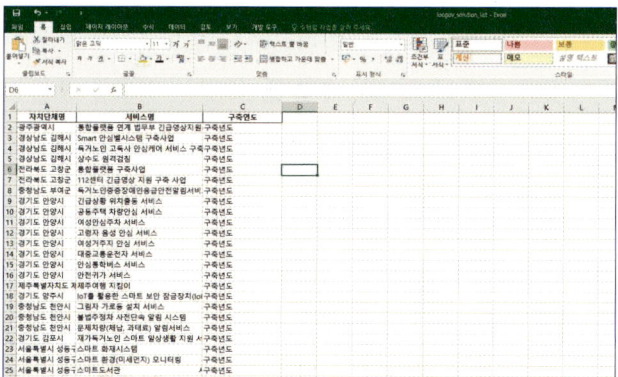

ChatGPT 100배 활용하기 229

14 내 데이터를 기반으로 나만의 ChatGPT 만들기

기업의 지식관리시스템(Knowledge Management System: KMS)은 조직 내에서 지식과 정보를 수집, 저장, 공유하는 시스템이다. '내 데이터를 기반으로 나만의 ChatGPT를 만들기' 사례로 기업의 KMS를 연동해서 나만의 ChatGPT를 구현하는 방안을 살펴보고자 한다. 일반적으로 KMS는 기업 내에서 내부 지식의 효율적인 관리와 공유를 위해 사용된다. ChatGPT는 대형 언어 모델로, 대화 기능을 통해 사용자와 자연어로 상호작용할 수 있다.

기업의 지식관리시스템(KMS)과 ChatGPT를 다음과 같은 과정으로 연동할 수 있다.

① 데이터 수집

기업 내부의 다양한 소스에서 데이터를 수집한다. 이는 내부 문서, 보고서, 매뉴얼, FAQ, 이메일 등의 소스에서 추출할 수 있는 정보를 포함한다.

데이터 수집 대상은 ChatGPT가 참고하여 사용자의 질문에 답변할 수 있는 내용을 포함해야 한다.

② 데이터 전처리

수집한 데이터를 ChatGPT와 호환되는 형식으로 전처리 한다. 데이터의 형식을 일관성 있게 통일하고, 불필요한 형식 요소를 제거한다. 필요에 따라 문장 분리, 토큰화 등의 처리를 수행한다.

③ 모델 학습

전처리한 데이터를 사용하여 ChatGPT 모델을 학습시킨다. 대량의 데이터가 필요하며, ChatGPT를 활용하거나 기업 내에서 자체적으로 학습된 모델을 구축할 수 있다.

학습을 위해 적절한 하드웨어 자원과 학습 알고리즘을 선택하고 활용한다.

④ 시스템 통합

학습된 ChatGPT 모델을 기업의 지식 관리 시스템에 통합한다.

API(Application Programming Interface)를 사용하여 기업 시스템과 ChatGPT를 연동시킨다.

사용자의 질문이나 쿼리를 ChatGPT로 전송하고, ChatGPT는 적절한 답변을 반환한다.

⑤ 유지 및 개선

ChatGPT와 지식관리시스템의 통합은 지속적인 관리와 개선이 필요하다. 새로운 데이터를 주기적으로 수집하고, 모델을 재학습시켜 업데이트해야 한다. 사용자의 피드백을 수집하고 모델의 성능을 평가하여 향상시킨다.

⑥ 보안 및 개인정보 보호

지식관리시스템과 ChatGPT의 통합 시 보안과 개인정보 보호에 주의해야 한다.

기업의 중요한 지식과 데이터가 외부로 유출되지 않도록 적절한 보안 조치를 취해야한다.

개인정보 보호 정책을 준수하고 사용자의 개인정보를 안전하게 관리해야 한다.

기업의 지식관리시스템은 사전에 기존 자료 탐색을 위한 Index 생성이 필요하다. 이러한 단계로 ChatGPT와 기업의 지식 관리 시스템을 연동함으로써, 사용자에게 정확하고 효과적인 정보를 제공하여 업무의 효율성을 높일 수 있다.

아래의 [그림1]은 Azure OpenAI 및 Cognitive Search를 사용한 ChatGPT + Enterprise 데이터를 활용하여 나만의 ChatGPT를 구현하는 사례이다. 이 사례를 활용해서 ChatGPT와 나만의 데이터(지식관리시스템)을 연동해서 내가 원하는 형태로 구현한다. 처리절차는 다음과 같다.

① 사용자 질의 입력

② 지식관리시스템에서 연관된 내용 검색

③ 검색된 내용과 질의, 응답방법 전달

④ 전달된 내용기반 응답생성

⑤ 사용자 응답 전달

[그림1] Azure OpenAI 및 Cognitive Search를 사용한 ChatGPT + Enterprise 데이터

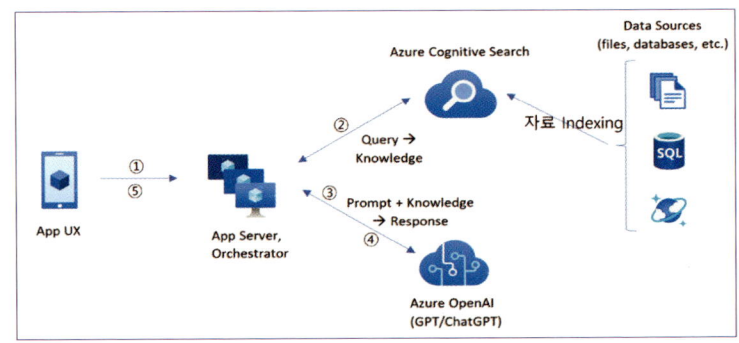

* 출처: https://github.com/Azure-Samples/azure-search-openai-demo

[그림1]은 검색증강생성(Retrieval Augmented Generation: RAG) 패턴을 사용하여 자신의 데이터에 대해 ChatGPT와 같은 경험을 생성하기 위한 몇 가지 접근 방식을 보여준다. Azure OpenAI Service를 사용하여 ChatGPT 모델에 액세스하고 Azure Cognitive Search를 사용하여 데이터 인덱싱 및 검색을 수행한다.

이 샘플 응용 프로그램에서는 Contoso Electronics라는 가상의 회사를 사용하여 경험을 통해 직원은 혜택, 내부 정책, 직무 설명 및 역할에 대해 질문하고 답변을 얻을 수 있다.

이 샘플 응용 프로그램의 특징은

- 채팅 및 Q&A 인터페이스
- 사용자가 인용, 소스 콘텐츠 추적 등을 통해 응답의 신뢰성을 평가하는데 도움이 되는 다양한 옵션 탐색
- 데이터 준비, 신속한 구성, 모델(ChatGPT)과 검색기(Cognitive Search)

간의 상호 작용 오케스트레이션에 대한 가능한 접근 방식을 보여준다.

- 동작을 조정하고 옵션을 실험할 수 있도록 UX에서 직접 설정

위의 연동방식은 마이크로소프트의 Azure OpenAI Service를 사용하여 ChatGPT 모델에 액세스하고 Azure Cognitive Search를 사용하여 데이터 인덱싱 및 검색을 수행한다.

이것을 가능하게 하는 프레임워크가 랭체인(LangChain)이다.

랭체인은 언어 모델을 기반으로 한 애플리케이션을 개발하기 위한 프레임워크이다. 언어 모델을 API를 통해 호출하는 것뿐만 아니라 외부 데이터를 인식하거나 타 시스템과의 상호작용하는 애플리케이션을 개발하는 것이다.

랭체인의 특징은 '데이터 인식'으로 언어 모델을 다른 데이터 소스에 연결하여 활용하는 것이다. 즉, 외부 데이터를 모델에 인식시켜서 ChatGPT가 학습한 데이터 말고, 내가 제공하는 데이터를 쓸 수 있게 한다.

두 번째는 '능동적 상호작용'으로 언어 모델이 다른 서비스 환경과 상호작용할 수 있도록 지원한다. 보통은 언어 모델을 호출할 때 API Call 또는 모델 자체를 직접 호출하는 방식이다. 결론적으로 랭체인[그림2]은 타 시스템과의 상호작용하는 애플리케이션을 개발하는 프래임워크를 제공한다.

랭체인은 언어 모델, 텍스트 임베딩 및 텍스트 처리 작업을 위한 도구 및 유틸리티 세트를 제공하는 라이브러리(Python, JavaScript 또는 TypeScript에서 사용 가능)이다. 언어 모델, 벡터 저장소 및 문서 로더(Loaders)와 같은 다양한 구성 요소를 결합하여 챗봇 생성, 문서 검색 처리, 질문 응답 작업 수행과 같은 작업을 간소화한다.

[그림2] 랭체인(LangChain) 콤포넌트(Components)

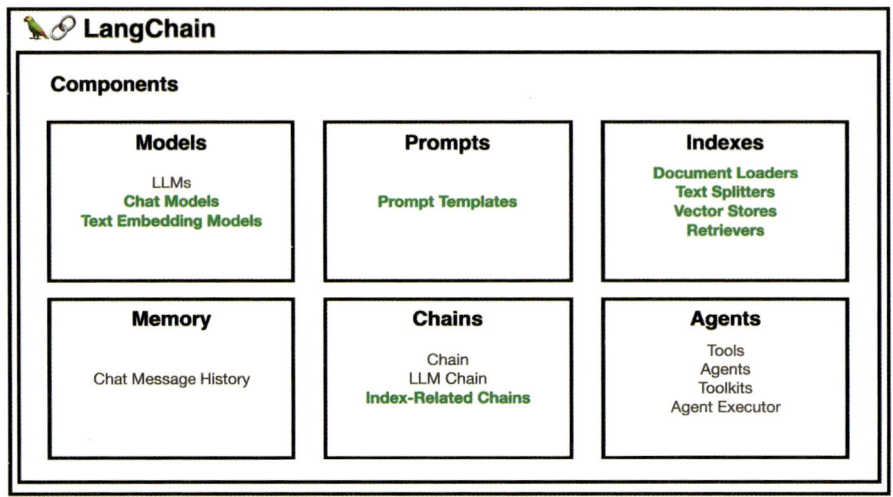

* 출처: https://medium.com/sopmac-ai/chatgpt-langchain-example-for-chatbot-q-a-a8b6ef40bbb6

랭체인에서 사용되는 기본적인 타입과 스키마는 [표1]과 같이 텍스트, 채팅 메시지, 예시, 문서 타입이 있다.

Text는 언어 모델의 기본 인터페이스가 텍스트이다. Chat Message는 ChatGPT와 동일하다.

[표1] 랭체인에서 사용되는 기본적인 타입과 스키마

텍스트 (Text)	채팅 메시지 (Chat Messages)	예시 (Example)	문서 (Document)
• 언어 모델과의 인터페이스는 주로 텍스트임. 따라서 랭체인 또한 주요 인터페이스가 텍스트임.	• 채팅 인터페이스에서 사용하는 메시지 • 시스템 채팅 메시지 (System Chat Message) AI 시스템에 대한 지시사항 • 사용자 채팅 메시지 (Human Chat Message) 사용자 입력 정보 • AI 채팅 메시지 (AI Chat Message) AI 시스템 출력 메시지	• 함수에 대한 입력과 예상되는 출력을 나타내는 입력/출력 쌍이며, 모델의 훈련과 평가에 사용될 수 있음. • 또한 모델 또는 체인에 대한 입력/출력이 될 수 있음. • 모델인 경우 모델을 미세 조정하는 데 사용됨.	• 비 구조화된 데이터 조각이며, 아래와 같이 구성됨. page_content : 데이터의 내용 Metadata : 데이터의 속성을 설명하는 부가 정보

* 출처: https://docs.langchain.com/docs/

ChatGPT와 기업의 지식관리 시스템을 연동하여 구현하기 위해서는 오픈 소스 라이브러리가 필요하다.

FAISS(Facebook AI Similarity Search)는 Facebook AI Research에서

개발한 오픈 소스 라이브러리이다. 대규모 고차원 데이터 모음에서 유사한 항목(벡터)을 효율적으로 검색하도록 설계되었다. FAISS는 벡터를 인덱싱하고 검색하는 방법을 제공하므로 데이터 세트 내에서 가장 유사한 항목을 더 쉽고 빠르게 찾을 수 있다.

FAISS는 추천 시스템 정보 검색, 클러스터링 등과 같은 작업에 특히 유용하다.

[그림3] OpenAI Embeddings를 FAISS 인덱스로 저장

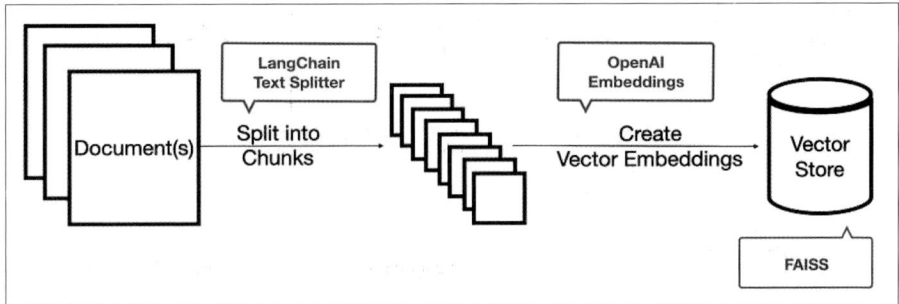

* 출처: https://medium.com/sopmac-ai/chatgpt-langchain-example-for-chatbot-q-a-a8b6ef40bbb6

이 코드는 CSV 파일에서 데이터를 로드하고 청크(Chunks)로 분할한 다음 OpenAI Embeddings를 사용하여 FAISS 인덱스를 생성하고 저장한다. 이를 통해 데이터 세트에서 관련 정보를 효율적으로 유사성 검색 및 검색할 수 있다 [그림3].

[그림4] 랭체인 프레임워크 질문과 응답 처리 프로세스

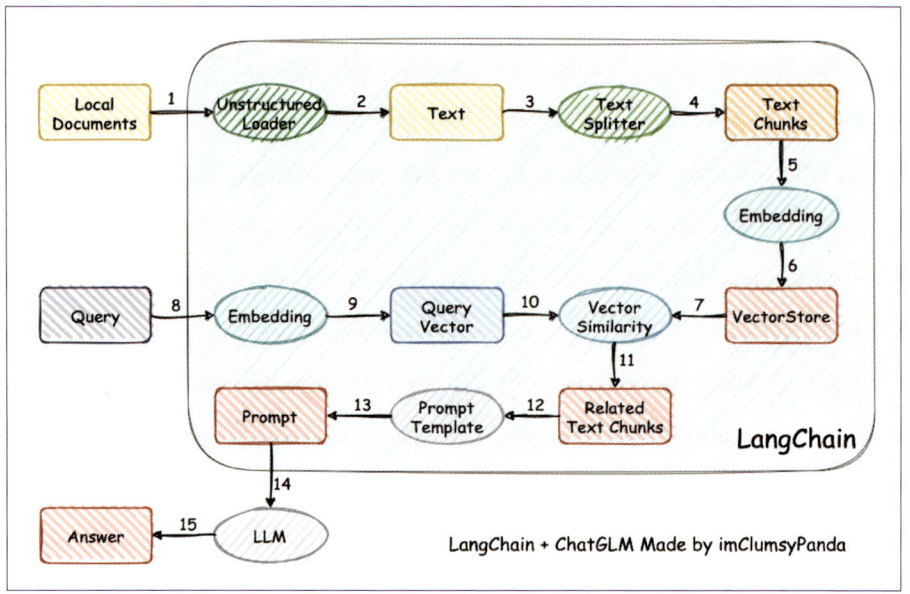

* 출처: weibo.com/1991451761/MBBtW6iJ9

[그림4]는 랭체인 프레임워크 질문과 응답 처리 프로세스를 도식화한 것이다. ChatGPT, 랭체인(LangChain) 및 FAISS를 사용하면 다음과 같은 몇가지 이점이 있다.

▶ 간소화된 개발 프로세스

이러한 기술을 결합하면 개발자가 챗봇을 보다 쉽게 생성, 유지 관리 및 최적화하여 시간과 비용을 절약하고 배포 속도를 높일 수 있다.

▶ 더 큰 적응성

이러한 기술을 결합함으로써 챗봇은 새로운 도메인, 언어 및 사용 사례에 맞게 더 쉽게 적응하고 확장할 수 있으므로 다양성과 가치를 높일 수 있다.

▶ 고급 쿼리 처리

ChatGPT, 랭체인(LangChain) 및 FAISS의 강점을 활용하여 챗봇은 복잡하거나 모호한 쿼리를 더 잘 이해하고 처리하여 사용자에게 더 정확하고 적절하며 만족스러운 응답을 제공할 수 있다.

15 ChatGPT를 활용해 내가 원하는 그림 그리고 이미지 불러오기

ChatGPT가 직접 이미지를 찾거나 생성하는 기능은 아직 없다. ChatGPT 확장 프로그램이나 다른 기능을 활용해서 이미지를 생성하거나 소설이나 블로그를 쓰고 글과 연관된 이미지를 찾아서 불러오는 방법은 크게 두 가지가 있다.

첫 번째는 ChatGPT를 활용해 내가 원하는 그림을 생성할 수 있도록 질문을 하여 답변 받은 내용을 직접 AI 모델을 활용해서 이미지를 생성하는 방법이다. 즉, 텍스트를 입력하거나 이미지 파일을 삽입하면 AI가 알아서 그림을 생성해준다. 대표적인 것이 Open AI 달리2(DALL.E), 미드저니(Midjourney), 스테이블 디퓨전(Stable Diffusion), Google의 ImageAn, 딥드림 제너레이터(Deep Dream Generator) 등이 있다.

이 중에서 미드저니(Midjourney, https://midjourney.com/)를 예를 들어 그림을 생성하면 다음과 같다.

① 구글 검색창에서 'Midjourney'라고 입력하거나, 위에 있는 주소를 통해 접속한다.

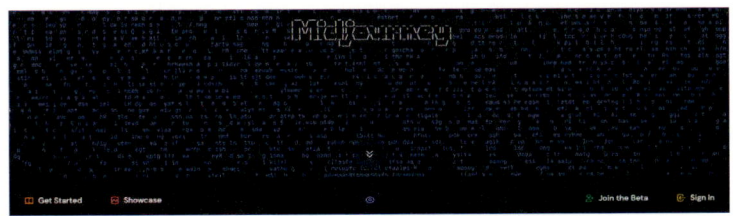

② 미드저니 웹 사이트 첫 화면에서 'Join the Beta'를 클릭하면 채팅 프로그램 디스코드(Discord)로 연결된다.

③ 디스코드 화면이 나오면 'Midjourney 참가하기'를 클릭한다. 위와 같은 하얀색 배경의 돛단배 아이콘을 기억해야 한다.

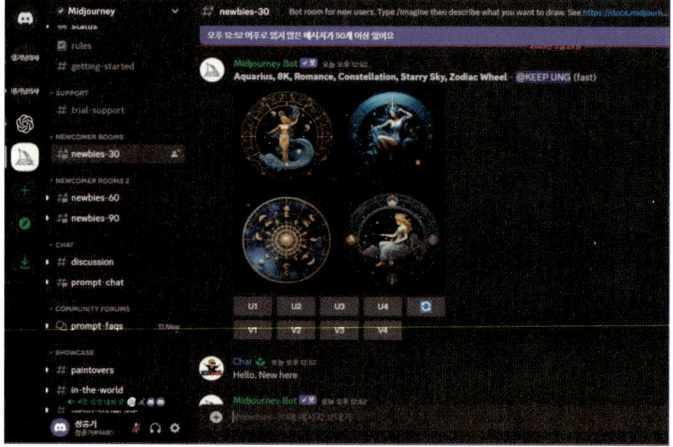

④ 위와 같이 다양한 아이콘이 왼쪽에 나열된 화면으로 이동한다.

각 아이콘은 디스코드에 존재하는 다양한 분야의 채널을 의미한다. 여기서 돛단배 그림을 클릭하여 미드저니 채널로 접속하면 된다.

미드저니 채널에 접속하면 위의 그림과 같이 #이 붙은 이름과 같이 다양한 채팅방이 나타난다. 저자는 'newbies-30' 방을 선택하였다.

접속한 채팅방에는 이미 많은 사용자가 미드저니를 통해 다양한 이미지를 만들고 있는 모습을 확인할 수 있다.

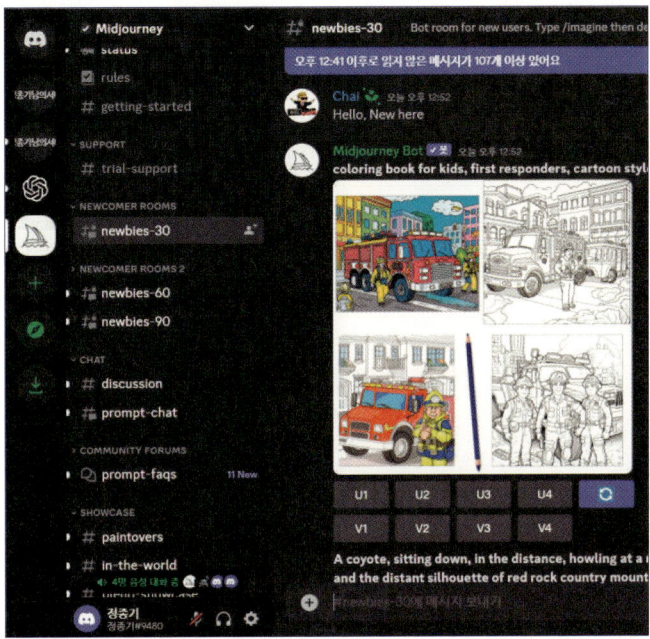

⑤ 다른 사용자들처럼 이미지를 생성할 수 있다.

채팅방 아래쪽의 입력창에 '/imagine'이라고 작성한다. 좌측에 있는 것과 같이 'prompt'라는 문자열이 자동 생성된다. 사용자는 내가 원하는 그림을 'prompt' 뒤에 서술하여 입력하면 미드저니가 그림을 4개 생성해준다.

이때 그림에 대해 서술하는 프롬프트는 현재는 영어로만 동작한다.

그림을 더 잘 생성하려면 ChatGPT를 활용해서 내가 원하는 그림에 대해 질문하고 답변을 영어로 받은 내용을 미드저니 프롬프트에 입력하면 더 효과적으로 그림에 대해 상세하게 묘사하여 생성할 수 있다.

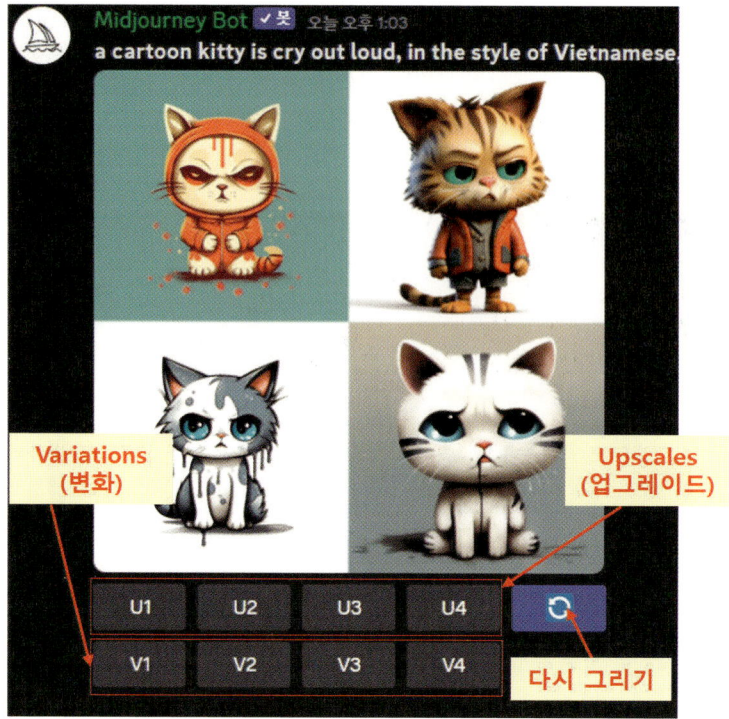

⑥ 생성된 그림을 내가 원하는 형태로 계속 보완할 수 있다.

U1 U2 U3 U4U 버튼은 선택한 이미지의 더 큰 버전을 생성하고 세부 정보를 추가하여 이미지를 업 스케일링해 준다.

V1 V2 V3 V4V 버튼은 선택한 그리드 이미지의 약간의 변형을 만들어 준다. 변형을 만들면 선택한 이미지의 전체 스타일 및 구성과 유사한 새 이미지 격자가 생성된다.

⑦ 이미지 저장은 이미지를 클릭하여 전체 크기로 연 다음 마우스 오른쪽 버튼을 클릭하고 'Save image'를 선택한다.

모바일에서는 이미지를 길게 누른 다음 오른쪽 상단 모서리에 있는 다운로드 아이콘을 누른다. 모든 이미지는 'midjourney.com/app에서 즉시 볼 수 있다.

⑧ 미드저니를 통해서 내가 원하는 그림을 생성하려면 내가 원하는 바를 미드저니가 이해할 수 있도록 세세하게 설명하는 것이 포인트이다.

주로 사용하는 명령어는 /Imagine, /Info, /Help, /Relax, /Fast 등이 있다.

다음은 스테이블 디퓨전(Stable Diffusion, https://stablediffusionweb.com/)를 예를 들어 그림을 생성하면 다음과 같다.

① 구글 검색창에서 'Stable Diffusion'라고 입력하거나, 위에 있는 주소를 통해 접속한다.

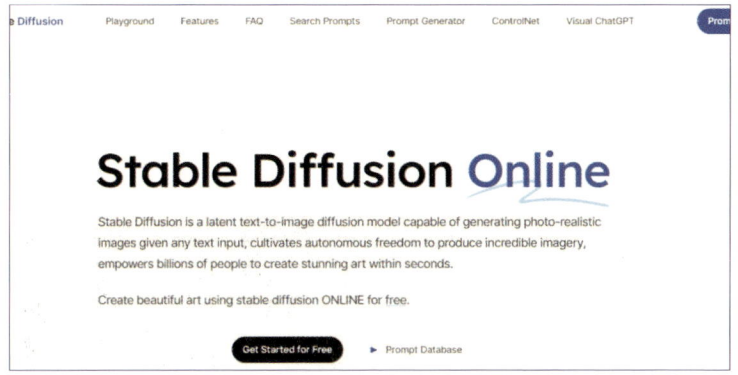

② 스테이블 디퓨전 웹 사이트 첫 화면에서 'Get Started for Free'를 클릭하면 'Stable Diffusion Playground' 화면으로 이동된다.

③ 'Stable Diffusion Playground' 입력 화면에서 저자는 위와 같이 ' 귀여운 푸들 강아지를 그려줘(draw a cute poodle puppy)'라고 했다.

참고로 아래의 그림은 ChatGPT에게 동일한 내용으로 그림을 그려 달라고 요청해서 ChatGPT가 그린 그림이다.

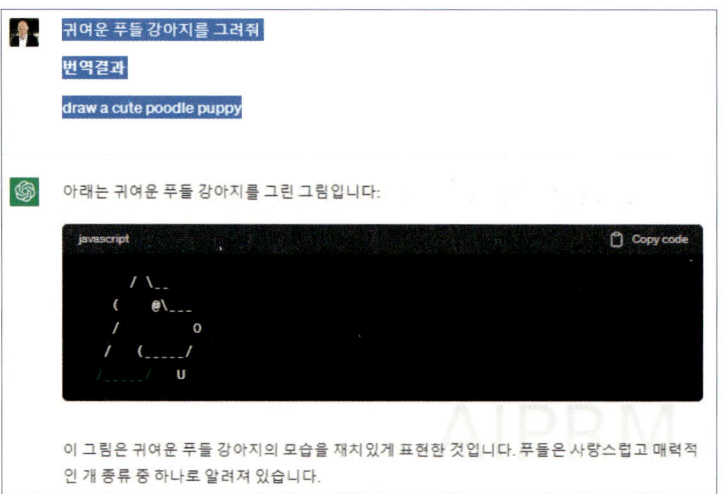

두 번째는 저작권 문제가 없는 무료 이미지 검색 사이트를 이용하는 방법이다. 대표적인 검색 사이트로는 픽사베이(https://pixabay.com/), 언스플래시(https://unsplash.com/ko) 등이 있다. 해당 사이트에서 원하는 키워드를 검색하면 연관된 이미지를 찾을 수 있다.

ChatGPT를 활용해서 위에서 언급한 이미지 검색 사이트에서 이미지를 불러올 수 있다. 아래는 해당 이미지 사이트에서 직접 불러오는 ChatGPT 프롬프트이다.

ChatGPT 프롬프트에 아래 내용을 Copy에서 붙여 넣기를 하고 아래의 'Next Prompt is give me a picture of fitting to [찾고 싶은 이미지 내용 설명]을 입력하여 질문을 한다.

저자는 'ChatGPT를 활용한 업무 효율을 높이는 이미지'를 찾기 위해 아래와 같이 프롬프트를 작성하여 질문을 하였다.

[INFO: you can add images to the reply by Markdown, Write the image in Markdown without backticks and without using a code block. Use the

Unsplash API (https://source.unsplash.com/1600x900/?). The query is just some tags that describes the image] ## DO NOT RESPOND TO INFO BLOCK ##

Next prompt is give me a picture of fitting to "Images that increase work efficiency using ChatGPT"

위의 프롬프트는 ChatGPT에게 '언스플래시라는 사이트에서 이미지를 찾아줘'라는 내용이 포함되어 있다. 조금 더 기술적으로 설명하면, ChatGPT에게 언스플래시 사이트의 API를 학습시키고 직접 프롬프트 창에 해당 URL의 이미지를 찾는 명령이 포함된 내용이다.

ChatGPT를 활용해서 또 다른 그림이나 이미지를 불러오고 싶으면 위의 프롬프트 템플릿처럼 복사해서 사용하고 프롬프트 마지막의 [내용] 부분에 내가 찾고 싶은 그림 또는 이미지 내용을 추가하면 된다. 이 방법을 이용하면 ChatGPT를 통해서도 이미지 검색이 가능하다.

[그림1] 이미지 검색을 통한 ChatGPT 결과

다음은 5개의 이미지를 추가로 요청하는 프롬프트를 아래와 같이 요청하였다.

Next prompt is give me 5pictures of fitting to "Images that increase work efficiency using ChatGPT"

다음 이미지와 같이 5장의 이미지를 제공받았다.

Next prompt is give me 5 pictures of fitting to "Images that increase work efficiency using ChatGPT"
Answer in English.

 Next prompt is give me 5 picture of fitting to "Images that increase work efficiency using ChatGPT"
Answer in English.

 [INFO: 이미지를 추가하려면 마크다운으로 이미지를 작성하십시오. 역따옴표나 코드 블록을 사용하지 않고 마크다운에서 이미지를 작성하십시오. Unsplash API (https://source.unsplash.com/1600×900/?)를 사용하십시오. 쿼리는 이미지를 설명하는 몇 가지 태그입니다.] ## INFO 블록에는 응답하지 마십시오 ##

"ChatGPT를 활용하여 작업 효율성을 높이는 이미지"에 적합한 5개의 이미지입니다.

1.

2.

이미지 출처: Unsplash

이러한 이미지들은 업무 환경, 디지털 도구, 조직된 책상, 팀 협업, 시간 관리 등을 나타내며 작업 효율성을 높이는 데 도움이 될 수 있습니다.

16 ChatGPT를 엑셀 안에 넣어서 사용하기

　기업에서 업무를 처리하면서 엑셀(Excel) 매크로(Macro)를 많이 사용한다. OpenAI에서 만든 ChatGPT는 엑셀, 파워포인트, 워드 등 다양한 오피스 소프트웨어 연동해서 업무의 효율을 높일 수 있다.
　많은 사람들이 혼동하기 쉬운 엑셀과 매크로의 차이점을 정리하면 다음과 같다.
　VB(Visual Basic)는 프로그래밍 언어이고, 매크로(Macro)는 오피스 안에 포함된 별도의 실행 명령이다. VBA(Visual Basic for Applications)는 애플리케이션에 적용된 VB이다.
　매크로 개발 언어는 VSTO(Visual Studio Tools for Office), VBA(Visual Basic for Applications), VBScript 다양한 프로그래밍 언어로 매크로 개발이 가능하다.
　그리고 엑셀에서만 사용 가능한 것도 아니고 MS-Word나 Powerpoint에서도 사용이 가능하고, 한컴오피스 한셀에서도 사용이 가능하다.
　요약하면, 매크로(Macro)는 오피스 안에 포함된 별도의 실행 명령으로 하나의 키로 일련의 명령을 수행한다. VBA는 매크로를 개발하는데 사용되는 프로그래밍 언어이다. 이 두 가지 용어는 엑셀 사용자에게 혼용되어 사용되는 경우가 많으므로 차이를 분명히 이해하고 넘어가는 것이 좋다.
　ChatGPT와 엑셀을 API로 연동해서 엑셀 내의 데이터를 컨트롤하여 검색, 분석, 시각화를 할 수 있다. 또한 ChatGPT를 활용해 API 연동 없이 엑셀의 시트 내의 항목을 VBA를 실행시켜 아래 코드 내용과 같이 컨트롤할 수 있다[화면1]. 워드에서고 VBA를 실행시켜 워드 내의 항목을 컨트롤할 수 있다[화면2].

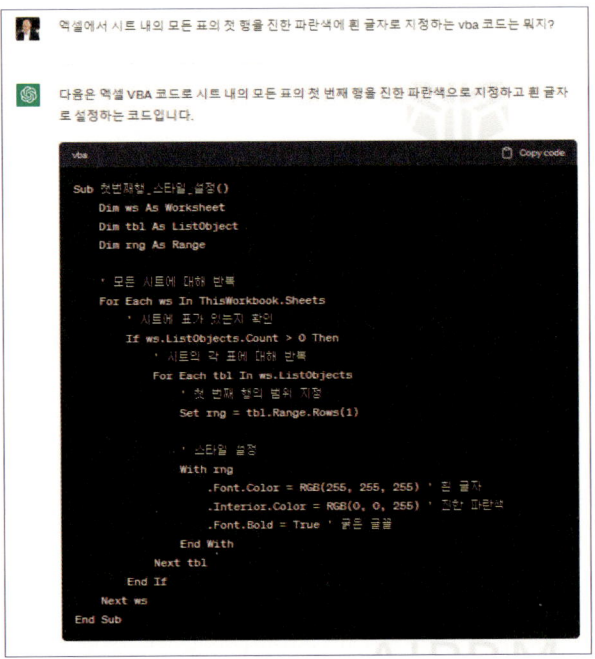

[화면1] 엑셀에서 VBA를 실행시켜 항목 변경하기

이 코드를 엑셀의 VBA 에디터(AlT+F11)키를 누르고, 삽입→모듈 메뉴에 붙여 넣고 [SUB/사용자 정의 폼 실행] 또는 실행 키를 눌러 실행하면, 모든 시트의 모든 표의 첫 번째 행이 진한 파란색으로 지정되고 흰 글자로 설정된다.

[화면2] 워드에서 VBA를 실행시켜 항목 변경하기

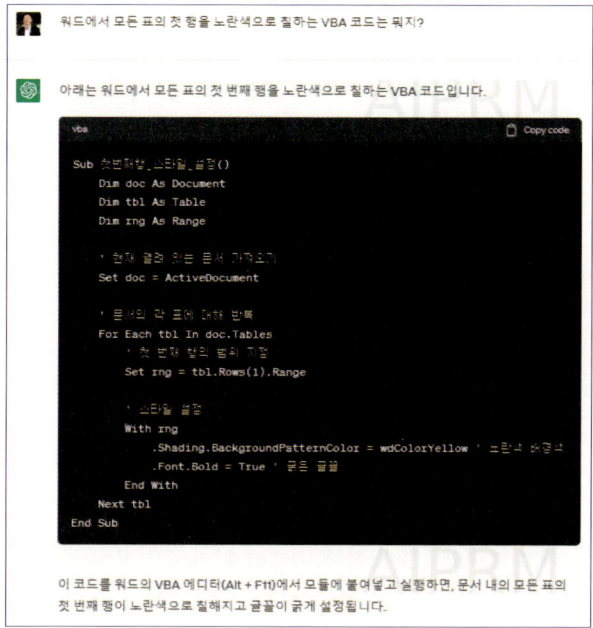

다음은 ChatGPT와 엑셀을 API로 연동해서 엑셀 내의 데이터를 컨트롤하여 검색하는 방법을 살펴보면 다음과 같다.

① OpenAI의 API Key를 발급 받는다.

② 엑셀과 ChatGPT 연동을 위한 VBA 코드 추가하기, 아래의 화면과 같이 엑셀의 개발 도구를 클릭한다. 만약 [개발도구] 탭이 보이지 않을 경우, 리본 메뉴를 우클릭하여[리본 메뉴 사용자 지정]에서 개발도구를 체크한 후 확인 버튼을 눌러 개발도구를 등록할 수 있다. 즉, 개발도구 - Visual Basic 버튼을 클릭해 매크로 편집기를 실행합니다.

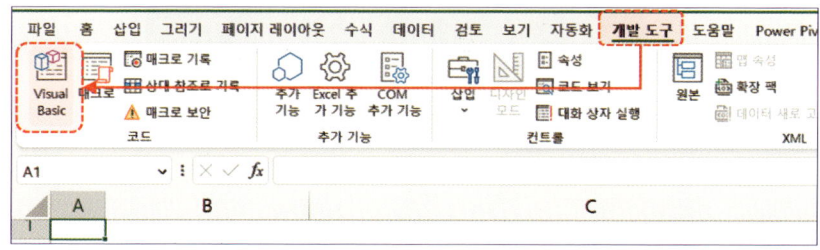

③ 매크로 편집기가 실행되면, 다음은 편집기에서 위쪽에 있는 [삽입] 버튼을 클릭하고 [모듈]을 클릭하여 새로운 모듈을 추가한다.

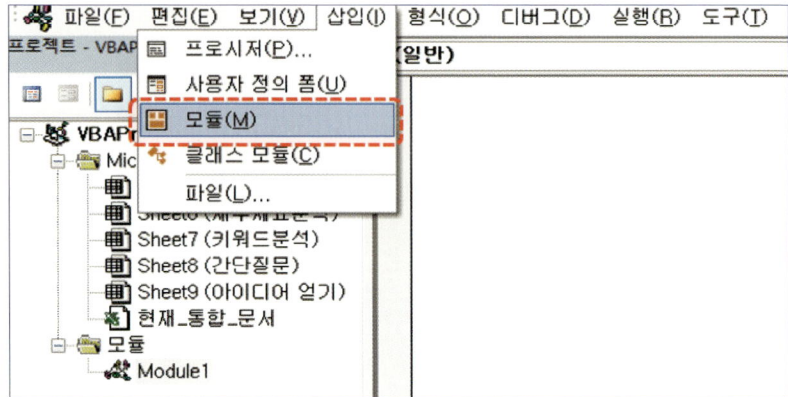

④ 추가된 모듈 안에, ChatGPT를 활용해 아래와 같이 엑셀 VBA를 사용하여 ChatGPT API를 호출하는 코드를 작성해 달라고 해서 결과로 작성된 코드를 복사하여 붙여 넣는다.

```
If req.Status = 200 Then
    responseText = req.responseText
    Dim answer As String
    answer = Split(Split(responseText, "text"": """)(1), """")(0)
    CallChatGPT = answer
Else
    CallChatGPT = "API 호출 오류"
End If
End Function

' 질문 데이터와 답변 데이터의 열 번호
Dim questionCol As Long
Dim answerCol As Long
questionCol = 1    ' 질문 데이터는 엑셀 파일의 첫 번째 열에 있다고 가정합니다.
answerCol = 2      ' 답변 데이터는 엑셀 파일의 두 번째 열에 저장합니다.

' 각 행에 대해 ChatGPT API 호출하여 데이터 업데이트
Dim lastRow As Long
lastRow = ws.Cells(ws.Rows.Count, questionCol).End(xlUp).Row
Dim i As Long
For i = 2 To lastRow
    Dim question As String
    question = ws.Cells(i, questionCol).Value
    Dim answer As String
    answer = CallChatGPT(question)
    ws.Cells(i, answerCol).Value = answer
Next i

' API 호출이 완료되면 객체 변수 해제
Set req = Nothing
End Sub
```

위 코드에서 'YOUR_API_TOKEN' 부분에는 실제로 발급받은 ChatGPT API 토큰을 사용해야 합니다. 또한, 질문 데이터는 엑셀 파일의 첫 번째 열에 위치하고, 답변 데이터는 두 번째 열에 저장되도록 가정하였습니다. 이에 맞게 엑셀 파일의 구조를 조정하거나 코드를 수정하여 사용하시면 됩니다. VBA 코드를 실행하려면 'CallChatGPTAPI' 서브루틴을 호출하면 됩니다.

⑤ 위 코드는 엑셀 VBA를 사용하여 ChatGPT API를 호출하는 예시 프로그램이기 때문에 연동에 필요한 주요 항목을 입력한다.

⑥ 입력이 완료되면 ChatGPT와 엑셀이 연동되어 있기 때문에 엑셀 각 시트에서 간단한 질문, 아이디어 얻기, 키워드 분석, 재무제표 분석, 보고서 자동 완성 등을 실행하여 업무의 효율을 높일 수 있다.

17 ChatGPT가 작성한 내용 AI 텍스트 분류기

　AI 텍스트 분류기는 ChatGPT와 같은 다양한 소스에서 AI가 텍스트를 생성할 가능성을 예측하는 미세 조정된 GPT 모델이다.

　이 분류기는 무료 도구로 사용할 수 있다. 교육 환경에서 ChatGPT의 기능, 제한 사항 및 고려 사항에 대한 자세한 내용은 OpenAI의 텍스트 분류기(platform.openai.com/ai-text-classifier)를 참조하면 된다.

　ChatGPT를 이용하여 논문 작성, 랜덤 글짓기, 시, 소설 창작, 번역, 주어진 문장에 따른 간단한 웹 코딩, 프로그래밍 코딩, 언어 번역, 언어 회화, 문장 교정, 문장 요약, 전문지식 정리, 표 작성 및 표 해석, 콘텐츠 제작, 이미지 인식 내용분석, 음성인식 질의 및 답변, 엑셀 업무 활용, 창의적 아이디어 구현, 유튜브 추천, 법령, 규정 등 검색, 대화 등이 가능하다.

　이렇게 다양하게 생성된 텍스트가 누가 작성했는지 구분하는 것은 쉽지 않다. OpenAI 발표한 AI 텍스트 분류기는 몇 가지 제한 사항이 있다. 최소 1,000자(약 150-250단어)가 필요하다. 분류자가 항상 정확한 것은 아니다. AI가 생성한 텍스트와 사람이 작성한 텍스트의 레이블이 모두 잘못 지정될 수 있다. AI가 생성한 텍스트를 쉽게 편집하여 분류자를 피할 수 있다. 분류기는 주로 성인이 작성한 영어 콘텐츠에 대해 교육을 받았기 때문에 어린이가 작성한 텍스트와 영어가 아닌 텍스트에서 문제가 발생할 수 있다.

　저자는 AI 텍스트 분류기를 확인하기 위하여 아래와 같은 내용으로 ChatGPT

에게 소설을 쓰라고 하였다.

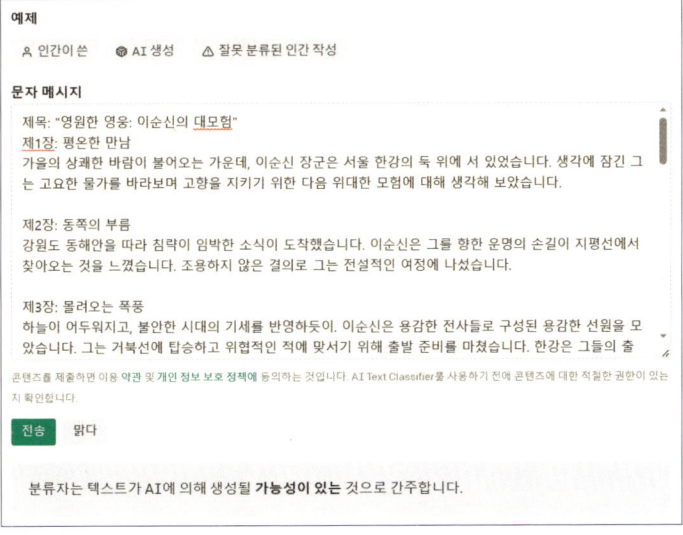

아래는 분류기를 사용한 예이다. 예제를 선택하거나 확인하려는 텍스트를 붙여 넣는다.

위와 같이 분류기는 입력한 텍스트가 AI에 의해 생성될 가능성이 있는 것으로 간주한다고 분류 결과를 나타냈다.

OpenAI에서 AI 텍스트 분류자 정보를 위한 참고 내용을 질문형식으로 정리하면 다음과 같다.

Q. 분류기의 결과를 어떻게 해석합니까?

AI 텍스트 분류자의 용도는 사람이 작성한 콘텐츠와 AI가 생성한 콘텐츠의 차이점에 대한 대화를 촉진하는 것이다. 결과는 도움이 될 수 있지만 문서가 AI로 생성되었는지 여부를 결정할 때 유일한 증거가 되어서는 안 된다. 이 모델은 모든 종류의 사람이 쓴 텍스트를 대표하지 않을 수 있는 다양한 소스의 사람이 쓴 텍스트에 대해 학습된다.

각 문서는 AI에 의해 생성될 가능성이 매우 낮거나, 가능성이 낮거나, 불분명 하다는 레이블이 지정된다.

Q. 분류자는 AI와 공동 작성된 문서를 얼마나 효과적으로 감지하나요?

우리는 인간 저자와 공동으로 작성된 콘텐츠를 감지하는 분류기의 효과를 철저히 평가하지 않았다.

Q. 분류자에 대한 피드백, 우려 사항 또는 질문은 어디에 제출할 수 있나요?

피드백, 우려 사항 또는 질문이 있는 경우 OpenAI 도움말 센터에 문의하면 도움을 받을 수 있다.

Q. 분류자에 대한 모델 카드는 어디에서 찾을 수 있습니까?

AI 텍스트 분류기의 모델 카드는 아래에서 사용할 수 있다.

▶ 모델 세부 정보

AI Text Classifier는 사람이 작성한 텍스트와 AI가 생성한 텍스트를 구분하기 위해 사전 학습된 언어 모델에서 미세 조정된다. OpenAI는 사람이 작성한 텍스트와 AI가 생성한 텍스트의 여러 소스에서 가져온 샘플에 대해 모델을 훈련했다. OpenAI를 포함하여 언어 모델을 배포하는 34개 조직의 5개 모델에서 생성된 텍스트를 사용한다.

▶ 데이터 세트

AI가 생성하고 사람이 작성한 텍스트의 데이터 세트를 수집했다. 사람이 작성한 텍스트는 새로운 Wikipedia 데이터 세트, 2019년에 수집된 WebText 데이터 세트, InstructGPT 훈련의 일환으로 수집된 일련의 인간 시연의 세 가지 소스에서 가져왔다.

가짜 상관 관계(예: 주제)를 최소화하기 위해 모델 작성 텍스트의 각 샘플을 사람이 작성한 유사한 텍스트 샘플과 쌍을 이룬다. 위키백과 데이터의 경우 임의의 문서를 선택하고 1,000개의 토큰으로 잘라낸 다음 모델 완성을 생성하고 원래 연속과 짝을 이루었다. InstructGPT의 프롬프트를 위해 모델 응답을 생성하고 인간 데모와 짝을 이루었다. OpenAI는 인터넷에서 AI 생성 콘텐츠의 확산을 감안할 때 인간이 작성한 것으로 간주되는 데이터에 AI 생성 텍스트가 있을 수 있을 것으로 예상한다.

OpenAI는 AI가 생성한 텍스트와 사람이 작성한 텍스트의 비율이 동일한 균형 잡힌 배치로 학습한다.

현재로서는 추정된 확률이 아닌 클래스를 출력하는 웹 인터페이스에 대한 오픈 액세스를 통해서만 분류기를 사용할 수 있도록 하고 있다.

▶ 제한

이 모델은 주로 공용 웹(사람이 작성한 데이터 세트의 경우) 및 영어 텍스트(모델 작성 데이터 세트의 경우)에서 학습된 모델의 영어 텍스트에 대해 학습되고 평가된다. 이 모델은 주로 영어 예제에서 평가되며 제한된 조사에서 영어가 아닌 텍스트에서 더 나쁜 성능을 발견했다.

이 모델은 짧은 텍스트(1,000자 미만)에서 더 큰 신뢰성을 나타낸다. 또한 예측 가능한 텍스트를 안정적으로 분류할 수 없다. 예를 들어, 정답은 항상 동일하기 때문에 처음 1,000개의 소수 목록이 AI가 생성한 것인지 사람이 작성한 것인지 예측할 수 없다.

OpenAI는 주요 사용 사례가 사람이 쓴 것으로 주장하는 텍스트가 실제로 사람이 쓴 것인지 확인하려는 사람들이 될 것으로 예상한다.

▶ 정확성

OpenAI는 훈련 세트("검증 세트")와 동일한 분포를 가진 보류된 검증 세트와 인간 완료에 대해 훈련된 강력한 언어 모델의 인간이 작성한 완료 및 완료로 구성된 챌린지 세트("챌린지 세트")에서 분류자와 이전에 게시된 분류자를 평가했다.

분류기가 유효성 검사 집합에서 0.97, 챌린지 집합에서 0.66의 AUC 점수로 이전에 게시된 분류자보다 성능이 우수하다는 것을 발견했다(이전에 게시된 분류기의 유효성 검사에서 0.95 및 챌린지 집합에서 0.43과 비교). 또한 텍스트를 생성하는 모델의 크기가 증가함에 따라 분류자의 성능이 저하된다는 것을 알 수 있다. 즉, 언어 모델의 크기가 커질수록 출력은 AI 텍스트 분류자에 대해 사람이 작성한 텍스트처럼 보인다.

18   ChatGPT에 숨어있는 프롬프트 명령어 사용하기

프롬프트는 현재 인공지능 분야에서 많이 쓰이는 개념이지만, 이미 컴퓨터 시스템 분야에서 쓰이던 용어이다. 생성형 AI가 등장하면서 프롬프트의 의미는 좀 더 구체적화 되었다. 즉, 인공지능에게 원하는 명령이나 학습을 시키면 인공지능이 그 명령어에 맞게 결과값을 내놓는다. 인공지능은 다음에 실행할 행동(명령에 따른 행동)에 대한 입력(명령)을 받아들이는 구조이기 때문에 프롬프트는 '명령'을 의미하게 된다.

프롬프트의 구성요소는 다음과 같이 크게 4가지가 있다.

- Instruction: 모델이 수행하기를 원하는 특정 태스크 또는 지시 사항
- Context: 모델이 보다 더 나은 답변을 하도록 유도하는 외부 정보 또는 추가 내용
- InputData: 답을 구하고자 하는 것에 대한 인풋 또는 질문
- Output Indicator: 결과물의 유형 또는 형식을 나타내는 요소

프롬프트는 대형언어 모델에서 원하는 결과를 생성하도록 유도하는 역할을 한다.

예를 들어 사용자가 ChatGPT에서 "~문장을 번역해줘"라는 프롬프트를 입력했다면 이 명령의 핵심은 '번역'이다. 또한 "~내용을 요약해줘"라는 프롬프트

를 입력하면 이 명령의 핵심은 '요약'이다. 이처럼 프롬프트는 사용자가 원하는 결과값을 인공지능이 생성하게끔 지시하는 역할을 한다.

또한 프롬프트는 작업을 지시하는 역할도 하지만, 인공지능이 일련의 '예측'을 통한 답변을 생성할 수 있다. 예를 들어 "너는 경제학 박사야"라는 프롬프트를 먼저 입력시키면, ChatGPT는 이를 반영하여 결과를 출력한다.

ChatGPT는 사용자의 입력에 따라 다양한 방식으로 반응한다. '#setting:'과 같은 형태의 명령어는 일부 사용자들이 대화를 더 잘 제어하고자 사용하는 방법 중 하나이다. 그러나 이러한 명령어들은 OpenAI의 ChatGPT에서 공식적으로 지원하는 것은 아니며, 실제로 이 명령어들이 어떻게 작동하는지는 사용자의 입력과 AI의 학습에 따라 다를 수 있다. 그럼에도 불구하고, 다음은 알아두면 정말 쓸모 있는 ChatGPT 숨어있는 프롬프트 명령어 팁을 정리한 것이다.

① "#setting:" 이 명령어는 대화의 배경을 설정하는 데 사용된다.

예를 들어, "#setting: 항공기 내부"라고 입력하면, 대화는 항공기 내부에서 진행되는 것으로 설정된다.

② "#mood:" 이 명령어는 대화의 분위기를 설정하는 데 사용된다.

예를 들어, "#mood: 긴장감 넘치는"이라고 입력하면, 대화는 긴장감 넘치는 분위기에서 진행되는 것으로 설정된다.

③ "#role:" 이 명령어는 사용자나 AI의 역할을 설정하는 데 사용된다.

예를 들어, "#role: 의사"라고 입력하면, AI는 의사의 역할을 수행하게 된다.

④ "#persona:" 이 명령어는 AI에게 특정 인물이나 캐릭터의 관점에서 대화를 진행하도록 지시한다. 예를 들어, "#persona: 셜록 홈즈"라고 입력하면, AI는 셜록 홈즈의 관점에서 대화를 진행하게 된다.

⑤ "#emotion:" 이 명령어는 AI의 감정 상태를 설정하는 데 사용된다.

예를 들어, "#emotion: 행복"이라고 입력하면, AI는 행복한 감정 상태에서 대화를 진행하게 된다.

⑥ "#action:" 이 명령어는 AI가 특정 행동을 표현하도록 지시하는 데 사용된다.

예를 들어, "#action: 놀람"이라고 입력하면, AI는 놀란 행동을 표현하려고

할 것이다.

⑦ "#location:" 이 명령어는 대화가 진행되는 위치를 설정하는데 사용된다.

예를 들어, "#location: 뉴욕"이라고 입력하면, 대화는 뉴욕에서 진행되는 것으로 설정된다.

⑧ "#time:" 이 명령어는 대화가 진행되는 시간을 설정하는 데 사용됩니다.

예를 들어, "#time: 1950년대"라고 입력하면, 대화는 1950년대를 배경으로 진행된다.

⑨ "#genre:" 이 명령어는 대화의 장르를 설정하는 데 사용된다.

예를 들어, "#genre: 공포"라고 입력하면, 대화는 공포 장르의 이야기로 진행되는 것으로 설정된다.

⑩ "#topic:" 이 명령어는 대화의 주제를 설정하는 데 사용됩니다.

예를 들어, "#topic: 우주 여행"이라고 입력하면, 대화는 우주 여행에 관한 내용으로 진행되는 것으로 설정된다.

⑪ "#style:" 이 명령어는 AI의 말투나 표현 방식을 설정하는 데 사용된다.

예를 들어, "#style: 공손한"이라고 입력하면, AI는 공손한 말투로 대화를 진행하게 된다.

⑫ "#temperature:" 응답의 창의성을 조절한다. 0에서 1사이의 값을 입력하며, 값이 높을수록 더 창의적인 응답을 생성한다. 예). #temperature: 0.8

⑬ "#top_p:" 응답의 다양성을 조절한다. 0에서 1사이의 값을 입력하며,

값이 낮을수록 더 일관된 응답을 생성한다. 예) #top_p: 0.9

명령어 사용시 주의할 점은 다음과 같다.

명령어는 응답을 생성하기 전에 입력해야 한다. 응답을 생성한 후에 입력하면 적용되지 않는다. 명령어는 콜론(:)과 함께 사용해야 한다. 콜론을 빼거나 다른 기호를 사용하면 인식되지 않는다. 명령어는 한 줄에 하나씩 입력해야 한다. 여러 개의 명령어를 한 줄에 입력하면 마지막 명령어만 인식된다. 명령어는 대소문자를 구분하지 않는다. 예를 들어, #length:와 #LENGTH:는 같은 의미이

다. 명령어는 응답의 품질과 관련이 있지만, 응답의 적합성과 관련이 없다. 응답이 문맥에 맞지 않거나 부적절한 경우가 있을 수 있으므로, 항상 확인하고 수정해야 한다.

이와 같이 프롬프트에 대한 이해와 방법을 활용해 질문을 잘하면 좀 더 효과적으로 내가 원하는 정보를 얻을 수 있다.

* 출처: https://charlychoi.blogspot.com/2023/06/chat

19 프롬프트 엔지니어링(Prompt Engineering) 이란 무엇인가?

프롬프트 엔지니어링은 자연어 처리(Natural Language Processing: NLP) 분야의 개념으로 AI라는 도구를 잘 사용하는 방법이다. 즉, 질문을 잘 하여 AI를 효과적으로 잘 쓰는 방법이다.

AI로부터 최상의 답변(결과물의 품질을 높일 수 있는)을 끌어내기 위하여 최적의 단어, 즉 입력 값들의 조합을 찾는 작업이다.

최근 생성 AI(Generative AI)의 연구와 활용이 확대되면서 아래 [그림1]과 같이 프롬프트 엔지니어라는 새로운 직업이 생겨났으며, 해외 기업을 중심으로 수요가 급증하고 있다.

[그림1] AI와 대화 잘하면 연봉 4억 미테크기업서 뜨는 신기술 기사

> **朝鮮日報** 구독 PICK
>
> ## AI와 대화 잘하면 연봉 4억... 美테크기업서 뜨는 신기술
> ## [특파원 리포트]
>
> 입력 2023.02.17. 오전 3:02 수정 2023.02.17. 오전 6:35 기사원문
>
> 김성민 기자
>
> 👍 12 💬 3
>
> 최근 실리콘밸리에서는 '프롬프트 엔지니어링(prompt engineering)'이란 말이 뜨고 있다. 프롬프트는 인공지능(AI)에 입력하는 명령어를 의미한다. 즉 프롬프트 엔지니어링은 AI가 최상의 결과물을 낼 수 있도록 AI에 지시하고 대화하는 기술이라고 보면 된다. 사용자의 질문에 사람 같은 답변을 하는 AI 챗봇 '챗GPT'와 지시에 맞춰 다양한 그림을 그려주는 '미드저니' 같은 생성 AI 서비스가 등장하며 AI와 효과적으로 이야기하는 법이 중요해진 것이다.
>
> AI에 지시를 내리는 것에 기술이 왜 필요하냐고 반문할지 모르지만, AI는 지시어의 형용사나 부사 하나에 따라 완전히 다른 결과물을 내놓는다. 사람이 볼 땐 몇 단어만 다를 뿐 전체 맥락으로 동일하지만, AI 입장에서는 그 차이로 인해 기존보다 월등한 품질의 결과물을 내놓는다. 예컨대 '꽃밭에 서 있는 연인을 그려 달라'고 지시할 경우, 이 지시문에 '생생하게'나 '화려하게' 같은 형용사를 넣느냐에 따라 완전히 다른 풍의 그림이 나온다.
>
> 테크 업계에선 AI가 보편화되면서 프롬프트 엔지니어링이 더욱 각광받을 것이라고 본다. 미래에 사람 못지않은 판단력과 지성을 가진 AGI(Artificial General Intelligence·범용 인공지능)가 나오기 전까지 AI와 대화하고 지시하는 수준에 따라 AI 활용성이 달라질 수 있기 때문이다. 지금까진 인터넷 활용도에 따라 정보·지식의 접근성에 차이가 났다면, 이젠 프롬프트 엔지니어링 기술에 따른 AI 활용성의 차이가 지식 격차를 불러올 것이라는 관측도 나온다.
>
> 테크 기업들은 벌써부터 AI와 대화를 잘하는 프롬프트 엔지니어를 채용하고 있다. 이달 초 구글이 5000억원을 투자한 미 샌프란시스코의 AI 스타트업 앤스로픽은 지난달 연봉 3억~4억원 수준의 프롬프트 엔지니어·데이터 라이브러리 관리자 채용 공고를 냈다. 미국의 프리랜서 고용 플랫폼인 업워크에도 프롬프트 엔지니어를 찾는다는 공고 7개가 올라왔다. 아예 그림 그려주는 AI에 집어넣어 멋진 그림을 만들 수 있는 프롬프트를 돈을 주고 거래하는 온라인 사이트도 생겼다. AI와 대화를 잘하면 돈을 벌 수 있는 셈이다. 미 시사주간지 애틀랜틱은 "직업의 미래는 AI와 얼마나 잘 대화할 수 있는지에 달렸다"고 했다.
>
> 프롬프트 엔지니어링이란 말은 불과 1년 전만 해도 없던 말이다. 하지만 세상이 바뀌는 속도는 날이 갈수록 빨라지고 있다. 인간이 20년간 정보를 습득하는 보편적 수단이었던 인터넷 검색에 챗GPT가 적용되며 AI 검색 시대가 열린 것이 대표적 사례이다. 예상보다 더 빨리 더 많은 직업이 영향을 받을 것이고 우리 삶의 모습이 바뀔 수 있다. 아직은 멀었다고 생각했다간 거센 변화의 물결에 휩쓸려 갈 것이다.
>
> 실리콘밸리=김성민 특파원 don2381@chosun.com

* 출처 : 조선일보

프롬프트 엔지니어(Prompt Engineer)는 두 가지 역할을 한다. 하나는 데이터 사이언스 분야의 신종 직업으로, ChatGPT와 같은 대화형 인공지능에게 자연어로 대화를 걸며, 대형언어 모델에서 최적의 답변을 이끌어내고, 편향되거나 위험한 결과를 최소화하기 위해 효과적인 입력값 조합을 찾고 제시하는 역할을 한다.

또 하나는 인공지능 대화 시스템을 구현하고 유지 보수하는 개발자 역할을

맡는다. 사용자와 인공지능 시스템 간의 대화 인터페이스를 설계하고, 자연어 처리 기술과 기계 학습 알고리즘을 이용하여 대화 인터페이스를 구현하고 유지보수를 담당하는 것이 주요한 업무이다. 그리고 대화 인터페이스에서 사용자가 제시하는 질문과 요청에 대한 정확한 대답을 제공하도록 대화의 흐름을 설계하고 수정하는 업무도 담당한다. 특히 ChatGPT와 같은 대화형 인터페이스는 사용자와의 상호작용이 필요한 인공지능 서비스에서 프롬프트 엔지니어링은 매우 중요한 역할을 한다. 사용자가 이해하기 쉽고 편리한 대화 인터페이스는 서비스 이용에 대한 사용자 만족도를 높일 뿐 아니라 서비스의 효율성을 높여주기 때문이다.

프롬프트 엔지니어의 전망은 대화 인터페이스의 성능과 사용자 경험을 개선하기 위해 필수적인 직군으로 자리 잡고 있기 때문에 프롬프트 엔지니어의 역할과 기술은 인공지능 분야에서 더욱 중요한 위치를 차지할 것으로 예상된다.

20 구글 코랩(Colab) 쉽게 사용하기

　구글 코랩(Colab)은 구글이 제공하는 클라우드 기반의 무료 Jupyter 노트북 환경이다. 코랩은 데이터 분석, 머신 러닝, 딥 러닝 등 다양한 작업을 수행할 수 있는 플랫폼으로, 브라우저에서 직접 코드를 작성하고 실행할 수 있다. 코랩은 사용자가 별도의 개발 환경을 설정하지 않고도 쉽게 프로그래밍과 데이터 분석을 할 수 있도록 도와준다. 구글 코랩을 사용하면 파이썬(Python) 코드를 작성하고 실행할 수 있으며, 주피터 노트북 형식으로 작성된 코드와 문서를 함께 관리할 수 있다. 코랩은 GPU와 TPU를 활용한 고성능 컴퓨팅을 지원하기 때문에 대용량 데이터셋이나 복잡한 모델 학습에도 유용하다. 또한, 코랩은 다른 사용자와 공유 및 협업도 가능하며, 구글 드라이브와 연동하여 데이터 및 노트북을 쉽게 관리할 수 있다.

　구글 코랩은 다양한 라이브러리와 패키지를 미리 설치해두어 개발 환경 설정에 들어가는 시간과 노력을 절약해준다. 또한, 구글의 클라우드 인프라를 기반으로 실행되기 때문에 사용자의 컴퓨터 성능에 제한 받지 않고 원활하게 작업할 수 있다. 이러한 편리한 기능과 강력한 컴퓨팅 성능으로 구글 코랩은 많은 데이터 과학자, 연구자, 개발자들에게 인기가 있다.

❯ 구글 코랩이란?

Colaboratory(줄여서 'Colab'이라고 함)을 통해 브라우저 내에서 파이썬(Python) 스크립트를 작성하고 실행할 수 있다.

- 구성이 필요하지 않음
- 무료로 GPU 사용
- 간편한 공유

학생이든, 데이터 과학자든, AI 연구원이든 코랩으로 업무를 더욱 간편하게 처리할 수 있다.

구글 코랩(Google Colab)은 내 현재 사양이 딥러닝(Deep Learning) 혹은 머신러닝(Machine Learning)을 돌리기 적합하지 않거나, 다양한 기기를 사용해서 통일된 환경으로 작업을 하고 싶거나, 실제 서비스에 적용해보기 전에 테스트로 돌리기 용이한 환경이다. 구글은 코랩이라는 GPU가 탑재된 클라우드 환경을 사용자에게 무료로 제공해주고, 사용자는 코랩에서 다양한 실험을 하면서 구글은 실험 데이터를 얻고 우리는 무료로 빠르게 딥러닝을 테스트 해볼 수 있다.

다만 코랩이 고급 환경을 계속 주는 것은 아니다. 예를 들어 모델링 학습 시간이 하루가 넘어가는 것이라면 사용할 수 없기 때문에 사실상 맛보기 정도에 불과하다. 그럼에도 불구하고 코랩을 사용하는 경우는 언제 어디서든 작업을 할 수 있기 때문이 큰 장점이며, 구글 드라이브와 연동이 되어 매우 쉽게 작업을 진행할 수 있기 때문이다. 그리고 왠만한 환경은 이미 세팅이 되어 있는 것도 큰 장점이다.

❯ 구글 코랩 시작하기

코랩을 사용하기 위해서는 아래의 링크에 들어가서 코랩에 방문한다.

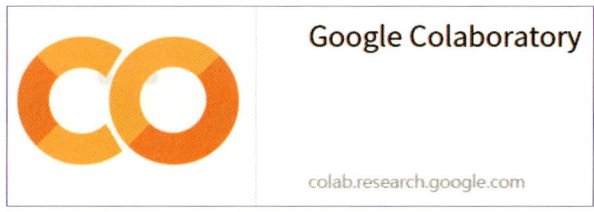

위 코랩에 들어가면 아래와 같은 Welcome 화면이 나온다. 화면은 사용자에 따라 달라질 수 있다.

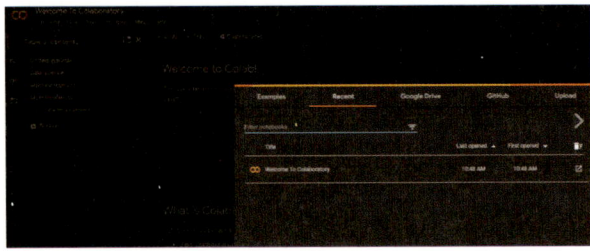

코랩에 들어간 후 좌측 상단에 있는 File을 선택하고 New notebook 선택하면 된다.

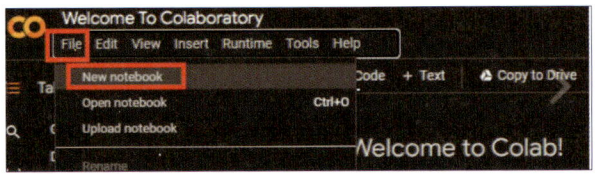

코랩은 주피터 노트북과 동일한 화면으로 되어 있기 때문에 누군가에게 소스를 설명하거나 중간 중간 테스트를 하기에 편리하다.

다음은 코랩이 정상적으로 작동이 되는지 확인하기 위해서 테스트로 아래와 같이 테스트를 한다, 코드를 작성하고 왼쪽 중간에 있는 실행 버튼을 클릭하여 현재 구간을 실행 시킨다.

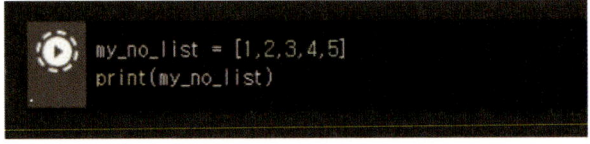

코드에 문제가 없을 경우 아래와 같이 결과 출력되며 왼쪽에 녹색의 체크 표시가 뜨게 된다.

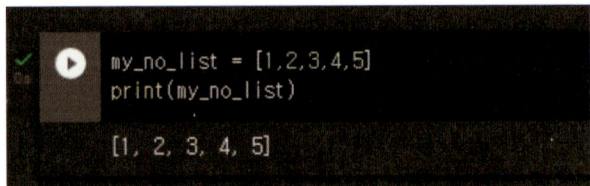

> PiP 패키지 설치하기

pip은 파이썬 패키지를 설치하고 관리하는 패키지 관리자(Package Manager)이다. pip은 "Pip Installs Packages"의 약자로서 재귀적인 약어이다.

pip은 Python 2.7.9+와 Python 3.4+에서 디폴트로 설치되어 있다. 만약 pip이 시스템에 설치되지 않은 경우는 다음과 같이 설치할 수 있다.

[curl https://bootstrap.pypa.io/get-pip.py | python]

pip을 이용하면 패키지를 쉽게 설치할 수 있다. pip으로 설치할 수 있는 패키지들의 목록은 'Python Package Index (PyPI)'에서 찾아 볼 수 있다. 다음은 패키지를 설치하는 pip install 명령이다.

pip install 패키지명

    ex) $ pip install django

        $ pip install numpy

        $ pip install matplotlib

코랩에서 다양한 패키지를 제공하더라도 내가 원하는 패키지가 없는 경우가 상당히 많다. 그럴땐 pip 명령어를 입력해서 설치해야 한다. 사용 방법은 아래와 같이 pip 앞에 느낌표(!)를 표시해서 설치한다.

> GPU 런타임 사용하기

다음은 GPU 런타임 사용하기이다. 코랩에서는 GPU를 사용하기 위해서는 별도의 설정이 필요하다.

먼저, 코랩의 메뉴에 있는 Runtime 메뉴를 선택하고, Change runtime type을 선택한다.

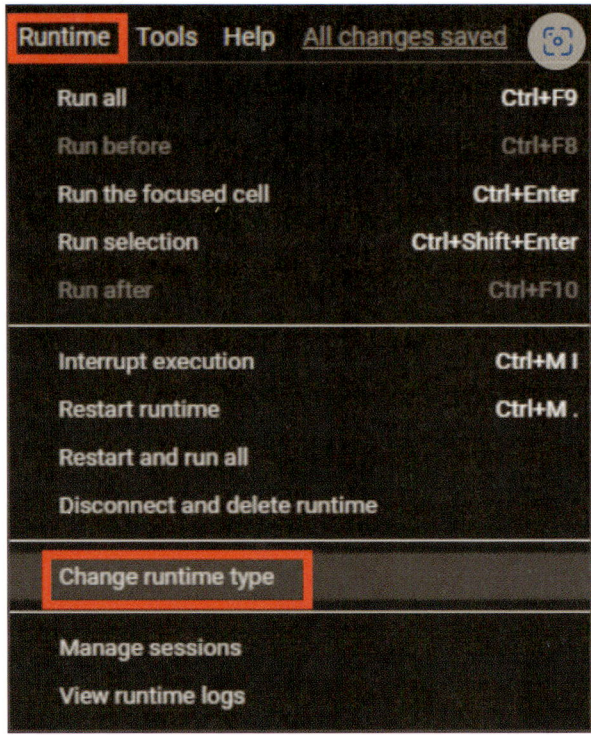

그러면 아래와 같이 하드웨어 엑셀레이터 설정이 나온다.

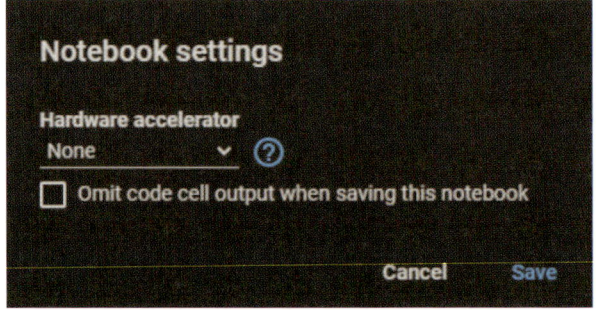

이 설정에서 원하는 하드웨어를 설정하면 된다.

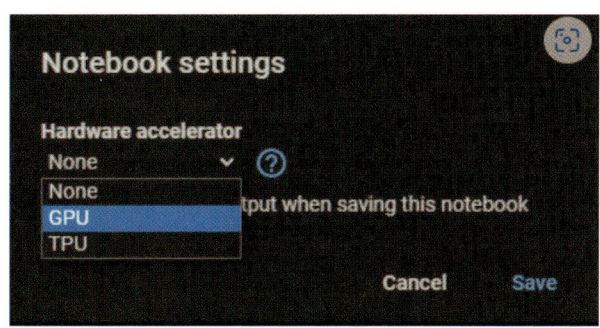

GPU 설정이 완료되면 아래와 같이 Reload를 해달라는 창이 뜨면 Reload를 실행한다.

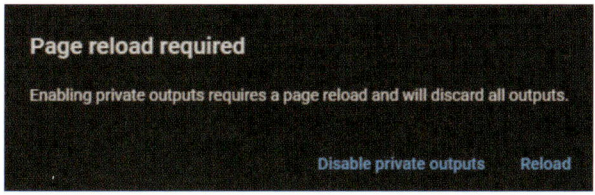

PART 4

비즈니스에 적용해서 효율을 높일 수 있는 프롬프트 세트

01 CEO 및 임원들이 적용할 수 있는 프롬프트 질문 세트

ChatGPT를 업무 및 비즈니스에 바로 적용해서 효율을 높일 수 있는 프롬프트(Prompt) 질문 세트 중에서 CEO 및 임원들이 손쉽게 바로 적용해 볼 수 있는 유용한 질문들을 아래와 같이 정리하였다.

No	ChatGPT 프롬프트 질문
1	회사의 비전, 미션, 목표를 수립하고 이를 실현하기 위한 전략을 계획해 주세요.
2	경영성과를 평가하고 개선을 위한 계획을 수립해 주세요.
3	새로운 사업 및 투자 기회를 찾아내고 분석해 주세요.
4	조직 전반의 인력관리 및 인재육성 전략을 수립하고 실행해 주세요.
5	비즈니스 모델, 제품 및 서비스의 혁신 및 개선을 위한 계획을 수립해 주세요.
6	경쟁 환경 및 시장 동향을 분석하고 이에 대응하는 전략을 수립해 주세요.
7	회사의 재무 상태를 평가하고 재무 관리 전략을 수립해 주세요.
8	이슈 관리 및 위기 대처 전략을 수립해 주세요.
9	대내외적인 이해관계자와 소통하고 협력을 위한 전략을 수립해 주세요.
10	CEO로서의 리더십과 경영 철학을 전달하고 실천하는 방법을 수립해 주세요.
11	지속 가능한 경영 전략 및 사회적 책임 경영을 위한 계획을 수립해 주세요.
12	기술적 혁신 및 디지털 전환 전략을 수립하고 이를 실행해 주세요.
13	기업의 브랜드 및 이미지 관리를 위한 전략을 수립하고 실행해 주세요.
14	기업의 국제화 전략 및 글로벌 비즈니스 개발을 위한 계획을 수립해 주세요.
15	대외적인 인지도 및 평판 관리를 위한 전략을 수립해 주세요.
16	기업의 인수합병(M&A) 및 파트너십 전략을 수립하고 실행해 주세요.
17	새로운 기술과 트렌드를 접목한 제품과 서비스 개발을 위한 전략을 수립해 주세요.
18	지역별, 시장별로 다양한 비즈니스 모델을 개발하기 위한 계획을 수립해 주세요.
19	차별화된 고객 경험을 제공하기 위한 전략을 수립하고 실행해 주세요.

20	새로운 산업 분야 개척 및 협력을 위한 계획을 수립해 주세요.
21	기업의 인재유치 및 인력관리 전략을 수립하고 실행해 주세요.
22	회사의 위험 요소를 식별하고 관리하기 위한 전략을 수립해 주세요.
23	기업의 비즈니스 모델 변화에 대응하기 위한 계획을 수립해 주세요.
24	인공지능, 빅데이터, 블록체인 등의 기술을 활용한 혁신적인 비즈니스 모델을 개발하기 위한 전략을 수립해 주세요.
25	기업의 지속 가능한 경영 및 환경 보호를 위한 계획을 수립하고 실행해 주세요.
26	다양한 비즈니스 파트너와 협력하는 전략을 수립하고 실행해 주세요.
27	CEO로서의 리더십 역량과 업무수행을 위한 계획을 수립하고 실행해 주세요.
28	기업의 지적재산권(IP) 관리 전략을 수립하고 실행해 주세요.
29	기업의 경영과 관련된 법규 준수와 윤리적 문제 해결 전략을 수립해 주세요.
30	기업의 비즈니스 성과를 모니터링하고 향상시키기 위한 계획을 수립해 주세요.

02 전략기획부서 직원들이 적용할 수 있는 프롬프트 질문 세트

ChatGPT를 업무 및 비즈니스에 바로 적용해서 효율을 높일 수 있는 프롬프트(Prompt) 질문 세트 중에서 전략기획부서 직원들이 손쉽게 바로 적용해 볼 수 있는 유용한 질문들을 아래와 같이 정리하였다.

No	ChatGPT 프롬프트 질문
1	전략(Strategy), 구조(Structure), 시스템(Systems), 스태프(Staff), 기술(Technology), 스타일(Style), 공유 가치(Shared Values)를 총칭하여 조직의 전략적 상황을 분석해 주세요. [7S 모델]
2	새로운 기업 진입의 위협성, 공급업체의 교섭력, 대체 제품 및 서비스의 위협성, 구매자의 교섭력, 기존 경쟁 업체의 경쟁력 등 5개의 분야를 분석하여 산업 구조를 파악해 주세요. [5 Forces 분석]
3	기업 비전과 미션에 대해 설명해 주세요.
4	제품/서비스의 차별화 전략과 그 근거에 대해 설명해 주세요.
5	경쟁 환경 및 경쟁 업체의 장단점에 대해 분석해 주세요.
6	새로운 시장 진출 전략과 관련한 계획을 설명해 주세요.
7	향후 5년간의 사업 계획과 목표를 설명해 주세요.
8	전반적인 기업 인프라 및 인력 관리 전략에 대해 설명해 주세요.
9	기업의 핵심 경쟁력을 제고하기 위한 전략과 구체적인 실행 방안을 제시해 주세요.
10	비즈니스 모델과 수익 구조에 대해 설명해 주세요.
11	R&D 전략과 혁신적인 제품/서비스 개발을 위한 방안에 대해 설명해 주세요.
12	기업의 위험 관리 전략과 대처 방안을 설명 해주세요.
13	사업을 확장하기 위한 새로운 아이디어를 제시해 주세요.
14	다음 5년간의 성장 전략에 대해 제안해 주세요.
15	비즈니스 모델의 문제점을 분석하고 개선 방안을 제시해 주세요.
16	경쟁사의 시장점유율과 전략을 분석해 주세요.
17	미래 시장 동향과 선도 기업들의 전략을 조사해 주세요.
18	다양한 시나리오에 대한 대응 전략을 제시해 주세요.

19	내부 프로세스를 분석하고 최적화 방안을 제시해 주세요.
20	불확실성이 높은 환경에서 성공적인 전략을 수립하기 위한 방법을 제시해 주세요.
21	마케팅 전략과 상호작용하여 최적의 전략을 수립하기 위한 방법을 제시해 주세요.
22	향후 시장에 대한 전망과 그에 따른 전략적 대응 방안을 제시해 주세요.
23	신규 제품/서비스 출시 전략을 제안해 주세요.
24	기존 제품/서비스 개선을 위한 전략을 제안해 주세요.
25	경쟁 업체와의 경쟁 우위를 확보하기 위한 전략을 제안해 주세요.
26	기업 내부 프로세스 개선을 위한 전략을 제안해 주세요.
27	신규 시장 진출을 위한 전략을 제안해 주세요.
28	기존 시장에서의 경쟁 우위 유지를 위한 전략을 제안해 주세요.
29	기업의 재무 상황을 고려한 투자 전략을 제안해 주세요.
30	기존 제품/서비스 라인업의 포트폴리오 관리 전략을 제안해 주세요.
31	기업의 미래 비전과 성장 전략을 제안해 주세요.
32	기업의 CSR 전략을 제안해 주세요.
33	새로운 시장에서 진입 전략을 제안해 주세요.
34	현재 시장에서 브랜드 인지도를 높이기 위한 전략을 제안해 주세요.
35	제품/서비스 라인 확장을 위한 전략을 제안해 주세요.
36	기존 제품/서비스의 개선을 위한 전략을 제안해 주세요.
37	다양한 고객층을 대상으로 하는 마케팅 전략을 제안해 주세요.
38	새로운 비즈니스 모델을 적용하기 위한 전략을 제안해 주세요.
39	인터넷 기술을 활용한 디지털 전환 전략을 제안해 주세요.
40	기업의 사회적 책임(Social Responsibility) 전략을 제안해 주세요.
41	성장을 위한 인수(M&A) 전략을 제안해 주세요.
42	글로벌 시장에서 경쟁력을 확보하기 위한 전략을 제안해 주세요.

03 마케팅부서 직원들이 적용할 수 있는 프롬프트 질문 세트

ChatGPT를 업무 및 비즈니스에 바로 적용해서 효율을 높일 수 있는 프롬프트(Prompt) 질문 세트 중에서 마케팅부서 직원들이 손쉽게 바로 적용해 볼 수 있는 유용한 질문들을 아래와 같이 정리하였다.

No	ChatGPT 프롬프트 질문
1	고객(Customer), 경쟁사(Competitor), 기업(Company)을 분석하여 마케팅 전략을 수립하는 분석 모형을 작성해 주세요. [3C 분석]
2	상품(Product), 가격(Price), 판매채널(Place), 프로모션(Promotion)을 통해 마케팅 전략을 구성하는 프레임워크를 작성해 주세요. [4P 전략]
3	저희 제품/서비스의 차별화된 가치 제시해 주세요.
4	저희 제품/서비스의 경쟁력을 강조하는 메시지를 작성해 주세요.
5	구매자의 구매 결정에 영향을 미치는 요인을 분석해 주세요.
6	디지털 마케팅 채널을 활용한 마케팅 전략을 개발해 주세요.
7	소비자 인사이트 및 경험 분석해 주세요.
8	소셜 미디어 채널을 활용한 마케팅 전력 개발해 주세요.
9	저의 제품/서비스의 특징과 이점에 대한 내부 교육을 제공해 주세요.
10	제품/서비스의 브랜드 가치 제고 방안을 제시해 주세요.
11	라이프사이클 기반 마케팅 전략을 개발해 주세요.
12	마케팅 수익성 분석을 해 주세요.
13	대상 고객층에 맞는 마케팅 전략을 제시해 주세요.
14	온라인 광고 캠페인을 기획해 주세요.
15	저희 제품/서비스와 관련된 키워드 연구를 수행해 주세요.
16	마케팅 투자 대비 효과 분석을 해 주세요.
17	제품/서비스 관련 이슈와 소비자 반응에 대한 모니터링을 해 주세요.
18	인플루언서 마케팅 캠페인 기획해 주세요.

19	제품/서비스와 관련된 피드백 및 문의 처리 방안을 제시해 주세요.
20	국내외 시장 동향과 경쟁 업체 분석을 해 주세요.
21	유저 경험 분석을 수행해 주세요.
22	마케팅 자동화 도우 도입 방안을 제시해 주세요.
23	제품/서비스와 관련된 새로운 시장 발굴 방안을 제시해 주세요.
24	오프라인 광고 캠페인 기획해 주세요.
25	제품/서비스의 브랜딩 전략을 제시해 주세요.
26	제품/서비스를 다른 시장에서 성공적으로 판매하기 위한 전략을 제시해 주세요.
27	제품/서비스에 대한 소비자 인식 조사를 수행해 주세요.
28	제품/서비스와 관련된 온라인 컨텐츠 마케팅 기획해 주세요.
29	제품/서비스에 대한 블로그 글/기사 등의 콘텐츠 제작 방안을 제시해 주세요.
30	소셜 미디어 영향력자와 제휴할 수 있는 방안을 제시해 주세요.
31	제품/서비스와 관련된 브랜드 커뮤니케이션 전략을 제시해 주세요.
32	제품/서비스의 브랜드 이미지 개선 방안을 제시해 주세요.
33	제품/서비스와 관련된 검색 엔진 최적화 방안을 제시해 주세요.
34	새로운 제품/서비스 출시 시 기존 제품/서비스와의 관계성 및 전략 제시해 주세요.
35	소셜 미디어 채널 분석을 수행해 주세요.
36	제품/서비스의 타깃 마켓 및 마케팅 전략에 대한 SWOT 분석을 제시해 주세요.
37	제품/서비스와 관련된 이메일 마케팅 캠페인 기획해 주세요.
38	제품/서비스에 대한 광고 대상층 설정 및 광고 캠페인 기획을 해 주세요.
39	유튜브 채널 운영 및 마케팅 전략 제시해 주세요.
40	제품/서비스와 관련된 밀키트 레시피 등의 콘텐츠 제작 방안을 제시해 주세요.
41	소셜 미디어 채널 분석을 통한 경쟁 업체 분석을 해 주세요.
42	제품/서비스와 관련된 마케팅 자료 제작 방안을 제시해 주세요.
43	제품 포트폴리오 분석 도구로, 시장 성장률과 기업 내 제품의 점유율을 기반으로 제품의 생애 주기와 경쟁력을 분석해 주세요. [BCG 매트릭스]
44	경쟁 업계를 탈피하여 새로운 시장을 개척하는 전략으로, 시장을 넓히거나 창조하여 경쟁을 회피하는 전략을 수립해 주세요. [블루 오션 전략]
45	경쟁 우위를 확보하기 위한 대표적인 전략으로, 전체 비용 리더십 전략, 차별화 전략, 집중 전략을 수립해 주세요. [포터의 경쟁 전략]

04 영업부서 직원들이 적용할 수 있는 프롬프트 질문 세트

ChatGPT를 업무 및 비즈니스에 바로 적용해서 효율을 높일 수 있는 프롬프트(Prompt) 질문 세트 중에서 영업부서 직원들이 손쉽게 바로 적용해 볼 수 있는 유용한 질문들을 아래와 같이 정리하였다.

No	ChatGPT 프롬프트 질문
1	고객의 요구사항에 적합한 제품을 제공하기 위해 어떤 접근 방식을 사용하는지 설명해 주세요.
2	제품의 장점을 강조하는 메시지를 작성해 주세요.
3	고객에게 제품의 가치를 제시하기 위해 사용하는 마케팅 채널과 전략에 대해 설명해 주세요.
4	고객의 피드백을 수집하고 분석하는 방법에 대해 설명해 주세요.
5	고객과의 협상 과정에서 사용하는 전략과 기술에 대해 설명해 주세요.
6	특정 고객군을 대상으로 하는 제품에 대한 마케팅 전략과 채널을 제시해 주세요.
7	제품의 유일한 가치 제안(unique value proposition)을 명확하게 표현하는 방법에 대해 설명해 주세요.
8	고객과의 커뮤니케이션을 강화하고 개선하는 방법에 대해 제시해 주세요.
9	고객이 우리 제품을 선택하는 이유에 대해 연구하고 분석한 결과에 대해 설명해 주세요.
10	새로운 시장에서 고객을 확보하기 위한 마케팅 전략과 채널에 대해 설명해 주세요.
11	제품/서비스의 가치를 강조하고, 이를 어떻게 고객에게 전달할 것인지 설명해 주세요.
12	타깃 고객층의 요구사항을 파악하고, 이를 충족시키기 위한 전략을 제시해 주세요.
13	고객과의 유대감을 강화하기 위한 방법을 제시해 주세요.
14	시장 동향을 분석하고, 이를 반영한 마케팅 전략을 수립해 주세요.
15	매출을 증대시키기 위한 새로운 영업 채널을 발굴하고, 그에 따른 전략을 제시해 주세요.
16	제품/서비스의 특징을 강조하고, 이를 시장에서 선보이기 위한 전략을 수립해 주세요.
17	고객 이탈률을 낮추기 위한 전략을 수립해 주세요.
18	비즈니스 성과를 분석하고, 이를 개선하기 위한 방안을 제시해 주세요.
19	대규모 계약 체결을 위한 전략을 수립하고, 이를 실행하기 위한 계획을 제시해 주세요.

20	제품/서비스 개선을 위한 고객 의견 수집 방법과 그 결과를 분석한 내용을 보고해 주세요.
21	새로운 시장 개척을 위한 전략을 수립하고, 그에 따른 마케팅 및 영업 계획을 제시해 주세요.
22	제품/서비스의 브랜딩 전략과 실행 방안을 제시해 주세요.
23	비즈니스 파트너쉽을 협상하기 위한 담당자와 면담하여 결과를 보고해 주세요.
24	영업 활동에서 유용하게 활용할 수 있는 새로운 비즈니스 기회를 발굴해 주세요.
25	고객 만족도를 높이기 위한 새로운 제안 방안을 제시해 주세요.
26	고객 대응 및 이슈 처리에 대한 보고서를 작성해 주세요.
27	영업 성과 분석을 위한 KPI 지표 및 관리방안을 제시해 주세요.
28	새로운 상품 및 서비스 라인을 개발하여 사업을 확대해 주세요.
29	다양한 판촉 활동을 기획하고 실행해 주세요.
30	고객 유치를 위한 새로운 마케팅 전략을 제시해 주세요.
31	영업 활동에 대한 분석 보고서를 작성하여 보고해 주세요.

05 생산부서 직원들이 적용할 수 있는 프롬프트 질문 세트

ChatGPT를 업무 및 비즈니스에 바로 적용해서 효율을 높일 수 있는 프롬프트(Prompt) 질문 세트 중에서 생산부서 직원들이 손쉽게 바로 적용해 볼 수 있는 유용한 질문들을 아래와 같이 정리하였다.

No	ChatGPT 프롬프트 질문
1	제품 생산 공정에서 발생 가능한 문제점에 대해 분석하고 해결 방안을 제시해 주세요.
2	공급망 관리를 위해 우리 제품 생산 과정에서 필요한 자원과 원자재의 구매 계획을 세워 주세요.
3	우리 제품 생산 과정에서 품질 관리를 위한 기준과 절차를 수립해 주세요.
4	생산 라인의 생산성과 효율성을 높이기 위한 개선 방안을 제시해 주세요.
5	제품 생산 및 납품 일정을 계획하고 관리할 수 있는 방안을 제시해 주세요.
6	생산 라인에서 발생 가능한 안전 문제에 대해 분석하고 예방할 수 있는 방안을 제시해 주세요.
7	제품 생산 과정에서 사용하는 기계 및 장비의 유지보수와 수리 계획을 세워 주세요.
8	우리 제품 생산 과정에서 적용할 수 있는 친환경적인 생산 방식에 대해 연구하고 제시해 주세요.
9	생산 라인에서 발생 가능한 쓰레기와 폐기물 관리 방안을 제시해 주세요.
10	제품 생산 과정에서 사용되는 원자재 및 부품의 품질 검사 방법과 기준을 제시해 주세요.
11	생산 라인에서 사용되는 인력의 교육과 훈련 방안을 제시해 주세요.
12	제품 생산 과정에서 효과적인 비용 관리 방안을 제시해 주세요.
13	제품 생산 과정에서 사용되는 설비 및 기계의 보유 및 교체 계획을 세워 주세요.
14	우리 제품 생산 과정에서 적용할 수 있는 스마트 팩토리 기술에 대해 연구하고 제시해 주세요.
15	생산 라인에서 발생 가능한 인적, 물적 피해 예방을 위한 위기 관리 방안을 제시해 주세요.
16	생산 라인의 생산성 측정 방법과 성과 평가 지표를 제시해 주세요.
17	우리 제품 생산 과정에서 적용할 수 있는 자동화 기술에 대해 연구하고 제시해 주세요.
18	생산 라인에서 발생 가능한 에너지 낭비를 예방할 수 있는 방안을 제시해 주세요.
19	제품 생산 과정에서 사용되는 재고 관리 방안을 제시해 주세요.

20	생산 라인의 작업자 건강과 안전을 보장하기 위한 대응 방안을 제시해 주세요.
21	생산 라인에서 적용 가능한 Lean Manufacturing 방법론을 연구하고 제시해 주세요.
22	제품 생산 과정에서 발생 가능한 불량률을 감소시키기 위한 대응 방안을 제시해 주세요.
23	생산 라인에서 사용하는 자재의 효율적인 관리와 사용 방안을 제시해 주세요.
24	생산 라인에서 적용 가능한 품질 경영 방안을 연구하고 제시해 주세요.
25	우리 제품 생산 과정에서 적용 가능한 IoT 기술에 대해 연구하고 제시해 주세요.
26	생산 라인에서 발생 가능한 환경오염을 예방하고 규제에 따른 대응 방안을 제시해 주세요.
27	생산 라인에서 사용하는 자재와 부품의 원가 분석과 감소 방안을 제시해 주세요.
28	생산 라인에서 발생 가능한 사고 예방을 위한 안전 교육과 훈련 방안을 제시해 주세요.
29	생산라인에서발생가능한노동자의인권침해를방지하기위한대응방안을 제시해 주세요.
30	제품 생산 과정에서 사용되는 에너지의 소비와 비용을 분석하고 감소 방안을 제시해 주세요.
31	생산라인에서 발생한 문제점을 즉시 처리하도록 조치를 취해 주세요.
32	제조 과정 중 발생하는 에너지 소비 및 비용을 분석하고 절감 방안을 제시해 주세요.
33	생산 설비 및 자원의 효율적인 활용 방안을 제시해 주세요.
34	제조 프로세스에서 발생하는 폐기물 처리 방법에 대해 검토해 주세요.
35	생산량, 비용, 일정 등의 생산 관련 지표를 분석하여 개선 방안을 제시해 주세요.
36	생산효율 향상을 위한 인력 관리 방안을 제시해 주세요.
37	제품 생산 과정에서 발생하는 안전 문제를 예방하기 위한 방안을 마련해 주세요.
38	제품 생산 라인에서의 검사 과정 개선 방안을 제시해 주세요.
39	생산 자원의 재활용 및 재사용 방안을 제시해 주세요.
40	생산 과정에서 발생하는 문제에 대한 대응 방안을 신속하게 제시해 주세요.
41	제품 생산 과정에서 사용되는 에너지의 소비와 비용을 분석하고 감소 방안을 제시해 주세요.
42	우리 제품의 생산성을 높이는 방안을 검토해 주세요.
43	생산성 향상을 위한 자동화 및 로봇화 전략을 제시해 주세요.
44	우리 제품 생산 과정에서 발생하는 낭비를 분석하고, 최소화하는 방안을 제안해 주세요.
45	생산 기술 개선과 최신 기술 도입 방안을 제시해 주세요.
46	우리 생산 시스템의 효율성을 검토하고 개선 방안을 제시해 주세요.
47	우리 제품 생산 과정에서의 안전 문제를 분석하고, 개선 방안을 제안해 주세요.
48	제품 생산 및 품질 향상을 위한 공정 개선 방안을 제시해 주세요.
49	생산 및 유통 비용 감소를 위한 전략을 검토하고 제시해 주세요.
50	새로운 제품 생산에 대한 마케팅 및 생산 전략을 제안해 주세요.
51	제품 생산 시간 단축을 위한 방안을 검토하고 제안해 주세요.
52	우리 생산 과정에서의 환경문제를 분석하고, 개선 방안을 제안해 주세요.
53	생산 라인에서 발생하는 문제를 분석하고, 효과적인 대처 방안을 제시해 주세요.
54	우리 생산 시스템에 대한 업그레이드 방안을 제시해 주세요.

06 재무부서 직원들이 적용할 수 있는 프롬프트 질문 세트

ChatGPT를 업무 및 비즈니스에 바로 적용해서 효율을 높일 수 있는 프롬프트(Prompt) 질문 세트 중에서 재무부서 직원들이 손쉽게 바로 적용해 볼 수 있는 유용한 질문들을 아래와 같이 정리하였다.

No	ChatGPT 프롬프트 질문
1	기업의 자금 조달 전략과 이에 따른 투자 계획을 수립해 주세요.
2	기업의 재무 상태 분석을 위한 회계 정보 및 데이터 관리 방안을 수립해 주세요.
3	재무 관리와 관련된 위험을 식별하고 관리하기 위한 전략을 수립해 주세요.
4	기업의 재무 성과 지표를 설정하고 모니터링하기 위한 방안을 수립해 주세요.
5	기업의 비용 관리 전략과 비용 감축 방안을 수립해 주세요.
6	기업의 자산 관리 전략과 자산 배분 계획을 수립해 주세요.
7	기업의 세금 및 법률적인 문제에 대처하기 위한 전략을 수립해 주세요.
8	기업의 자금 운용 전략과 이에 따른 자금 흐름을 관리하기 위한 방안을 수립해 주세요.
9	기업의 재무 보고서 작성 및 제출 방안을 수립해 주세요.
10	기업의 재무 분석을 위한 경영 지표 및 데이터를 수집, 분석하고 보고할 수 있는 방안을 수립해 주세요.
11	기업의 자금 확보 방안과 자금 운용 계획을 수립해 주세요.
12	기업의 외환 관리 전략과 이에 따른 외환 위험 관리 방안을 수립해 주세요.
13	기업의 성장 전략과 이에 따른 자금 계획을 수립해 주세요.
14	기업의 자산 리스크 관리 전략을 수립하고 실행해 주세요.
15	기업의 레버리지(부채 비율) 관리 전략을 수립하고 실행해 주세요.
16	기업의 성과와 재무목표를 달성하기 위한 계획을 수립해 주세요.
17	기업의 투자 및 자금 운용의 성과를 분석하고 개선하기 위한 방안을 수립해 주세요.
18	기업의 운전 자금 및 유동성 관리 방안을 수립해 주세요.
19	기업의 재무 데이터 및 분석 결과를 시각화하고 보고할 수 있는 방안을 수립해 주세요.

20	기업의 부가가치세(VAT) 관리 전략과 이에 따른 세금 조치 방안을 수립해 주세요.
21	기업의 재무 정보를 효율적으로 관리하기 위한 정보 시스템 개선 방안을 수립해 주세요.
22	기업의 현금 관리 전략과 이에 따른 현금 흐름 예측 방안을 수립해 주세요.
23	기업의 자본 구조 및 이에 따른 재무 전략을 수립해 주세요.
24	기업의 비용 분석 및 관리 방안을 수립해 주세요.
25	기업의 이익과 비용을 예측하는 경영 모델을 개발하고 적용해 주세요.
26	기업의 재무 보고서의 정확성과 신뢰성을 보장하기 위한 내부 통제 시스템 개선 방안을 수립해 주세요.
27	기업의 자산 가치 평가 방법을 개선하고 관리하기 위한 방안을 수립해 주세요.
28	기업의 자본 비용을 최적화하는 방안을 수립해 주세요.
29	기업의 투자 프로젝트 분석 및 평가 방안을 수립해 주세요.
30	기업의 자본 수익률 관리 전략을 수립하고 실행해 주세요.

07 인사부서 직원들이 적용할 수 있는 프롬프트 질문 세트

ChatGPT를 업무 및 비즈니스에 바로 적용해서 효율을 높일 수 있는 프롬프트(Prompt) 질문 세트 중에서 인사부서 직원들이 손쉽게 바로 적용해 볼 수 있는 유용한 질문들을 아래와 같이 정리하였다.

No	ChatGPT 프롬프트 질문
1	신입사원 채용 프로세스 설계해 주세요.
2	복지 제도 개선 방안 제시해 주세요.
3	조직 개편 방안을 제시해 주세요.
4	인사 평가 제도 개선 방안을 제시해 주세요.
5	교육/훈련 프로그램 기획해 주세요.
6	인사 정보 시스템 구축 방안을 제시해 주세요.
7	퇴직금, 퇴직연금 등 인사 관련 법률을 준수하도록 가이드해 주세요.
8	현재 인사 상황 분석 보고서를 작성해 주세요.
9	직원의 건강 및 안전을 보장하기 위한 대책을 제시해 주세요.
10	팀워크 향상을 위한 방안을 제시해 주세요.
11	직원의 적절한 배치와 이동 방안을 제시해 주세요.
12	근로자의 권리와 의무를 준수하는 대책을 제시해 주세요.
13	다양한 인사 제도 구현 방안을 제시해 주세요.
14	급여 제도 개선 방안을 제시해 주세요.
15	다문화 직원의 적극적인 통합 방안을 제시해 주세요.
16	새로운 직원의 합류를 위한 인도 프로그램을 기획해 주세요.
17	사내 문화 개선 방안을 제시해 주세요.
18	퇴사자 인터뷰를 통한 퇴사 원인 분석 보고서를 작성해 주세요.
19	직원의 역량을 향상시키기 위한 제도를 제시해 주세요.

20	노조와의 원만한 협력을 위한 방안을 제시해 주세요.
21	직원들의 개인 정보 보호를 위한 대책을 제시해 주세요.
22	직원들의 이직을 방지하기 위한 제도를 제시해 주세요.
23	직원들의 업무 능력과 잠재력을 평가하는 방법을 제시해 주세요.
24	사내 교육/훈련 프로그램을 평가하고 개선 방안을 제시해 주세요.
25	성과급과 같은 인센티브 제도 개선 방안을 제시해 주세요.
26	다양한 세대간의 조화를 위한 방안을 제시해 주세요.
27	국제적으로 인재를 확보하기 위한 방안을 제시해 주세요.
28	적극적인 다문화 경영을 위한 방안을 제시해 주세요.
29	조직의 가치관과 일치하는 인사제도를 제시해 주세요.
30	새로운 채용 과정을 위한 프로세스 설계를 해 주세요.

08 연구개발부서 직원들이 적용할 수 있는 프롬프트 질문 세트

ChatGPT를 업무 및 비즈니스에 바로 적용해서 효율을 높일 수 있는 프롬프트(Prompt) 질문 세트 중에서 연구개발부서 직원들이 손쉽게 바로 적용해 볼 수 있는 유용한 질문들을 아래와 같이 정리하였다.

No	ChatGPT 프롬프트 질문
1	제품/서비스의 기술적인 특성과 장점을 분석하고, 이를 시장에 홍보할 수 있는 방안을 제시해 주세요.
2	새로운 기술/제품 개발을 위한 아이디어를 도출하고, 이를 구체화하여 실행 가능한 계획을 수립해 주세요.
3	기존 제품/서비스의 개선 방안을 도출하고, 개선 결과를 분석하여 시장에 대한 의견을 제시해 주세요.
4	제품/서비스 개발 및 연구과제 수행을 위한 인력과 예산을 계획하고, 관리해 주세요.
5	현재 시장에서 발생하는 문제점에 대해 연구하고, 이를 해결하기 위한 연구 계획을 수립해 주세요.
6	제품/서비스의 성능 및 안정성을 검증하기 위한 실험 및 시험 계획을 수립해 주세요.
7	새로운 기술/제품을 시장에 출시하기 위한 마케팅 전략을 수립해 주세요.
8	연구결과를 보다 효과적으로 활용하기 위한 기술이전 및 기술협력 계획을 수립해 주세요.
9	제품/서비스의 특징과 시장 트렌드에 대한 분석 결과를 바탕으로, 적절한 가격과 판매 전략을 수립해 주세요.
10	연구개발과제에 필요한 장비 및 시설의 구입 및 운영을 계획하고 관리해 주세요.
11	새로운 기술/제품을 개발하기 위한 시장동향과 경쟁사 분석 결과를 바탕으로 기술전략을 수립해 주세요.
12	새로운 기술을 개발하기 위한 연구계획서를 작성하고, 이를 바탕으로 예산을 관리해 주세요.
13	제품/서비스의 디자인 및 인터페이스 개선을 위한 아이디어를 제시해 주세요.
14	새로운 기술을 활용한 신규 제품/서비스 개발을 위한 아이디어를 제시해 주세요.
15	연구개발과제에 대한 보고서를 작성하고, 이를 관련 기관에 제출해 주세요.
16	제품/서비스의 기존 기능을 확장하기 위한 아이디어를 제시해 주세요.
17	새로운 기술을 활용한 제품/서비스 개발을 위한 협력사 및 제휴사 선정 및 관리를 담당해 주세요.
18	제품/서비스의 생산성 및 효율성을 개선하기 위한 아이디어를 제시해 주세요.
19	제품/서비스의 보안성을 강화하기 위한 아이디어를 제시해 주세요.

20	연구개발과제를 위한 연구비 지출 계획서를 작성하고, 예산을 관리해 주세요.
21	기존 제품/서비스의 문제점을 분석하고, 이를 개선하기 위한 아이디어를 제시해 주세요.
22	새로운 기술을 적용하여 제품/서비스를 향상시키기 위한 아이디어를 제시해 주세요.
23	제품/서비스의 용도를 확장하기 위한 아이디어를 제시해 주세요.
24	연구개발 부서에서의 프로젝트 일정을 계획하고, 이를 관리해 주세요.
25	새로운 기술 도입을 위한 예산계획서를 작성하고, 이를 관리해 주세요.
26	기존 제품/서비스의 경쟁력을 유지하기 위한 아이디어를 제시해 주세요.
27	새로운 기술을 도입하여 새로운 제품/서비스를 개발하기 위한 아이디어를 제시해 주세요.
28	제품/서비스의 생산 공정을 개선하기 위한 아이디어를 제시해 주세요.
29	새로운 기술을 연구개발 프로젝트에 적용하기 위한 계획서를 작성하고, 이를 관리해 주세요.
30	연구개발 부서에서의 프로젝트 결과보고서를 작성하고, 이를 관련 기관에 제출해 주세요.

09 투자유치부서 직원들이 적용할 수 있는 프롬프트 질문 세트

ChatGPT를 업무 및 비즈니스에 바로 적용해서 효율을 높일 수 있는 프롬프트(Prompt) 질문 세트 중에서 투자유치부서 직원들이 손쉽게 바로 적용해 볼 수 있는 유용한 질문들을 아래와 같이 정리하였다.

No	ChatGPT 프롬프트 질문
1	회사의 경쟁력과 비전을 자세히 설명해 주세요.
2	투자 유치를 위한 목표액과 이를 달성하기 위한 전략을 설명해 주세요.
3	기업의 재무상태 및 현재 금융 전망에 대해 설명해 주세요.
4	투자자들이 기대할 수 있는 수익과 이익을 명확히 제시해 주세요.
5	기업의 비즈니스 모델과 수익 모델을 설명해 주세요.
6	향후 사업 발전을 위해 필요한 자금 조달 및 투자 계획을 설명해 주세요.
7	기업의 경영진과 운영진의 경험과 역량을 소개해 주세요.
8	경쟁 업체와의 차별화된 경쟁력과 성장 가능성을 명확히 제시해 주세요.
9	투자자들이 기업에 대해 이해할 수 있도록 쉽게 소개할 수 있는 컨텐츠를 제공해 주세요.
10	투자자들의 의견을 수용하고 투자자들과의 소통 계획을 제시해 주세요.
11	경영진이나 주요 인사들의 경력과 업적을 소개해 주세요.
12	새로운 제품이나 서비스에 대한 소개와 그에 따른 잠재적인 시장 수요를 분석해 주세요.
13	현재 진행 중인 프로젝트와 이를 통한 성과에 대해 자세히 소개해 주세요.
14	기업의 비전과 목표를 달성하기 위한 계획과 전략을 설명해 주세요.
15	경쟁 업체들과의 SWOT 분석 결과와 그에 따른 기업의 대응 전략을 제시해 주세요.
16	기업이 추구하는 가치와 그에 따른 이념과 철학을 소개해 주세요.
17	기업의 R&D 전략과 현재 진행 중인 연구/개발 프로젝트를 소개해 주세요.
18	기업의 비즈니스 성과와 성장 가능성을 바탕으로 한 투자 가치를 설명해 주세요.
19	기업의 지속 가능한 경영 전략과 이를 실현하기 위한 구체적인 방안을 제시해 주세요.

20	기업의 현재 상황과 전망에 대한 인사이트와 분석 결과, 그리고 이에 따른 대응 방안을 제시해 주세요.
21	기업의 사회적 책임과 이를 실천하기 위한 구체적인 방안을 소개해 주세요.
22	새로운 시장 진입 전략과 이를 위한 계획과 전략을 제시해 주세요.
23	현재 진행 중인 마케팅 캠페인과 이를 통한 성과에 대해 자세히 소개해 주세요.
24	기업의 성장 동력과 이를 실현하기 위한 비전과 전략을 제시해 주세요.
25	기업의 고객 인사이트와 이를 반영한 마케팅 전략과 채널에 대해 자세히 설명해 주세요.
26	기업의 산업 혁신 및 변화에 대한 대응 전략과 계획을 제시해 주세요.
27	기업의 디지털 전환 및 디지털 마케팅 전략에 대해 자세히 설명해 주세요.
28	새로운 비즈니스 모델과 이를 위한 구체적인 계획과 전략을 제시해 주세요.
29	기업의 위험 요소와 이에 대응하기 위한 대책과 전략을 제시해 주세요.
30	기업의 팀 및 조직의 협력과 역량 강화를 위한 방안과 계획을 제시해 주세요.

10 자료조사부서 직원들이 적용할 수 있는 프롬프트 질문 세트

ChatGPT를 업무 및 비즈니스에 바로 적용해서 효율을 높일 수 있는 프롬프트(Prompt) 질문 세트 중에서 자료조사부서 직원들이 손쉽게 바로 적용해 볼 수 있는 유용한 질문들을 아래와 같이 정리하였다.

No	ChatGPT 프롬프트 질문
1	특정 주제나 분야의 정보를 수집하고 정리해 주세요.
2	시장 조사 보고서를 작성해 주세요.
3	대시보드나 데이터 시각화를 위한 정보를 수집해 주세요.
4	고객 만족도 조사 결과를 분석해 주세요.
5	경쟁사 분석 보고서를 작성해 주세요.
6	새로운 제품이나 서비스 개발을 위한 시장 분석을 수행해 주세요.
7	인터넷이나 미디어에서 특정 키워드나 브랜드를 검색하고 분석해 주세요.
8	시장 동향 및 예측을 위한 리서치 보고서를 작성해 주세요.
9	새로운 비즈니스 아이디어나 기회를 찾기 위한 정보 수집과 분석을 수행해 주세요.
10	제품/서비스 출시를 위한 소비자 인사이트를 제공해 주세요.
11	통계 데이터를 수집하고 분석해 주세요.
12	최신 연구 및 논문을 검색하고 정리해 주세요.
13	대학/연구 기관/정부 등에서 수집한 자료를 요약하고 보고서로 작성해 주세요.
14	사회/문화/환경 등 다양한 분야의 문제에 대한 인식 조사 보고서를 작성해 주세요.
15	비즈니스 현장의 업계 동향을 조사하고 보고서로 작성해 주세요.
16	정책, 법규제 등 변화된 환경에 대한 리서치를 수행해 주세요.
17	고객 행동 분석 및 세분화를 위한 리서치를 수행해 주세요.
18	기업이나 브랜드의 이미지와 평판을 분석해 주세요.
19	특정 국가/지역/산업의 시장 조사 보고서를 작성해 주세요.

20	인터뷰나 설문 조사를 통해 수집한 자료를 분석하고 보고서로 작성해 주세요.
21	대중매체나 SNS에서의 소비자 반응 및 브랜드 이미지 분석을 수행해 주세요.
22	인터넷에서 유행하는 키워드나 트렌드를 조사하고 보고서로 작성해 주세요.
23	금융, 경제, 투자 등의 분야에 대한 리서치 보고서를 작성해 주세요.
24	브랜드 혁신을 위한 리서치를 수행해 주세요.
25	기업 인사정책 및 채용 전략에 대한 리서치 보고서를 작성해 주세요.
26	특정 상품이나 서비스의 사용성과 만족도를 조사하고 보고서로 작성해 주세요.
27	마케팅 캠페인의 효과를 분석하고 보고서로 작성해 주세요.
28	고객이 원하는 서비스와 요구 사항에 대한 리서치를 수행해 주세요.
29	기업의 경영 전략과 관련된 리서치 보고서를 작성해 주세요.
30	고객과의 만족도 조사를 위한 설문지 및 질문 항목을 작성해 주세요.
31	문제 식별, 조치 계획 수립, 원인 규명, 영향 분석, 영구 조치 계획 수립 등 8단계로 이뤄지는 문제 해결 프로세스를 작성해 주세요. [8D 분석]

PART 5

인공지능 기술
A to Z
쉽게 이해하기

01 인공지능 기술과 서비스의 이해

　인공지능(Artificial Intelligence)은 지능이 없는 기계에 사람처럼 지능을 갖게 하는 것이다. 인공지능 전문가는 인간만이 갖고 있는 특징을 이해하고, 이를 바탕으로 컴퓨터와 로봇 등이 인간처럼 생각하고 결정을 내리도록 하는 기술을 개발 한다. 예를 들면 사람처럼 추론하는 기계, 사람처럼 사물을 이해하는 기계, 사람처럼 인식하기 위해 상황이나 정보를 복합적으로 표현하는 기술 등에 대해 연구와 개발이 진행 중이다.

　이처럼 인공지능은 사람처럼 학습하고 사고할 수 있는 능력을 가진 프로그램이다. 일반적으로 인간의 지능이 필요한 작업을 컴퓨터가 수행하도록 훈련하는 기술을 말하며, 이 기술을 통해 기계는 로직을 적용하고 복잡한 데이터를 이해하여 추정할 수 있게 된다. 즉, 기계가 입력된 데이터에 숨겨진 패턴과 연관성을 식별하여 스스로 학습하는 것이다. 기계는 대량의 정보를 수집한 후 주요 특징 추출, 분석 기법 결정, 코드 작성 및 분석 실행을 거쳐 지능형 결과를 출력하며 이 모든 과정은 자동화된 프로세스로 진행된다. 여기서 자동화된 프로세스라는 것은 인적 개입을 최소화한 상태로 진행되는 것을 말한다. 또한 인공지능은 그 자체로 존재하는 것이 아니라, 컴퓨터 과학의 다른 분야와 직간접으로 많은 관련을 맺고 있다. 특히 현대에는 정보기술의 여러 분야에서 인공지능적 요소를 도입하여 그 분야의 문제 풀이에 활용하려는 시도가 매우 활발하게 이루어지고 있다.

　인공지능기술은 인간의 인지(보다·듣다·읽다), 학습(반복 학습을 통해 지식 고도화), 추론(학습된 지능에 기반 인지된 환경에 대한 추론 및 예측) 등을 컴퓨터 기술을 이용하여 구현함으로써 문제를 해결할 수 있는 기술이다. 특히 자연어 처리, 시각, 청각지능 분야의 발전으로 인해 인공지능은 이제 사람보다 더 높은 정확도로 사물을 인식할 수 있고, 사람과 비슷한 수준으로 언어를 이해하고 대화할 수 있게 되었다. 이러한 인식분야의 발전으로 인공지능은 이제 외부의 수많은 다양한 데이터를 스스로 인식하고 이해해서 지식화할 수 있는 '정보'로 받아드릴 수 있게 되었다. 그동안 축적되어온 엄청난 빅데이터를 기계가 스스로 학습할 수 있게 되면서 인공지능의 지능이 혁신적으로 발전하고 있는 것이다.

> 인공지능의 유형

　일반적으로 인공지능의 유형을 크게 2가지 유형으로 구분하는데, 하나는 범용 인공지능(Artificial General Intelligence: AGI)으로 컴퓨터로 사람과 같은 또는 그 이상의 지능을 구현하는 것이다. 즉, 사람처럼 생각하고 사람과 비슷한 일을 하는 기계를 가리킨다.

　범용 인공지능(AGI)은 사람의 모든 감각, 모든 추론 능력과 함께, 인간 지능의 모든 특징을 가지고 있어서 마치 사람처럼 생각할 수 있다. 예를 들어, 사람과 대화하며 동시에 바둑도 둘 수 있는 인공지능이다. 또 하나는 전용 인공지능

(Artificial Narrow Intelligence: ANI)이다. 전용인공지능(ANI)은 인간 지능의 전체가 아닌 단 몇 가지 측면만 지니고 있다. 특정 프로세스의 자동화 또는 해당 프로세스에서 특정 작업의 자동화처럼 매우 특정적인 작업에 기계를 사용하는 것이다. 예를 들어, 구글의 알파고(AlphaGo)처럼 특정 문제만을 해결하는 인공지능은 전용인공지능(ANI)으로 현재 비즈니스 애플리케이션에서 각광 받는 기술이다.

인공지능은 [그림1]과 같이 머신러닝(Machine Learning)과 딥러닝(Deep Learning) 두 가지로 구분할 수가 있는데, 머신러닝은 기계가 명시적으로 프로그래밍되지 않은 상태로 알고리즘을 사용하여 작업을 학습해서 실행하는 것이다. 머신 러닝을 기계 학습이라고도 하며, 패턴인식과 컴퓨터 학습 이론의 연구로부터 진화한 분야이다. 머신 러닝은 경험적 데이터를 기반으로 학습을 하고 예측을 수행하고 스스로의 성능을 향상시키는 시스템과 이를 위한 알고리즘을 연구하고 구축하는 기술이라 할 수 있다. 머신 러닝의 알고리즘들은 엄격하게 정해진 정적인 프로그램 명령들을 수행하는 것이라기보다, 입력 데이터를 기반으로 예측이나 결정을 이끌어내기 위해 특정한 모델을 구축하는 방식을 취한다.

[그림1] 인공지능의 구분

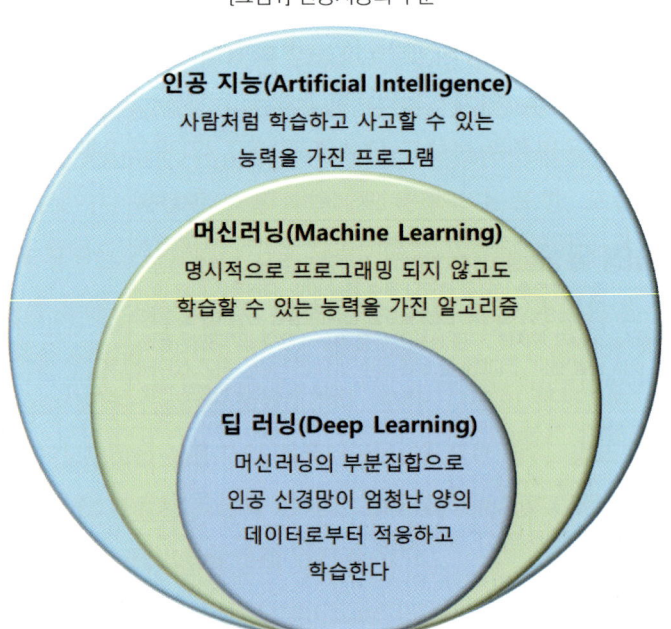

* 참고: IDG Korea

머신 러닝은 컴퓨터 과학을 포함한 대부분의 모든 분야에서 활용되고 있으며, 컴퓨터 시각(문자 인식, 물체 인식, 얼굴 인식), 자연어 처리(자동 번역, 대화 분석), 음성 인식 및 필기 인식, 정보 검색 및 검색 엔진(텍스트마이닝, 스팸 필터, 추출 및 요약, 추천 시스템), 생물 정보학(유전자 분석, 단백질 분류, 질병 진단), 컴퓨터 그래픽 및 게임(애니메이션, 가상현실), 로보틱스(경로 탐색, 무인자동차, 물체 인식 및 분류) 등의 분야에서 응용되고 있다.

그리고 딥러닝은 머신러닝의 부분집합으로 인공신경망을 사용하여 엄청난 양의 데이터로부터 적응하고 학습하여 활용된다.

다층구조 형태의 신경망을 기반으로 하는 머신러닝의 한 분야로, 다량의 데이터로부터 높은 수준의 추상화 모델을 구축하고자 하는 기법이다. 얼굴이나 표정을 인식하는 등의 특정 학습 목표에 대해, 딥 러닝은 학습을 위한 더 나은 표현 방법과 효율적인 모델 구축에 초점을 맞춘다. 딥 러닝의 표현방법들 중 다수는 신경과학에서 영감을 얻었으며, 신경 시스템의 정보 처리나 통신 패턴에 기반을 두고 있다. 앞에서 예를 든, 구글의 알파고는 딥러닝 알고리즘으로 만들어진 것이다.

딥 러닝은 물체 인식과 자동차를 위한 장애물 센서 연구를 중심으로 적용되고 있으며, 구글은 안드로이드의 음성 인식, 페이스북은 사용자가 업로드한 이미지를 판별하는 데에 기술을 활용하고 있다. 또한 구글 딥마인드(Deep Mind)는 알파고는 개인의 질병진단과 치료를 위해 개인 의료 기록접근이 가능영역에서 의료 기록을 학습하고 있다.

인공지능, 머신러닝, 딥러닝은 자율적으로 데이터에서 패턴을 찾고 예측과 대응 방안을 활성화하기 위해 애널리스트가 아닌 알고리즘에 의존한다.

지능형 알고리즘을 통해 발전해가고 있는 인공지능 기술은 지능형 금융서비스, 법률서비스 지원, 의료진단서비스, 기사작성, 지능형 로봇, 지능형 비서, 지능형 감시 시스템, 지능형 추전 시스템, 지능형 스팸분류 등 다양한 산업 분야에서 이미 널리 사용되고 있다. 점점 더 빠르게 발전해 가고 있는 인공지능은 인식 및 판단(Perception & Decision Making)기능과 학습 기능을 활용해 스스로 빠른 속도로 똑똑해지고 있다.

〉 인공지능의 분류

인공지능의 분류에 대해서는 AI 기술의 지능 정도와 방향(생각/행동)에 따라서 [표1]과 같이 4가지로 분류할 수 있다.

[표1] 강한 인공지능과 약한 인공지능

강한 인공지능 ←――――――――――――――――――――――――――――→ 약한 인공지능

인간처럼 생각하는 시스템	합리적으로 생각하는 시스템
• 마음뿐 아니라, 인간과 유사한 사고 및 의사 결정을 내리는 시스템 • 인지 모델링 접근 방식	• 계산 모델을 통해 지각, 추론, 행동 같은 정신적 능력을 갖춘 시스템 • 사고의 법칙 접근 방식
인간처럼 행동하는 시스템	합리적으로 행동하는 시스템
• 인간의 지능을 필요로 하는 어떤 행동을 기계가 따라하는 시스템 • 튜닝 테스트 접근 방식	• 계산 모델을 통해 지능적 행동을 하는 에이전트 시스템 • 합리적인 에이전트 접근 방식

인간을 대체할 수 있는 정도의 지적 능력을 가지고 있는 시스템을 "강한 인공지능" 시스템으로 분류하고, 기본적인 논리에 초점을 두어 합리적으로 생각하고 활동하는 시스템을 "약한 인공지능" 시스템으로 분류한다. 과거에는 반복적인 인간의 업무 처리를 대신 하기 위하여 "약한 인공지능" 기반의 어플리케이션 개발이 주였으나, 최근에 들어 AI 기술이 다양한 분야에 적용되면서 더 높은 수준의 지능을 소비자들이 요구하게 되었다. 인간의 높은 지적 · 판단 능력을 요구하는 법률이나 의료 분야나 인간과의 긴밀한 협업을 요구하는 분야에 AI 기술이 적용되기 시작하면서 "강한 인공지능" 기술에 대한 관심이 높아지게 되었다.

〉 인공지능의 기술분류 체계

인공지능 기술은 딥러닝 기술 등 알고리즘과 하드웨어 기술의 발전으로 다양한 영역에서 급진적인 발전과 함께 르네상스를 맞고 있다. 국내외적으로 인공지능 기술을 다양한 영역에 적용하기 위해 연구 개발이 진행 중이다. 그 중에서 핵심이 되고 있는 인공지능 기술을 중심으로 [표2]와 같이 크게 3대 중분류 및 9개 소분류로 구분할 수 있고 다음과 같이 기술을 정의할 수 있다.

[표2] 인공지능의 기술분류 체계

대분류	중분류	소분류	기술의 정의
인공지능	학습지능	머신러닝	지식, 기능, 판단 등을 데이터분석, 시행착오, 기존지식 활용 등을 통해 학습 하는 기술
		추론/지식표현	기계가 이해할 수 있는 형태의 지식 표현 및 기존 지식으로부터 새로운 사실을 추론하는 기술
	단일지능	언어지능	인간의 언어인지 기능을 모사하여 텍스트 및 대화체 문장을 분석, 이해, 생성하는 기술
		시각지능	영상에서 사물의 위치와 내용(속성)을 이해하고 움직이는 행동(사건, 원인)을 이해하는 기술
		청각지능	인간의 청각기능을 모사하여 음향, 음성 등 소리를 인식, 분석, 이해, 표현하는 기술
	복합지능	행동/소셜지능	공간을 인지하고 움직임을 제어하며 사회적 협업이 가능한 지능
		상황/감정이해	주변환경, 상황, 맥락, 인간의 감정 등을 다양한 센싱 정보로부터 인식, 분석, 이해하는 기술
		지능형 에이전트	특정한 목적을 위해 사용자를 대신해서 작업을 수행하는 인공지능
		범용 인공지능	인간이 할 수 있는 어떠한 지적인 업무도 수행할 수 있는 인공지능

* 참고: 정보통신 기획평가원, "인공지능 기술 청사진(2030), 2019. 12

> 인공지능의 주요 기술과 적용 서비스

인공지능의 기술분류 체계를 기준으로 공통 및 중복 등의 요소가 많은 이슈를 통합해서 구분할 수 있는데 통합된 내용을 정리하면 다음과 같다.

인공지능의 주요 기술과 서비스는 [그림2]과 같이 크게 7가지 주요 기술로 분류할 수 있고, 각각의 AI 주요 기술을 적용하여 개발된 서비스가 제공된다. 대표적인 인공지능 기술 서비스 영역은 안전, 의료, 국방, 에너지, 금융, 농수산업, 제조, 이동체, 도시, 복지, 항공, 물류, 여행 등 다양한 영역에 활용되고 있다.

[그림2] 인공지능(AI)의 주요 기술과 적용 서비스

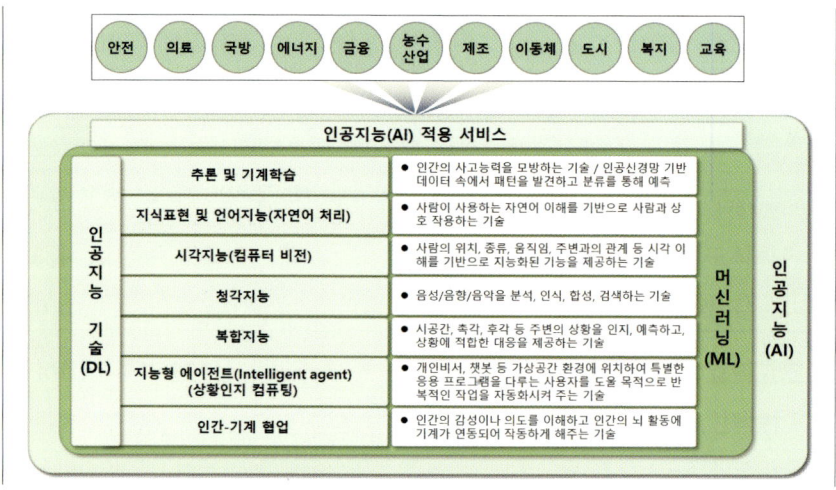

* 참고: 과학기술정통부, "I-Korea 4.0 실현을 위한 인공지능(AI) R&D 전략", 2018. 5

인공지능의 주요 기술을 활용해서 개발할 수 있는 제품과 서비스 분야는 무궁무진하다.

인공지능을 기술을 활용해서 새로운 가치를 창출하기 위해서는 AI 기술에 대한 학습과 이해가 필요하다.

먼저 '추론과 기계학습'은 인간의 사고능력을 모방하는 기술들로 추론, 인공신경망, 강화 학습, 딥러닝, 인지 공학 등이고, '지식표현 및 언어지능'은 사람이 사용하는 자연어를 이해하는 자연어 처리를 기반으로 사람과 상호 작용하는 기술들이 포함되는데, 지식공학 및 온톨로지(Ontology), 대용량 지식처리, 언어분석, 의미분석, 대화 이해 및 생성, 자동 통·번역, 질의 응답(Q/A), 텍스트 요약 등에 활용 된다.

'시각지능(컴퓨터비전)'은 사물의 위치, 종류, 움직임, 주변과의 관계 등 시각 이해를 기반으로 지능화된 기능을 제공하는 기술들이 포함되고 컴퓨터 비전, 사물 이해, 행동 이해, 장소/장면 이해, 비디오 분석 및 예측, 시공간 영상 이해, 비디오 요약 등에 활용된다.

'청각지능'은 음성, 음향, 음악 등을 분석하여 음성을 합성하거나 음성을 검색하는 기술들이고 음성분석, 음성인식, 화자 인식/적응, 음성합성, 오디오 색인 및 검색, 잡음처리 및 음원 분리, 음향인식 등에 활용된다.

'복합지능'은 시공간, 촉각, 후각 등 인간의 오감을 모방한 감각 데이터를 이용하여 주변 상황을 인지, 예측하고, 상황에 적합한 대응을 제공하는 기술들이고 공간 지능, 오감 인지, 다중 상황 판단 등에 활용 된다.

'지능형 에이전트(Intelligent Agent, 상황인지 컴퓨팅)'는 개인 비서, 챗봇 등 가상 공간 환경에 위치하여 특별한 응용 프로그램을 다루는 사용자를 보조할 목적으로 반복적인 작업들을 자동화시켜 주는 기술들이고 지능형 개인비서, 소셜지능 및 협업지능, 에이전트 플랫폼, 에이전트 기술, 게임 지능, 창작 지능 등에 활용된다.

'인간과 기계의 협업'은 인간의 감성이나 의도를 이해하고 인간의 뇌 활동에 기계가 연동되어 작동하게 해주는 기술들이고 감상 지능, 사용자 의도 이해, 뇌 컴퓨터 인터페이스, 추론 근거 설명 등에 활용된다. 'AI 기반 하드웨어'는 초고속 AI정보 처리를 구현할 수 있도록 지원하는 하드웨어 및 하드웨어 관련 기술들을 포함하고 있고 사람의 뇌 신경을 모방한 차세대 반도체로 딥러닝 등 인공지능 기능을 구현할 수 있는 뉴로모픽 칩(Neuromorphic Chip), 지능형 반도체, 슈퍼컴퓨팅, AI 전용 프로세서 등이 있다.

02 머신러닝과 딥러닝

> **머신러닝**

　머신러닝(Machine Learning)은 인공지능(AI)의 한 분야로, 데이터 분석을 위한 모델 생성을 자동화 하여 소프트웨어가 데이터를 바탕으로 학습하고 패턴을 찾아낸다. 이를 통해 사람의 개입을 최소화 하고 빠르게 의사 결정을 내릴 수 있도록 지원한다.

　조금 더 자세하게 설명하면, 머신 러닝은 기계가 명시적으로 프로그래밍 되지 않은 상태로 알고리즘을 사용하여 작업을 학습해서 실행하는 것을 말한다. 즉, 명시적으로 프로그래밍 되지 않고도 학습할 수 있는 능력을 가진 알고리즘이다. 데이터를 통해서 학습하기 위해 특정 비즈니스 규칙을 제공할 필요가 없다. 다른 말로 하면, "X가 보이면, Y를 실행해라"같은 명령어가 필요없다. 머신 러닝을 기계 학습이라 고도하며, 컴퓨터 과학 중 인공지능의 한 분야로, 패턴인식과 컴퓨터 학습 이론의 연구로부터 진화한 분야이다. 머신 러닝은 경험적 데이터를 기반으로 학습을 하고 예측을 수행하고 스스로의 성능을 향상시키는 시스템과 이를 위한 알고리즘을 연구하고 구축하는 기술이라 할 수 있다. 머신 러닝의 알고리즘들은 엄격하게 정해진 정적인 프로그램 명령들을 수행하는 것이라기보다, 입력 데이터를 기반으로 예측이나 결정을 이끌어내기 위해 특정한 모델을 구축하는 방식을 취한다.

▶ 머신러닝의 발전

새로운 컴퓨팅 기술의 발전으로 오늘날의 머신러닝은 과거의 머신러닝과는 다른 모습을 보이고 있다. 머신러닝 기술은 특정한 과제를 수행하도록 프로그래밍하지 않아도 컴퓨터가 학습할 수 있다는 이론과 데이터 패턴 인식이 어우러져 탄생했다. 인공지능(AI)에 관심을 가진 연구자들은 컴퓨터가 데이터를 통해 학습할 수 있는지 알고자 했다. 새로운 데이터에 노출됨에 따라 독립적으로 최적화를 수행한다는 점에서 머신러닝에서는 반복적 측면이 중요한데, 이전 연산 결과를 학습하여 믿을 수 있는 의사 결정 및 결과를 반복적으로 산출하기 때문이다. 머신러닝은 새로운 개념은 아니지만 새롭게 각광 받고 있는 분야로 떠오르고 있다.

오랜 기간 수많은 머신러닝 알고리즘이 등장하였지만 새로운 기술의 발전에 힘입어 복잡한 수학적 계산을 반복하여 더욱 빠르게 빅데이터 분석에 자동으로 적용할 수 있는 기술들이 개발되고 있다.

머신 러닝은 컴퓨터 과학을 포함한 대부분의 모든 분야에서 활용되고 있으며, 컴퓨터 시각(문자 인식, 물체 인식, 얼굴 인식), 자연어 처리(자동 번역, 대화 분석), 음성 인식 및 필기 인식, 정보 검색 및 검색 엔진(텍스트마이닝, 스팸 필터, 추출 및 요약, 추천 시스템), 생물 정보학(유전자 분석, 단백질 분류, 질병 진단), 컴퓨터 그래픽 및 게임(애니메이션, 가상현실), 로보틱스(경로 탐색, 무인 자동차, 물체 인식 및 분류) 등의 분야에서 응용되고 있다.

머신러닝에 대한 관심은 데이터 마이닝이나 베이지안 분석과 같은 기술의 발전에서 찾아볼 수 있다. 즉, 사용 가능한 데이터의 볼륨과 다양성의 증가, 분석 비용의 감소, 강력해진 분석 기술, 저렴한 스토리지 비용 등이 머신러닝에 대한 지속적인 관심을 불러일으키는 요인이다. 이 모든 상황을 종합해보면 아무리 규모가 큰 데이터라도 분석 모델을 자동으로 빠르게 생성함으로써 복잡한 분석에서 정확한 결과를 도출할 수 있다. 또한, 기업들은 이러한 결과를 이용하여 수익성이 높은 기회를 찾아내거나 미지의 위험을 회피하는 등 인사이트를 획득할 수 있다.

훌륭한 머신러닝 시스템 구축에 필요한 조건으로는 데이터 준비 역량, 기본 및 고급 알고리즘, 자동화/반복 프로세스, 확장성, 앙상블 모델링을 들 수 있다.

머신러닝은 알고리즘을 이용해 연계성을 찾아내는 모델을 구축함으로써 조직은 사람의 개입 없이도 더 나은 의사 결정을 내릴 수 있다. 우리가 살아가는 세상을 만들고 발전시키는 기술들인 것이다.

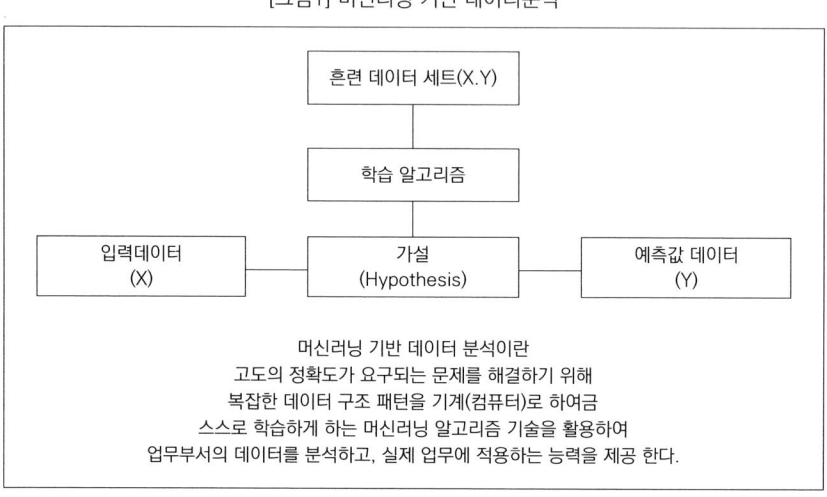

[그림1] 머신러닝 기반 데이터분석

〉딥러닝

딥 러닝(Deep Learning)은 머신러닝의 부분집합으로 인공 신경망이 엄청난 양의 데이터로부터 적응하고 학습한다. 보통 인공 신경망(Artificial Neural Network: ANN)을 사용한다. 딥 러닝의 이점은 이론적으로는 어떤 데이터 속성(Data Element)이 중요한지를 알려줄 필요가 없다는 것이지만, 대부분의 경우 다량의 데이터가 필요하며, 이론적으로는 어떤 데이터 속성(또는 머신러닝 용어로는 "피처(Feature)"이 중요한지를 알려줄 필요가 없다.

* 참고: 머신러닝에서는 목표값을 레이블이라고 부르고, 통계에서는 목표값을 종속 변수라고 부른다. 또한 통계학에서 변수라고 부르는 것을 머신러닝에서는 피처라고 부른다. 통계학에서 변환이라고 부르는 것을 머신러닝에서는 피처 생성이라고 부른다.

딥러닝은 다층구조 형태의 신경망을 기반으로 하는 머신러닝의 한 분야로, 다량의 데이터로부터 높은 수준의 추상화 모델을 구축하고자 하는 기법이다. 얼굴이나 표정을 인식하는 등의 특정 학습 목표에 대해, 딥 러닝은 학습을 위한 더 나은 표현 방법과 효율적인 모델 구축에 초점을 맞춘다. 딥 러닝의 표현방법들 중 다수는 신경과학에서 영감을 얻었으며, 신경 시스템의 정보 처리나 통신 패턴에 기반을 두고 있다. 앞에서 예를 든, 구글의 알파고는 딥러닝 알고리즘으로 만들어진 것이다.

딥러닝은 음성 인식과 이미지 식별, 예측 등 다양한 작업을 수행할 수 있도록 컴퓨터를 트레이닝하는 머신 러닝의 한 유형이다. 사전에 정의된 방정식에 맞춰 데이터를 구성하지 않고 기본 데이터 파라미터를 설정하고 여러 단계의 과정을 통해 패턴을 인식함으로써 컴퓨터가 스스로 학습한다. 이러한 기법은 여러 산업 분야에서 전략적으로 사용되고 있다.

딥러닝의 적용의 예를 살펴보면 물체 인식과 자동차를 위한 장애물 센서 연구를 중심으로 적용되고 있으며, 구글은 안드로이드의 음성 인식, 페이스북은 사용자가 업로드한 이미지를 판별하는 데에 기술을 활용하고 있다. 또한 구글 딥마인드(Deep mind)는 알파고는 개인의 질병진단과 치료를 위해 개인 의료 기록접근이 가능영역에서 의료 기록을 학습하고 있다.

[표1] 다양한 산업 분야의 딥 러닝 기술 활용 사례

금융	정부	보건 및 생명 과학	제조업 및 에너지	통신 및 리테일
부정 거래 적발 신용분석 자동 금융 자문 프로그램	스마트 시티 Security Intelligence 안면 인식	예측 진단 생체의학 영상 처리 보건 모니터링	공급망 최적화 자동화된 불량 검출 과정 에너지 사용량 예측	대화형 챗봇 Customer Intelligence 네트워크 분석

딥러닝은 데이터를 컴퓨터가 처리 가능한 형태인 벡터나 그래프 등으로 표현하고 이를 학습하는 모델을 구축하는 연구를 포함한다. 얼굴이나 표정을 인식하는 등의 특정 학습 목표에 대해, 딥 러닝은 학습을 위한 더 나은 표현 방법과 효율적인 모델 구축에 초점을 맞춘다. 딥 러닝의 표현방법들 중 다수는 신경과학에서 영감을 얻었으며, 신경 시스템의 정보 처리나 통신 패턴에 기반을 두고 있다.

▶ 심층 신경망

딥 러닝은 신경망 아키텍처를 사용해 데이터를 처리하기 때문에 심층 신경망(Deep Neural Network: DNN)이라고도 불린다. 신경망은 서로 연결된 일련의 노드로 이루어진다. 이러한 노드는 인간의 뇌에서 뉴런과 같은 역할을 한다. 이에 노드는 뉴런과 유사한 특성을 지니고 있으며, 충분한 자극(입력)이 있을 때 활성화가 된다. 이러한 활성화가 신경망을 타고 확산되면서 자극에 대한 응답(출력)을 생성한다.

심층 신경망은 입력층(Input Layer)과 출력층(Output Layer) 사이에 다중의 은닉층(Hidden Layer)을 포함하는 인공 신경망(Artificial Neural Network: ANN)과 같다. 심층 신경망은 다중의 은닉층을 포함하여 다양한 비선형적 관계를 학습할 수 있다. 심층 신경망은 알고리즘에 따라 비지도 학습 방법(Unsupervised Learning)을 기반으로 하는 심층 신뢰 신경망(Deep Belief Network: DBN), 심층 오토인코더(Deep Autoencoder) 등이 있고, 이미지와 같은 2차원 데이터 처리를 위한 합성곱 신경망(Convolutional Neural Network: CNN), 시계열 데이터 처리를 위한 순환 신경망(Recurrent Neural Network: RNN) 등이 있다.

[그림2]은 세가지 주요 구성 요소인 입력층, 은닉층, 출력층으로 이루어진 단순 신경망의 예시이다.

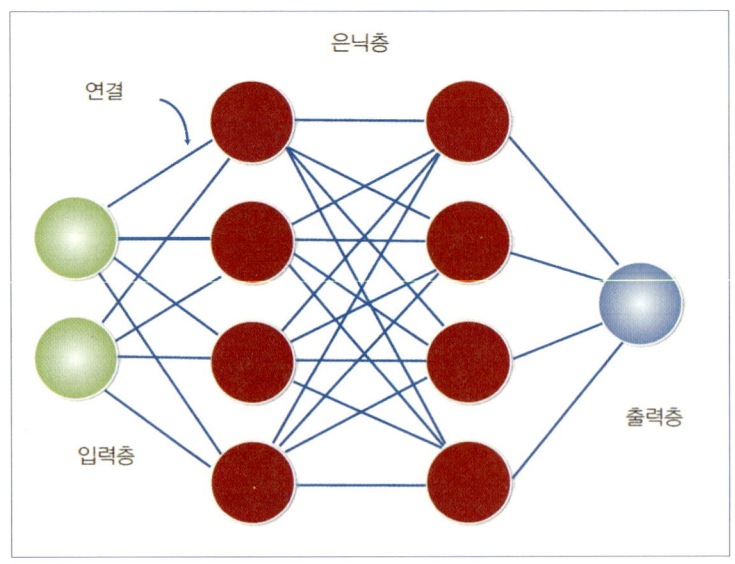

[그림2] 단순 신경망의 구성

*참조: SAS.com

신경망의 작동 방식은 다음과 같다. 먼저 이미지나 오디오, 텍스트 등의 시퀀스 데이터(Sequence Data)가 입력층을 통해 신경망으로 전달된다. 이러한 입력층은 다수의 은닉층과 연결되어 있다. 은닉층에서는 가중치 연결 시스템을 통해 다음과 같은 프로세스를 수행한다. 은닉층의 노드가 입력층에서 전송되는 데이터를 계수와 결합하여(입력 값을 확대하거나 축소하여) 적절한 가중치를 할당하고, 가중 값들을 계산한다. 이렇게 계산된 가중 값들은 모두 합산되고, 합산된 값은 노드의 활성화 함수로 전달된다. 이 단계에서 전파되어야 하는 범위를 결정한다. 마지막으로 출력층으로 값이 전달되고 결과 값을 출력한다.

신경망에서 은닉층의 수가 늘어나면 심층 신경망이 형성된다. 이러한 맥락에서 심층이란 신경망에서 은닉층의 수를 의미한다고 볼 수 있다. 기존 신경망에서는 은닉층이 2~3개에 불과하지만 심층 신경망(DNN)에서는 최대 100개까지의 은닉층이 존재할 수 있다.

심층 신경망은 일반적으로 서로 연결된 레이어로 구성된 방향성 비순환 그래프(DAG)로 [그림3]와 같이 표현된다.

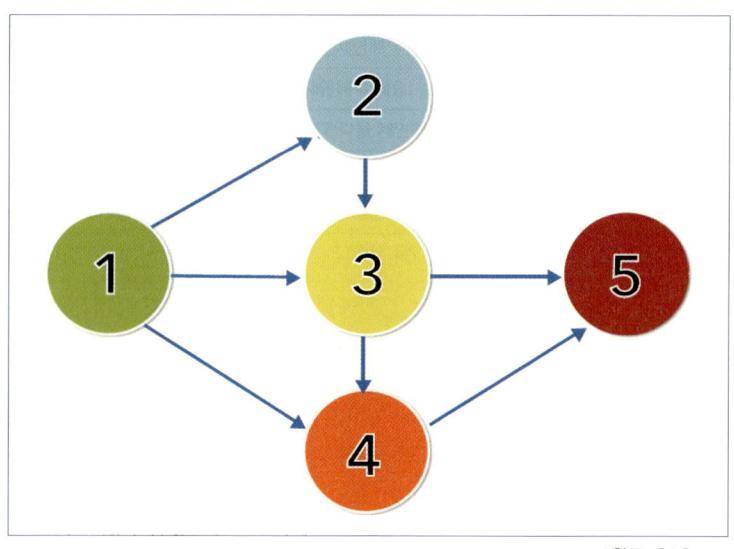

[그림3] 방향성 비순환 그래프(DAG)의 예

*참조: SAS.com

딥러닝 신경망은 기본적으로 트레이닝 데이터 세트의 특성에서 새로운 특성을 추정할 수 있기 때문에 오랜 시간이 걸리는 Feature Engineering Techniques

의 필요성이 줄어든다. 이는 복잡한 계산이 필요한 분류 작업까지 쉽게 확장되어 물체 및 음성 인식, 언어 번역, 부정 거래 적발 등 실시간 분석을 요하는 어려운 문제에도 널리 사용된다. 마지막으로 딥 러닝 신경망은 모델을 트레이닝을 통해 다수의 대상을 동시에 예측하는 멀티태스크 러닝에도 활용할 수 있다. 하지만 딥 러닝 신경망에는 몇 가지 제약이 따른다. 심층 신경망에서 개발된 모델은 해석이 불가능하다. 심층 신경망에서 어떠한 노드가 활성화되었는지 수학적으로 식별할 수는 있지만 무엇을 모델링 하려고 했는지, 그리고 이러한 레이어들이 모두 최종 출력 값을 계산하기 위해 무엇을 하고 있었는지 알아내기는 쉽지 않다. 딥 러닝 신경망은 엄청난 계산 능력을 요하기 때문에 배포가 어려우며 실시간 배포의 경우 특히 어렵다. 또한, 신경망 레이어가 많기 때문에 모델을 개발하려면 수많은 파라미터가 필요하다. 이는 모델 과적합으로 이어져 오히려 모델의 적용에 부정적인 영향을 끼치게 된다. 마지막으로, 딥러닝 기술은 대체로 대용량의 데이터 세트를 필요로 한다.

▶ 심층 신경망의 응용 분야

심층 신경망은 용도에 따라 장점과 단점이 있다. 딥 러닝 기술의 응용 분야를 예로 들면 아래와 같다.

▶ 컴퓨터 비전

딥 러닝은 컴퓨터 비전 분야에서 매우 중요한 역할을 한다. 가공되지 않은 사진과 동영상을 해석할 수 있는 능력은 리테일, 의료 영상 처리, 로보틱스 등 다양한 산업 분야의 문제를 해결하는 데 적용되고 있다. 합성곱 신경망(Convolutional Neural Network: CNN)은 안면 인식, 이미지 질의응답 시스템, 장면 레이블링, 이미지 분할 작업 등의 다양한 응용 분야에 사용된다. 이미지 분류와 관련하여 합성곱 신경망(CNN)은 조인트 피처 및 분류 학습 기능 덕분에 대용량 데이터 세트에 대한 분류 정확도가 더욱 높다.

▶ AI 비서 및 봇

인간 수준의 음성 및 이해 능력을 갖춘 컴퓨터 프로그램은 딥 러닝에 힘입어 빠르게 발전을 거듭해왔다. Chatbots Magazine의 저자인 Henk Pelk는 기존 머신 러닝 알고리즘에서 개발된 챗봇은 패턴 인식과 규칙 기반 표현 매칭에 따른 휴리스틱 방식을 사용한다'고 말했다.

이는 발견된 문제가 사전에 설정된 규칙과 비교해 일치한다면 유효한 결과가 도출된다. 하지만 문제가 규칙 집합과 비교해 일치하지 않는 경우에는 또 다른 문제들이 생겨난다. 바로 여기에서 딥 러닝 모델이 효과적이다. 규칙 기반 방식과 다르게 봇이 셀프 트레이닝을 통해 신제품 판매 예측이나 고객 이탈에 대한 인사이트 발굴 등 다양한 상황에 맞게 대응한다.

챗봇이 효과적으로 트레이닝된 모델을 통해 자연어 입력 데이터를 해석할 뿐만 아니라 어떠한 상황에서도 적절한 응답을 할 수 있다.

이를 통해 챗봇은 텍스트로 대화하거나, 더욱 자연스러운 음성으로 말하거나, 자연어 인터랙션을 사용해 컨텍스트를 이해하거나, 딥 러닝 모델을 실행하여 분석적 질문에 대한 해답을 제시한다. 따라서 규칙 기반 방식을 사용하는 봇과 사용 범위 및 활용 영역이 다르다.

▶ 시계열 분석

시계열이란 시간이 지나면서 동일한 간격의 특정 시점에 순차적으로 기록되는 데이터 포인트를 말한다. 예를 들어 1일 최고 온도는 시계열을 형성한다. 혹은 리테일 매장에서 주 단위 매출로 시계열을 형성하는 전체 거래 데이터(현금 등록기 영수증) 역시 시계열 데이터이다.

시계열 분석(Time Series Analysis)이란 경기변동 등의 연구에 사용되고 있다. 통계숫자를 시간의 흐름에 따라 일정한 간격마다 기록한 통계계열을 시계열 데이터라고 하며, 이 계열의 시간적 변화에는 여러 원인에 기인한 변동이 포함되어 있다.

예를 들면, 돌연적인 사건을 원인으로 하는 것(우연변동 또는 불규칙변동), 해마다 똑같이 되풀이되는 계절변동, 또한 오랜 세월에 걸쳐 추세적으로 나타나는 구조변동, 1년 이상의 장기간에 걸쳐 규칙적으로 반복되는 순환변동 등이 있는데, 이들 변동이 복잡하게 혼합되어 하나의 시계열 데이터를 이루고 있다.

연구목적에 따라 특정한 원인에 의거하여 나타나는 변동부분만을 분리하여 추출하거나 또는 소거하는 일이 필요하게 된다. 이와 같은 통계기술을 사용하는 연구를 시계열 분석이라고 한다.

▶ 자연어 처리

딥 러닝은 다양한 자연어 처리(Natural Language Processing: NLP) 작업에서 우수한 성능을 보장한다. 그 예로, 순환 신경망의 경우 감성 분석, 음성-텍스트 변환, 자연어 생성, 문서 요약 등에 사용된다. 컨볼루션 신경망의 경우, 텍스트 범주화, 의미 관계 추출, 스팸 탐지, 검색 쿼리의 범주화 같이 응용 분야가 매우 다양하다.

희귀 사건 모델링 완전 연결형 심층 신경망은 결함 분석이나 부정 거래 적발과 같은 희귀 사건 모델링에 주로 사용된다. 희귀 사건은 구분 또는 탐지가 어렵기 때문에 딥 러닝 모델에서 점진적 학습을 통해 구분하는 경우가 많다. 예를 들어 비지도/지도 학습 모델을 함께 사용하면 사고를 먼저 적발한 후 사고의 부정 거래 여부를 평가함으로써 해당 거래에서 부정 행위가 존재하는지 모니터링할 수 있다. 이 모든 과정에서 부정 거래 적발 시스템에는 아무런 영향을 끼치지 않는다.

머신러닝과 딥 러닝 모델은 "스스로" 새로운 데이터를 가지고 끊임없이 학습한다는 추가 장점도 가지고 있다. 데이터의 속성이 바뀌더라도, 머신러닝과 딥 러닝 모델을 새로운 데이터로 재교육하기만 하면 된다.

인공지능에 주로 응용됐던 딥 러닝(Deep Learning) 알고리즘은 스마트 가전제품, 스마트 자동차, 웨어러블 기술에도 사용되면서 사물 인터넷으로 모든 요소들을 묶게 된다.

사물 인터넷과 각종 모바일 기기에 의해 발생하는, 무한대로 확장되는 빅데이터를 효과적으로 처리할 수 있는 것은 딥 러닝의 특성 때문이다.

딥 러닝이란, 사람의 개입이 필요한 기존의 지도 학습(Supervised Learning)에 보다 능동적인 비지도 학습(Unsupervised)이 결합돼 컴퓨터가 마치 사람처럼 스스로 학습할 수 있는 인공지능 기술이다. 기술적으로 보면, 딥 러닝은 인공신경망(Artificial Neural Networks: ANN)에 기반한 일련의 기계 학습의 집합체로 컴퓨터에게 사람의 사고 방식을 가르치는 알고리즘이라고 할 수 있다.

인간 두뇌의 시뮬레이션을 기반으로 하는 딥 러닝 알고리즘은 지금까지 음성 인식, 자연어 처리, 로봇 자율성과 같은 첨단 기술에 사용됐다. 기계 학습과 인공 지능에 주로 사용되며 앞으로 핵심적인 기술들이 발전하기 위한 토대가 될 수 있는 이러한 알고리즘의 차세대 버전을 개발하기 위한 연구가 활발하게 진행되고 있고, 많은 기업들이 앞다퉈 인공지능에 활용할 새로운 알고리즘 개발에 역량을 집중하고 있다.

인공지능을 탑재한 서비스는 이미 우리의 일상 생활에 다양한 형태로 다가오고 있고 상용화 단계로 발전되고 있다. 이에 맞물려 인공지능 기술과 사물인터넷(IoT)의 융합이 더욱 주목을 받고있다. 센서, 네트워크, 알고리즘 등 기본적인 사물인터넷 인프라 위에 머신러닝 기술을 통해 더 정교한 판단력과 서비스를 구현하는 것이 기업의 경쟁력이 될 것이다.

최근에는 음성 인식 기술이 향상되면서 스마트폰을 통해 많은 서비스를 활용할 수 있다. 음성인식으로 전화를 걸고, 문자를 보낼 수 있고, 음악을 들을 수 있고, 인터넷 검색도 할 수 있고, 스케줄 관리 등도 할 수 있다.

인간의 뇌가 효과적으로 작동하는 이유는 전기적 자극을 통해 통신하는 많은 수의 신경 세포가 포진하고 있기 때문이다. 딥 러닝 알고리즘은 이러한 뇌 구조에 착안한 신경망 시뮬레이션을 기반으로 한다.

인공지능인 딥 러닝 알고리즘을 통해 사람들이 거주하는 집이 더 똑똑해지고 더 편리해진다. 집에서 음악을 듣고 싶을 때 인공지능 스피커 기기에 노래를 재생하라는 명령만 내리면 내장된 음원 정보뿐만 아니라 인터넷을 통해 정보를 검색하여 들려주고 듣고 싶은 노래가 없으면 직접 만들어서 들려줄 것이다. 미래에는 로봇이 친구가 되고 환자를 돌보거나 개를 산책 시킬 수도 있게 된다. 또한 사람이 잠을 자거나 책을 읽는 동안 알아서 운전하는 무인 자동차가 상용화될 것이고, 집에서 가전 제품에 사용하는 리모트 컨트롤이 사라질 것이다.

머신러닝과 딥 러닝 모델은 고도로 비선형적인 문제를 해결하는 데도 탁월하다. 머신러닝과 딥 러닝의 이런 속성은 마이크로세그먼트가 표준(하나의 고객 세그먼트, 대규모 맞춤화, 개인화된 고객 경험, 그리고 개인별 정밀 의료정보 등)이 되어 가고, 각종 프로세스와 근본 원인 분석이 갈수록 더 다원적이며 상호 의존적으로 변해감에 따라 유용성은 더욱 커지고 있다. 특히 인공지능이 사물인터넷과 결합해 지금과는 전혀 다른 서비스를 만들어 내는데 무궁무진한 잠재력이 있다. 예컨대 다양한 헬스케어 기기들이 왓슨과 같은 지능형 의료 플랫폼에 연결되면 단순한 건강 정보의 수집이나 모니터링을 넘어서 질병의 진단과 처방에 이르는 의료 서비스를 구현할 수 있다.

　인공지능이 전세계적으로 가장 뜨거운 관심을 모으는 분야인 동시에, 인공지능 개별 기술 간 경계를 넘어 전 산업 분야에 커다란 파급 효과를 미칠 변화로 여겨진다.

　많은 사람들이 더 정확한 검색, 더 똑똑한 스마트폰 등 일상생활에 필요한 것을 좀 더 편리하게 해줄 수 있는 다양한 서비스를 마련해 줄 것을 요구하고 있다.

03 인공지능 플랫폼

플랫폼(Platform)이란 무엇일까? '플랫폼'이란 단어를 사전에서 찾아보면 '역에서 기차를 타고 내리는 곳'이라는 본뜻을 지니고 있다. 하지만 단어는 사용 용도에 따라 의미가 변화될 수 있다. 플랫폼이란 단어 역시 '연결지점 또는 연결 고리'라는 뜻으로 사용 용도에 따라 변형되었고, "한 지역에서 다른 지역으로 기차가 이동하면서 사람들이 타고 내림을 도와줌으로써 두 지역이 연결된다"라는 관점을 이용한 것이다. 즉, "플랫폼을 펼쳐라" 라는 말은 "연결고리를 펼쳐라"와 같은 말로 인식하면 된다.

〉인공지능 플랫폼

인공지능 플랫폼(Artificial Intelligence Platform)은 무엇일까? 실리콘밸리를 중심으로 전세계는 인공지능 플랫폼 개발이 한창이다. 구글을 비롯한 다양한 글로벌 기업들이 새로운 제품을 선보이고 있어 경쟁은 갈수록 치열해지고 있다. 인공지능이 가장 포괄적 개념으로 그 안에 머신러닝과 딥러닝이 존재하고 있다. 인공지능은 인간의 지능을 기계로 구현하는 것이고, 머신러닝(기계학습)은 인공지능을 구현하는 구체적인 접근방식이며, 딥러닝(심층학습)은 완전한 머신러닝을 실현하는 기술이다. 딥러닝은 음성인식과 영상인식, 번역 등의 분야에서 큰 진전을 보이고 있다. 이 분야의 기반을 지탱하는 하드웨어 기술의 발달이

미래의 진화를 좌우할 것으로 보인다.

인공지능 플랫폼은 '음성인식', '자연어 처리', '추천' 등 인공지능 기술을 바탕으로 하는 클라우드 컴퓨팅 플랫폼이다. 스피커 등 다양한 기기와 서비스를 매개로 사용자의 요청을 처리하는 역할을 맡는다.

인공지능 플랫폼은 인공지능 스피커나 인공지능 비서와는 구분되는 개념이다. 스피커와 비서는 사용자와의 접점에서 사용자의 명령을 접수하고, 처리한 결과물을 들려주거나 보여주는 역할을 맡는다. 사용자와 인공지능 플랫폼을 매개하는 인터페이스일 뿐이다. 실제 사용자의 요구를 처리하는 것은 클라우드 컴퓨팅 기반의 플랫폼에서 이뤄지며, 이 플랫폼을 구성하는 주요 기술이 '음성인식', '시각 인식', '자연어 처리', '추천' 등에서 성능향상을 가지고 온 소위 '인공지능' 기술이다. 때문에 이러한 형태를 통칭해 보통 '인공지능 플랫폼'이라고 부른다. 예를 들어, 아마존의 인공지능 스피커 '에코(Echo)'가 있다. 사용자는 웨이브를 통해 '알렉사'라는 호출명으로 비서를 부른다. 들을 준비가 된 알렉사(Alexa)는 사용자의 '오늘 날씨 알려줘'라는 음성을 듣고 요청을 클라우드(AWS)에 전송한다. 아마존의 인공지능 플랫폼에서는 사용자의 명령을 이해하고 이해한 바에 따라 적합한 결과인 오늘 날씨를 보낸다. 사용자는 에코의 스피커로 알렉사의 목소리를 통해 오늘 날씨를 듣는다.

이처럼 인공지능 플랫폼이란 기기나 모바일 응용프로그램(앱) 등 다양한 사용자와의 접점에서 들어오는 요청을 더 이해하고 적합한 값을 보내주는 역할의 중추다.

> ChatGPT가 정리한 인공지능 플랫폼

인공 지능(AI) 플랫폼은 AI 애플리케이션의 개발, 배포 및 관리를 위한 포괄적인 솔루션을 제공하는 기술 인프라이다. AI 플랫폼에는 일반적으로 조직이 AI 모델과 애플리케이션을 구축, 배포 및 확장할 수 있도록 지원하는 하드웨어, 소프트웨어 및 도구의 조합이 포함된다. AI 플랫폼의 주요 구성 요소 중 일부는 다음과 같다.

① 데이터 관리 및 스토리지 솔루션

② 데이터 준비 및 기능 엔지니어링을 위한 도구

③ 알고리즘 라이브러리 및 선행 학습된 모델

④ 모델 개발 및 교육 환경

⑤ 모델 배포 및 관리 도구

⑥ 성능 모니터링 및 최적화 도구

⑦ AI 모델을 관리하고 다른 시스템 및 애플리케이션과 통합하기 위한 도구

AI 플랫폼의 목표는 데이터 준비에서 모델 배포 및 관리에 이르기까지 AI 개발 수명 주기의 모든 측면을 관리하기 위한 중앙 집중식 통합 솔루션을 조직에 제공하는 것이다. 이를 통해 조직은 AI 애플리케이션을 보다 효과적으로 개발하고 배포하는 동시에 이를 구축하고 유지 관리하는 데 필요한 시간과 리소스를 줄일 수 있다.

> 대규모언어 모델 기반의 플랫폼

최근 ChatGPT의 모델인 대규모언어 모델(Large Language Model: LLM)은 사람들이 사용하는 언어(자연어)를 학습하여 실제 인간과 유사한 문장을 생성하기 위한 언어 모델로 점차 규모가 커지며 초거대 AI로 진화하고 있다.

대규모언어 모델은 순차 데이터의 컨텍스트를 학습할 수 있는 신경망인 트랜스포머 모델을 통해 비약적인 성능 발전을 하고 있다. 최근에는 방대한 파라미터(Parameter) 크기와 데이터 학습을 통한 성능면에서 '초거대 언어 모델'로 불리는 경우도 있다.

트랜스포머(Transformer)모델은 문장 속 단어와 같은 순차 데이터 내의 관계를 추적해 맥락과 의미를 학습하는 신경망으로 대규모 언어 모델(LLM)의 시초이다.

초거대 AI(Hyperscale AI)는 딥러닝과 같은 인공신경망 구조와 기법의 모델 중에서 파라미터 수가 수천억 개로 매우 많으며, 방대한 양의 데이터를 학습할 수 있는 모델로 대규모 언어 모델을 포함하는 차세대 AI로 정의되고 있다. 여

기서 파라미터 수는 인간 뇌의 뉴런 및 뉴런간의 연결에 해당되는 매개변수의 숫자로 개수가 많을수록 더 많은 정보를 저장하고 처리할 수 있어 고지능(고성능)을 의미한다.

초거대 AI는 우수한 학습 성능을 바탕으로 모든 분야에 응용할 수 있는 범용인공지능(일반인공지능, AGI)으로의 진화 가능성을 보여준다는 것에 의의가 있다.

Google, OpenAI, 메타, MS 등 주요 기업들은 이러한 범용적 특성을 갖는 인공지능 핵심 기술을 개발해 인공지능을 플랫폼화하고 있다.

스마트폰과 모바일 시대 소프트웨어 역량을 보유한 구글, 애플은 모바일 OS 플랫폼을 구현하면서 다양한 분야의 앱/서비스가 기술적으로 구현되고 유통 가능하게 하였다.

이들의 OS 플랫폼은 게임, 미디어 콘텐츠 뿐만 아닌 금융, 헬스케어 등에 이르기까지 다양한 산업을 포괄하는 범용 플랫폼의 역할을 하며 빠르게 생태계를 만들었다. 주요 기업들은 산업에 응용 가능한 핵심을 자신들이 보유하며 플랫폼화를 통한 인공지능 생태계 확장을 시도하고 다양한 산업 분야에 활용 가능한 범용적 특성을 갖는 인공지능 기술의 플랫폼화를 통해 생태계 확장에 나서고 있다.

인공지능 기술 중심의 개발사들은 인공지능을 자신들의 서비스를 고도화 시키거나 새로운 서비스를 구현해 내기 위한 수단으로 주요 기업들의 플랫폼을 활용하는 것이 훨씬 효율적이다. 또한 개발사들은 자신들의 역량을 앱/서비스 개발에 집중함으로써 시장에서 경쟁력을 확보할 수 있게 된다.

04 추론 및 기계학습

딥러닝(Deep Learning)으로 인한 인공지능의 발전은 인지, 학습, 추론, 행동과 같은 인간 지능 영역의 전 과정에 걸쳐 혁신적인 진화를 만들어 내고 있다. 시각, 청각과 같은 감각기관에 해당하는 인지지능에서부터 인공지능이 스스로 지능을 발전시키는 학습, 새로운 상황을 추론하고 행동하는 단계에 이르기까지 다양한 분야의 연구가 동시 다발적으로 빠르게 발전되고 있다.

'추론 및 기계학습'은 인간의 사고능력을 모방하는 기술들로 추론, 인공신경망, 강화 학습, 딥러닝, 인지 공학 등이 있다.

〉머신러닝

머신러닝(Machine Learning)은 인공지능(AI)의 한 분야로 기계학습이라고도 하며, 데이터 분석을 위한 모델 생성을 자동화 하여 소프트웨어가 데이터를 바탕으로 학습하고 패턴을 찾아낸다. 이를 통해 사람의 개입을 최소화하고 빠르게 의사 결정을 내릴 수 있도록 지원한다.

조금 더 자세하게 설명하면, 머신 러닝은 기계가 명시적으로 프로그래밍 되지 않은 상태로 알고리즘을 사용하여 작업을 학습해서 실행하는 것을 말한다. 즉, 명시적으로 프로그래밍 되지 않고도 학습할 수 있는 능력을 가진 알고리즘이다. 데이터를 통해서 학습하기 위해 특정 비즈니스 규칙을 제공할 필요가 없다. 다른 말로 하면, "X가 보이면, Y를 실행해라"같은 명령어가 필요없다. 머신 러닝을 기계 학습이라 고도하며, 컴퓨터 과학 중 인공지능의 한 분야로, 패턴인식과 컴퓨터 학습 이론의 연구로부터 진화한 분야이다. 머신 러닝은 경험적 데이터를 기반으로 학습을 하고 예측을 수행하고 스스로의 성능을 향상시키는 시스템과 이를 위한 알고리즘을 연구하고 구축하는 기술이라 할 수 있다. 머신 러닝의 알고리즘들은 엄격하게 정해진 정적인 프로그램 명령들을 수행하는 것이라기보다, 입력 데이터를 기반으로 예측이나 결정을 이끌어내기 위해 특정한 모델을 구축하는 방식을 취한다.

머신러닝 기술은 특정한 과제를 수행하도록 프로그래밍하지 않아도 컴퓨터가 학습할 수 있다는 이론과 데이터 패턴 인식이 어우러져 탄생했다. 컴퓨터가 데이터를 통해 스스로 학습할 수 있고, 새로운 데이터에 노출됨에 따라 독립적으로 최적화를 수행한다는 점에서 머신러닝에서는 반복적 측면이 중요한데, 이전 연산 결과를 학습하여 믿을 수 있는 의사 결정 및 결과를 반복적으로 산출하기 때문이다.

오랜 기간 수 많은 머신러닝 알고리즘이 등장하였지만 새로운 기술의 발전에 힘입어 복잡한 수학적 계산을 반복하여 더욱 빠르게 빅데이터 분석에 자동으로 적용할 수 있는 기술들이 개발되고 있다.

머신 러닝은 컴퓨터 과학을 포함한 대부분의 모든 분야에서 활용되고 있으며, 컴퓨터 시각(문자 인식, 물체 인식, 얼굴 인식), 자연어 처리(자동 번역, 대화 분석), 음성 인식 및 필기 인식, 정보 검색 및 검색 엔진(텍스트마이닝, 스팸 필터, 추출 및 요약, 추천 시스템), 생물 정보학(유전자 분석, 단백질 분류, 질병 진단), 컴퓨터 그래픽 및 게임(애니메이션, 가상현실), 로보틱스(경로 탐색, 무인 자동차, 물체 인식 및 분류) 등의 분야에서 응용되고 있다.

머신러닝에 사용되는 리소스(Resource) 분류에 대해 이해를 돕기 위해 [그림1]과 같이 3가지 구분하여 사전적 의미와 역할에 대해 살펴보면, 컴퓨터 사이언스(Computer Science)는 과학 기술의 한 분야이며, 자동적 수단에 의하여 수행되는 데이터 처리에 관련하는 방법과 기술을 취급하는 분야로 인공지능, 뉴럴 네트워크, 컴퓨터 비전, 자연어 처리 등 이 있다. 데이터 마이닝(Data Mining)은 데이터 베이스 내에서 어떠한 방법(추천, 패턴 인식, 연관분석, 유사성 등)에 의해 관심 있는 지식을 찾아내는 과정이다. 데이터 마이닝은 대용량의 데이터 속에서 유용한 정보를 발견하는 과정이며, 기대했던 정보뿐만 아니라 기대하지 못했던 정보를 찾을 수 있는 기술을 의미한다. 데이터 마이닝을 통해 정보의 연관성을 파악함으로써 가치 있는 정보를 만들어 의사 결정에 적용함으로써 이익을 극대화하고나 위험을 회피하는 방법에 사용될 수 있다. 통계(Statistics)는 관측 대상이 되는 표본(Sample) 집합으로부터 얻어지는 여러 가지 측정값, 컴퓨터에서는 대량의 데이터를 고속으로 처리할 수 있기 때문에, 이와 같은 대량의 관측값에 대해 여러 가지 연산(Operation)을 행하여, 확률, 회귀, 베이지안 네트워크 등 여러 가지 형태로 통계 값을 찾아낼 수 있다.

[그림1] 리소스(Resource)의 분류

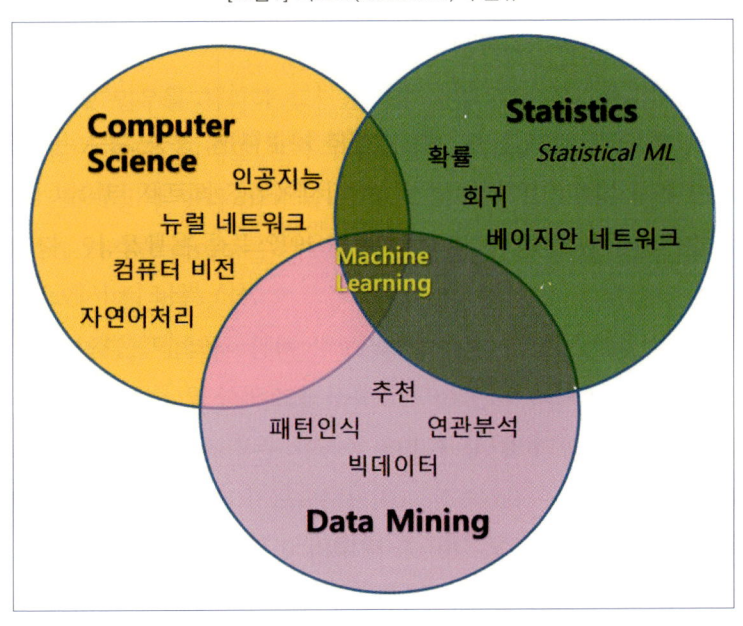

머신러닝에 대한 관심은 데이터 마이닝이나 베이지안 분석과 같은 기술의 발전에서 찾아볼 수 있다. 즉, 사용 가능한 데이터의 볼륨과 다양성의 증가, 분석 비용의 감소, 강력해진 분석 기술, 저렴한 스토리지 비용 등이 머신러닝에 대한 지속적인 관심을 불러일으키는 요인이다. 이 모든 상황을 종합해보면 아무리 규모가 큰 데이터라도 분석 모델을 자동으로 빠르게 생성함으로써 복잡한 분석에서 정확한 결과를 도출할 수 있다. 또한, 기업들은 이러한 결과를 이용하여 수익성이 높은 기회를 찾아내거나 미지의 위험을 회피하는 등 인사이트를 획득할 수 있다.

훌륭한 머신러닝 시스템 구축에 필요한 조건으로는 데이터 준비 역량, 기본 및 고급 알고리즘, 자동화/반복 프로세스, 확장성, 앙상블 모델링을 들 수 있다.

머신러닝은 알고리즘을 이용해 연계성을 찾아내는 모델을 구축함으로써 조직은 사람의 개입 없이도 더 나은 의사 결정을 내릴 수 있다. 우리가 살아가는 세상을 만들고 발전시키는 기술들인 것이다.

> 추론

인간의 두뇌는 다양한 지식과 정보를 머리 속에 축적하는 '학습(또는 훈련)'과, 그 지식을 기반으로 새로운 정보에 대한 답을 스스로 도출해내는 '추론'으로 구분된다. 딥러닝 또한 이러한 인간의 학습 과정을 그대로 옮겨와 그 나름의 '훈련'과 '추론'을 거쳐 인공지능을 구현하게 되는 것이다. 훈련 과정이 없으면 추론도 할 수 없다. 우리가 배운 지식을 토대로 사고하는 것처럼 훈련을 거치는 과정은 필수적이다. 훈련을 제대로 완료하면, 우리가 고학년이 될수록 혼자 책을 읽을 수 있는 것처럼 따로 지도가 없어도 딥 러닝의 심층 신경망은 정답을 도출해 낼 수 있게 된다.

오늘날 AI는 더 많은 양의 데이터와 보다 빠른 처리능력 그리고 더 강력한 알고리즘이 결합되어 더욱 빠른 속도로 확산되고 있다.

지금까지 AI는 모델 개발 및 훈련에 정통한 분석 전문가들의 전유물로 여겨지곤 했다. 하지만 지금은 AI 중심의 이니셔티브가 비즈니스의 전 범위로 확장되면서 상황은 달라지고 있다. 이러한 변화의 선두에는 가치기반의 AI 활동 프레임워크가 있다. 이것을 데이터→훈련→추론(DTI: Data-Train-Inference) AI 모델이라고 한다. 끊임없이 상호 작용하는 세 개의 단계가 연속 루프를 이루는 형태이다. 이러한 프로세스가 계속 진행되므로 더욱 풍부하고 가치 있는 인사이트를 얻을 수 있다.

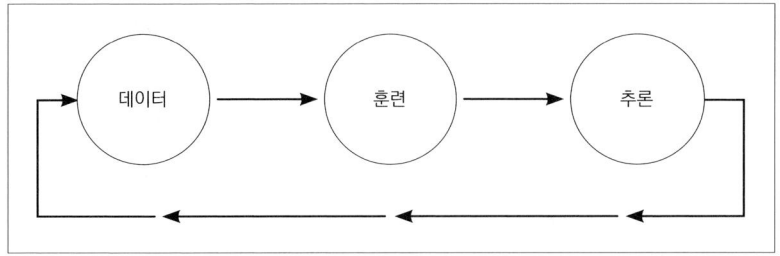

[그림2] DTI(데이터-훈련-추론) AI 모델

* 참고: ibm.com

▶ 데이터 단계

　AI 전문가들은 이 세 단계 중에서 '데이터 단계'에 가장 많은 시간이 소요된다고 지적한다. AI 모델 훈련에 사용할 데이터를 로드하는 이른바 '데이터 수집(Data Ingestion)'을 위해 기존 데이터를 준비하는 작업부터 만만치 않다. 오랜 격언대로 '쓰레기가 들어가면 쓰레기가 나오는 법'이다.

　데이터 품질은 AI를 성공적으로 구축하는데 가장 큰 과제이다. 일반적으로 정확한 AI 모델을 훈련하는 데는 많은 데이터가 필요하다는 것은 알고 있다. 정상적인 시스템 작동을 위해 많은 데이터가 필요한 경우가 많지만, 실제로 필요한 것은 이상 또는 심각한 장애 조건의 데이터일 것이다.

　데이터는 각기 다른 여러 소스로부터 얻는다. 이러한 데이터는 가공되지 않은 형식, 즉, 텍스트, 이미지, 사운드 또는 원시 상태의 수치일 수 있다. 데이터 사이언스 팀은 데이터를 수집하고 정리하여 해당 프레임워크 및 환경에서 사용하기에 적합한 형식으로 만드는데 많은 시간을 보낸다. 또한 기업의 데이터는 대개 파편화되어 있거나 여러 위치에 분산되어있다. 각기 다른 여러 소스를 취합하여 정확한 과학적 결론을 얻는 경우가 대부분이지만, 중복 때문에 뜻하지 않게 불리한 상황에 처할 수 있다. 또한 데이터는 적시성이 매우 중요하다. 환경적 조건이 급변할 수 있으므로 AI 모델에 최신 데이터를 공급해야 계속해서 비즈니스 가치가 창출될 수 있다.

　새로운 데이터가 없으면 모델의 가치는 떨어지게 된다. 모델의 "신선도"는 기본 데이터가 프로덕션 환경에 공급되는 시점에 의해 좌우되므로, 계속해서 새로운 데이터로 업데이트해야 한다. 이처럼 데이터를 적절하게 유지하려면 모델 훈련을 위한 기본 데이터 세트를 끊임없이 업데이트하는 계획을 마련해야 한다.

결론적으로 가치있는 인사이트를 발굴하기 위해서는 잘 정리된 유의미하고 신선한 데이터가 지속적으로 필요하다. 이 모든 조건이 갖춰져야 AI 훈련 워크로드를 시작할 수 있다.

▶ 훈련단계

다음은 끊임없이 상호 작용하는 세 개의 단계 중 훈련은 이전 단계의 데이터를 사용하여 모델을 만드는 반복적인 프로세스이다. 훈련단계에서는 데이터가 AI 모델로 변화하는 인공지능의 마법이 일어난다. 그리고 이 모델에서는 현실 세계의 비슷한 데이터에 기초하여 미래를 예측할 수 있다. 불과 10년 전 이러한 방식으로 문제를 해결하는 것이 가능해졌는데 바로 GPU(Graphics Processing Unit)가 등장한 덕분이다.

일반적으로 이상적인 조건에서도 단 하나의 모델을 훈련하는 데 며칠, 몇 주 심지어 몇 달이 걸릴 수 있다. 게다가 일반적인 모델은 대개 대여섯 번의 훈련을 거친 후에야 프로덕션 환경에 배포된다. 모델 훈련을 위해 성능을 가속화하면 큰 보탬이 되기는 하나, 속도와 정확성이 균형을 이뤄야 시장 출시 일정 측면에서 중요한 가치를 실현할 수 있다.

훈련단계에서 가장 많은 시간이 소요되는 것은 모델에 대한 하이퍼 파라미터를 설정 및 재설정하는 작업이다. 하이퍼 파라미터란 데이터 사이언티스트가 모델 훈련을 시작하기 전에 해당 모델을 위해 선택하는 값을 말한다. 최신 모델 중에는 하이퍼 파라미터가 수백 개에 달할 수 있다. 설정 및 재설정을 반복하는 프로세스는 수 시간이 소요될 수 있으며, 여기에는 샘플 데이터 세트를 활용한 모델 실행도 포함된다. 데이터 사이언티스트는 훈련 시각화와 같은 툴을 사용하여 훈련진행 상황을 파악하고 훈련이 수렴하지 않으면 경고를 발생시킬 수 있다. 데이터팀은 훈련이 시작된지 몇 시간 후라도 작업을 중지하고 파라미터를 재조정한 다음 재시작할 수 있다. 이것은 끝까지 기다렸다가 부실한 결과를 확인하는 상황을 방지할 수 있다.

AI 모델은 기존 코드와 달리 새로운 데이터로 재훈련하지 않으면 차츰 기본 데이터에서 멀어지게 된다. 따라서 기존 모델을 계속 재훈련해야 유의미하고 유용한 모델로 유지할 수 있다.

▶ 추론단계

학습된 지능에 기반하여 인지된 환경에 대한 추론 및 예측을 수행하는데, 훈련은 중앙의 데이터 센터에서 이루어지지만, 추론은 대개 엣지의 스마트폰과 같은 디바이스에서 또는 니어 엣지(Near Edge)에서 수행된다.

AI에서 프로덕션 배포란 모델로부터 인사이트를 얻을 수 있는 단계를 의미한다. 이를 추론(Inference)이라고 하며, 스코어링(Scoring)이라고 부르는 이들도 있다. 이 단계에서 딥러닝의 가치가 실현되며, 더 복잡한 AI 개념들인 가능성 및 공정성 지표에 대해 검토할 수 있다.

추론 단계는 모든 이전 요소들의 집합체이다. 데이터가 부실했거나 훈련이 부적절했다면 추론에 대한 문제가 생긴다. 올바른 추론이 이루어지지 않으면 지금까지의 모든 노력이 물거품 된다. 이 단계의 주요 과제는 훈련 단계와 다르다. 훈련은 여러 번 반복하면서 프로젝트 일정 중에서 며칠 또는 몇 주를 차지할 수도 있지만, 추론은 대개 1초 이내에 끝나는 프로세스이므로 빠르고 정확한 인사이트가 필요하다.

DTI 프레임워크에서 루프형태의 화살표가 보여주는 것처럼, 실제 환경에서 추론을 통해 수집된 데이터는 다시 데이터 단계의 워크플로우로 피드백된다. 이러한 순환 과정을 통해 모델의 정확도가 계속 향상되는데, 이는 더 심도 있게 더 새로운 기본 데이터가 적용되면서 새로운 주기가 다시 시작되기 때문이다.

데이터로부터 학습된 신경망은 애플리케이션 형태로 이미지, 음성, 혈액 질환 등을 인식해 내거나 혹은 누군가가 다음으로 구입할 것 같은 의상을 제안하는 등 다양한 영역에서 사용되고 있다. 훈련된 데이터를 활용해 구체적인 기능을 구현하는 '추론' 작업을 해내는 것이다.

추론은 소량의 데이터만으로도 무엇이 정답인지 정확하게 예측하는 것인데, 이러한 추론 기능은 이미 우리 일상생활에서 쉽게 찾아볼 수 있다. 음성으로 작동하는 스마트폰의 보조 기능부터 구글의 음성 인식, 이미지 검색, 스팸 필터링까지 다양한 애플리케이션에서 추론을 사용하고 있다. 바이두에서의 음성 인식, 페이스북의 이미지 인식, 아마존과 넷플릭스(Netflix)의 추천 엔진 등도 마찬가지이다.

이미지, 음성 인식 기능과 같이, 이미 많은 사람들이 스마트폰 등과 같은 IT

기기를 통해 이러한 '훈련'과 '추론'을 통해 구현되는 다양한 기능들을 접하고 있다. 훈련은 점점 간소화되고, 추론을 통해 작동되는 애플리케이션이 우리 삶의 많은 부분에 적용되고 있다.

05 지식표현 및 언어지능(자연어 처리)

'지식표현 및 언어지능'은 사람이 사용하는 자연어(Natural Language)를 이해하는 자연어 처리(Natural Language Processing: NLP)를 기반으로 사람과 상호 작용하는 기술들이 포함되는데, 지식공학 및 온톨로지(Ontology), 대용량 지식처리, 언어분석, 의미분석, 대화 이해 및 생성, 자동 통·번역, 질의 응답(Q/A), 텍스트 요약 등에 활용된다. 여기에서 온톨로지(Ontology)란 존재하는 사물과 사물 간의 관계 및 여러 개념을 컴퓨터가 처리할 수 있는 형태로 표현하는 것이다. 온톨로지는 클래스(Class), 인스턴스(Instance), 속성(Property), 관계(Relation) 등의 구성 요소로 표현된다. 클래스는 사물의 개념(Concept), 즉 범주(Category)를 인스턴스는 개별 요소인 실체(Entity)를 뜻한다. 속성은 클래스와 인스턴스의 특성(Feature)을 나타내며, 관계는 클래스 및 인스턴스 간의 관계성을 표현한다. 예를 들어, '평창' 인스턴스는 '2018년 동계 올림픽 개최'라는 속성으로 '올림픽' 클래스와 관계를 맺는다. 따라서 '올림픽'을 검색하면 '평창'이 연관 검색어로 나온다.

> **자연어**

자연어(Natural Language)는 일반 사회에서 자연히 발생하여 사람이 의사소통에 사용하는 언어로, 컴퓨터에서 사용하는 프로그래밍 언어와 같이 사람이 의도적으로 만든 인공어(Constructed Language)에 대비되는 개념이다. 자연어는 한국어, 영어, 일어, 중국어 등과 같이 인간사회의 형성과 함께 자연발생적으로 생겨나고 진화하고 의사소통을 행하기 위한 수단으로서 사용되고 있는 언어를 자연어라고 말한다.

자연어(NL)는 어떤 정돈된 완벽한 문법이나 형식적인 의미가 없는 언어를 말한다. 인간과 인간이 통신을 하고자 할 때에는 문어(Written Language) 및 구어(Spoken Language)에 의한 수단으로 할 수 있다. 문어는 구어에 비해 문장의 애매모호함의 정도가 작은데, 그 이유는 정돈된 문법을 어느 정도 따르기 때문이다. 반면에 구어는 어떤 정돈된 완벽한 문법이나 형식적인 의미에 구애받지 않고 사용되므로 구어를 이해하기 위해서는 모든 잡음과 가청신호의 애매함을 처리할 수 있는 충분한 지식이 있어야 하므로 구어를 이해하는 것은 문어를 이해하는 것보다 훨씬 어렵다.

그러므로, 자연어 처리에서는 구어 및 문어를 동시에 이해하는 것이 필요하다. 즉 전체 자연어 이해를 위해서는 다음 두 가지를 동시에 만족해야 한다.

첫째, 자연어의 어휘분석(Lexical), 구문분석(Syntactic) 및 의미분석

(Semantic) 지식을 이용하여 문어의 내용을 이해할 수 있어야 한다.

둘째, 담화하는 과정에서 발생하는 불확실한 것들을 처리하기 위해 충분히 주어진 정보를 이용하여 구어의 내용을 이해할 수 있어야 한다.

자연어 처리의 요소 기술로 자연어 분석, 자연어 이해, 자연어 생성 등이 있으며, 정보 검색, 기계 번역, 질의응답 등 다양한 분야에 응용된다.

자연어 분석은 그 정도에 따라 형태소 분석(Morphological Analysis), 통사 분석(Semantic Analysis), 의미 분석(Semantic Analysis) 및 화용(話用) 분석(Pragmatic Analysis)의 4가지로 나눌 수 있다. 자연어 이해(Natural Language Understanding: NLU)는 컴퓨터가 자연어로 주어진 입력에 따라 동작하게 하는 기술이며, 자연어 생성은 동영상이나 표의 내용 등을 사람이 이해할 수 있는 자연어로 변환하는 기술이다.

〉자연어 처리

자연어 처리(Natural Language Processing)는 인공 지능의 주요 분야 중 하나로, 최근에는 심층 기계 학습인 딥러닝(Deep Learning)이 기계 번역 및 자연어 생성 등에 적용되고 있다. 우리가 지구상에서 살고 있는 동안에 수 많은 대상과 커뮤니케이션을 한다. 요즘은 주고 받는 문서, 뉴스, 카톡 대화, 블로그, SNS 등 엄청난 정보와 지식이 사람이 사용하는 자연어 형태로 존재한다.

그런데 컴퓨터가 사람이 자연스럽게 말하는 자연어를 이해하기 위해서는 품사, 명사, 조사 등 다양한 문법적인 부분을 처리할 수 있어야 한다. 이런 처리를 해주는 것을 '자연어 이해(NLU)'라고 부른다. 컴퓨터가 문맥을 파악하기 위해서는 자연어의 이해를 통해서 사용자의 '의도(Intent)'와 '개체명(Entity)'를 정확히 파악하는 것이 필요하다. 예를 들어 자연어 이해에서 중요한 의도와 개체명을 '오늘 강남 날씨 어때?'라는 문장에서 찾아보자. 이 문장을 통해 사용자가 파악하고자 하는 의도(Intent)는 날씨가 어떠한지를 묻는 것이다. 개체명은 '오늘'이라는 시간 개체 그리고 '강남'이라는 장소 개체가 있다. 사용자가 쓴 문장의 문법 구조를 파악한 후 그 안에서 '의도'와 '개체명'을 정확히 분석하면 컴퓨터도 자연어를 사람처럼 이해할 수 있다.

자연어 처리(NLP)는 크게 두 가지 작업으로 나눌 수 있다. 첫째는 실세계의 필요한 정보뿐만 아니라 언어에 있어서의 어휘, 구문, 의미에 관한 지식(Lexical, Syntactic, Semantic Knowledge)을 사용해서 문어(Written Text)를 처리하는 것이다. 둘째는 위에 더하여 음성에서 발생되는 애매함을 비롯한 음성학(Phonology)에 대한 부가적인 지식을 필요로 하는 구어(Spoken Language)를 처리하는 것이다.

요약 및 논지 생성이 가능한 자연어 지식생성은 자연어 문제에 대한 근거를 법령, 특허, 백과사전, 뉴스 등 빅데이터에서 추출하여 자연어 분석과 문제 이해부터 지식의 생성하는 과정까지를 통해 정답을 추론 및 자연어를 생성하는 기술이다. 질문이 요구하는 정답을 주어진 단락에서 추출하는 기계독해에서, 문제의 논지와 찬반의 근거를 추론하여 인간과 토론이 가능한 수준의 지식을 자동 생성하는 기술로 발전하고 있다.

06 시각지능

시각지능은 사물의 위치, 종류, 움직임, 주변과의 관계 등 시각 이해를 기반으로 지능화된 기능을 제공하는 기술들이 포함되고 컴퓨터 비전, 사물 이해, 행동 이해, 장소/장면 이해, 비디오 분석 및 예측, 시공간 영상 이해, 비디오 요약 등에 활용된다. 즉, 영상에서 사물의 위치와 내용(속성)을 이해하고 움직이는 행동(사건 원인)을 이해하는 기술이다.

> 시각지능

딥러닝으로 인한 인공지능의 발전은 인지, 학습, 추론, 행동과 같은 인간 지능 영역의 전 과정에 걸쳐 혁신적인 진화를 만들어 내고 있다. 특히 시각, 청각과 같은 감각기관에 해당하는 인지 지능은 지능형 에이전트와 함께 발전을 거듭하고 있다. 시각 인지 분야의 지능은 인간 수준을 초월하는 수준으로 구현되고 있다.

시각지능의 연구자료에서 [그림1]과 같이 객체의 세 분류 인식은 사람의 시각적 식별 능력을 모사하는 것으로 성인의 경우 통상 20,000가지 사물을 식별할 수 있으나, 기계는 1,000가지 사물에 대한 식별 능력을 보유하고 있는 것으로 분석되었다.

[그림1] 객체의 세분류 인식

* 참고: 인공지능 기술 청사진(2030)

　기계의 사물 이해 성능은 1,000가지 객체를 기준으로 이미 사람의 정확도 (95%)를 뛰어넘고 있으나, 점차 해상도, 시점, 조명, 시간 변화와 학습 대상의 변화에 강인한 성장학습 및 자가 성장 학습 기술로 발전할 전망이다.

　시각지능은 단순히 이미지 속의 사물의 종류를 인식하는 것을 뛰어넘어, 영상과 이미지 속의 상황을 이해한다. 사람 얼굴의 사진을 보면 남성, 여성 등과 같은 외형적 특성을 인식하는 것은 물론이고 눈, 코, 입 모양의 상관관계를 분석해 표정을 인지하거나 감정을 추측해 낼 수 있다. 시각지능을 통해 이미지를 인식하고 이해하게 된 인공지능은 이미지 속 상황에 대한 인간의 물음에 대해 정확히 답을 하기도 한다.

　이처럼 진화하고 있는 시각지능을 기반으로 한 인공지능은 실제 상황에 적용되며 다양한 혁신을 만들어 가고 있다. 마이크로 소프트의 'Seeing AI'라는 시각 장애인용 인공지능은 앞을 볼 수 없는 시각 장애인의 시각지능을 인공지능이 대신하는 것이다. 시각 장애인에게 눈앞의 상황을 인간의 언어로 설명해 주거나, 앞에 앉아 있는 상대방의 성별, 나이, 표정 등의 정보를 제공해준다. 즉, 시각 장애를 갖은 사람들의 시각 인지 기능을 인공지능이 대신 제공해 장애인들의 일상생활을 혁신적으로 변화 시킬 수 있을 것으로 전망된다.

　시각 지능은 다양한 기술이 적용되고 있는데 시각지능의 주요 연구 분야를 정리하면 다음과 같다.

먼저, 정교한 행동 이해 기술이다. 비디오 영상에서 사람의 움직임, 행동, 행위에 대한 내용을 이해하는 기술로 사람 수준으로 인식하기 위해서는 너무 많은 컴퓨팅과 알고리즘의 복잡성으로 인해 비디오 영상의 스트림을 특징화하여 딥러닝으로 학습하는 방식이 적용되고 있다. 행동인식은 기본적인 인식 대상의 다양성으로 인해 딥러닝 기술 적용이 어려운 분야이기 때문에 행동 전체가 아닌 기능별로 딥러닝 기술을 적용하여 한계를 극복하며 연구되고 있는 분야이다. 높은 성능의 행동인식을 적용하기 위해서는 고사양의 컴퓨터가 필요하다.

두 번째로 비주얼 관계 인식인데, 사람 수준으로 이미지의 내용을 이해하기 위해서는 객체, 행동, 배경 인식뿐 아니라 각각의 관계를 이해하여야 한다. 딥러닝 기술에 기반을 두어 이미지로부터 객체 간의 비주얼 관계를 인식하고 이미지에 존재하는 모든 관계를 분석하는 기술의 발전으로 객체, 행동, 배경 인식 성능이 향상됨에 따라 그들의 관계 인식을 위한 연구 개발이 활발하게 진행되고 있는 분야이다.

세 번째로 시각지능의 영상 복원 및 3차원 영상 생성으로 사람의 사물에 대한 이해를 바탕으로 보이지 않는 부분 또는 가려진 부분에 대한 정보를 추론하고 복원하는 연구이다. 사람은 영상을 보고 3차원으로 이해하는 능력을 가지고 있어, 이를 모사하여 2D의 영상 이미지를 보고 3차원의 특징이나 움직임을 이해하는 것이다.

네 번째는 이미지 및 영상의 합성과 생성이다. 인간 수준 이상의 시각 지능을 갖게 된 인공지능은 이제 시각 정보를 자유롭게 변형하거나 전혀 새로운 이미지를 생성해 낸다. 인간의 인식 수준을 초월한 시각 지능에 기반해 만들어지고 있는 이러한 가상 이미지는 인간이 쉽게 구분해 낼 수 없을 정도의 높은 완성도를 갖고 있다. 풍경 사진의 자연스러운 합성, 마네, 고흐 등 특정 유명 화가의 화풍을 학습해 변형시키고 생성시키는 것 등 인공지능이 생성했다는 사전 정보가 없다면, 인위적으로 생성된 가상의 이미지라는 것을 인간의 시각지능으로 구분하기 어려울 정도의 높은 완성도로 구현된다. 시각지능은 단순히 정지된 이미지 정보를 합성하는 수준을 넘어 실시간의 영상 변형, 합성까지 가능하다.

더 나아가 인공지능은 이제 세상에 존재하지 않는 전혀 새로운 사물을 만들어 내기도 한다. GAN(Generative Adversarial Networks)이라 불리는 이 방법은 새로운 데이터를 생성하는 인공지능과 생성된 데이터가 진짜인지 혹은 가짜인지를 판별하는 두 인공지능이 서로 경쟁하며 진짜와 같은 가상의 이미지를 만들어낸다.

다섯 번째는 비정형 심볼인식으로 이미지 내에서 숫자를 포함한 문자 및 표지 등, 의미가 있는 기호를 자동으로 인식하는 기술로 정의하며 의사소통을 위해 기호 체계를 사용하는 사람에게 매우 중요한 기술이다. 단순한 광학 문자 인식 OCR(Optical Character Recognition) 기술에서 복잡한 장면 내 문장 및 의미를 추론하는 STR (Scene Text Recognition) 기술로 발전하고 있다.

주요 사례로는 중국의 화남이공대학에서 다국어 테스트의 검출 및 인식을 정확도 58%로 구현하였고, 국내에서는 네이버가 52% 수준으로 개발하였다. OCR 기술은 정보의 디지털화 과정에서 가장 중요한 역할을 수행하고 있다. 이미지 내 글자 및 표지 인식 기술은 구글의 자동 번역(Google Translate) 등의 기술과 결합하여 국경을 초월한 정보 교류 및 관광 등에 매우 중요한 역할을 수행하고 있다.

끝으로 시각적 관심 영역 탐지 및 인간 시각 체계 이해로 사람이 눈에 보이는 장면에서 생물학적으로 집중하게 되는 영역을 탐지하는 기술로, 단순한 객체 인식 기술과 달리 사람의 생물학적이고 인지적인 특성을 고려해야 하는 어려움이 있지만, 생체 모방 시각 시스템 기술, 해석 가능한 심층 모델 개발 등 시각 지능 기술이 고도화됨에 따라 발전 가능성이 매우 높은 기술로 알려져 있다.

> 컴퓨터 비전

컴퓨터 비전(Computer Vision)은 비디오 카메라 등으로 포착한 정보를 컴퓨터로 처리하는 것으로 로봇에 의한 항행 또는 원격 조작 등에 이용된다.

다양한 환경에서 가치를 발휘하는 컴퓨터 비전은 얼굴인식, 얼굴 추적, 사물과 사람을 빠르게 인식하고, 객체인식, 차량번호인식, 이미지 내에서 나이와 성별 추적, 흉부 X-ray 폐렴 분류 예측, 손글씨 다중 분류 예측, 고객 통계 자료를 분석, 공산품을 검사하는 등의 작업을 수행할 수 있다.

컴퓨터 비전은 딥 러닝을 사용하여 이미지 처리 및 분석 시스템을 안내하는 신경망을 형성하고, 충분히 훈련된 컴퓨터 비전 모델은 사물을 인식하고 사람을 감지하거나 인식하며 패턴인식(Pattern Recognition)과 움직임도 추적할 수 있다.

패턴인식이란, 컴퓨터를 사용해서 화상, 문자, 음성 등을 인식하는 것. 패턴인식 시스템은 일반적으로 특징 추출과 패턴 정합 부분으로 되어있는데, 특징 추출은 화상 등의 이미지 데이터나 음성 등의 파형 데이터를 분석해서 그 데이터의 고유 특징(패턴)을 추출한다.

사람의 시각 체계는 망막에 맺힌 2차원 이미지에서 3차원 모델이나 구조를 추론하고, 물체를 탐지하거나 이미지 내부의 영역을 구분하는 등 눈으로 보는 것에서 다양한 정보를 추출하는 역할을 한다. 컴퓨터 비전(CV)은 이러한 기능을 컴퓨터로 구현하는 것을 말한다. 주로 디지털카메라나 캠코더 등의 이미지 센서(Sensor)에 맺힌 2차원 이미지를 처리한다. 로봇이나 자율 주행 자동차와 같은 지능형 에이전트(Intelligent Agent) 구현에 꼭 필요하며, 위성사진 분석이나 자동차 번호판 인식, 공장에서의 제품 검사 등과 같은 작업에 활용한다. 컴퓨터 비전은 인터넷과 정보기술의 발달에 따라 대규모 데이터의 활용이 가능해지면서 기계학습 기반 기술의 성능이 비약적으로 발전하였다.

이제는 인공지능이 애니메이션의 영상뿐만 아닌 음성까지도 스스로 생성해내는 것이 가능하기 때문에 유명 배우의 외형을 학습한 인공지능은 다양한 모습으로 배우의 영상을 변형하거나 새롭게 생성하는 것이 가능해졌다. 인공지능 기술의 발전은 단순한 콘텐츠 산업을 넘어 인간의 시각과 관련된 거의 모든 산업에 직접적이거나 간접적으로 영향을 미치게 될 것이다.

시각지능의 사물 인식 분야는 많은 장비와 인력이 필요한 분야로 구글, 아마존, 페이스북, 마이크로소프트, 인텔 등 글로벌 기업이 주도하고 있고, 시각지능은 교육, 쇼핑, 교통 등 모든 영역에서 산업의 핵심 요소 기술로 작용해 기존 산업의 경쟁 방식을 혁신시킬 것이다.

＞ 인간수준 초월 AI 시각지능, 기존산업의 경쟁방식을 혁신시켜

딥러닝으로 인한 인공지능의 발전은 인지, 학습, 추론, 행동과 같은 인간 지능 영역의 전 과정에 걸쳐 혁신적인 진화를 만들어 내고 있다. 인공지능은 '추론과 기계학습', '시각지능(컴퓨터비전)', '청각지능, '복합지능', '지능형 에이전트(Intelligent Agent) 또는 '상황인지 컴퓨팅', '인간과 기계의 협업' 등 크게 7가지 기술로 분류할 수 있다. 인공지능의 주요 기술을 활용해서 개발할 수 있는 제품과 서비스 분야는 무궁무진하다. 특히 시각, 청각과 같은 감각기관에 해당하는 인지 지능은 지능형 에이전트와 함께 발전을 거듭하고 있다. 시각 인지 분야의 지능은 인간 수준을 초월하는 수준으로 구현되고 있다.

시각지능은 단순히 이미지 속의 사물의 종류를 인식하는 것을 뛰어넘어, 영상과 이미지 속의 상황을 이해한다. 사람 얼굴의 사진을 보면 남성, 여성 등과 같은 외형적 특성을 인식하는 것은 물론이고 눈, 코, 입 모양의 상관 관계를 분석해 표정을 인지하거나 감정을 추측해 낼 수 있다. 시각지능을 통해 이미지를 인식하고 이해하게 된 인공지능은 이미지 속 상황에 대한 인간의 물음에 대해 정확히 답을 하기도 한다.

이처럼 진화하고 있는 시각지능을 기반으로 한 인공지능은 실제 상황에 적용되며 다양한 혁신을 만들어 가고 있다. 마이크로 소프트의 'Seeing AI'라는 시각 장애인용 인공지능은 앞을 볼 수 없는 시각 장애인의 시각지능을 인공지능이 대신하는 것이다. 시각 장애인에게 눈앞의 상황을 인간의 언어로 설명해 주거나, 앞에 앉아 있는 상대방의 성별, 나이, 표정 등의 정보를 제공해준다. 즉, 시각 장애를 갖은 사람들의 시각 인지 기능을 인공지능이 대신 제공해 장애인들의 일상생활을 혁신적으로 변화 시킬 수 있을 것으로 전망된다.

시각지능의 컴퓨터 비전(Computer Vision)은 다양한 변조 영상을 만들 수 있는 기술로 최근 관심이 많아지고 있다. 컴퓨터 비전 기술을 활용해 사람의 얼굴이나 특정 부위를 합성한 가짜 동영상을 만들어내는 기술 '딥페이크(Deepfake)'가 사회적 이슈로 등장했기 때문이다. 최근 세계적인 인기를 얻고 있는 K-POP 연예인들의 얼굴을 이용한 딥페이크 영상물이 만들어지고 있고, 성 착취 동영상의 형태로 악용되고 있어 사회적으로 큰 이슈가 되고 있다.

컴퓨터 비전은 딥 러닝을 사용하여 이미지 처리 및 분석 시스템을 안내하는 신경망을 형성하고, 충분히 훈련된 컴퓨터 비전 모델은 사물을 인식하고 사람을 감지하거나 인식하며 패턴인식(Pattern Recognition)과 움직임도 추적할 수 있다.

* 참고: 인공지능기술 청사진 2030, 정보통신기획평가원(IITP)

다양한 환경에서 가치를 발휘하는 컴퓨터 비전은 얼굴인식, 얼굴 추적, 사물과 사람을 빠르게 인식하고, 객체인식, 차량번호인식, 이미지 내에서 나이와 성별 추적, 흉부 X-ray 폐렴 분류 예측, 손글씨 다중 분류 예측, 고객 통계 자료를 분석, 공산품을 검사하는 등의 작업을 수행할 수 있다.

시각지능은 다양한 기술이 적용되고 있고 국내외적으로 많은 연구가 진행되고 있다. 시각지능의 주요 연구 분야를 정리하면 다음과 같다. 먼저, 정교한 행동 이해 기술이다. 비디오 영상에서 사람의 움직임, 행동, 행위에 대한 내용을 이해하는 기술로 사람 수준으로 인식하기 위해서는 너무 많은 컴퓨팅과 알고리즘의 복잡성으로 인해 비디오 영상의 스트림을 특징화하여 딥러닝으로 학습하는 방식이 적용되고 있다.

두 번째로 비주얼 관계 인식인데, 사람 수준으로 이미지의 내용을 이해하기 위해서는 객체, 행동, 배경 인식뿐 아니라 각각의 관계를 이해하여야 한다. 딥러닝 기술에 기반을 두어 이미지로부터 객체 간의 비주얼 관계를 인식하고 이미지에 존재하는 모든 관계를 분석하는 기술의 발전으로 객체, 행동, 배경 인식 성능이 향상됨에 따라 그들의 관계 인식을 위한 연구 개발이 활발하게 진행되고 있는 분야이다.

세 번째로 시각지능의 영상 복원 및 3차원 영상 생성으로 사람의 사물에 대한 이해를 바탕으로 보이지 않는 부분 또는 가려진 부분에 대한 정보를 추론하고 복원하는 연구이다. 사람은 영상을 보고 3차원으로 이해하는 능력을 가지고 있어, 이를 모사하여 2D의 영상 이미지를 보고 3차원의 특징이나 움직임을 이해하는 것이다.

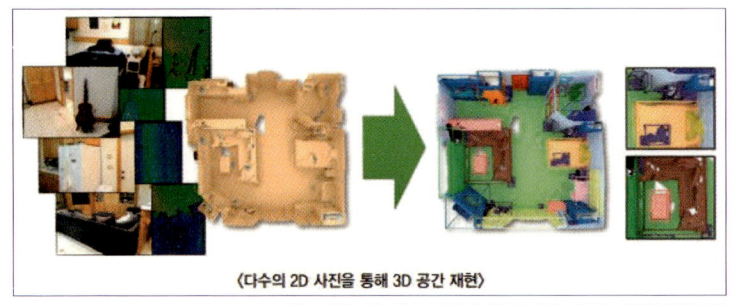

〈다수의 2D 사진을 통해 3D 공간 재현〉

* 참고: 인공지능기술 청사진 2030, 정보통신기획평가원(IITP)

네 번째는 이미지 및 영상의 합성과 생성이다. 인간 수준 이상의 시각 지능을 갖게 된 인공지능은 이제 시각 정보를 자유롭게 변형하거나 전혀 새로운 이미지를 생성해 낸다. 인간의 인식 수준을 초월한 시각 지능에 기반해 만들어지고 있는 이러한 가상 이미지는 인간이 쉽게 구분해 낼 수 없을 정도의 높은 완성도를 갖고 있다. 풍경 사진의 자연스러운 합성, 마네, 고흐 등 특정 유명화가의 화풍을 학습해 변형시키고 생성시키는 것 등 인공지능이 생성했다는 사전 정보가 없다면, 인위적으로 생성된 가상의 이미지라는 것을 인간의 시각지능으로 구분하기 어려울 정도의 높은 완성도로 구현된다. 시각지능은 단순히 정지된 이미지 정보를 합성하는 수준을 넘어 실시간의 영상 변형, 합성까지 가능하다. 대표적인 예가 오바마 대통령의 목소리만을 가지고 입 모양을 생성해 오바마 대통령의 전혀 다른 연설 영상을 합성한 것이다. 인공지능은 이제 세상에 존재하지 않는 전혀 새로운 사물을 생성해 내기도 하는데 가상으로 생성된 이미지를 구분할 수 없을 정도로 높은 완성도를 보여주고 있다.

다섯 번째는 비정형 심볼인식으로 이미지 내에서 숫자를 포함한 문자 및 표지 등, 의미가 있는 기호를 자동으로 인식하는 기술로 정의하며 의사소통을 위해 기호 체계를 사용하는 사람에게 매우 중요한 기술이다. 단순한 광학 문자 인식 OCR(Optical Character Recognition) 기술에서 복잡한 장면 내 문장 및 의미를 추론 하는 STR(Scene Text Recognition) 기술로 발전하고 있다.

이제는 인공지능이 애니메이션의 영상뿐만 아닌 음성까지도 스스로 생성해 내는 것이 가능하기 때문에 유명 배우의 외형을 학습한 인공지능은 다양한 모습으로 배우의 영상을 변형하거나 새롭게 생성하는 것이 가능해졌다. 인공지능 기술의 발전은 단순한 콘텐츠 산업을 넘어 인간의 시각과 관련된 거의 모든 산업에 직접적이거나 간접적으로 영향을 미치게 될 것이다. 시각지능은 교육, 엔터테인먼트, 쇼핑, 교통, 국방 등 모든 영역에서 산업의 핵심 요소 기술로 작용해 기존 산업의 경쟁 방식을 혁신시키며 발전해 나갈 것이다.

07 청각지능

    청각지능은 인간의 청각기능을 모사하는 기술로써, 음성, 음향, 음악 등 소리를 인식, 분석, 이해, 표현하는 기술이다. 음성을 합성하거나 음성을 검색하는 기술들이고 음성분석, 음성인식, 화자 인식/적응, 음성합성, 오디오 색인 및 검색, 잡음처리 및 음원분리, 음향인식 등에 활용된다.

    인공지능(AI)이 데이터를 통해 인간처럼 읽고 듣는 감각기관에 해당하는 지능을 언어지능과 청각지능이라 한다. 즉, 음성(구어)이나 텍스트(문어) 등 자연어를 이해하고 요약 또는 통·번역 등을 하는 기술을 의미한다. 자연어는 사람이 일상으로 사용하는 언어 구조 체계로, 인공으로 만들어진 언어인 인공어와 구분해 부르는 개념이다. 따라서 자연어는 단어 의미와 문장 전체 맥락, 발화 의도를 파악하기 어려운 대표적 비정형 데이터이다.

    자연어 처리(NLP)는 사람이 내뱉은 비정형적 자연어를 컴퓨터가 이해할 수 있는 정형적 언어 데이터로 바꾸는 기술이다. 컴퓨터가 문장 의도를 이해하고 말한 사람 의도를 정확히 파악할 수 있도록 해주는 과정이다. 자연어 처리를 기반으로 한 음성인식 기술은 대용량 음성 데이터를 저장하고 실시간으로 처리 가능한 네트워크와 컴퓨팅 기술로 크게 진화하고 있다. 음성인식 기술의 핵심은 상대방과 대화를 계속 이어가는 것이다.

    예를 들면, 철수와 인공지능 사이의 대화에서 철수가 "나는 멜론맛 아이스크림이 제일 좋아!"하면 인공지능은 "철수가 멜론맛 아이스크림을 좋아하는구나!"

로 대화가 이어져야 한다.

청각지능은 음성과 사운드에 포함된 정보를 인지하는 기술이다.

음성인식 알고리즘 측면에서는 음향모델, 언어 모델 등의 개별 지식원을 별도로 학습하여 인식엔진에 통합하는 전통적인 방법론으로부터, 전체 지식 학습 및 인식 과정을 단일한 심층신경망으로 통합하는 [그림1]과 같이 종단형(End-to-End) 음성인식 알고리즘이 활발히 연구 개발되고 있고, 빅데이터 중심의 음성인식 기술에서 초기 데이터 부족 문제를 해결하기 위하여 VAE(Variational Auto-Encoder), GAN (Generative Adversarial Network) 등의 방법론을 통해 데이터를 인공적으로 생성/증강하는 연구도 활발하게 진행 중이다.

[그림1] 종단형 음성인식 알고리즘 연구(예시)

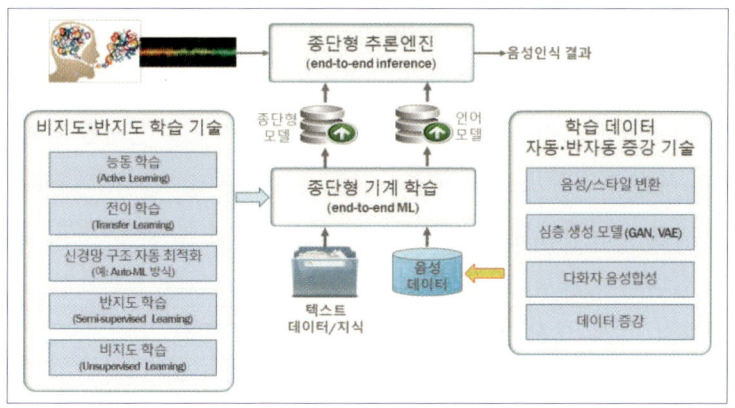

* 참고: 정보통신 기획평가원, "인공지능 기술 청사진(2030)

최근에는 실사용 환경에 적용하기 위해 다중 화자 음성인식, 단말기 기반 음성인식 기술 등을 활용한 서비스가 출시되고 있다. 다중 화자 음성인식기는 동시에 여러 사람이 발성하더라도 특정 화자를 추적하여 개인별로 음성을 인식할 수 있는 기술이다.

다양한 비우호적 환경에서의 음성인식 성능을 향상시키기 위한 기술이 연구개발되고 있다. 그 중에 대표적인 것은 여러 사람의 대화 발성이 혼합된 음성신호 (예: 대화, 회의 등)의 화자별 구분, 인식 그리고 발화자간 발성 겹침이 발생하는 경우 음성인식의 가장 핵심적인 특징값으로 사용되는 스펙트럼 상의 왜곡 및 오염이 발생하여 성능 저하 요인이 되고 있다.

이러한 혼합신호에 대응하는 기술로서는 발성자가 어느 방향에서 발성하는지를 추적하는 음원국지화(Source Localization) 기술, 발성자간 또는 잡음과 음성을 분리하는 음원분리(Source Separation) 기술, 발성자를 시간적으로 구분하는 화자구간분리(Speaker Diarization) 기술 등이 있다.

기계학습 기술 발전에 따라 음성검색, AI 스피커, 콜센터 녹취음성 대상의 근거리 음성인식 정확도는 높아지고 있다.

감정을 표현하는 다화자 음성합성은 사람의 다양한 감정을 자연스럽게 표현하는 딥러닝 기반 음성합성기술이다. 문자를 음성으로 자동 변환하는 음성합성 기술은 최근 딥러닝 기술을 적용함으로써 합성음의 자연도가 사람의 발성과 유사할 정도로 향상되고 있다.

정보통신기획평가원에서 발표한 음성인식 기술의 주요 연구분야는 음성에 내재한 놀람, 화남, 기쁨, 슬픔 등의 주요 감정을 분류하여 인식하고, 화자의 의도를 파악하는 것, 사투리, 비원어민발성, 유아발성 등 일반적이지 않은 발음, 음색 등에 대한 음성인식 성능 향상을 위한 것, 동물, 바람, 물소리 등 자연계에 존재하는 음향 이벤트, 악기, 차량, 폭발음 등 인공적으로 생성된 제반 음향 이벤트를 분류하여 인식함으로써 음향 환경을 인지하는 것, 음성, 텍스트, 영상 등 개별 정보 기반의 감정인식 기술은 성능 한계가 있음으로 인해 음성, 영상, 텍스트 등을 통합하는 증강형 멀티모달 감정인식 기술 최적화가 필요한 것, 비지도학습 기반으로 음성-영상-텍스트 등이 시간적으로 또한 문맥적으로 동기화된 멀티모달 데이터를 자동으로 생성하는 기술 개발, 이를 기반으로 학습하여 분류 및 인식 성능을 제고하는 기술을 개발하는 것, 감정 또는 상황이 시시각각으로 변화하는 연속 태스크 상황에서 멀티모달 상황정보를 실시간으로 활용하는 강화 학습 기술을 개발하는 것, 인간과의 상호 교감(이해, 공감, 배려 등의 고난도 감정 인식 기술)을 통해 개인별 감정 상태를 자동으로 학습하고 대응하는 개인화 감정 인터페이스 기술을 개발하는 것이다.

08 복합지능

    복합지능(Integrated Intelligence)은 시공간, 촉각, 후각 등 인간의 오감을 모방한 감각 데이터를 이용하여 주변 상황을 인지, 예측하고, 상황에 적합한 대응을 제공하는 기술들이고 공간 지능, 오감 인지, 다중 상황 판단 등에 활용 된다.

    복합지능의 가장 큰 특징은 '복합인지'에 있다. 그 동안과 달리 시각이나 청각, 촉각과 같은 다양한 감각을 개별이 아닌 동시에 활용하는 것이다.

    인공지능(AI)은 거듭 발전하며 사람의 지능을 넘어서고 있다. 체스나 바둑도 그렇지만, 현재 AI보다 정확하게 시각이나 청각 정보를 세밀하게 분석할 수 있는 사람은 없을 것이다. 이미 개별 영역에서 사람을 넘어섰다. 그러나 AI는 사람처럼 전체를 통찰하는 능력을 발휘하지는 못한다.

    인간은 언어, 수리, 사회 관계성, 예술성 등 다양한 능력을 복합적으로 활용한다. 현재 단계에서의 인공지능은 각 능력을 복합적으로 활용할 수 없지만 머지않아 가능할 것으로 예상된다. 인간은 말이나 글을 정확하게 이해하기 위해 표정과 음성을 통해 감정을 읽고 억양에서 무엇이 중요한지 파악할 수 있다. 아직은 인간 고유의 영역으로 남아있는 이 복합지능을 연구할 필요가 있다. 인공지능은 목적에 맞게 알고리즘으로 설계된 것에 대한 문제만 풀지 사람처럼 협업할 수 있는 능력은 부족하다. 시각지능 AI에게 청각 정보에 대한 분석을 기대할 수는 없다. 반면에 사람은 복합된 지능이 강점이다. 하워드 가드너 하버드대 교수는 '다중지능 이론'에서 사람이 다양한 능력을 복합적으로 활용한다고 밝혔다. 하워드 가드너가 제시한 인간의 8가지 지능은 음악적 지능, 운동학적 지능, 수학적 지능, 언어적 지능, 공간적 지능, 대인관계 지능, 자기이해 지능, 자연탐구 지능이다. 이것은 오감과 함께 언어와 수리 능력, 사회관계성, 예술성 등을 모두 활용해 높은 지능 수준을 보인다는 설명이다. AI가 사람을 넘어서기 위한 발전 지점을 여기서 찾을 수 있을 것이다. 국내외적으로 복합지능 개발이 새로운 AI 고도화 목표로 떠오르고 있고 인간과 유사한 수준의 AI를 구현하는 것을 목표로 하고 있다.

인공지능의 분류에 대해서는 AI 기술의 지능 정도와 AI 기술의 적용 방향(생각/행동)에 따라서 강한 인공지능과 약한 인공지능으로 분류할 수 있다.

인간을 대체할 수 있는 정도의 지적 능력을 가지고 있는 시스템을 "강한 인공지능" 시스템으로 분류하고, 기본적인 논리에 초점을 두어 합리적으로 생각하고 활동하는 시스템을 "약한 인공지능" 시스템으로 분류한다. 과거에는 반복적인 인간의 업무 처리를 대신하기 위하여 "약한 인공지능" 기반의 어플리케이션 개발이 주였으나, 최근에 들어 AI 기술이 다양한 분야에 적용되면서 더 높은 수준의 지능을 소비자들이 요구하게 되었다. 인간의 높은 지적·판단 능력을 요구하는 법률이나 의료 분야나 인간과의 긴밀한 협업을 요구하는 분야에 AI 기술이 적용되기 시작하면서 "강한 인공지능" 기술에 대한 관심이 높아지게 되었다.

인공지능 전문가들은 복합지능을 "강한 인공지능(Strong AI)"으로 분류하여 연구를 하고 있다.

한국전자통신연구원(ETRI)는 '자율성장 복합지능'은 언어와 영상 등 복합 지식을 절차적으로 학습하는 기술을 세계 최초로 개발해 질문하는 목적과 대상이 애매해도 스스로 지식과 답을 찾을 수 있다.

연구진은 자율성장 복합지능 기술개발을 위해 약 4년간 데이터를 수집하고 복합 지식 습득 및 표현 기술, 기억 구조 기반 절차적 지식 생성 학습 알고리즘, 다중 인자 처리 기술 등 연구성과를 융합, 패션하우(Fashion HOW)를 개발했다. 패션하우는 상황별 패션 큐레이션을 제공하는 '패션코디'이다. 향후 지속적인 연구를 통해 사람처럼 다양한 입력을 종합적으로 판단하는 복합지능기술을 고도화해 패션업계 외에도 다양한 분야에 자율성장 복합지능 기술을 확산시킨다는 계획이다.

    ETRI는 2030년을 목표로 AI가 인간 수준의 복합지능 구현이 가능하도록 [표1]과 같이 연구 개발에 집중하고 있다. 인공지능 연구소는 인간과 인공지능이 공존하는 초지능 정보사회의 기반을 구축하고, 인공지능의 성능한계를 극복하는 초성능 컴퓨팅 실현을 전략목표로 수립하였고, 이를 위해, 복합인공지능, 지능형 로봇, 자율이동체, 지능형반도체, AI슈퍼컴퓨터 등의 핵심 기술을 개발하고 있다.

[표1] ETRI가 연구 중인 자율성장형 복합 AI 최종 목표

구분	자율 성장	휴먼 이해	자가 허용	대화형 AI
최종 목표	지식 습득 방법 과정 이해	경험상황 이해 방법 이해	상황 변화에 스스로 적응	모든 사람 시스템과 자연스럽게 소통
추진 방법	두뇌 지식 습득 과정 모방	전문가 상황 진단 기술 모방	두뇌 상황 변화 대체 방법 모방	고급 수준 다국어 동시 통역 모방

    AI 분야 최고 권위 학회 'AAAI(Association for the Advancement of Artificial Intelligence)'에서도 복합지능을 학회의 주요 연구 주제로 선정하여 집중 연구를 하고 있다.

09 지능형 에이전트와 상황인지 컴퓨팅

　지능형 에이전트(Intelligent Agent)는 개인 비서, 챗봇 등 가상 공간 환경에 위치하여 특별한 응용 프로그램을 다루는 사용자를 보조할 목적으로 반복적인 작업들을 자동화시켜 주는 기술들이고 지능형 개인비서, 소셜지능 및 협업지능, 에이전트 플랫폼, 에이전트 기술, 게임 지능, 창작 지능 등에 활용된다. 즉, 특정한 목적을 위해 사용자를 대신해서 작업을 수행하는 인공지능(AI) 이다.

　인공지능은 지능을 가진 인공물 구현을 목표로 연구 및 개발을 하며 이 인공물을 지능형 에이전트라고 한다. 지능형 에이전트는 수많은 센서(Sensor)를 이용하여 주변 환경을 지각하며 액추에이터(Actuator)를 이용하여 적절한 행동을 한다.

　지능형 에이전트의 형태는 소프트웨어이거나 하드웨어를 포함한 컴퓨팅 시스템 혹은 로봇일 수도 있다. 컴퓨터 키보드, 마이크, 카메라 등이 센서일 수 있고 모터 등을 액추에이터로 활용할 수 있다. 소프트웨어 형태의 지능형 에이전트는 디스플레이 장치와 스피커를 액추에이터로 이용하기도 한다.

　지능형 에이전트는 그 구조의 복잡도에 따라 단순 반사 에이전트(Simple Reflex Agent), 모델 기반 에이전트(Model Based Agent), 목표 기반 에이전트(Goal Based Agent), 효용 기반 에이전트(Utility Based Agent), 학습 에이전트(Learning Agent) 등으로 구분하기도 한다. 예를 들어 자율주행을 위해서는 여러 센서로부터 수집된 데이터를 실시간으로 처리하여 상황에 알맞은 적절한 판단과 대처를 할 수 있는 딥러닝 기술, 센서융합처리, 객체 인식, 상황판단 기술이 필요하고, 주행 제어가 가능한 고성능 인공지능 컴퓨터 하드웨어(HW)/소프트웨어(SW) 플랫폼 기술이 필요하다. 완전한 자율 주행을 위해서는 인공지능이 최소 30여개의 센서 데이터를 처리해 교통 상황을 판단해야 한다고 인공지능 연구자들은 예측한다.

지능형 에이전트의 예로 인공지능 스피커, 자율 주행 자동차, 질병 진단 시스템 등이 있다. 지능형 에이전트는 주변 환경을 탐지하여 자율적으로 동작하는 장치 또는 프로그램, 컴퓨터 하드웨어를 포함한 컴퓨팅 시스템이나 로봇을 가리키기도 하며 빠른 속도로 발전하고 있다.

인간과 인간 사이의 통신은 음성과 제스처를 이용하지만, 기계에서는 전통적으로 키보드를 사용해 왔다. 음성 처리 기술이 발전하고 단말기의 성능이 개선되어 초소형 단말기가 출현하게 되자 음성과 펜을 이용하는 멀티모달(Multi-modal) 인터페이스(Interface)가 필요하게 되었다. 최근에는 단말기가 소형화·지능화되어 사용자가 보다 편리하고 쉽게 사용할 수 있는 입력 방법에 대한 연구가 진행됨에 따라 멀티모달 인터페이스에 대한 관심이 높아지고 있다. 사용자 인터페이스들인 키보드·마우스 이외에 음성 인식, 제스처 인식, 디바이스 펜, 행동 인식, 터치 인식 등 기타 생체 인식을 활용해 특별한 장치 없이 유비쿼터스 컴퓨팅 환경을 구축하여 사용자 중심의 업무 효율을 높이는 기술이다.

최근에는 멀티모달 입력기반 상황 분석 및 이해 그리고 예측할 수 있는 지능형 에이전트가 개발되고 있다. 사람이 단일 감각이 아닌 여러 감각, 시각, 청각, 후각, 촉각 등을 이용해 주변 상황을 파악하여 기계가 주변 상황에 대해서 좀 더 지능적으로 대응할 수 있도록 하는 것이다. 기계가 여러 모달리티(Modality)를 처리하고 각 모달리티 간의 관계를 파악하여, 주어진 환경을 정확하게 인식하고 이해할 수 있도록 한다.

멀티모달 정보를 활용해서 디지털 동반자가 음성, 얼굴 표정, 그리고 대화 문장(Text)에 기반을 두어 상대방 사용자의 감정을 파악하고, 상대방의 감정 상태와 개인 특성(나이, 성별)에 따라 디지털 동반자가 대화내용과 대화 억양, 화면상 자신의 얼굴 표정 등 대응 방법을 다르게 적용하며, 상대방과의 대화 시 비이성적인 욕설 등의 윤리적 판단이 필요한 상황에서 적절한 대화 및 대응하여, 인간다운 감성 및 심리를 반영한 디지털 동반자 기술 및 응용서비스 개발되고 있다.

영상 및 음향 데이터뿐만 아니라, 주변 IoT 디바이스로부터 수집된 데이터, 사용자의 생체리듬과 건강 정보를 처리하여 정확한 상황인지 뿐 아니라, 사용자 맞춤 서비스 제공도 가능해진다. 지능형 에이전트는 사용자와의 일화 및 과거 인지한 상황을 장기간 기억할 수 있도록 메모리 기술 등의 연구가 진행되고 있다.

이러한 서비스가 가능하기 위해서는 사용자와 주변 환경으로부터 음성, 영상, 텍스트, 공간정보 등 다양한 입력을 지속적으로 제공받는 환경에서 지능형 에이전트는 사용자 및 환경과 끊임없이 상호작용하며 지속적으로 학습해나갈 수 있어야 한다. 시간이 지날수록 계속 쌓이는 데이터들을 토대로 에이전트는 사용자의 행동, 에피소드의 특징, 환경의 특징을 학습할 수 있어야 한다.

인공지능 전문가들은 향후 지능형 에이전트의 기술 방향은 멀티모달(음성, 텍스트, 표정, 제스처, 몸동작, 시선 등) 데이터를 획득하고 이를 인공지능 학습 기법(머신러닝, 딥러닝 등)으로 분석하여 사용자의 상태(의도, 감정 등)를 파악하고, 이것을 맥락 이해를 포함한 상황 인지 정보와 융합 해석하여 자연스러운 감정 및 동작표현이 가능한 높은 공감대화가 가능하여 이에 따른 사용자 맞춤형 선제적 인터랙션을 수행하는 지능형 인터랙션 기술이 개발되어야 한다고 강조한다.

10 인간과 기계협업 기능(AI 협업)

인간과 기계의 협업은 인간의 감성이나 의도를 이해하고 인간의 뇌 활동에 기계가 연동되어 작동하게 해주는 기술들이고 감상 지능, 사용자 의도 이해, 뇌 컴퓨터 인터페이스, 추론 근거 설명 등에 활용된다.

협업지능을 기반으로, AI가 스스로 사용자를 인식하고 사용자에게 맞는 서비스를 제공하는 기술이다, 인간의 목표를 이해하고 인간의 의도에 대응되는 대처를 할 수 있도록 인간과 AI 간의 커뮤니케이션을 매개하는 시스템이다,

AI는 인간의 학습 능력, 추론 능력, 지각 능력 및 자연언어의 이해 능력 등을 고성능, 고기능 컴퓨터를 활용하여 구현한 기술로서 인간의 인위적 요소에 대하여 인간과 AI의 협업을 통한 새로운 기술로 발전하고 있다.

인간과 AI의 협업 시스템은 기술적으로 음성 데이터 처리기술, 자연어 처리 기술, 패턴 분석 기술 등을 요소기술로 하여 상기 요소 기술들을 복합적으로 사용하는 AI 에이전트 기술, 사용자 인터페이스 기술 등으로 분류된다.

현재의 AI 분야의 급격한 발전은 인간과의 협업을 통한 새로운 시스템 형태로 변화되고 있는 추세이다.

인간과 AI 협업 시스템은 후방 산업으로는 사물인터넷(IoT) 통신 및 연동 미들웨어, 머신러닝 기술, 머신러닝 개발 플랫폼, 임베디드 소프트웨어(SW) 등을 포함하고, 전방 산업으로는 자동차, 조선, 건설, 기계, 의료, 제조, 에너지 산업 등에서 엄청난 잠재력을 가지고 인간과 AI의 협업 시스템이 활용되며 발전하고 있다.

인간과 AI의 협업 시스템이 사용되고 있는 주요 산업별 활용을 간략하게 구분하면 [표1]과 같다. 제조 분야의 경우는 인간과 AI 협업 기술을 활용하여 제조 현장에서 발생할 수 있는 경영판단 예측 제원 시스템 구축이 가능하고, 챗봇은 유통, 금융, 의료, 유통, 교통 등 다양한 영역에서 고객 업무 지원 마케팅 및 사내 업무 효율화에 도입되어 활용되고 있다.

챗봇은 축적된 대화 내용 분석을 통한 맞춤형 상품 마케팅 또는 헬스케어 영역에서 챗봇을 활용한 신체 상태 모니터링과 질명 징후에 대한 신속한 조언 기능 등에 활동되고 있다. 또한 기업 내부의 기간계 업무 시스템, 그룹웨어 등과의 연계를 통한 ERP, SCM, 정보탐색과 교육 내규 조회 등 지원 업무의 업무 생산성을 향상시키기 위해 도입되고 활용된다.

[표1] 주요 산업별 인간과 AI의 협업 시스템 활용 분류

분류	상세 내용
제조분야	• 인간-AI 협업 기술을 활용하여 경영판단 예측 제원 시스템 구축 가능 • 여러 회사를 경영하는 그룹사의 경우, 경영진이 실시간으로 각 회사의 경영, 제조, 분석 등을 통해 예측을 수행
금융분야	• (콜센터 챗봇) 고객 센터에서 챗봇이 상담과 민원을 처리함으로써 고객 만족도를 높일 수 있는 금융 서비스를 제공 • (금융 마케팅) 축적된 대화내용 분석을 통한 맞춤형 상품 마케팅 구현
의료분야	• AI 기반 챗봇이 환자의 병원이용 안내부터 의료진의 진료를 돕는 서비스까지 의료 분야에서 활용도가 증가하는 추세 • 의료진이 환자의 나이와 성별, 증산을 말하면 가장 적합한 항생제와 복용방법을 알려주는 챗봇 기술
유통분야	• 쇼핑, 비행기예약, 숙소예약, 레스토랑 예약, 음식 주문 및 택시 호출에 챗봇 활용 • 관련 기업으로서 아마존, 이베이, 카카오톡, 인터파크 등이 유통 분야에서 챗봇 활용
교통분야	• 인공지능 챗봇을 활용하여 실시간 길찾기 및 교통 상황을 반영한 최단 거리 찾기 등과 같은 서비스 제공 • 버스, 기차, 항공권도 챗봇을 이용하여 구매가 가능하도록 AI 챗봇을 개발하여 좌석 예매 서비스 제공

4차 산업 혁명 시대에서 인간의 단순 반복적인 업무에 있어 인간과 AI의 협업을 통해 시간을 절약하고 생산효율을 증대할 수 있는 기술의 필요성이 증대되고 있다. 이러한 기술들은 인간의 생활 및 산업 현장에서 인간 생활 영역에 쉽게 접근할 수 있는 플랫폼 및 에이전트 시스템이 있고, 생산 현장과 일상적 활동에서 사용자 인터페이스를 쉽고 편리하게 해주는 AI 기술, 사용자 패턴 분석을 통한 맞춤형 서비스를 가능하게 해준다.

인간과 AI 협업 시스템의 핵심 기술은 [표2]와 같이 구조화되지 않은 데이터

분석을 통한 인간형 식별 즉, 데이터 흐름 패턴화 기술, 사용자 패턴분석을 통한 사용자의 취향 또는 선호도 맞춤형 지능적 시스템 조종 기술, AI 에이전트 시스템, AI형 패턴분석 알고리즘, 데이터 기반 의사결정 시스템, 빅데이터 소프트웨어 등의 기술을 활용하여 자율주행 자동차, AR 시스템, VR 시스템, 교육 및 정보 등의 다양한 분야에서 활용이 가능하다.

[표2] 인간과 AI의 협업 기술 분류

분류	상세 내용
사용자의 취향 또는 선호도 맞춤형 지능적 시스템 조종 기술	사용자의 취향 또는 선호도에 대한 데이터를 통해 사용자 패턴 분석, 사용자 패턴에 대하여 스스로 학습하면서 개인마다 다른 관심사와 선호도를 반영할 수 있는 '맞춤형 지능적 시스템' 구현 기술
AI 에이전트 기술	AI 기반의 시스템을 통해, 메시지의 목적을 판단하는 발화 분석 모듈과 발화 분석 모듈에 의해 분석된 메시지의 목적에 대응하는 서비스를 검색하는 서비스, 응답 생성모듈 및 메시지에 인접한 메시지를 추적하고, 발화 분석 모듈에 의해 분석된 결과와 추적과정을 관리하는 대화추적 관리 모듈 등을 포함하며 관리 및 맞춤형 서비스를 제공하는 기술
AI형 사용자 인터페이스 기술	AI를 기반으로 사용자가 직접 데이터를 입력하고 제어하며 정보를 주고받는 부분에 해당되는 기술
사용자 패턴 분석 알고리즘	실시간 수집된 빅데이터를 기반으로 패턴을 분석 및 처리하는 알고리즘에 관한 기술

* 참고 : 2019년 중소기업 전략기술 로드맵

최근 인간과 AI 협업 시스템에 대한 연구와 기술적 발전이 매우 급속히 이루어지고 있으며 사용자 맞춤형 지능 시스템, AI 플랫폼, 에이전트 시스템, 사용자 인터페이스, 사용자 패턴분석 알고리즘 및 빅데이터 소프트웨어 분야에서 실용화 및 상업화가 이뤄지고 있다.

세계시장 조사 보고서에서 언급되는 인간과 AI 협업 기술관련 주요 플레이어(업체)는 [표3]과 같이 Google, 메타(Facebook), Amazon, IBM, GE 등이고, 국내에서는 이 분야를 주도적으로 연구하고 있는 주요 플레이어는 네이버, 삼성리서치, LG전자, 카카오 등이다.

[표3] 인간과 AI협업 기술의 주요 플레이어

주요 플레이어(업체)	주요 협업 기술
Google	• Google은 음성인식, 이미지 인식, 번역 서비스 제공하는 머신러닝 플랫폼 발표, Google는 대부분의 분야에서 활용 가능한 지능형 서비스 플랫폼 개발, DeepMind를 활용하여 데이터 및 고도화된 AI 기술 기반으로 인간과 AI 번역 협업
메타(Facebook)	• 메타(Facebook)은 대화형 AI 플랫폼, 'Messenger Platform with Chatbot' 발표하였으며, 쇼핑, 여행, 예약 등의 서비스를 사용자와 대화를 통한 연동 서비스를 지원. • 메타는 개인 성향을 정교하게 분석한 맞춤형 플랫폼을 제공
Amazon	• Amazon은 대화형 플랫폼, Alexa Viice Service' 제공 및 AI 비서 알렉사의 기업용 버전인 'Alexa for Business' 출시
IBM	• IBM은 IBM Watson Health Platform 운영, 또한 IBM은 영상, 생체 정보, 실시간 환자 정보 등 분석을 통한 질병 진단 및 이상 징후 사전 예측함. IBM은 기존 플랫폼 고도화 및 영역 확장(금융, 날씨 플랫폼 등)
GE	• GE는 GE Predix Platform을 운영하여 산업 현장의 정보 분석을 통한 성능 향상, 비용 효율을 달성할 수 있도록 함
네이버	• 네이버는 클로버(AI 플랫폼)의 선행기술을 연구하는 CLAIR(Clova AI Research) 팀에서 6개월간 AI 연구개발에 몰두할 수 있는 기회 제공
삼성리서치	• 삼성리서치는 세트 부분의 통합 연구소라고 할 수 있으며, 전 세계 24개 연구거점과 2만여 명의 연구개발 인력들을 이끌어가는 명실상부한 선행 연구개발의 허브 역할을 하고 있음
LG전자	• LG전자는 'AI 연구소'와 '로봇 선행연구소'를 신설하여 음성인식, 영상인식, 센서인식 등을 연구해온 '인텔리전스 연구소'를 각각 AI를 전담하는 AI 연구소와 로봇을 전담하는 로봇 연구소로 분리해 연구를 집중하고 있음
카카오	• 카카오가 보유한 핵심 기술이자 미래 기술의 집약체이며 음성을 알아듣고, 대화를 이해하며, 이미지를 인식하고, 수많은 데이터를 확인하여 이용자가 원하는 바를 정확히 검색 가능한 서비스를 연구하고 있음

　인간과 기계 간 협업의 효율성 증진을 위한 연구가 활발하게 진행되고 있다. 독일 켐니츠(Chemnitz)의 자동차 공장은 로봇 팔이 부착된 기계가 조립공정에 투입돼 있는데 이 기계는 다른 로봇 팔과 크게 다르지 않게 자동차 부품을 조립, 태양광 패널 완성, 분류, 톱질, 용접을 할 수 있다.

　인간과 로봇 간 상호작용 연구와 코봇과의 협업도 주요 연구 분야 중에 하나이다. 인간과 기계의 협업으로 더 새롭고 효과적인 방식으로 직원과 고객이 교류가 가능할 수 있는 기술이 개발되고 있고, 인간의 노동을 보완하는 협업 로봇(예: 협동로봇-코봇, 외골격 웨어러블 로봇은 기술이 개발되어 상용화 되었다.)

　인간과 AI협업의 기술 개발은 인간을 보조하는 기계 개발에 집중되고 있는데, 인간의 인지능력 증폭, 인간이 고수준 작업에 몰입할 수 있도록 고객과 직원들과 교류, 인간의 물리적 능력 확대, 인간의 복잡한 업무 지원, 인간을 위한 최대한의 편리성 제공 등의 방향으로 연구가 진행되고 있다.

11 범용 인공지능

　인간이 할 수 있는 어떠한 지적인 업무도 수행할 수 있는 인공지능을 범용 인공지능(Artificial General Intelligence: AGI)이라고 한다. 일반적으로 인공지능의 유형을 크게 2가지 유형으로 구분하는데, 하나는 범용 인공지능으로 컴퓨터로 사람과 같은 또는 그 이상의 지능을 구현하는 것이다. 즉, 사람처럼 생각하고 사람과 비슷한 일을 하는 기계를 가리킨다.

　범용 인공지능은 사람의 모든 감각, 모든 추론 능력과 함께, 인간 지능의 모든 특징을 가지고 있어서 마치 사람처럼 생각할 수 있다. 예를 들어, 사람과 대화하며 동시에 바둑도 둘 수 있는 인공지능이다. 또 하나는 전용 인공지능 (Artificial Narrow Intelligence: ANI)이다. 전용 인공지능은 인간 지능의 전체가 아닌 단 몇 가지 측면만 지니고 있다. 특정 프로세스의 자동화 또는 해당 프로세스에서 특정 작업의 자동화처럼 매우 특정적인 작업에 기계를 사용하는 것이다. 예를 들어, 구글의 알파고(AlphaGo)처럼 특정 문제만을 해결하는 인공지능은 좁은 인공지능 즉, 전용 인공지능으로 현재 비즈니스 애플리케이션에서 각광 받는 기술이다.

　인간은 받아들이는 정보의 특성에 따라 정보를 처리하는 방법과 이를 기억하는 방법이 상이하다. 특히 시각, 음성, 언어 등의 정보가 복합적으로 입력될 때 이를 종합적으로 이해하고 요약하고 기억하는 데는 한계가 있고 특별한 방법의 개발이 필요하다. 기존의 인간 기억 구조 모사 방법론은 대부분 단일의 정보를 처리하는 전용 인공지능 방법론이 대부분으로 이들 정보를 종합적으로 처리하는 새로운 범용 인공지능 방법론의 개발이 필요하다.

인공지능의 분류에 대해서는 AI 기술의 지능 정도와 AI 기술의 적용 방향(생각/행동)에 따라서 분류할 수 있다.

인간을 대체할 수 있는 정도의 지적 능력을 가지고 있는 시스템을 "강한 인공지능" 시스템으로 분류하고, 기본적인 논리에 초점을 두어 합리적으로 생각하고 활동하는 시스템을 "약한 인공지능" 시스템으로 분류한다. 과거에는 반복적인 인간의 업무 처리를 대신하기 위하여 "약한 인공지능" 기반의 어플리케이션 개발이 주였으나, 최근에 들어 AI 기술이 다양한 분야에 적용되면서 더 높은 수준의 지능을 소비자들이 요구하게 되었다. 인간의 높은 지적·판단 능력을 요구하는 법률이나 의료 분야나 인간과의 긴밀한 협업을 요구하는 분야에 AI 기술이 적용되기 시작하면서 "강한 인공지능" 기술에 대한 관심이 높아지게 되었다.

일부 인공지능 연구자들은 특정한 문제를 해결하기 위한 컴퓨터 프로그램을 개발하는 것도 중요하지만, 진짜 사람 수준의 인공지능을 연구하는 것이 더 중요하다고 주장한다.

범용 인공지능은 인간이 수행하는 모든 지적 작업을 이해하거나 학습할 수 있는 기계로 한때 공상 과학소설의 소재에 머물렀지만, 컴퓨팅 하드웨어 발달과 학습용 데이터의 폭발적 증가, 또 이를 처리하는 기계학습(Machine Learning) 알고리즘의 연구 개발과 딥러닝(Deep Learning)의 급격한 관심과 성장으로 인해 범용 인공지능술이 새롭게 부상하고 있다.

인공지능 기술 중 인간의 사고능력을 모방하는 기계학습 알고리즘의 성과는 시각지능과 자연어 처리에 기반한 특정 분야에서는 이미 인간을 앞서며 생활과 비즈니스에서 크고 다양한 역할을 수행하고 있다.

정보통신기획평가원(IITP)은 '인공지능 기술 청사진 2030'에서 범용 인공지능의 연구 개발에 필요한 기술 개발 이슈를 [표1]과 같이 강조하였다.

[표1] 범용 인공지능을 위한 기술 개발 이슈

기술 개발 이슈	내용
인간의 기억 구조 모사	• 단편적인 장면과 문장을 이해하는 인공지능 기술에서 발전하여 인간 수준의 복잡한 장면의 연속, 문맥, 화자의 의도를 유추하기 위해서는 인간 기억 구조를 이해하고 개선하는 기술의 개발이 필요함
인간의 학습·추론·판단 기법 모사	• 단편적인 정보로부터 전략을 수립하고, 의사를 결정하는 기존의 인공지능 기술을 보다 범용의 기술로 발전시키기 위해서는 기존의 딥러닝 네트워크를 모듈화하거나, 자가학습 가능한 새로운 학습 모델의 개발이 필요함
인간 수준의 실세계 상호작용 및 적응 능력	• 로봇의 뇌의 역할을 하는 인공지능 기술이 실제 물리적인 몸체(Physical Body)를 제어하기 위해서는 사람의 인지 발달 과정을 모사한 보다 효율적인 인공지능 기술의 개발이 필요함 • 딥러닝으로 구현한 기술을 실제 몸체(physical body)와 연동할 때 발생하는 문제를 해결하는 것 • 보행과 도약을 학습하기 위한 기술, 로봇 손의 제어 기술 등
기호적 범용 인공지능 (Symbolic AGI)	• 전통적인 기호 인공지능을 바탕으로 한 범용 인공지능 구현 방법 • 기본적으로 기호 인공지능은 다양한 임무를 수행하기 때문에 딥러닝보다는 범용성이 높으나 다양한 관점에서 도전 과제가 부상
창발적 범용 인공지능 (Emergentist AGI)	• 창발적 범용 인공지능은 뇌 구조를 역공학으로 해석하는 것으로 큰 범주에서 딥러닝도 이 부분에 속함 • 주로 뇌과학 관련 거대 프로젝트와 뉴로모픽 칩 기반 상용화 프로젝트로 진행 중에 있으며, 인간의 뇌를 기계적으로 모사하는 것에 목표를 둠

* 참고 : 인공지능 기술 청사진 2030, 정보통신기획평가원(IITP)

인공지능 인간 수준 이상의 성능을 구현하기 위해서는 인간이 경험하는 상황에 대한 복합적인 데이터 셋 구축이 필요하며, 다양한 기억을 모사하는 인공지능 방법론 (메모리 네트워크, 장단기 기억 등)을 적용하고 발전시킬 필요가 있다. 인간 뇌의 동작 방식을 정확히 이해하고 이의 응용을 통해 기존 기술의 한계를 극복해나가는 연구 개발이 필요하다. 또한 인간의 뇌는 학습이 끝난 상태로 고정되어 있는 것이 아니라, 끊임없이 새로운 정보를 받아들이고 재학습을 수행하며 이를 기반으로 판단을 수행함. 이와 같은 인간 뇌에 대한 신경과학적 특성, 즉 모듈화되어 있고, 자가학습 가능한 특성을 반영한 범용의 인공지능 기술의 개발이 필요하다.

범용 인공지능의 진화와 발전 방향은 지능이 없는 기계에 사람처럼 지능을 갖게 하는 것으로 진화 발전되고 있다. 인공지능 연구자들은 범용 인공지능 연구 개발의 궁극적인 목표는 사람처럼 학습하고, 사람처럼 생각하고, 사람처럼 사고할 수 있는 능력을 갖춤으로써 인간과 동일한 수준에서 일반적으로 해결할 수 있는 능력이 인간 수준의 성능을 능가할 것으로 예측하고 있다.

12 인공지능 모델과 알고리즘 관계

알고리즘(Algorithm)은 어떤 문제를 해결하기 위한 절차나 방법을 말한다. 컴퓨터 프로그램은 정교한 알고리즘들의 집합이라고 간주할 수 있다. 수학이나 컴퓨터 과학에서 말하는 알고리즘은, 보통 반복되는 문제를 풀기 위한 작은 프로시저를 의미한다.

인공지능(AI), 머신러닝, 딥 러닝은 자율적으로 데이터에서 패턴을 찾고 예측과 대응 방안을 활성화 하기 위해 애널리스트가 아닌 알고리즘에 의존한다.

우리가 사용하는 일반적인 프로그래밍인 명시적 프로그래밍 대 머신러닝과 딥 러닝과의 차이점을 살펴보면 다음과 같다. 명시적 프로그래밍은 특정 작업을 완수하기 위한 특정 명령어 세트를 가지고 있는 직접 작성한 소프트웨어 루틴이다.

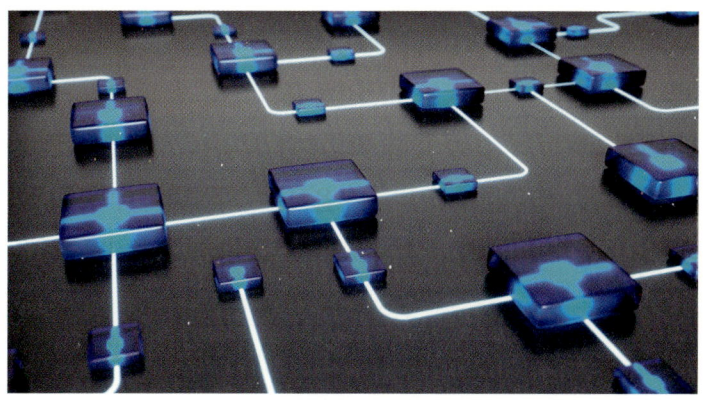

머신러닝은 컴퓨터를 학습시켜서 명시적 명령어 없이 작업(예측)을 수행하기 위한 능력을 획득하고 새로운 상황에서 동일한 문제를 해결하기 위해 수많은 사례로부터 학습하기 위한 (경험을 얻기 위한) 알고리즘을 개발해 나간다.

딥러닝은 각 계층이 다음 계층으로 데이터를 전달하는, 여러 계층의 신경 세포(Neuron: 뉴런)를 가지고 있는 신경망 기반으로 스스로 올바른 피쳐(중요한 특징)를 찾아 집중적으로 학습할 수 있다.

딥 러닝은 기계에게 어떤 피쳐를 사용할지(즉, 어떤 것이 가장 중요한지)를 아무도 알려주지 않아도 된다고 장담하는 기술이다. 기계가 자동으로 알아낸다는 것이다. 사용자는 기계가 스스로 중요한 피쳐를 선정하게 될 모든 피쳐를 입력해주기만 하면 된다. 명확한 장점이기는 하지만, 고용량의 데이터 요구사항과 많은 계산 처리 용량과 함께 긴 학습시간이 필요하다.

머신러닝과 딥 러닝 모델에는 주어진 데이터(전에 보았던 것)를 가지고 학습한 다음, 새로운 데이터(전에 본 적이 없는 것)에 대해 올바른 의사결정을 하기 위한 일반화를 하자는 생각이 깔려있다. 그런다면 모델은 무엇으로 구성되는가? 모델이 3가지 구성요소로 이루어진다는 점이 한 가지 정의가 되겠다.

▶ 데이터

모델을 학습할 때 과거 데이터(Historical Date)를 사용한다. 예를 들어, 피아노 연주를 학습할 때 입력하는 데이터로는 여러 가지 음표, 상이한 유형의 음악, 서로 다른 작곡가 스타일 등이 있다.

▶ 알고리즘

학습 프로세스에서 모델이 사용하는 일반 규칙. 다시 피아노를 예로 들면, 내부 알고리즘이 악보, 피아노 운지법, 언제 그리고 어떻게 페달을 밟아야 하는지 등을 알아보라고 말해 줄 수도 있다. [표1]은 모델과 알고리즘 간의 관계를 보여준다.

▶ 하이퍼 파라미터

데이터 과학자가 모델 성능을 개선하기 위해 조절하는 "손잡이" 역할을 한다, 데이터에서 학습되지 않는다. 피아노 연주를 예로 들면, 하이퍼 파라미터는 음악 작품을 얼마나 자주 연습하는지, 어디서 연습하는지, 연습하는 시간, 연습용으로 사용하는 피아노가 무엇인지 등을 포함한다. 이런 "손잡이"를 조절하면 피아노 치는 법을 학습하는 능력이 개선된다는 생각이다.

[표1] 모델과 알고리즘 간의 관계

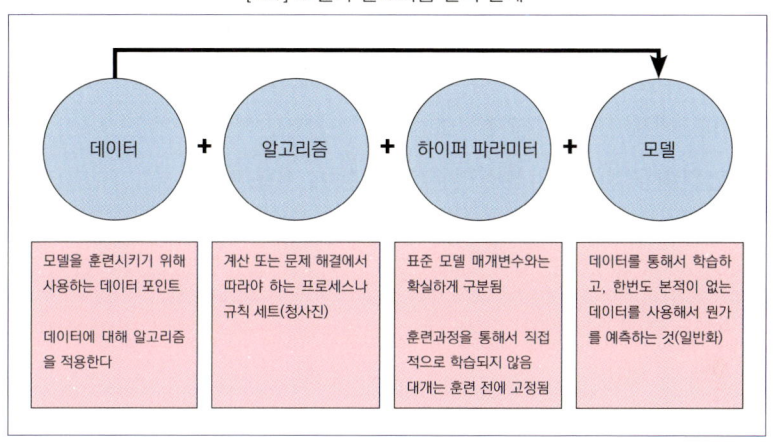

* 참고: IDG Korea

이 모든 것을 합치면 피아노 연주 모델이 된다. 이론적으로는 얼마나 잘 훈련 받았느냐에 따라, 처음 보는 새로운 음악의 악보라고 해도 그 연주 여부가 결정될 것이다.

일반적인 머신러닝 알고리즘 유형은 다음과 같다.

▶ 회귀

여러 데이터 포인트를 통과하는 곡선이나 직선을 그리는 것이다. 즉, 데이터 포인트에 곡선이나 직선을 일치시켜서 데이터 포인트 간의 거리 격차가 곡선 또는 직선으로부터 최소화되도록 한다. 예를 들어 위치, 평수 또는 침실 개수에 근거한 집 값을 구하거나, 주제, 날짜, 시간 또는 경품에 기초한 밋업 참석자 등을 구할 때 사용된다.

▶ 분류

어떤 대상이 속하는 그룹을 결정한다. 이진 분류(Binary Classification)(2개의 그룹)는 어떤 대상이 예를 들어, 그림 속의 동물이 개인지 아닌지처럼 특정 클래스에 속하는지 아닌지를 결정한다. 예를 들어 고객 이탈 또는 비 이탈, 사기 또는 정상거래, 질병보유 또는 이 보유 환자, 질병 종류 등 동물의 예를 다시 들면, 다중 분류(Multiclass Classification) (2개 이상의 그룹)는 그 동물이 개, 고양이, 새 등에서 어디에 속하는가를 말한다.

▶ 클러스터링(그룹핑)

분류와 비슷하지만, 사전에 범주를 알 수 없다. 데이터를 가장 공통점이 많은 그룹으로 가장 잘 체계화하기 위해 데이터에 내재된 구조를 사용하여 그룹핑하는 것이다. 예를 들어 시장세분화, 타깃 마케팅, 이탈율 감소, 이상점 규명 예를 들면, 고위험군 환자, 의심스러운 거래 등에 사용된다.

다시 동물 그림의 예를 사용하면, 3가지 유형의 동물이 있다고 정할 수 있지만, 그 동물이 무엇인지는 모르고 있기 때문에, 그냥 그룹별로 나누는 것만 할 수 있다. 보통 클러스터링은 지시 데이터가 부족하거나 개나 고양이 또는 새 같은 특정 그룹에 제약 받지 않고 데이터에 내재되어 있는 자연스러운 그룹을 찾고 싶을 때 사용한다. (비지도 학습)

▶ 시계열

데이터 순서가 중요하다고 가정한다(일정 기간 동안 수집한 데이터 포인트에 고려 해야 할 내부 구조가 있다). 예를 들면, 계절성을 알아내기 위해 일정 기간 동안의 매출 추이를 파악해서 홍보 이벤트와의 연관성을 찾고자 할 수 있기 때문에 판매 데이터를 시계열로 간주할 수 있다. 반면에, 동물 그림의 순서는 분류 목적상 별다른 의미가 없다.

▶ 최적화

주어진 체약조건을 최대 또는 최소화시키는 것이다. 여러 개의 변수가 같은 방향으로 이동하지 않을 때, 최상의 가치를 달성하기 위한 방법이다. 예를 들어 기계활용 최대화, 수송시간 최소화, 가장 가치 있는 물건의 배달 등에 사용된다.

▶ 자연어 처리(Natural Language Processing: NLP)

자연어는 일반 사회에서 자연히 발생하여 사람이 의사소통에 사용하는 언어로, 컴퓨터에서 사용하는 프로그래밍 언어와 같이 사람이 의도적으로 만든 인공어(Constructed Language)에 대비되는 개념이다.

텍스트를 입력과 출력으로 사용하고, 챗봇, 주요 데이터 필드에 대한 의사의 노트 같은 비정 형 수기 기록의 정리, 그리고 뉴스 기사 자동 작성 같은 인간의 언어 사용 능력과 이해를 흉내 내려 하는 일반 범주의 알고리즘이다. 또한 악보의 변경, 자동 완성, 다음 단어 제안, 맞춤법 검사기 등에 사용된다.

▶ 이상 탐지

데이터에서 이상한 점을 찾아낼 때 사용된다. 예상된 형태와 일치하지 않는 이상한 패턴을 규명하는 것이다. 공정 관리도와 비슷하지만 입력으로 훨씬 더 많은 변수를 사용한다. 이상 탐지는 "정상적인" 운영 매개변수를 정의하기 어렵고 시간이 흐름에 따라 바뀌는 경우에 특히 유용하며, 이상 탐지가 자동으로 조정되기를 바랄 것이다.

13 인공지능 학습용 데이터셋 구축 방법과 전략

❯ 인공지능 학습용 데이터 개요

　　인공지능(AI)은 데이터가 없으면 무용지물이다. 그렇다고 무조건 데이터가 많은 것은 의미없다. 그래서 AI가 스스로 인식, 이해하기 위해서는 AI 소프트웨어(SW)가 사물간 연관성을 이해할 수 있는 형태로 가공된 대규모 AI 학습용 데이터가 필요하다.

　　미국, 유럽 등 AI 선도국에서는 대학 및 글로벌 기업, 연구소를 중심으로 300여개 이상의 AI 학습용 데이터 셋 공유 및 확산하는 민간 중심의 선순환 생태계 조성이 활발하게 진행되고 있다.

　　우리나라도 지능정보사회로의 패러다임 대전환기를 맞아, 4차 산업혁명의 성공이 고도의 인공지능 기술 확보 및 데이터와 인공지능 간 유기적인 융합에 달려있다고 판단하고, 인공지능 및 데이터의 가치와 중요성을 그 어느 때보다 강조하고 있다.

　　국가의 핵심 사업으로 대규모의 인공지능 학습용 데이터를 구축하고 민간에 개방함으로써 인공지능 기반의 산업 생태계 확산을 추진하고 있다. 즉, 국가의 디지털 역량을 강화하기 위한 인공지능 학습용 데이터를 범국가적으로 모으고 있다.

　　국내 중소·벤처기업들은 AI 학습용 데이터를 자체 구축하기에 많은 시간과 비용이 소요되고 원천 데이터 확보의 어려움을 호소하고 있고, 규모가 작은 스타트업은 데이터 확보가 쉽지 않을 뿐만 아니라 데이터 가공에도 많은 비용이 소요 되므로 정부 주도의 데이터 구축·보급 필요성이 더욱 강조되고 있다.

인공지능 학습용 데이터 구축을 위해서는 학습 임무정의, 데이터 획득, 데이터 정제, 데이터 라벨링, 데이터 검사 등 인공지능 학습용 데이터를 구축하는 일련의 활동들이 필요하다.

인공지능 학습용 데이터는 인공지능 기술인 추론 및 기계학습, 지식표현 및 언어지능인 자연어 처리, 시각지능, 컴퓨터 비전, 청각지능, 복합지능 등에 활용하기 위한 학습용 데이터이다. 대표적인 학습용 데이터는 한국어-영어 번역 말뭉치, 사물 이미지, 글자체 이미지, 인도(人道) 보행영상, 멀티모달 영상, 사람동작 영상, 안면 이미지, 위해물품 이미지, 질병진단 이미지, 이상행동 CCTV 영상 등이 있다.

위와 같은 인공지능 기술에 활용될 수 있는 인공지능 학습용 데이터를 구축하기 위해서는 데이터 구축의 필요성이 있어야 한다. 공통적인 예를 텍스트 데이터를 구축하는 것을 설명하면 다음과 같다.

OPenAI의 ChatGPT처럼 인공지능이 텍스트를 이해하고 핵심 내용을 요약적으로 전달하기 위해서는 인공지능 소프트웨어가(SW)가 해당 텍스트의 주요 내용이 무엇인지를 이해할 수 있는 형태로 가공된, 다양한 유형의 대규모 요약 텍스트 데이터 구축이 필요하다. 국내 인공지능 기반 요약 기술 개발과 관련된 다수의 연구들에서는 해당 텍스트의 제목을 본문의 요약문으로 가정하거나 뉴스 기사의 제목 혹은 첫 문장을 전체 기사의 요약문으로 가정하여 학습데이터로 활용함에 따라 본문 전체의 핵심 내용이나 의미 전달을 온전히 포함하지 못하는 한계점을 가지고 있다. 특정 채널에 편향되지 않는 요약기술 개발을 위해서는 채널별로 균형 있는 데이터 원문 수집과 함께, 텍스트 성격에 따라 핵심내용에 영향을 미치지 않는 부분들에 대한 정제 작업이 필수로 요구된다.

텍스트데이터 인공지능 학습용 데이터 구축 목적은 단순한 데이터 수집, 모음이 아닌 구축된 데이터를 인공지능 학습 모델에 적용하여 의미 있는 수준의 정확도를 확보하고 서비스 등에 유용하게 활용되는 것을 목표로 한다. 목적 정의에는 데이터의 구축 배경 또는 필요성, 구축되는 데이터에 대한 명확한 정의,

구축 방향 및 활용(예상) 분야 등을 포함한다. 구축될 학습용 데이터가 실제로 어떤 산업, 서비스, 연구분야에서 활용될 수 있는지, 정의하여 데이터 구축 방향에 대한 타당성을 재확인할 필요가 있다. 데이터의 저장, 기록이나 해석에서 오류의 가능성이 없도록 명확한 단어, 어휘 체계를 사용하여 정의해야 중복 작업 또는 구축된 학습용 데이터를 효과적으로 활용할 수 있다.

＞ 인공지능 학습용 데이터 구축 시 고려 사항

가. 데이터 종류 및 규모

인공지능 학습용 데이터 구축 시 고려사항으로는 먼저 획득해야 할 데이터의 규모를 설정한다. 이때 대상으로 하는 산업 분야 및 서비스에서 요구되는 수준과 사업기간과 획득에 드는 시간과 비용을 종합적으로 고려하여 구축 규모를 선정해야 한다. 그리고 데이터 활용 분야를 고려하여 구축되는 데이터의 어노테이션(Annotation) 타입을 [표1]과 같이 정의한다.

어노테이션이란 데이터 라벨링 시 원천데이터에 주석을 표시하는 작업을 의미하며, 추가 부착되는 설명 정보 데이터는 기능 목적에 따라 다양한 형태로 표현될 수 있으며 이러한 설명 정보 표현방식을 지칭한다.

[표1] 텍스트 데이터 어노테이션 타입 및 용도

어노테이션 타입	주요 활용 용도
클래스 라벨(단일, 단종)	• 텍스트 분류(Text Classification) ※ 감성, 주제 등
단어(구문) 라벨	• 명명된 엔티티(용어, 단어) 인식(Named Entity Recognition)
텍스트 라벨	• 문장 번역 • 문장 요약
단어(구문) 라벨링 및 두 단어 사이의 관계	• 관계-의존성 정의(Realation-Dependencies)
기타	• 그 밖의 용도

나. 데이터 구축 프로세스 정의

다음은 데이터 구축 프로세스 정의로 데이터 구축 목적 정의, 데이터 획득, 데이터 정제, 데이터 라벨링, 데이터 검사에 이르는 일련의 데이터 구축 프로세스를 사전에 정의하고, 각 프로세스에 따르는 이슈 및 검토사항 등을 도출한다.

데이터 구축 프로세스는 [표2]와 같이 구축 단계별 주요 작업에 대해 서술하나, 순서도·표 등을 활용해 구조화하여 구축 관계자 및 작업자들이 쉽게 이해할 수 있도록 한다.

[표2] 데이터 구축 프로세스 정의

단계	세부 절차	설명	산출물
준비	작업 환경 구축	• 작업 도구 선정	
	작업 대상 선정	• 획득할 데이터의 규격 및 조건 선정	
	데이터 제공 기관 검토	• 작업자 모집 기관을 검토	
	작업자 확정	• 원시데이터 작업자 및 제공자와 계약 체결	개인정보 수집 및 이용 동의서, 근로계약서, 저작권활용계약서
	작업 지침서 작성	• 작업 지침서 및 가이드 동영상 제작	작업 지침서 가이드 동영상
획득	원시데이터 획득	• 카카오톡 대화문(텍스트) 형태의 원시데이터 획득	원시데이터
정제	부적합 데이터 선별	• 데이터 수집 요건 미충족 대화 제외 중복 데이터 제외	요건 미충족 및 중복 제외 데이터
	데이터 비식별화	• 개인정보 마스킹 및 비식별화 • 민감정보 등의 삭제	비식별화 데이터
라벨링	작업 인력 교육	• 데이터 라벨링 작업 교육	
	요약 데이터 구축	• 비식별화 데이터의 요약 작업	요약 데이터
	유형 및 주제 구분	• 요약 데이터의 유형 및 주제 구분 작업	라벨링 데이터
검사	요약문 검사	• 요약문 검사 기준 부합 여부 확인	검사 완료 데이터
	외부기관 품질 인증	• 관련 외부 기관의 품질 인증	품질 인증서

다. 데이터 획득 및 정제 방법

인공지능 학습용 데이터 구축에 필요한 원시데이터 항목을 검토하고, 각 항목 별로 데이터 획득에 필요한 정보(데이터 획득 정보, 획득 방법, 획득 단계에서 필요한 요건 등)들을 검토하여 문서화한다. 원시데이터 대상 및 획득 방법을 아래와 [표3]과 같이 육하원칙에 따라 정의할 수 있다.

[표3] 원시데이터 획득 시 검토사항 및 예시

5W1H	항목	예시
What	측정대상 획득 시 포함되어야 할 변수들	• 사회적으로 많이 활용·언급되는 상식, 지식 테스트 • 시간별, 주제별, 지역별, 매체별 검토(필요 시 도메인 전문가, 인공지능 전문가 협의 후 대상 객체를 명확히 함)

When	획득 기간(From, To)	• 뉴스 데이터(1주, 11.14~11.20), 인터넷 커뮤니티 데이터(2주, 11.21~12.4), 법률 데이터(1주, 12.5~12.11)
Where	획득 장소/프로세스	• ○○ 주식회사 데이터팀 내 데이터 수집 서버
Who	획득 담당자/획득하는 사람	• ○○ 주식회사 데이터팀 데이터 수집 담당자
How	획득 방법, 측정 주기, 샘플 크기, 데이터 양식	• 뉴스, 커뮤니티, 법률 분야별 데이터를 제공하는 기관(기업)의 데이터 수집 API 신청 후 수집 서버와 연결하여 수집하며, Json 파일에서 메타 데이터는 DB로, 본문은 txt파일로 변환하여 저장
Why	측정 목적/기대 결과	• 목적에 맞는 획득 데이터 이해와 프로세스 능력의 파악/추세 분석

데이터 획득항목은 획득단계에서 텍스트 문장과 함께 확보해야 할 정보들이다.

텍스트 메타데이터(제목, 텍스트 길이, 생성일 등), 도메인 정보(주제, 매체 유형, 획득처, 문장유형 등) 등 텍스트 데이터 획득 시 수집 및 저장할 정보를 사전에 정의한다.

라. 획득 데이터 정제 방식

획득 데이터를 정제하는 방식은 먼저 정제 프로세스를 수립하는 것이다. 어노테이션 단계에 들어가기 전에 학습용 데이터로 적합한 데이터를 선별하고 처리하는 정제 프로세스를 획득 방법 별로 수립한다. 데이터 정제는 도구(소프트웨어)를 활용하여 정해진 규칙에 따라 제외 또는 변환하는 방법, 작업자가 직접 눈으로 확인하여 검사하는 방법 등을 적용할 수 있다. 그리고 데이터 구축 목적, 데이터 유형, 도메인 특성에 따른 데이터 정제 기준을 수립한다. 텍스트 분량, 텍스트 문법의 정확성, 텍스트 내용의 적절성, 획득 주제와의 연관성 등을 고려하여 부적절한 데이터를 필터링하거나 라벨링하기 적합한 형태 및 내용으로 수정한다.

마. 데이터 라벨링 작업

원천 데이터 내에서 어떤 항목들을 라벨링 해야 하는지 대상과 범주를 먼저 정의하고, 원천 데이터 내에서 데이터 구축 목적에 부합하는 내용을 최대한 반영할 수 있는 정보를 라벨링할 수 있도록 라벨링 대상 범위를 정의한다. 데이터 품질 및 구축 목적과 무관한 내용을 불필요하게 라벨링하는 사항의 존재 여부 등을 검토하여 가능한 데이터 특성 식별 분류 체계에 맞는 것만을 라벨링한다.

특히 텍스트 전체에 대한 라벨링이 아닌, 하나의 텍스트 안에 특정 키워드, 문장 등을 라벨링해야 하는 경우 작업자들이 어떤 대상을 라벨링해야 하는지 판단할 수 있도록 세부적인 기준을 마련한다. 원천데이터에 포함된 개인정보는 라벨링 대상에서 제외하거나, 익명 처리 등 비식별화를 통해 개인정보를 알아볼 수 없게 라벨링한다.

텍스트 데이터 라벨링 작업은 사전에 인공지능 학습 데이터 구축 목적, 도메인, 활용 분야(번역, 문서 요약 등, 대화형 챗봇 등)를 고려하여 텍스트 입력 절차 및 기준을 수립하고 작업하는 것이 좋다.

인공지능 학습용 데이터셋을 구축하는 방법과 절차는 음성데이터, OCR 이미지 데이터, 영상 데이터, 사물 이미지 데이터셋 등도 앞에서 설명한 텍스트 데이터와 같은 방법으로 인공지능 학습용 데이터를 구축한다.

14 인공지능 도입 및 인공지능기술 활용 전략

　글로벌 경쟁시대에 기업 경쟁력의 핵심은 산재한 기업의 리소스 즉, 외부.내부 데이터, 기술, 인력, 서비스를 연계하여 새로운 가치를 창출하는 것으로, 오늘날처럼 데이터의 역할이 중요한 적은 없었다.
　AI기술은 전산업의 다양한 영역에서 단일기술 또는 복합기술이 융합되어 적용 및 활용 영역이 점점 넓어지고 있다. 최근 많은 기업에서 AI도입 및 활용에 대한 관심이 집중되고 있고, 일부 기업은 업무 및 비즈니스에 적용하기 위한 검토가 진행 중이고, 어떤 기업은 AI기술을 활용한 다양한 서비스를 개발하기 위한 연구 및 개발이 진행 중이다.
　기업의 성공적인 AI도입과 AI기술을 활용한 차별화된 경쟁력을 높이기 위한 방안으로 AI기술에 특화된 AI기술 공급기업과 AI솔루션 기업, 수요기업의 현업, 수요기업의 정보시스템부서 간의 콜라보레이션(Collaboration)이 매우 중요해졌고 필요성이 증대되고 있다.
　선진기업에서의 AI활용 분야는 '고객 경험 개선→비용 절감→신규 비즈니스 창출'의 순서로 AI의 활용 분야를 넓혀나가고 있다. AI도입 초기 기업들은 주로 '고객 경험 개선' 등 기업 내 외부 커뮤니케이션강화에 AI기술을 활용하고, AI기술에 익숙해진 기업들은 기업 내 의사결정을 지원하는 업무 자동화 및 효율화 측면에 집중하고 스마트화 등 내부 프로세스를 혁신적으로 개선시키는데 AI기술을 적극적으로 활용한다. 또한 AI기술 활용 범위가 넓어진 기업들은 궁극적으로 AI기술을 활용하여, 신규 제품, 서비스 개발 등 새로운 수익 원 창출에 활용한다.

〉 AI를 성공적으로 도입하기 위한 5가지 추진전략

첫 번째는 기업이 특정업무 영역에서부터 전사적으로 AI를 도입하여 경쟁력 창출에 활용하기 위한 프래임웍(Framework)이 있어야 한다.

두 번째로 AI도입에 대한 구성원의 공감대를 형성하고 기업내부의 데이터 사이언티스트(Data Scientist) 중심의 추진 주체를 확보해야 한다. 데이터 사이언티스트는 데이터 분석, 관리뿐만 아니라, 기업 비즈니스 영역에 대한 이해도가 높아 업무와 데이터 간의 연계를 원활히 수행할 수 있는 인력을 말한다. 기업 내부에서 업무 파악도가 높은 실무자들 중에 IT 스킬, 통계 등의 능력을 갖고 있거나 교육을 통해 습득 가능한 인력을 배양하는 것도 하나의 인력 확보 방안이 될 것이다. AI는 기존 기업의 업무 시스템 구축 시 도입하여 사용하고 있는 ERP 시스템이나 소프트웨어하고는 다르기 때문이다. 예를 들어 기업에서 도입된 머신러닝과 같은 데이터 학습은 지속적으로 알고리즘을 개선 시켜 "자가 발전"(Learning to Learn)을 할 수 있게 하여 더욱 높은 수준의 성능(Performance)를 창출 할 수 있도록 해야 한다. 또한 정의된 문제와 수행 목적에 맞는 양질의 데이터를 모으고, 데이터의 다양한 활용 가능성을 디자인하는 것은 AI적용 성공의 핵심이기 때문이다.

세 번째는 AI프로젝트 목적과 설계에 따라 적합한 AI기술 및 솔루션을 선택하고, 보유 역량과 상황에 맞는 솔루션을 획득하는 방안이 수립되어야 한다. 기술 및 솔루션 도입 방안으로는 이미 검증된 외부의 AI기술과 제품을 구입하는 방법 또는 자체개발, 인공지능 기술 공급기업과 협력해서 구축하는 방법도 고려해야 하다. 일반적으로 AI의 구현은 오픈소스 또는 클라우드 서비스를 활용하는 방안과 기업이 독자적인 플랫폼을 구축하는 방안이 있으며 기업의 상황에 맞게 선택하여 적용하면 된다.

네 번째는 대상 업무별 특성 및 전략적 우선수위를 고려하여 AI를 도입하는 것이다. AI의 기업 적용은 주로 고객 접점 영역, 데이터 친화적 업무, AI적용 후 기대성과가 큰 영역부터 도입하는 것이 일반적이다.

다섯 번째는 AI적용 성과분석을 통해 성공사례를 타 부문으로 확산하고, 전사 AI전략과 연계시켜야 한다. AI도입을 부정적으로 인식하던 이해관계자 및 내부 구성원을 대상으로 AI도입 과정과 현재까지의 성과, 향후 목표 등을 공유하여 향후 전사 AI전략 추진의 동력을 확보해야 한다.

> **새로운 가치 창출을 위한 AI기술 활용 전략**

효과적인 AI도입 및 활용을 위해서는 [그림1]와 같이 인공지능 기술을 활용하여 서비스가 제공되는 전체적인 시스템 구성도를 이해할 필요가 있고 특히, AI 기술에 대한 학습과 이해가 필요하다.

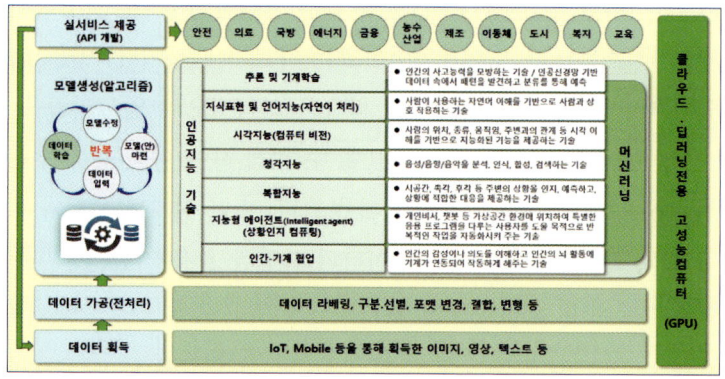

[그림1] 인공지능(AI) 시스템 전체 구성도 및 기술별 서비스 분류

먼저 '추론과 기계학습'은 인간의 사고능력을 모방하는 기술들로 추론, 인공신경망, 강화 학습, 딥러닝, 인지 공학 등이고, '지식표현 및 언어지능'은 사람이 사용하는 자연어를 이해하는 자연어 처리를 기반으로 사람과 상호 작용하는 기술들이 포함되는데, 지식공학 및 온톨로지(Ontology), 대용량 지식처리, 언어 분석, 의미분석, 대화 이해 및 생성, 자동 통·번역, 질의 응답(Q/A), 텍스트 요약 등에 활용된다.

'청각지능'은 음성, 음향, 음악 등을 분석하여 음성을 합성하거나 음성을 검색하는 기술들이고 음성분석, 음성인식, 화자 인식/적응, 음성합성, 오디오 색인 및 검색, 잡음 처리 및 음원 분리, 음향 인식 등에 활용된다.

'시각지능'은 사물의 위치, 종류, 움직임, 주변과의 관계 등 시각 이해를 기반으로 지능화된 기능을 제공하는 기술들이 포함되고 컴퓨터 비전, 사물 이해, 행동 이해, 장소/장면 이해, 비디오 분석 및 예측, 시공간 영상 이해, 비디오 요약 등에 활용된다.

'복합지능'은 시공간, 촉각, 후각 등 인간의 오감을 모방한 감각 데이터를 이용하여 주변 상황을 인지, 예측하고, 상황에 적합한 대응을 제공하는 기술들이고 공간 지능, 오감 인지, 다중 상황 판단 등에 활용된다.

'지능형 에이전트(Intelligent Agent)'는 개인 비서, 챗봇 등 가상 공간 환경에 위치하여 특별한 응용 프로그램을 다루는 사용자를 보조할 목적으로 반복적인 작업들을 자동화시켜 주는 기술들이고 지능형 개인비서, 소셜지능 및 협업지능, 에이전트 플랫폼, 에이전트 기술, 게임 지능, 창작 지능 등에 활용된다.

'인간과 기계의 협업'은 인간의 감성이나 의도를 이해하고 인간의 뇌 활동에 기계가 연동되어 작동하게 해주는 기술들이고 감상 지능, 사용자 의도 이해, 뇌 컴퓨터 인터페이스, 추론 근거 설명 등에 활용된다. 'AI 기반 하드웨어'는 초고속 AI정보 처리를 구현할 수 있도록 지원하는 하드웨어 및 하드웨어 관련 기술들을 포함하고 있고 사람의 뇌 신경을 모방한 차세대 반도체로 딥러닝 등 인공지능 기능을 구현할 수 있는 뉴로모픽 칩(Neuromorphic Chip), 지능형 반도체, 슈퍼컴퓨팅, AI 전용 프로세서 등이 있다.

기업의 성공적인 AI도입 및 활용의 성패는 전사 AI적용을 주도할 수 있는 추진 주체의 역할과 통합성, 확장성을 고려한 AI플랫폼 그리고 AI기술을 적용하여 다양한 리소스(데이터, 기술, 인력, 서비스)간의 창의적 연계를 통해 새로운 가치를 창출하고 효과를 극대화할 수 있도록 활용하는 것이다.

15 인공지능 개발 트렌드와 미래 진화 방향

인공지능은 최근 수년간 매우 빠른 속도로 진화하고 있다. 과거 이론에 머물거나 제한된 기능만을 수행했던 인공지능은 이제 실제 구현을 통해 그 성능을 증명해내고 다양한 현실 세계의 문제에 하나씩 적용되기 시작했다.

인공지능은 구글, OpenAI, MS, 메타 등 인공지능 분야에 선두 그룹에 속해 있는 글로벌 기업들의 인공지능 분야의 지속적인 연구 개발과 2022년 11월 30일을 전후해 혁신적으로 발전한 자연어 처리 기술, 알고리즘, 컴퓨팅 인프라(클라우드 및 GPU), 빅데이터 기술이 서로 융 복합되면서 이런 성과를 이루어 내고 있다. 또한 OpenAI사의 ChatGPT와 같이 인공지능을 학습 시킬 수 있는 충분한 데이터가 확보되면서 이론에서 현실로 잘 나오지 못했던 인공지능이 우리의 곁으로 다가오게 된 것이다. 빠르게 발전하고 있는 인공지능은 이제 여러 분야에서 사람의 능력을 넘어서는 수준으로 구현되고 있다.

딥러닝으로 인한 인공지능의 발전은 인간의 인지(보다. 듣다. 읽다), 학습(반복 학습을 통해 지식 고도화), 추론(학습된 지능에 기반 인지된 한경에 대한 추론 및 예측), 행동(문제를 스스로 발견하고 해결하며, 지능, 추론 능력에 기반한 자율적 판단 및 행동)과 같은 인간 지능 영역의 전 과정에 걸쳐 혁신적인 진화를 만들어 내고 있다 [그림1].

[그림1] 인공지능의 최근 개발 트렌드

* 참고: lgeri.com 재구성

광범위한 분야에 걸쳐 인간처럼 외부의 정보를 인식하고, 학습하며, 추론하고, 행동하는 인공지능에 대한 연구가 활발하게 진행되고 있다. 특히 자연어 처리, 시각, 청각지능 분야의 발전으로 인해 인공지능은 이제 사람보다 더 높은 정확도로 사물을 인식할 수 있고, 사람과 비슷한 수준으로 언어를 이해하고 대화할 수 있게 되었다. 이러한 인식분야의 발전으로 인공지능은 이제 외부의 수많은 다양한 데이터를 스스로 인식하고 이해해서 지식화할 수 있는 '정보'로 받아드릴 수 있게 되었다. 그동안 축적되어온 엄청난 빅데이터를 기계가 스스로 학습할 수 있게 되면서 인공지능의 지능이 혁신적으로 발전하고 있는 것이다.

인공지능의 발전 트렌드를 살펴보면, 2012년을 기점으로 본격적으로 발전하고 있는 인지 분야의 지능은 이미 인간 능력 이상의 수준으로 구현되고 있다. 지능 발전의 가장 큰 걸림돌이었던 인지 분야의 해결은 인공지능이 현실 세계를 인간처럼 인식하는 것을 가능하게 하였고 이에 기반한 학습/추론/행동 분야의 연구가 매우 활발하게 진행되고 있다.

음성 인식분야의 인공지능 연구는 매우 오래 전부터 다양한 기업들이 연구, 개발을 해오고 있지만 현재까지도 자유로운 대화가 가능한 완벽한 수준까지는 구현되지 못하고 있다. 전문가들은 음성 인식 분야의 지능이 빠르게 발전되지 못했던 이유를 기계가 인간의 언어를 인식하기 위해서는 개별 단어의 의미를 이해하는 것을 시작으로 구문/문장 등 매우 복잡하고 다양한 단어들의 관계들이 정확하고 정교하게 모델링되어야 하고, 정확한 언어 이해를 위해 특정한 분야의 전문지식이 바탕이 되어야 하는 경우 각 분야의 전문가가 언어 모델의 작성에 개입해야 하는 등의 한계가 있기 때문이라고 강조한다. 하지만 최근 딥러닝이 적용되면서 과거와 달리 사람(전문가)에 의존하지 않고 인공지능이 데이터에 기반한 학습을 통해 스스로 언어를 이해하게 하는 방식으로 전환되고 있다.

2012년을 시작으로 본격화된 딥러닝의 발전은 2016년 알파고의 출현을 기점으로 전환점을 맞이하였다. 과거 알고리즘, 컴퓨팅, 데이터의 한계로 인해 얕은 신경망(Shallow Net)에 그쳤던 딥러닝이 깊이(Depth)의 한계를 극복하며 이제 시각/청각 지능에 대해서는 인간레벨(Human-Level) 혹은 그 이상의 인공지능을 구현하고 있다.

최근에는 강화 학습(Reinforcement Learning) 및 관계형 추론, 예측 기반의 행동 분야 연구가 활발히 진행되며 인공지능이 인간의 사고 영역에 한걸음 더 다가 섰다. 수십만 번 이상의 반복 학습을 통해 터득하게 된 인공지능의 방법은 때로는 사람들이 전혀 생각해 내지 못했던 방식으로 문제를 해결해 내기도 한다. 게임과 같은 가상의 환경을 중심으로 연구되어 온 강화 학습은 최근에는 3차원 환경, 현실 세계를 반영한 환경에서 연구가 진행되고 있다. 특히 일부 기업들의 연구소에서는 향후 제품, 서비스 탑재를 목적으로 강화 학습 기반의 인공지능을 연구, 개발하기 시작하고 있다.

한 걸음 더 나아가 인공지능은 이제 다양한 정보들을 조합해 자신의 관점으로 새로운 명제를 추론(Inference/Reasoning)하거나 미래를 예측하고 행동하기도 한다. 인간의 고유 영역이라고 여겨져 온 추론/행동 분야의 연구는 2017년을 전후해 빠르게 발전해오고 있다. 특히 알파고를 구현한 딥마인드는 인공지능이 마치 인간처럼 추론하고 행동하는 논문을 잇따라 발표하며 인간처럼 유연한 사고가 가능한 인공지능 구현의 가능성을 보였다. 영상 혹은 텍스트로 주어진 정보를 개별적으로 인식하는 수준을 넘어 다양한 정보 간의 상대적인 관계를 직관적으로 파악해 추론해 내거나, 어떤 행동을 실행할 때 단순히 현재 상황에서 최선을 선택하는 것이 아니라 미래에 일어날 일들을 예측해서 행동하기도 한다. 불가능할 것 같았던 관계형 추론, 예측 기반의 행동 분야의 인공지능 연구가 그 가능성을 보이면서 향후 인공지능의 발전은 한 단계 더 진화할 것으로 전망된다.

인공지능을 더 발전시키기 위해서는 막대한 양의 데이터와 컴퓨팅 파워가 필요하다. 데이터를 인위적으로 생성해 인공지능의 학습 과정에 활용하거나 현실을 정교하게 반영한 시뮬레이터를 구현해 반복학습이 가능한 환경을 가상으로 만들어 내기도 한다. 혹은 구현된 인공지능을 매우 단순화시키거나 이미 학습된 지능을 다른 인공지능에 이식하여 새로운 지능 구현에 활용함으로써 학습 과정에 필요한 데이터나 컴퓨팅 파워를 최소화하기도 한다.

지능형 알고리즘을 통해 발전해가고 있는 인공지능 기술은 지능형 금융서비스, 법률서비스 지원, 의료진단서비스, 기사작성, 지능형 로봇, 지능형 비서, 지능형 감시 시스템, 지능형 추전 시스템, 지능형 스팸분류 등 다양한 산업 분야에서 이미 널리 사용되고 있다. 점점 더 빠르게 발전해 가고 있는 인공지능은 인식 및 판단(Perception & Decision Making)기능과 학습 기능을 활용해 스스로 빠른 속도로 똑똑해지고 있다.

인공지능관련 연구자료를 보면 인공지능의 미래 진화 방향은 기존 인공지능과는 다른 전혀 새로운 방식으로 인공지능을 구현하려는 시도들도 시작되고 있다.

미국의 인공지능 전문 기업 오픈AI(OpenAI)가 2022년 11월 30일 ChatGPT를 선보인 뒤 전 세계는 파장을 가져오고 있으며, AI는 데이터 분석 및 처리 등 수동적 지원을 넘어 초거대 데이터 처리 및 생성을 수행하고 있다. 대표적인 것이 대규모 데이터를 가지고 학습하여 인간이 원하는 텍스트, 이미지 등을 생성해내는 생성형 AI(Generative AI) 연구가 빠르게 발전되고 있다. 대형언어 모델(Large Language Model: LLM)을 기반으로 학습한 AI가 명령어(Prompt)에 따라 새로운 텍스트, 이미지, 영상, 음악, 프로그램 코딩 등을 생성해낸다.

최근 수년 동안 인공지능이 엄청난 발전을 이루었지만 자율적인 판단과 능동적인 행동에 기반하는 인간의 지능과는 큰 차이가 있는 것이 현실이다. '인간처럼 계산(Computing Like Human)'하는 지능을 넘어 '인간처럼 생각(Thinking like Human)'하는 지능을 구현하기 위한 노력들이 요구되고 있는 것이다. 이러한 노력들 중 하나로 신경 과학(Neuroscience), 뇌과학(Brain Science) 분야에서의 인간 뇌에 대한 근본적인 연구를 컴퓨터 과학 분야의 연구에 접목시켜 전혀 새로운 방식으로 인공지능을 구현하려는 시도도 시작되고 있다.

이렇듯 인간의 고유 영역이라고 생각되었던 분야에서 하루가 다르게 인공지능이 구현되고 있으며 그 성능 또한 인간의 수준을 빠르게 따라잡고 있다.

기업의 미래 비즈니스 생태계는 인공지능과 같은 소프트웨어(Software, SW) 기술의 존도를 높이는 방향으로 진화되고 있다. 글로벌 조사기관 가트너 심포지움(Gartner Symposium)에서 전문가들은 과거의 일 방향 단일 가치사슬 생태계에서 다수 참여자(N:N) 간 거래하는 플랫폼 생태계를 거쳐, 향후 분산형 생태계로 진화할 것으로 전망하고 있다. 분산형 생태계란, 데이터, SW기반 연결이 극대화되어, 어떤 기업과도 연계, 협업이 가능한 완전 네트워킹(Fully-networked) 생태계를 의미한다. 단일 가치사슬 생태계에서는 파트너와의 효율적 거래구조가 핵심이고, 플랫폼 생태계는 참여 기업간 연계를 통한 비즈니스혁신이 경쟁력을 좌우한다. 분산형 생태계에서 기업 경쟁력의 핵심은 산재한 리소스(Resource) 즉, 데이터, 기술, 인력, 서비스를 연계하여 가치를 창출하는 것으로, 인공지능과 같은 SW기술 의존도가 더욱 높아질 것이다. 인터넷, 모바일, DB 등 구 정보기술이 현재의 플랫폼 생태계를 이끌었다면, 인공지능, 블록체인, 클라우드, 등 신 정보기술은 제품과 서비스 간, 산업 간, 플랫폼 간, 경계를 허물고 데이터, SW기반 연결을 극대화시켜 분산형 생태계 구축을 주도하게 될 것이다. 그래서 경계가 사라진 비즈니스 환경에서는 이종 영역 간 연계 과정이 복잡해지고 활용 리소스도 다양해져, 인공지능과 같은 SW기술 의존도가 더욱 높아질 것으로 보고 있다. 미래에는 인공지능의 머신러닝을 통해 스스로 소프트웨어 설계를 최적화하여 이종 영역간 연계를 간단하게 할 수 있을 것이다.

전문가들은 인공지능이 다양한 분야에서 신속 용이하게 활용되지 못하고 있는 한계를 극복하기 위해 [그림2]와 같은 방향으로 발전할 것으로 전망하고 있다. 대표적으로는 AI 기술 및 학습데이터 구축 등 전문가의 개입 없이도 다양한 타겟 응용에 용이하게 적응하여 업무처리 숙련도가 성장하는 지능, 일반 사람들이 익숙하지 않은 특정 전문분야에서의 슈퍼휴먼 성능과 함께, 어린아이도 잘하지만 현존 AI에는 결여된 융통성 발휘를 위한 일상생활 속 공통 기초 지능, 초기에 설정한 목표나 업무 환경이 불분명하거나 수시로 변하는 복잡한 문제의 경우에도 유연하게 적응하기 위해 인간과 협업하여 문제를 해결해 나가는 지능, 사람의 지능처럼 가끔 오류도 있지만 오류를 깨닫고 자가 교정하는 회복탄력성이 있는 지능, 향후 인공지능 기술의 광범한 도입으로 인해 야기될 소지가 큰 부작용에 대한 법적인 규제에 대비한 편향성, 공정성 등의 문제 인식과 자가 통제 지능 등을 적용하며 발전할 것으로 전망하고 있다.

[그림2] 인공지능의 발전 방향

* 참고: 인공지능 기술청사진 2030

지금은 인공지능을 기반으로 한 글로벌 경쟁시대이다. 미래의 분산형 생태계를 대비한 기업의 인공지능 활용의 성패는 다양한 리소스(데이터, 기술, 인력, 서비스)간의 창의적 연계를 통해 새로운 가치를 창출하고 활용하는 것이다. 그래서 기업의 경영진과 구성원들은 인공지능기술을 좀 더 적극적으로 이해하고, 학습하고, 다양한 활용사례를 분석하여 자체 기업의 비즈니스에 적용 및 활용할 수 있도록 하는 것이 기업의 지속성장에 중요한 요소가 될 것이다.

PART 6

별첨

참고문헌

[1] 김종영. "ChatGPT를 활용한 혁신적인 리서치 방법론과 활용사례 분석", IBK투자증권, 2023.03

[2] 김태원. "ChatGPT와 생성 AI의 미래", NIA 한국지능정보사회진흥원, 2023.03.

[3] 박연주 외. "생성 AI, 제2의 기계 시대" 테마리포트, 미래에셋증권, 2023.04.

[4] 박찬. "MS, 검색엔진 '빙'에 '챗GPT' 탑재한다. 구글 검색과 맞짱 예고", AI타임스, 2023.01.

[5] 삼정KPMG 경제 연구원. "Business Focus 챗GPT가 촉발한 초거대 AI 비즈니스 혁신", 2023.04.

[6] 서울디지털재단, SDF 이슈레포트 2023. "ChatGPT 활용사례 및 활용 팁", 2023.04.

[7] 안성원 외. "초거대언어모델의 부상과 주요이슈", ISSUE REPORT, SPRI(소프트웨어정책연구소), 2023.02.

[8] 이은영 외. "ChatGPT, 기회인가 위협인가칼럼, ChatGPT 이해와 영향 분석", 삼일PWC경영연구원, 2023.03.

[9] 이제현. "OpenAI를 사용한 ChatGPT 활용 실습" 발표, 한국에너지기술연구원, 2023.04.

[10] 이승민, 정지형. "2020년 AI 7대 트렌드", ETRI, 2019.12.

[11] 이승훈. "인공지능, 시각지능의 발전: 인간처럼 보는 기계의 등장, (lgeri.com), 2017.10.

[12] 이승훈. "최근 인공지능 개발 트랜드와 미래의 진화방향", LG경제연구원, 2017.12.

[13] 장성민. "챗GPT가 바꾸어 놓은 작문교육의 미래", Vol. 56, pp. 07-34, 작문연구, 2023.03.

[14] 장혜정. "ChatGPT, 출시 5일만에 100만명이 사용한 AI 챗봇", 모두의 연구소, 2022.12. (https://modulabs.co.kr/blog/chatgpt).

[15] NIA 한국지능정보사회진흥원. "The AI Report", 2023.01.

[16] IT WORLD CIO. "Deep Dive ChatGPT, 생성형 AI 의 눈부시고 위협적인 미래", 2023.02.

[17] 정보통신기획평가원. "인공지능 기술 청사진(2030), 정보통신기획평가원(IITP), 2019.12.

[18] 정보통신기획평가원. "인공지능 기술 청사진(2030), 정보통신기획평가원(IITP), 2020.12.

[19] 정종기. "누구도 경험하지 못한 미래, 인공지능 완전정복", 형설출판사, 2020.11.

[20] 정종기. "150 가지 사례와 함께 쉽게 활용하는, 인공지능 비즈니스", 형설이엠제이, 2021.09.

[21] 최광일. "생성 AI 시대, 일하는 방식이 변한다", LG 경영연구원, 2023.07.

[22] 최한길. "플랫폼 비즈니스란?" Brunch blog, 2019.02.

[23] 한국지능정보사회진흥원. "미래2030 Vol.2", 한국지능정보사회진흥원(NIA), 2020.12.

[24] 한국지능정보사회진흥원. "인공지능 학습용 데이터셋 구축 안내서", NIA, 2021.02.

[25] 한국지능정보사회진흥원. "인공지능 학습용 데이터 품질관리 가이드라인", NIA, 2021.02.

[26] 한국지능정보사회진흥원. "혁신을 이끄는 뉴 웨이브, 인공지능 스타트업", NIA, 2021.01.

[27] Jack Clark et al. "Artificial Intelligence Index Report 2023", HAI, 2023.04.

[28] Bern Elliot. "A Framework for Applying AI in the Enterprise", Gartner Symposium, 2018.11.

[29] Wayne Xin Zhao et al. "A Survey of Large Language Models" arXiv:2023.1822z3 v4, 2023.04.

[30] Jerry Hartanto. "비즈니스 결과물로 직결되는" AI, 머신러닝, 딥러닝 이해와 활용 가이드", IDG Korea, 2019.04.

[31] Mike Elgan. "AI의 진짜 위협은 '인간다움'의 대체다", IDG Korea, 2019.12.

[32] 네이버 지식백과, 위키백과, 두산백과, 천재교육.

[33] (https://charlychoi.blogspot.com/2023/06/chatgpt.html).

[34] (https://www.mlq.ai/what-is-a-large-language-model-llm/).

[35] (https://hyeonjiwon.github.io/machine%20learning/ML-1/).

[36] (devocean.sk.com/blog).

[37] (i-doss.co.kr/ab-6141-60002).

[38] (obcs.langchain.com/docs).

[39] (facebook.com/groups/langchainkr).

[40] (Strongai.tstory.com).

[41] (aihub.kr), aistudy.co.kr), (beebom.com), (blog.wishket.com), (bloter.net, cigro.io), (deepdaive.com), (dbr.donga.com), (ibm.com), (irsglobal.com), (idg.co.kr), (it.chosun.com), (itworld.co.kr), (itdaily.kr), (ko.wikhow.com), (lgcns.com), (lgeri.com), (needjarvis.tistory.com), (nia.or.kr), (nvidia.co.kr), (posri.re.kr), (tensorflow.org), (tensorflowkorea.wordpress.com), (text.cortex.com), (sas.com), (seri.org), (subokim.wordpress.com), (yoonsupchoi.com), (zdnet.co.kr).

ChatGPT 업무 · 비즈니스 활용 전략

2023년 7월 28일 초판 1쇄 발행 | 2025년 2월 28일 초판 5쇄 발행

저자 정종기 | **발행인** 장진혁 | **발행처** (주)형설이엠제이
주소 서울시 마포구 월드컵북로 402 KGIT 상암센터 1212호 | **전화** (070) 4896-6052~3
등록 제2014-000262호 | **홈페이지** www.emj.co.kr | **e-mail** emj@emj.co.kr
공급 형설출판사

정가 20,000원

ⓒ 2025 정종기 All Rights Reserved.

ISBN 979-11-91950-46-5 93500

* 본 도서는 저자와의 협의에 따라 인지는 붙이지 않습니다.
* 본 도서는 저작권법에 의해 보호를 받는 저작물이므로 동영상 제작 및 무단전재와 복제를 금합니다.
* 본 도서의 출판권은 ㈜형설이엠제이에 있으며, 사전 승인 없이 문서의 전체 또는 일부만을 발췌/인용하여 사용하거나 배포할 수 없습니다.

ChatGPT
업무 · 비즈니스 활용 전략

Memo

Memo